编委会

顾　问：李永裕

主　任：许十方

主　审：吴奕纯

成　员：许十方　郑炳忠　吴奕纯

　　　　李向群　柯雅婷

回顾与思考

——厦门教育改革与发展的足迹

厦门教育学会◎编

郑炳忠◎编著

厦门大学出版社 国家一级出版社
XIAMEN UNIVERSITY PRESS 全国百佳图书出版单位

厦门市教育学会第七次会员代表大会全体代表留影

国家教委副主任彭珮云（后任全国人大常委会副委员长）视察集美中学，与集美各校领导留影

1992 年 1 月 28 日，国家教委基教司司长陈德珍、副司长姬君式与省教委主任傅宗弼，
在厦门市教委、原开元区政府领导的陪同下视察厦门市大同小学，与全体教师合影留念

1991 年 10 月 15 日，厦门市鹭江职业大学建校十周年纪念

国家教委副主任柳斌视察厦门师范学校、市电子职业学校留影

1988 年 7 月 26 日，全国优秀教师夏令营厦门分营全体营员留念

马年新春，中华全国台湾同胞联谊会会长汪毅夫（右四）专程探访厦门一中原语文教师陈丽贞家，
与老师的台胞亲人（右五右二留影）

福建省纪念郑成功收复台湾 330 周年学术讨论会在厦门市举行合影

厦门市第七届教育科学优秀成果颁奖大会

1993 年，福建省职业技术教育学会年会全体代表合影

厦门市特殊教育学校落成典礼合影

厦门市音乐学校师生应邀随厦门市代表团赴香港厦门联谊总会联欢演出留念

海峡两岸少儿（闽南语）文化艺术研讨会在台北市举行留影

1993 年 8 月，福建省少儿艺术访问团全体师生应邀赴台湾访问演出时合影留念

2006 年 11 月，厦门市职业技术教育考察团到台湾地震所在地的幼儿园与学生留影

鹭岛中小学学
生艺术团举行
庆新年演出联
欢活动留影

厦门市萌芽杯
第五届少儿小
提琴比赛学生
与专家评委合
影留念

2006 年 11 月，率团
参访台中市双十中学

原中共厦门市学校总支委
员会机关同志留影

原厦门市教育局 50 年代老同志欢聚留影纪念

福建省教育厅、地市教育局干部参加中央教育行政学院普通教育领导干部进修班留影

厦门市机关干部参加中共厦门市委党校培训班留影

五十年代厦门市委宣传部老同志欢聚合影

1959年，厦门市青年干部响应号召下放到原前线公社何厝大队劳动锻炼留影纪念

原共青团厦门市委员会五十年代老团干合影留念

共青团厦门市第十一次代表大会教育代表团合影 八四·九

1984年9月，共青团厦门市第十一次代表大会教育代表团合影留念

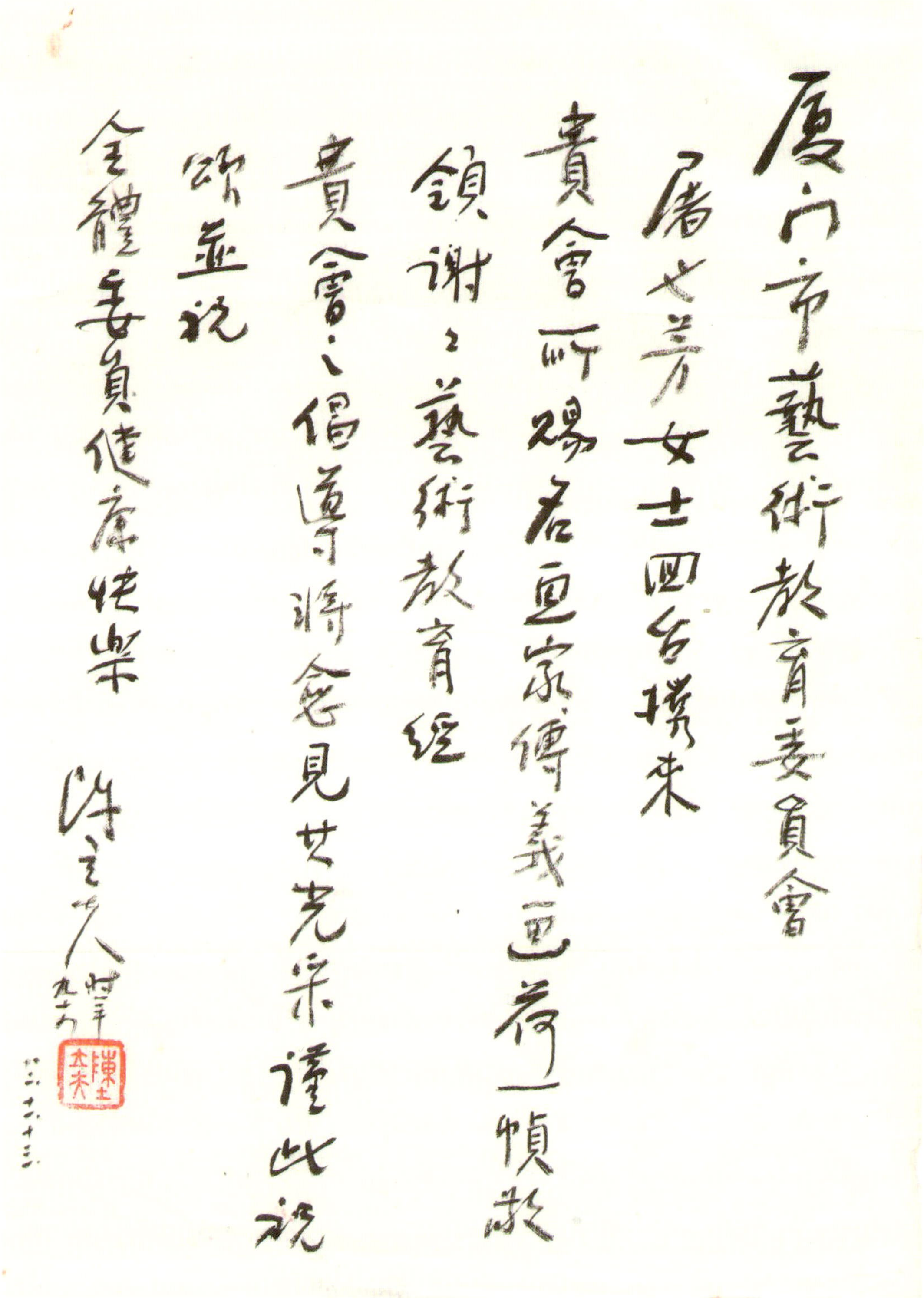

厦门市藝術教育委員會

屠乂芳女士四台攜來

貴會所賜屠畫家傅義畫荷一幀敬

領謝之藝術教育經

貴會之倡導將愈見其光采謹此祝

頌並祝

全體委員健康快樂

陳立夫

九十二年

三月十三

知名人士陈立夫先生回赠厦门市艺术教育委员会致谢信

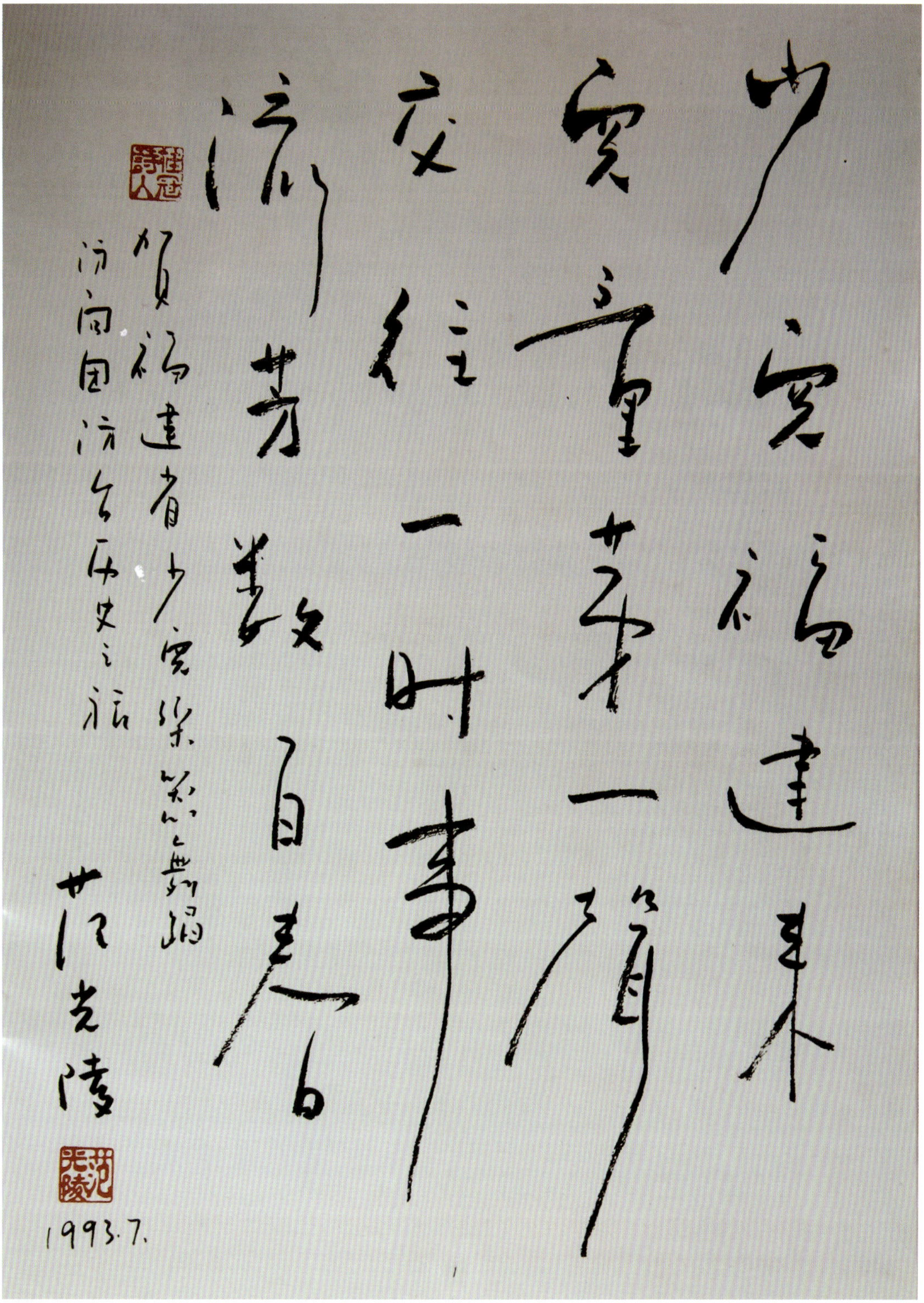

少宽福建来

宽童华一游

交往一时事

流芳数百春

颂福建省少宽乐然之善旅
范光陵
顾问团访台名录史之旅
1993.7.

台北市艺术文化协会顾问范光陵博士为福建省少儿艺术团访问的祝贺词

中国共产党厦门市第一次代表大会留影纪念 1956.6.2

中共厦门市学校总支委员会代表参加中国共产党厦门市第一次代表大会留影纪念

序

记得，1983 年 7 月，我出差到北京，去时兼有一个重要的公务——与当时正在中央教育行政学院学习的炳忠同志谈话，告知他，市委将任命他为厦门市教育局局长。

委以重任，特别是在改革开放之初、教育改革面临理念与体制重大转变的关口，当然有深意。炳忠同志郑重地接受了我的告知，表示了对这即将到来的任命的珍视。

1983 年新学年开始，炳忠同志正式走上厦门市教育局局长的工作岗位，在新的工作岗位上，他继续全身心地投入他已投身的厦门市教育事业。他在厦门市教育行政部门负责人岗位上工作了十年，直至 1993 年 3 月退休。令我欣喜和钦佩的是，在退休二十年后，他将厦门市改革开放以后三十年教育事业发展的轨迹"一步一脚印"地描画出来，我由衷地感谢他为厦门教育事业，尤其是为改革开放以来的厦门教育事业，存留下如此多的"原汁原味"的记录。

我与炳忠同志共事近 10 年。在他接任厦门市教育局局长之后，我还在党委工作岗位上，一直到离休。在工作中，我感到他是位严于律己、勤于思索、工于实践的人。在他担任厦门市教育局局长、厦门市教育委员会副主任、厦门市教育委员会主任的 10 年间，全力推进全市九年义务教育和中等教育结构改革两项攻坚工程，这就为厦门教育事业的发展补齐了"短板"，突破了"瓶颈"，夯实了基础，开辟了长足发展的路径。就此来说，我既是参与者、支持者、推动者，又是见证人。

翻阅书稿，往事历历在目，有一点感触，不能不谈。的确，在改革开放之初，厦门的经济与社会事业百废待兴，能分配给教育事业的资源相当有限，这确实需要教育行政部门的负责人耐得住性子，想得出办法。我与炳忠同志和同事们就是在这样的情境下齐心协力，在探索中前进，在前进中探索，终于在改革开放的起始阶段走出一条有厦门特色的教育事业发展之路。

抚今追昔，读者们若能由此感知当年厦门教育事业发展的艰辛，感受到当年厦门教育改革的感奋气息，那将是炳忠同志编辑出版此书的初衷和最大愿望。

是为序。

李永裕

2013 年 8 月 6 日

回顾与感悟

  1952年7月,我从厦门一中高中毕业,正当准备到漳州参加高考的时候,中共厦门市委、共青团厦门市委根据中央有关通知决定,从当年厦门市高中毕业生学生干部中选留9名学生从事机关和学校的工作,其中厦门一中6名,大同中学、双十中学、厦门女中各1名。我被选上了,那年我20岁。岁月如梭,时光易逝。从踏上工作起至今已60年了。如今,我已进入80岁的"杖朝之年"。60年,人生一甲子,我经历了两个阶段。虽然换了不少单位,但始终没离开教育工作。

  在我工作的60年间,前30年我曾在8个单位工作过:共青团厦门市委学校工作部、中共厦门市学校总支委员会、市委文教部学校教育科、市委宣传部基层组织科、市属海沧中学、郊区教育科、郊区前线一中(原市属厦门三中)、思明区教育科。这30年是不平凡的、坎坷的,基本上以参与政治运动为主,业务工作为次。在这些青春岁月中,最值得我回忆的是,组织上派我参加前线公社何厝大队的"青年干部"劳动锻炼1年,我学会了干农活,与纯朴的农村社员交朋友;参加坂头水库抢险工程和湖边水库建设的宣传工作和工地劳动。之后我被派到两个中学工作。社教、"文革"期间,我与师生一起参与政治运动,和他们生活、学习、工作在一起,这期间我经受正反两方面的教育;我还到郊区教育科、前线一中、思明区教育科担任10年的教育行政工作。总之,这前30年,在各级领导的关怀、帮助下,在师生、同事们的支持下,我得到了历练,得到增长知识、锻炼能力的机会。这30年我没有虚度光阴,而是面对现实、面对困难,脚踏实地地做好每一件事,我珍惜在这一段时光里,与领导、与同事、与师生的友情,逐步学会做人的道理。

  第二个30年是可贵的,是充满活力的,是令人难以忘怀的。

  正当中共中央、国务院批准成立包括厦门的四个经济特区之际,我有幸从思明区教育科正式调入市教育局工作。从1981年2月至1993年3月退休,我在职工作12年,续任教育督导室1年,前后共13年。我参与了经济特区的教育改革,见证了厦门经济特区教育的发展。退休后,省教委聘我任两届四年的省特约督学,市人代常委会一届参事、市政协一届特邀研究员;参与市退教协三届、市教育学会三届、市两届教育基金会和市艺教委等社团工作,还兼职主管了学生装集体企业近七年。这30年,厦门经济特区建设在改革开放中取得骄人的成绩,在改革开放的年代里,我们从事教育工作的同志也充满紧迫感,踩着特区建设的步伐,紧张而有序地工作着。我们努力工作着,为厦门教育事业的发展奉献微薄之力。

在此,值得大书特书的是,历届市委市政府都把发展教育放在优先发展的战略地位,主要领导充分认识到经济特区建设培养人才的重要性,亲自抓教育、管教育,从人力、物力、财力上支持教育的改革与发展。记得1981年10月15日那一天,标志着拉开厦门经济特区建设序幕的厦门经济特区湖里加工区破土动工了,而同一天,厦门特区自主创办的鹭江职业大学也宣布成立;同一年的12月26日,我省第一所公办的外国语学校——市英语中学也宣告成立。在市委书记陆自奋同志的支持下,1990年经省教育厅批准改名为厦门外国语学校。之后,在洪永世市长等领导的支持下,批准在市政府对面择地建外国语学校的办学大楼;之后又在海沧建设现代化的,设备先进、设施完备的校舍。当年在鼓浪屿仅有的700多平方米校舍的英语中学,如今已发展到拥有两个校区,占地103 000平方米、建设面积93 200平方米的厦门外国语学校。办学20年,取得骄人成绩业绩,成为厦门市改革开放的教育品牌之一。还有,在改革开放的初期,为适应经济特区人才的需要,在市领导的支持下,时任市教育局局长的周乔林同志倡导在岛内厦门四中(现电子职业学校)、厦门七中(现旅游职业学校)创办中等职业技术教育试验班,为发展中等职业技术教育打下基础。时任市长的吴星峰同志亲自到学校为师生做报告,阐明特区建设创办中等职校的重大意义,他鼓励教师守岗尽责,学生认真学习文化知识和专业技术。陆自奋书记还亲自批示有关领导改善办学条件,建设旅游学校的教学大楼。在市政府分管领导和市计委等有关部门的支持下,厦门市中等职业教育的厂校合作办学的经验在全省推广。厦门经济特区在改革开放中大力发展职业教育引起省领导的重视,时任省委书记的陈光毅同志、省长陈明义同志先后到电子职业学校视察、调研。1990年国家教委、国家计委等6个部委授予全国唯有的厦门市和大连市两市政府"全国职业技术教育先进单位"的荣誉称号。正如邹尔均市长在庆祝厦门经济特区十周年的大会上说:"厦门特区的职业教育是在改革开放中诞生和发展起来的,是特区十周年的成就之一。"分管教育的毛涤生副市长撰文"发展职业技术教育是发展经济特区的一大支柱"。随着鹭江职业大学的创办、中等职业教育的迅速发展,需要创建中等与高等职业教育相衔接的模式。厦门市原副市长、时任市政协主席的蔡望怀同志于1993年倡导并经市政府批准,创办私立民办学校"厦门华厦职业学院",亲任董事长。1997年该校被国家民办高校委评为"全国民办高校先进单位",并经省政府批准纳入全国统一招生序列。华厦学院的创办,为我市职专的发展,为我市中等毕业生直接进入高等职专打开了一条快捷的通道,填补了我市民办高校的空白,为中等教育与高等职业教育搭建了桥梁。

党中央、国务院在决定教育改革发展的三大任务中明确提出：大力普及九年义务教育、大力发展职业技术教育、努力提高高等教育的质量，而把普及九年义务教育列为重中之重。1980年7月新到任的市教育局长、党委书记李永裕同志深感经济特区赋予教育的重责，带领局里干部跑遍同安县，郊区的山区、海岛，动员村镇干部，发动广大社员群众捐资办学。他还拜访当地的侨胞、港澳同胞，邀请他们捐资办学，并在市委市政府领导的支持下，创立厦门市教育基金会，掀起从农村、企业、机关干部、海外侨胞热心捐资、出资办学的热潮。当时的社员群众说"农村最好的房子是新建的学校"。农村普及九年义务教育的重点和难点是同安县的广大农村，时任市委副书记、常务副市长的李秀记同志不仅批准财政拨款建立教育基金，还亲自主持同安县于1997年保证实施普及九年义务教育的签字仪式。由分管副市长蔡望怀同志与县长刘水在同志签订责任状，确定市财政重点支持的多项措施，从而保证厦门市于1996年领先于全省实现普及九年义务教育。总之，30年来，由于市、区两级对普及九年义务教育的极大重视，亲自领导，从抓"两基"——基本普及九年义务教育、基本扫除青壮年文盲，到办高水平、高质量、有特色的九年义务教育，到如今的全面贯彻教育方针，推进素质教育、创办有特色、均衡公平发展的教育格局，一步一个脚印，获得的可喜成果，无不浸透着几代教育工作者开拓进取，改革创新的辛勤汗水。厦门成为全省第一个全面完成"对县督导"省级评估的设区市，还荣获省唯一的"全国推进义务教育均衡发展先进地区"的称号。

厦门教育事业伴随着经济特区建设30年的发展而发展。30年来，我是参与者和见证者。由于工作需要，我写了一些文章、整理汇集了一些资料，也收集了一些曾经共事的同志们撰写的文章，收集了一些媒体记者的采访报道和各学校提供的照片，汇集成书，作为这段历史的记录和见证。我的资料保留原样不加修饰，其中有些观点和认识可能不全面，甚至是有误的，因为回顾需要真实，权当自己这段经历的回顾与感悟吧！请关心的同志加以指正。对于当时在任的同事提供的文章和媒体记者的支持，在此深表致谢。我已退休20年了，在这20年来，厦门的教育事业发展迅速，成绩斐然，现任局领导的一些文章没有收录进书中，谨请谅解。

1994年，中国教育学会领导组织编写了一本《全国中小学校治学名言大典》，我作为编委之一写了《寄语中国教育》的一则体会。如下：

"积四十年从事教育工作的体会，可概括四十个字，与各位中小学校长共勉：

严于律己，身先士卒；

讲求民主，以师为友；

抓住中心，学弹钢琴；

3

注重科研,依法治教;

勇于改革,催人奋进。"

这是我的体会和感悟,也是鞭策和今后的目标,我把它作为结束语,与从事教育工作的同事共勉。

郑炳宏

2013 年 8 月

目　录

专题研究

参观与学习

媒体视野

回顾与思考

厦门特区教育体制改革中的一项战略性任务^①

——有步骤地按质按量实现九年制义务教育

《中共中央关于教育体制改革的决定》(下称《决定》)是我国教育改革的伟大纲领性文件,它在我国教育史上竖起了一座新的里程碑。《决定》在教育体制改革上做出一系列重大决策,有步骤地实行九年制义务教育是其中一项具有战略意义的重要决策。这一点对厦门经济特区建设的发展有着十分重要的意义。

厦门经济特区和同安县经济开发区的建设,要求它的建设者必须具有比较高的文化技术素质。然而,现实的情况是不能令人满意的,据 1982 年普查,全市文盲、半文盲率达 24.04%,高于全国水平。职工队伍的文化、技术、管理水平低,工程技术人员少,全市 177 315 名职工中,大专文化程度占 4.97%,中专占 4.05%,高中占 21.93%,初中以下文化程度的职工占 69.03%(其中,初中占 35.16%,小学占 29.09%,文盲、半文盲占 4.8%);农村虽然普及了初等教育并于 1981 年验收合格,但是办简易班的却占 10% 以上,合格率仍十分薄弱。小学毕业生升入初中虽在城市已普及,但就全市范围来说,巩固率仍然很低,据统计,1982 年初中入学的生数,两年半后农村学生的巩固率不到 60%,城市也有一些学校不到 80%。上述状况,是与日新月异的特区建设,与特区作为"技术的窗口、管理的窗口、知识的窗口、对外政策的窗口"的要求极不相适应。但是这个问题还没有普遍引起人们足够的重视,在相当长的时间内,那种不讲文化条件,甚至不必初中毕业就可以就业的"招工启事"、"招聘广告"公然刊载于报刊上,连特区的劳动就业管理规定也仅要求"初中文化程度"。招工的文化要求低,待遇却相当高,这种做法严重地冲击了特区的教育工作,致使学校流生数量剧增。

邓小平同志强调指出:"我们国家,国力的强弱,经济发展后劲的大小,越来越取决于劳动者的素质,取决于知识分子的数量和质量。"我们要清醒地看到,如果不尽快提高广大干部、群众的文化素质,经济特区的腾飞是难以实现的。所以当前特区教育体制改革中的一项迫在眉睫的战略性任务,就是有步骤地在我市城乡实行九年制义务教育,并要在城区普及高中教育。

要有步骤地按质按量地实现九年制义务教育,就应当从实际出发,采取以下几个切实有效的措施。

---

① 原载于《厦门教育》1985 年第 1 期。

一、充分发挥特区优势，加快普及九年制义务教育的步伐

邓小平同志在全国教育工作会议上讲过："对我国教育的发展，我是乐观的。困难是有，但要看到有利条件。"

厦门发展教育是有许多有利条件的：

(一)经济特区建设的起步、发展必然带动教育的发展

1984 年 3 月 18 日，胡耀邦同志代表中央宣布厦门经济特区范围扩大到全岛，使厦门经济发展产生了历史性的转折。这一年，全市工农业总产值达 172 700 万元，比 1982 年增长 22.7%，其中工业产值就增长 25.4%；引进外资签约 128 项，协议投资额达 5 亿多美元，引进技术签约 113 项，总投资 67 400 万美元，1984 年还提出全市工农业总产值比 1980 年翻一番，达到 22 亿元的战略目标。随着经济特区的发展，各部门对人才的需求愈来愈迫切，市政府也不断增加智力投资。1982—1984 年，普通教育正常经费每年都在前年的基础上以 17% 以上的速度递增；而中小学的基建投资几乎每年翻一番，1984 年完成 550 多万元，1985 年安排 1 000 多万元，加上 1984 年农村集资办学 500 多万元，基本上解决了教育迅速发展中的需要。

(二)厦门教育比较发达，基础较好

厦门有全日制和业余的高等院校近 9 所，全日制中专、技工学校 10 所，普通中学、职业中学 36 所，小学 336 所，幼儿园 225 所(班)。几年来，大中(专)学校通过多种形式、多层次、多规格培养人才，为特区建设做出很大贡献。1984 年厦门已成为全省第一个普及初等教育的地区，市区和市辖镇已连续几年普及初中；初中升各类高中的入学率达 80% 以上，46% 应届高中毕业生升入各类高等院校，职业高中招生已占高中招生总数的 35.7%(城区达 41%)，各类职业技术教育在校生与普通高中在校生的比例已达 1∶1。1985 年全市还将增办 5 所中学。

(三)厦门有一支文化素质好的师资队伍

全市中学公办专任教师 2 354 人中，大专以上文化程度 1 999 人，占 84.9%。其中，高中教师 629 人，本科毕业的有 438 人，占 69.6%；初中教师 1 725 人，大专以上文化程度 1 407 人，占 81.6%；小学专任教师 3 201 人，中专、高中毕业以上 2 464 人，占 77%。

上述的有利条件，为厦门市普及九年制义务教育打下了坚实的基础。根据厦门经济发展和特区建设的形势，根据厦门属于中央划分的第一类地区这一情况，必须按质按量在 1990 年左右实现普及初中教育的地区，我们的安排是：特区(含岛内禾山乡)和杏林区于 1986 年，郊区于 1987 年，同安县 1988 年至 1989 年，基本普及九年制义务教育，1990 年全面完成普及九年制义务教育的任务，城区和岛内力争在 1986 年或 1987 年基本普及高中教育。

二、严格执行《决定》，调动各方面的积极因素，
　　保证普及初中教育任务的实施

邓小平同志说："现在，纲领有了，蓝图有了，关键是要真正重视，扎扎实实地抓，组织好施工。"我们在看到优势的同时，也要正视目前存在的问题，加强信心，强化措施，扎扎实实地保证规定目标的实现。

厦门市现有人口近 97 万，初中在校生 31 600 人，平均每万人口中有 326 人，比全国平均数少 52 人。可见，厦门市小学初中入学率是偏低的，其原因之一是初中校数太少。全国曾提出每万人口一所初中，厦门即使以两万人口一所计算，也得有 50 所左右初中，但是全市目前仅有 36 所中学和 5 个初中点，远远满足不了群众，特别是农民，送子女上初中的要求。至于教育投资，尽管这几年各级政府付出了很多努力，仍然远远满足不了需要，突出的问题是校舍不足。虽然前几年校舍基建投资总计 1 000 多万元，但是教学设备匮乏，现有设备既废旧又不足，严重影响教育"三个面向"方针的贯彻和执行。

（一）紧要的任务

为了实现 1990 年普及九年制教育的目标，必须完成以下几个重要的任务：

第一，必须解决各级领导的认识问题，应当使各级领导都懂得知识和人才的重要，懂得教育的重要性。正如万里同志说的："教育经费问题确实是重要的，发展教育事业，舍不得花钱不行。但最重要的，还是认识问题，重视教育问题。"邓小平同志也曾严肃指出："忽视教育的领导者，是缺乏远见的、不成熟的领导者，就领导不了现代化建设。"因此，有必要组织各级领导学习好《决定》，对他们进行教育工作的重要性和紧迫性的教育。我市郊区的许多领导同志就卓有远见，郊委书记表示全力支持教育工作，1984 年一年就发动群众集资 200 万元，平均每个农业人口达 17 元以上，区地方政府投资于教育的经费也增长了几倍。总之，要使各级领导像抓好经济工作那样抓好教育工作，首先要抓好普及九年制义务教育的工作。

第二，要办实事，增加智力投资。按照 1990 年全市普及九年制的目标，初中在校生数要增加现有在校生的一半，即 16 000 人左右，到 1990 年达到 48 000 人左右。这样，6 年内大约要盖 20 所初中校（目前已建和正建的有 6 所）。每所规模 18 个班，平均基建费以 100 万元计算，共需 2 000 万元；而开办和设备费按一所 50 万元计算，就要 1 000 万元，仅此两项总投资 3 000 万元，平均每年要拿出 500 万元作为普及九年制义务教育的经费。

上述办学经费从何而来呢？《决定》指出，"基础教育管理权属于地方"，"为了保证地方发展教育事业，除了国家拨款以外，地方机动财力中应有适当比例用于教育，乡财政收入应主要用于教育。地方可以征收教育费附加，此项收入首先用于改善基础教育的教学措施，不得挪作他用。地方要鼓励和指导国营企业、社会团体和个人办学，在自愿的基础上，鼓励单位、集体和个人捐资办学，但不得强迫摊派。同时严格控制各方面

向学校征收费用,减轻学校经济负担"。由此可见,教育经费的来源可以从多层次、多种形式、多种途径征集。

(二)教育的经费来源

从厦门特区的情况来说,教育经费主要有三个来源:

1. 国家和市财政的拨款

这是发展普通中等教育事业经费的主要来源。《决定》指出:"发展教育事业不增加投资是不行的。在今后一定时期内,中央和地方政府教育拨款的增长要高于经常性收入的增长,并使按在校学生人数平均的教育费用逐步增长。"正如万里同志在解释这点时指出的:"第一条保证每年教育经费的增长要超过财政收入的增长,这还不够,第二条提出按在校学生人数平均计算,仍然要增长。这两条话不多,对今后解决教育经费问题却非常重要。"另外,还应研究征收教育费附加。只有严格执行《决定》,才能保证厦门市教育发展规划的实施。

2. 地方财政

应从地方财力中拿出适当比例的收入用于教育,乡财政收入应主要用于教育。这是增加教育经费、办好普通教育的一条重要途径。这一点在我市发展是不平衡的。农村区、县比城区好一些,农村中有的区乡好一些,有的区乡差一些。但总的说已经开始引起重视,特别是市财政划块下放以后。例如郊区政府,1981 年在收入不多的情况下,开始拿出6 万元补助教育经费的不足;1982 年、1983 年分别拿出 12 万元和 18 万元,1984 年则猛增至 50 多万元。东孚乡还集资帮助东孚中学兴建教师宿舍和校舍。当然,还应当进一步动员财政收入用于教育。

3. 鼓励和指导国营企业、社会团体和个人办学

这方面的潜力是很大的。我市有些社会团体办学积极性比较高,特别是在发展成人业余教育方面做了不少工作。有些企业也有办学的传统和积极性,如铁路系统长期办全日制小学,最近正筹办九年制学校,这在我市还是首创。但是总的看这方面还是最薄弱的一个环节,绝大多数工厂企业没有办学习惯,大家都依赖教育部门办学,造成地方很大的压力。今后,这一条腿应当加快步伐,以调动各方面办学的积极性。

三、抓好教师队伍的建设

《决定》指出:"建立一支有足够数量的、合格而稳定的教师队伍,是实行义务教育、提高基础教育水平的根本大计。"这是九年义务教育保质保量实现的最关键问题。

我市虽然已有一支文化素质较好的教师队伍,但是从全市普及九年制教育的需要上着眼,数量和质量都是不够的。从师资文化程度看,尚未"达标"的高中教师占 30%,初中教师占 20%,小学教师占 30%。今后 6 年内增加 20 所初中校、16 000 个学生,需要近千名师专毕业以上程度的教师,平均每年需要增加 200 名左右。因此,发展师范教育,培训师资无疑是刻不容缓的一件大事,不立即抓上去就会贻误时机,影响人才的培养,影响特区建设的进程。培养师资要坚持两条腿走路:一方面办好并发展师专和师范学校,师专、

师范每年应各自招生培养 200~250 名,包括体、美、音师资;同时每年要动员、输送一批高中毕业生报考师范大学;另一方面办好教育学院和各级教师进修学校,通过脱产、函授、自学考试和在职进修等多种形式,进行知识更新、提高专业知识水平的训练,使中青年教师能够在三五年内达到合格水平。

与此同时,要采取具体的措施提高教师的社会地位和生活待遇,稳定教师队伍,鼓励他们终身从事教育事业。在这个问题上,讲空话是不行的,要为教师办几件实事。除了在全社会开展"尊师重教"的宣传活动外,每年的教师节都要隆重庆祝,发动社会各部门关心教师、支持学校,为教师办实事。1985 年,厦门市委市政府决定召开教育系统先进工作者表彰大会,给从事教育工作 25 年的教师发荣誉证,做好家属"农转非"工作,大量发展优秀教师入党,解决一部分教师的住房困难(同安县 1985 年投资 86.5 万元,建教工宿舍 6 200 平方米)。有关提高教师社会地位与生活待遇的好事,今后要年年坚持做下去。鉴于特区里工资分配悬殊较大等一些实际情况,有必要根据"特区特办"的精神进一步探讨提高教师的生活待遇的可行性,比如在本市财力允许的情况下,增加教师的工资,以缩小同一个特区内两种工资分配制度的差距(这是造成教师队伍不稳定的一个重要因素),争取使从事学校教育工作的,工资待遇高于其余同级人员;一两年内优先解决小教三级、中教五级以上教师的住房困难问题;从事城镇(乡)以下农村学校工作的,浮动一级工资,给予每周往来的车贴等等。如能这样做,将对稳定教师队伍、调动教师的积极性、促进教育事业的繁荣和教育质量的提高产生积极的影响。

四、改革教育思想、内容和教学方法,提高教育教学质量

社会主义特区教育应当培养什么样的人才,这是至关重要的问题,这是教育工作的根本出发点和指导思想。乌兰夫同志代表党和国家要求青少年"有爱国之情,报国之志,建国之才,效国之行"。《决定》提出:"所有这些人才,都应该有理想、有道德、有文化、有纪律,热爱社会主义祖国和社会主义事业,具有为国家富强和人民富裕而艰苦奋斗的献身精神,都应该不断追求新知,具有实事求是、独立思考、勇于创造的科学精神。"生活在特区的青少年学生都应当努力实现这些要求,其中有几点是特别应当强调的:要懂得社会主义,也要认识资本主义,具有浓烈的民族自豪感和自信心;要有崇高的理想、严格的纪律和良好的品德,能做到出污泥而不染;要有实事求是而又勇于开拓革新的创造精神和创造能力。总之,特区的青少年学生应是一代新人,应以一代新风采来影响整个社会。

邓小平同志提出的"面向现代化、面向世界、面向未来"的指示应当是我们教育工作的根本指导方针。为了培养 20 世纪末和 21 世纪初的建设者,我们必须着力解决教育工作中的弊端,改变封闭的教育思想、陈旧的教学内容和死板的满堂灌的教学方法,建立起开放式的、生动活泼的、有利于发现人才和培养人才的、多层次多规格的崭新的社会主义教育思想和教育体系。我们要把特区教育办活,办得有特色,就必须开辟多种形式、多种渠道培养人才,不断为特区输送大批的合格的各类人才。这些工作要从小学、初中起始阶段

抓起,注意从小发现与发展儿童的兴趣爱好、发展儿童的创造性思维,为培养一些有特长的拔尖人才打基础。

如此上述四个方面的工作能够扎实做好,就能打好厦门市普及九年制义务教育的基础,一代新人将会在这个基础上脱颖而出,特区的教育事业将会与欣欣向荣的经济建设一起腾飞!

方毅副总理视察厦门五中并与老教师合影

国家教委副主任张文松到双十中学视察留影

改革城市中等教育结构的一项紧迫任务①

——改革普通高中,发展职业高中

改革中等教育结构,发展职业技术教育,适应四化建设的需要,是当前教育工作中亟待解决的一个重要问题,是改革我国教育制度、劳动制度的一项重要内容。当前改革中等教育结构的一项紧迫任务是改革普通高中,发展职业高中,这是改变我国中等教育结构单一化,克服单纯追求升学率,使青少年一代全面健康成长的关键所在。不着力解决这个问题,将会贻误我国教育事业的发展,贻误各类人才的培养,从而贻误我国的社会主义现代化建设事业,严重影响 20 世纪末工农业总产值翻两番战略目标的实现。

一、改革高中阶段教育势在必行

"文革"前,我国中等职业技术教育的基础虽然十分薄弱,但还是创办了不少中等专业学校和技工学校,发展了一部分农业中学、半工半读学校和职业学校。1965 年全国这类学校有 61 620 所,4 443 万学生。可是,"文革"中由于"四人帮"反革命集团的破坏,不仅使大批中专和技校被迫停办,农业中学、职业学校被摧残殆尽,而且在我国经济基础薄弱,初等教育尚未普及的情况下,盲目发展普通高中。如厦门市职业高中砍光了,普通高中却从 10 几所发展到 32 所,学生数激增 3 倍。这样,造成教育事业的严重虚肿,中等教育结构单一化,与国民经济的发展需要严重脱节,出现中等教育结构畸形发展的严重现象。加上长期以来,我们忽视了职业技术教育在社会主义建设中的地位和作用,普通中学的双重任务变成单一任务,普通高中的教学计划、课程设置和教材内容基本上是为了升大学,路子越走越窄。一方面,每年普通中学有几百万的高中毕业生,他们要争夺那 45% 或 10% 左右的三四十万的大学生招生名额;另一方面,各行各业亟需大量的有一定文化和专业知识技能的技术工人和其他人员,而大批的高中毕业生又都未受过职业技术教育和训练,没有任何职业技术知识和技能,工厂企业不得不对招收的新工人进行几年的技术培训补课。由于这些学生无一技之长,也无法适应广开就业门路的需要。这种情况,严重地影响了劳动生产率的提高,影响了四化建设,当然更适应不了科学技术的进步及现代工业兴起的需要。因此,要继续肃清教育上"左"的影响,改变我国中等教育结构这种畸形发展的状况,结束单一化的中等教育结构,积极地切实认真地从改革高中阶段的教育入手,特别是改革

---

① 原载于《厦门教育》1985 年第 2 期。

普通高中,发展职业高中。

我们翻开世界职业技术教育发展的历史来看,许多发达的国家都是伴随着科学技术的进步,现代工业的兴起,职业技术教育得到迅速发展的。所以,有些国家声言,"职业教育是经济发展的柱石","职业学校是培养熟练工人的熔炉"。尽管这些国家在发展职业教育方面有各自的特色,中等教育有单轨制、双轨制或介于两类之间,但都把教育改革、发展的重点放在高中阶段教育。例如,西德的中等教育实行双轨制,学完九年义务教育(相当初中毕业)的学生中只有1/4升入普通高中,准备以后升入大学;还有1/4直接就业,做非技术性工作;其他的一半都是经过职业教育之后就业的。他们是把教育体制和就业体制衔接起来,他们的指导思想是放眼未来,"培养为明天工作的人"。又如,日本中等教育是实行单轨制的,高中承担着向大学输送合格新生和培养劳动后备军的双重任务。因此,它的职业技术教育是从高中阶段开始的,初中还是属于义务教育阶段,高中分普通高中和职业高中,高中结构由单一化转为多样化。在政策上,他们还采取优先照顾职业高中毕业生就业,对在高中担任职业课的教师给予优惠措施来促使职业高中教育的发展。1985年年初,苏联公布了《改革普通学校和职业学校的基本方针》(草案),提出这次教育改革的主导思想和基本出发点,是要促使普通教育和职业教育互相渗透、互相结合、互相接近,朝着综合统一的方向发展,使普通学校和职业学校实现它的双重职能。

集发达国家职业技术教育的经验,结合我国正反面的经验和现实,改革中等教育结构确实势在必行。而鉴于我国现在大多数城市已基本普及初中教育,当前改革的紧迫任务主要是改革高中阶段的教育,尤其是要从改革普通高中,发展职业高中入手,"使之适应社会主义现代化建设多方面的需要,适应经济体制、产业结构、劳动就业等变化的需要"。

二、适应经济特区建设需要,积极发展职业高中

教育取决于一定的政治和经济,这是教育的一条基本规律,我们教育事业的发展,总是根据社会主义政治和经济发展的需要来安排的。而且,由于科学技术的迅猛发展,工业现代化进程的加速,教育还应走在经济建设的前面,预测各类人才的需要,加紧加快培养为明天工作的健康成长的新一代。1978年,邓小平同志在全国教育工作会议上指出,"更重要的是整个教育事业必须同国民经济的发展要求相适应","我们制定教育规划应该与国家的劳动计划结合起来,切实考虑劳动就业发展的需要"。这些指示,应当成为我们各类教育事业发展的指导思想,改革普通高中、发展职业高中也必须以此作为指导思想和原则。

国务院批转的三部一委《关于改革中等教育结构,发展职业技术教育的意见》指出:中等教育结构的改革,归根结底是使教育如何更好地为以经济建设为中心的各项建设事业服务的问题。1980年,中央批准厦门市试办经济特区,要求"把经济特区试办好,为社会主义现代化建设事业做出更多更大贡献"。还要求厦门市要适应对外经济技术交流的扩展,在发挥沿海城市作用方面做出更多的贡献,1983年又批准把特区扩大到全岛。国家的四化建设,厦门经济特区的建设,需要大量的高中级人才和具备初级专业知识技能的生产技术工人,同时政府鼓励、支持青年自谋职业,广开就业门路,这一切为职业教育的发展

提供了广阔的前景。我们根据特区建设发展的要求,针对厦门是对外贸易重要港口、华侨出入门户、风景旅游胜地和文化事业比较发达的特点,针对作为知识技术密集的窗口的要求,借鉴国外和兄弟地区的经验,审时度势,及时地进行中等教育结构改革。全市各级有关领导、有关部门通力协作,紧紧抓住改革高中结构单一化这一基本环节,促使职业高中应运而生,几年来成倍地增长,并不断得到巩固和发展。

赵紫阳总理在六届人大一次会议上的《政府工作报告》中要求:"要进一步抓紧中等教育结构改革,有计划地发展职业技术教育。五年内使职业高中在校学生数占高中学生总数的百分之四十以上。"根据上述要求,结合我市经济特区建设的发展形势和需要,考虑到中学教育阶段的任务,实行普通教育与职业技术教育并举的方针,一方面要继续办好一批普通中学,为高一级学校输送合格的新生,同时在普通高中学校开设职业技术教育课,这是一项重要的任务;另一方面,更为重要的任务就是发展职业技术教育,特别是发展职业高中,培养具有一定文化、有职业知识和技术的劳动后备力量。厦门市从1980年年初职业高中仅占高中总数的0.66%发展到1984年的40%,已达到国家提出的5年内(1987年)达到4:6的要求,即城市职业高中占40%,普通高中占60%。厦门市市属中学,大体每年高中阶段毕业生约3 000人,其中职业高中毕业生大体有1 200人,普通高中毕业生大体有1 800人,这样安排基本适应每年输送大学本科、专科和职业大学(包括一部分中专和技校)招生的需要,也满足工厂企业增加经过职业技术训练的新工人的要求。按此两种教育并举,全面安排,厦门市城区高中现在形成三种类型(不包括中专、技工学校和职业技术培训班):第一类,厦门一中、二中、双十中学三所省重点中学和英语中学(普通中学)开设职业技术课;第二类,华侨中学、六中、九中三所以普通高中为主(开设职业技术课),同时兼办几个职业高中班;第三类,厦门电子职业中学、五中、旅游职业中学、交通职业中学、鹭江体育中学五所的高中阶段全部为职业高中部。我们还规划,到1987年城市普及高中教育(目前我市高中阶段教育各类招生占初中毕业生的80%),初中毕业生升学率在90%以上。这时职业高中与普通高中的比例大体各占50%。在城市普及高中后,两者的比例如何恰当,还必须根据社会发展的需求和学生的来源、质量,从实际出发,不断地进行调整,切实地使中等教育结构改革有利于全面贯彻教育方针,调动广大学生的积极性,提高他们的思想觉悟和文化技术水平,为以经济建设为中心的各项建设事业服务,为我市的经济特区建设和社会主义精神文明建设做出贡献。

三、发展城市职业高中必须解决的几个主要问题

国务院批转三部一委《关于改革城市中等教育结构发展职业技术教育的意见》,为我们进一步指明了改革城市中等教育结构发展职业技术教育的方向、要求和途径。下面就我市这几年的教育实践,谈谈对发展职业高中必须解决的几个主要问题的认识。

(一)领导重视,机构健全

几年的实践证明,发展城市职业教育,特别是创办职业高中,地方党委和政府能否重

视、支持是关键,没有这一条,事情难以办成,难以办好。在创办职业高中开始时,市委和市政府的领导同志,他们以战略的眼光来看待教育的改革和人才的培养,强调在培养人才上要做"明白人"。从 1978 年下半年起,市委市政府领导同志在许多场合上就反复宣传改革的意义,介绍国外职业教育的情况,明确提出为发展经济特区必须进行中等教育结构改革,亲自做有关部门领导的思想工作,发动各部门支持配合这项改革。在市人代会上的政府工作报告中,提出"把职业教育作为大事来抓,大力培养人才"作为建设特区的一个指导思想。市党政领导还直接解决办学过程中的一系列问题,包括做师生思想政治工作,研究办学方案,确定招生计划、专业设置、培养目标,解决办学经费和创造物质条件,毕业生安排等等,都亲自动手或指示有关部门一一认真研究解决。在 1980 年试点办学的基础上,市委于 1981 年责成市计委、市文教办领导邀请有关部门开会总结一年办学经验,制订加快发展的办学方案,并批转市教育局、劳动局《关于部分中学举办职业高中的报告》;1981年四五月份,为了解决 1982 年秋季关于职业中学事业计划和有关办学的专业设置、师资、经费和机构问题,召开了两次市长办公会议听取汇报,专题研究。由于问题解决及时,使教育部门的同志增强了办学信心。从创办以来,市政府决定,普通高中改办职业高中部(班)的,除原拨给的教育经费不变外,开办经费由市财政统一另拨,每办一班给 1 万元开办费(平均每个学生 200 元),旧班每年维持费 5 000 元,而且还拨出专款搞职业中学的基建。四年来,除保证正常经费外,市还增拨 82 万元职业教育费。几年来,市领导还多次研究职中毕业生的安排问题。

在加强领导方面,市领导重视建立健全职业教育的领导机构。1981 年 6 月,市政府正式成立中等教育结构领导小组,指定一位副市长任组长,计委主任、文教办主任任副组长,成员由市财办、经委、劳动局、财政局、教育局等部门负责同志组成,还指定在教育局内设立办公室,建立职教科,配备人员,具体负责日常事务工作。

正由于各级领导的重视、支持,具体帮助解决一系列的困难,有了健全的机制,使得我市的中等教育结构改革得以顺利起步,在实践中逐步得到巩固和发展。

(二)各部门密切配合,通力协作

这是职业教育顺利发展的基本环节。几年来的教育工作实践使我们深深地感到经济建设事业愈发展,教育与社会愈是息息相关;而城市中等教育结构改革,创办职业中学(班)牵涉到劳动招工制度的改革,牵涉社会经济部门的许多方面,比如人才需要的预测、专业的设置、专业课师资的配备、实习场所、教学设备、经费来源、毕业生择优录用等一系列问题,而这些问题仅靠教育部门一家是不可能解决的。因此,必须发动各部门一起动手办学,使各有关部门把改革中等教育结构当作自己的事,同教育部门通力合作打开职业教育的新局面。对各部门如何协同办学,有以下几点认识:

1. 教育部门要积极主动,挑起重担

教育的改革,教育部门是责无旁贷的,从酝酿办学计划、试点、发展、毕业生实行到毕业生的安排以及出现问题的解决等,都要做到三主动、三勤,即主动提出意见,主动同有关部门商量研究,主动向领导反映情况;做到勤思考、勤宣传、勤跑腿;积极争取有关部门的配合,使力量集中起来,意见统一起来,局面就容易打开了。

2. 办学的形式、途径应该多样

办学的形式、途径是多方面的,但应当以联合办学为主,这是教育部门同有关部门协作办学的好形式、好办法,因而它的生命力是比较强的。既然职业教育是为工厂企业培养有一定文化和专业技术知识的主人,它与生产部门是密不可分的,职业班各项专业设置都应当纳入生产部门的发展计划。所以,厦门市开办的职业高中班除个别专业如美术班由教育部门自办外,都力争根据有关系统生产管理部门的人才需求,同他们联合办学。

3. 市主要部门建立经常工作制度

有了领导机构和联合办学,还需要市几个主要部门建立经常工作制度。几年来,由市计委牵头,劳动局、教育局等部门各派一位分管职业教育日常工作的同志一起建立经常工作制度,实行"四共同",即共同调查研究、共同制订办学方案、共同听取汇报、共同下校解决实际问题。特别是计委主动牵头组织对专业设置、人才需求的调查预测,考虑安排职业教育事业发展计划,以及同劳动局一起研究落实毕业生的考核和录用等,做了大量工作,起了教育部门所不能起的作用。

(三)认真组织办学,提高办学效益

关于认真组织办学,提高办学效益,我认为主要应当抓住以下四个环节:

1. 认真研究确定专业设置、培养目标和学制,保证生源的一定质量

专业设置应当掌握以下原则:长年发展与当前需要相结合,专业化与适应性相适合;既考虑到经济建设的长远规划,又考虑短期安排;既要有一定的专业性质,又要有较宽、较广的适应能力。专业还要有相对的稳定性,应是可以连续办几年的,这样才能达到既培养人才又广开就业门路的目的。专业选得不好,投资多,寿命短,毕业生出路难安排,会造成严重浪费。这几年我们开办的职业班基本上符合这些原则,供求比较相适应,有的专业甚至供不应求,需要加快发展。对于职业高中的培养目标,经过反复研究和一定实践,初步确定为"具有相当高中文化程度的,掌握一定专业基础知识(指相当于二级工的要求)和生产技能(指相当于一级工的要求)的德智体全面发展的劳动后备力量",按此目标来确定教学计划和课程。学制则视专业特点而定,但根据文化与专业两方面的要求,虽可以是多规格的,如办一年、二年都可以,但学制一般以三年为宜。从城市目前已普及初中,今后若干年内将基本普及高中教育的趋势来看,应保证学生有一定的普通高中的文化基础,这样可保证今后适应能力强和满足一部分学生要求对口上大学和自学深造的需要。职业高中还要注意保证生源的一定质量,把职业高中当作"四等货"(即首批重点、一般重点、普通中学、最后才轮到职高招生)的想法和做法是不对的,这是轻视职业高中的表现。我们坚持两条招生原则:一是坚持个人志愿为主,统一调配为辅;二是从我市实际出发,采取职业高中与第二批重点中学、一般中学同时招生录取的办法,取得了良好的效果。

2. 坚持抓好学生专业思想的教育

党中央提出,各行各业要加强职业责任、职业道德、职业纪律的教育,对职业中学的学生展开这一教育也非常必要。录取在职业班学习的学生中有一部分不是自己的第一、第

二志愿,有一些是由于考试成绩较差,而勉强服从调配的。因此,这一部分学生学习的目的性不明确,对专业不热爱,也有自卑心理。对他们进行专业思想教育,是在职业班中坚持德智体全面发展方针的重要组成部分。所以,各校都普遍邀请联办单位的局长、厂长向学生介绍学习本专业的意义和它的发展前景,组织他们下厂参观、实习,接受生产实际和工人师傅的教育,在学习实践过程中增强对专业的兴趣和感情,逐步巩固专业思想。

3. 正确处理好文化课与专业课的关系,努力提高教学质量

创办职业中学一定要注意质量,强调以质取胜,中心仍然是要抓好教学。一是要认真研究处理好文化课与专业课的比例关系,根据培养目标,目前专业课采用中专和技工学校教材的基本内容,但适当降低要求或从实际出发自编相适应的教材,今后应当有职业中学专业的统一基本材料。文化课采用普通中学教材,按二类教学计划适当降低一些要求,结合专业要求,课程有所侧重,但普遍坚持开设经济特区建设需要的英语课,两者在时间比例上,多数安排 6∶4,即普通课占 60%、专业课占 40% 的要求,也有的第一学年专业课排 30%,第二学年结合实习占 50%。二是努力提高课堂教学质量,特别是专业基础知识课的质量,注意校内外、专兼职教师一起备课,组织教学观摩,共同研究编写、组织教材和改进教学方法。这里特别要重视贯彻理论联系实际的原则,创造条件让学生有实践的机会,注意了这一环节,教学效果就比较显著。

4. 办学管理工作要跟上,要着力创造办学条件

凡普通中学改办职业中学或举办职业班的,学校管理体制不要变,教育行政部门仍按普通高中的标准拨给正常的教育经费。此外还应从地方财政和有关联办单位拨给开办经费补贴,以解决增添教学设备、专业图书、实验实习、聘请教师的经费,同时还应争取拨款加强职业班教学、实验用房和实习车间的基建,如建立微电脑机房、广播电视实调室、电熨缝纫车间、语音实验室、模拟客房、烹调演示室、驾驶实习车间、琴室等。这是管理上的第一个问题。管理上的第二个问题是,普遍缺少专业课师资,专职很少,兼职很多,由于职业班的专业有几十种,甚至发展下去可能更多,需要大量从联办单位或有关部门聘请兼职教师,他们绝大多数具有理论知识又有实践经验,这是建设职业班专业师资不可忽视的重要力量。但还必须配备一定数量的专职教师的基本队伍,努力建立一支专兼职结合的又红又专的专业课师资队伍,以确保教学质量。管理上的第三个问题,是要建立校内外相对稳定的实习场地,特别是要由联办单位提供实习场所,支持建立校内实习工场的设备。在办学管理上,只要领导重视,机构健全,并解决好办学经费、专业课师资、实习场所和教学设备等基本条件,职业高中的质量是可以不断提高的,学校是可以办好的,且可以办得有声有色。

(四)结合改革中等教育结构与改革劳动招工制度

创办职业高中也是十分重要的问题,其顺利发展的关键是毕业生的出路问题,这是社会上包括学生、家长普遍极为关心的一件大事,也是体现社会主义教育制度优越性的一个重要方面。我们是培养提供社会所需要的劳动后备力量的,对毕业生的出路安排,一方面必须根据社会生产发展需要和毕业生质量的高低、优劣,确定不包分配、择优录取、多种形

式安排的原则；另一方面，作为国家政府部门一定要积极立足于改革劳动招工制度，为毕业生谋求各种就业门路着想，开辟职业教育发展的广阔道路。实践证明，"两结合"是促进职业教育发展、保证劳动后备军质量、提高劳动生产率的好办法。1982年7月，为了进一步改革招工制度，市委在教育工作会议上进一步明确了规定："劳动制度的改革要和教育制度的改革相适应，今后招工主要应从经过职业训练的青年中招收，招工考试除文化考试外，必须加试职业科目，没有受过职业训练的要补课，补员也要经过考试，择优录用，不合格的可保留指标，待补考合格后录用。全民和集体所有制单位招工时应划出一定指标从

国家教委副主任彭珮云（后任全国人大常委会副委员长）到鹭江职业大学视察

时任福建省省长陈明义到市电子职业中学学校视察

职业高中毕业生中择优录用,以劳动部门为主,有关部门共同研究,提出具体实施方案。"按市委这些规定,几年来,城区职业毕业生平均录用率在80%以上。这样,就从制度上保证了职业高中学生的就业出路问题。

当前,我市中等教育结构改革的形势很好,职业教育有着广阔光明的前景,改革普通高中、发展职业高中的潮流势不可当。我们正在进一步研究多层次、多规格及早普及城市高中教育的办法,试办一部分职业中专,更快更好地为四化建设和经济特区建设培养更为合格的人才。

鹭江大学建校十周年纪念

1984年9月,在厦门市举行全国南方八省市职业研讨会代表留影

坚持教育改革　办好所有学校①

　　当前,为了进一步贯彻执行《中共中央关于教育体制改革的决定》(以下简称《决定》),一个围绕"端正教育思想,明确培养目标"的教育改革重大课题的讨论正在全国范围内展开。这是关系到教育工作根本方向的具有深远意义的讨论。不端正教育思想,《决定》和"三个面向"的指示无法落实,教育工作也难以切实纳入为现代化建设服务的轨道,培养社会主义一代新人的任务也难以实现。因此,我想结合对几年来厦门经济特区的教育工作实践的认识,来参与这个讨论。

一、教育思想不对头的症结

　　《决定》指出:"教育必须为社会主义建设服务,社会主义建设必须依靠教育。"几年来教育改革的实践使我们逐步认识到,教育思想不对头的症结在于我们的教育工作不少方面存在不适应社会主义现代化建设的种种弊端。这些弊端正在影响着我们的教育改革和妨碍我们对各类建设人才的培养和造就。这些弊端集中到一点,就是片面追求升学率的办学指导思想在我们不少同志的头脑里作怪,并且在不同程度上左右着我们的教育工作。有的同志以为这个结论太武断,我想不尽然,这种思想不仅在学校里反映出来,而且在教育主管部门,在社会上也强烈地反映出来。一些教育主管部门,不从实际出发,以各种升学率(特别是高考升学率)的高低作为依据来衡量一个地区、一所学校的教育质量的现象不断出现。在办学上,往往把人力、财力、物力集中在几所重点学校,削弱了其他学校;在教育结构的改革上,重视办普通学校,忽视,甚至不愿办职业学校,改革步伐缓慢。学校片面贯彻教育方针,只抓智育(实际上是只向学生灌输应考的知识,不重视学习能力的培养),而忽视德育、体育、劳动技术教育;学校的工作在不同程度上围绕升学考试的指挥棒转,有的甚至在升学要求上定指标,只抓成绩好的学生,歧视或放弃差生,甚至采取不正当的手段逼走、赶走差生;为升学考试服务的各种复习资料、练习题泛滥成灾,使学生忙于应付茫无边际的题海与频繁的考试;课程不开足,教学要求不根据实际,偏高偏难;社会也给学校不少压力,升学率差的学校要遭受各方面的非议,学生参加一定的社会工作和活动往往受到一些家长等方面的阻挠与反对……

---

　　①　该文参加福建省教育科学研究所、福建省教育学会于 1986 年 8 月主办的"福建省首届教育学术讨论会",收录其"论文选汇编"第 52~61 页。

从厦门市的情况来看,这几年,虽然我们在端正各级领导干部的教育思想方面做了一定的工作,教育改革正在逐步进展,但是,在提高行政部门指导办学的思想方面,在发挥重点学校的实验示范作用方面,在办好一般学校方面,在处理德、智、体的关系以及毕业班与其他年段的关系方面,在招生考试制度的改革以及农村教育结构的改革方面,在教育如何进一步为社会主义建设服务等方面,尚有许多问题需要我们去探索解决。

也许有的同志会说,批判片面追求升学率,那是不是不要讲升学率了?我想,在目前各级教育远远还没有普及,各级升学考试制度仍然存在的情况下,各地、各校的升学率问题是客观存在的。问题的关键是在什么样的思想、方针和培养目标指导下办学,在正确办学思想指导下努力地提高教育教学质量,在任何时候都是必须重视和抓紧的。我们需要培养输送一批质量好的学生到高等学校,但升普通高中而后升大学绝不是唯一的目标。正如《决定》指出的,"教育体制改革的根本目的是提高民族素质,多出人才,出好人才",而且要求造就数以亿计的合格劳动者和数以千万计的各级各类合格人才,这是我们教育工作的总的奋斗目标。我们应当在这个总目标的指导下,努力端正办学思想,明确培养目标,从实际需要出发,为现代化建设培养更多更好的各级各类的"四有"合格人才。为此目的,必须坚持进行教育体制改革,努力办好所有学校,办好适应经济特区建设需要的有特色的学校。

二、一定要坚持进行教育体制改革

既然教育工作的种种弊端的根本原因是教育思想的不端正,培养目标不明确,那么我以为解决问题的出路在于坚持不懈地进行教育体制改革。根据厦门市教育实际,应当认真进行以下重要改革:

(一)教育要更好地为经济特区建设服务

要遵循中央提出的方针,切实把教育纳入为社会主义现代化建设服务的轨道,使教育更好地为经济特区建设服务。过去,各级各类学校培养了不少人才参加建设,但是往往从教育内部的要求出发去安排教育,很少去考虑社会发展和经济建设的需要。高等教育重理工、轻文史、农林、师范、经济、法律,中等教育结构单一化,基础教育十分薄弱等就是明显的例证。这几年的实践,使我们深刻认识到:社会主义现代化建设离不开教育,必须依靠教育;同样的,教育发展必须考虑建设的需要,必须纳入建设的轨道,努力为建设服务,才有广阔的前景。反之,则迷失方向,一事无成,甚至会影响与阻碍建设的发展。教育与经济、教育与社会是息息相关、唇齿相依的。比如,要培养数以亿计的合格劳动者,就必须普及初等教育,普及九年义务教育,直至发展各类高中教育;要造就数以千万计的各级各类合格人才,就必须改革中等教育结构,发展各种职业中学、中专、中技等职业技术学校,发展职业高等教育和成人教育,还要抓好普通高中教育和发展高等教育;而要改革发展教育,就必须增加智力投资,保证办学的人力、物力、财力条件。经济特区建设要有较高文化技术素质的人才,我们要创造条件在特区普及各类高中教育,而且还要为发展各类高等教育输送人才打好基础,要力争农村早日普及九年义务教育。总之,为了两个文明建设和特区的繁荣,我们要多层次、多规格、多种形式培养各级各类合格人才,并从这一要求出发,去考虑改进办学思想、培养目标、学制、课程、教材、教学、教育方法及相应的教育教学管理制度。

(二)大力普及九年制义务教育

普及九年制义务教育是当前教育改革的重点。《决定》指出:"今后事业成败的一个重要关键在于人才。而要解决人才问题,就必须使教育事业在经济发展的基础上有一个大的发展。"人才的基础在于小学、初中阶段教育,在于普遍提高广大青少年的基本素质。教育思想不端正的一个重要表现是往往只抓普通高中而忽视初中和小学,尽管这几年我市农村集资几百万元、国家投资几百万元来解决农村小学的"一无两有"和初中的办学条件,但目前办学条件仍然相当差,特别是贫困乡、村的办学条件极差,基础教育仍十分薄弱。农村初中校舍不足,师资极缺,巩固率也很低。两年前,有个农村中学初三毕业时仅剩下原来50%的学生。上述情况说明,虽有普教经费严重不足的客观原因,更重要的是各级领导还没有切实把普及九年制教育放到战略地位上来抓。因此,在城市已普及初中教育进而基本普及高中教育的情况下,应当着力提高小学、初中的教育质量(包括极为重要的德育、体育质量);在农村,数量的发展和质量的提高要一起抓。总之,应当从过去只重视抓普通高中而忽视抓初中、小学的不正确做法上转变过来,切实把最基础的教育抓好,要认真贯彻执行《义务教育法》,从实际出发,因地制宜、分期分批精心组织施工,大力普及九年制义务教育。1986年2月,厦门市委召开全委扩大会议,5月市府召开教育工作会议决定,全市城乡在1990年前普及九年制义务教育,特区内于1988年基本普及高中教育;市委书记邹尔均同志于第一个教师节提出特区内到2000年大专以上文化程度占人口10%的目标,是符合特区经济和社会发展需要的奋斗目标,是完全可以实现的。

(三)形成社会主义教育体系

要不断排除前进中的障碍,坚决进行中等教育结构改革,使经济特区的教育逐步形成一个普通教育与职业技术教育并行发展、互相结合、互相渗透,具有自己特色的社会主义教育体系。当前,既要办好普通中学,又要办好职业中学,这是端正办学指导思想的一项战略任务。只有从根本上端正普通教育的办学方向,才能改变中等教育结构单一化的状况,才能改变"千军万马争过独木桥"的局面,才能适应经济特区建设发展和对外开放的需要。厦门市改革中等教育结构的步伐较快,六年来从试办职业高中班起到办起了职业技术学校,普通高中的学生兼学些职业技术知识,职业中学的学生既学职业技术知识、技能,又学文化,成为有专业知识的劳动后备力量。实践证明发展职业技术教育,不仅适应经济特区建设的需要,而且对学生起了明显的教育作用。过去升学无望的学生,进入职业高中学习积极性提高了,接受职业道德教育,懂得了自己对社会应负的责任。当然,改革不会一帆风顺,只要方向正确,措施得当,勇于在实践中探索就一定会取得更大成绩。

(四)按"三个面向"的要求改革普通教育

必须在"三个面向"的指引下探讨普通教育改革的一系列重大课题。首先,解决培养目标的问题,就是说我们要为培养"四有"、"两热爱"、"两精神"的一代新人打好坚实的基础,特别要让年青一代懂得自己肩负什么样的重任,要以什么样的精神面貌与世界上不同社会制度国家打交道的问题。这个问题不解决好,就难以完成两个文明建设的重要任务。其次,为了适应新的技术革命的要求,在教学内容、教学组织形式、教学手段和教学方法上,都应该进行改革,切实革除抑制学生智力能力的发展、阻碍德智体美全面发展的种种弊端。最后,要从实际出发,区别不同地区不同情况,积极创造条件,逐步实行教学手段的现代化,积极推广幻灯片、电影、电视、实验教学,不断增添听音、录音、录像设备,开展微电脑教学,使我们的教学建立在更高的水准上。贯彻"三个面向",进行教学改革,除了要保证一定的物质条件外,更重要的是要有一支足够数量的合格的师资队伍,这支队伍的素质愈高,实现"三个面向"就愈有坚实的基础,提高教育质量就愈有保证,学校就能进一步为四化建设造就更多更好的人才。为此,我们要花大力气动员一批质量好的学生报考师范院校,为20世纪90年代教育事业进一步发展培养雄厚的高水平的教师队伍。

三、办好所有的学校,办好有特色的学校

"办好所有的学校",这是为了"提高民族素质,多出人才,出好人才","为20世纪90年代以至21世纪初叶我国经济和社会的发展,大规模地准备新的能够坚持社会主义方向的各级各类合格的人才"。特别是普及九年制义务教育,以及城市普及十二年制教育,要求我们必须办好所有学校,办好各级各类学校。几年来,我们在教育工作中逐步地比较好地处理了重点学校与一般学校、城市与乡村、普通教育与职业教育、中学与小学等方面关系,各级各类学校办学条件普遍有了明显的改变,农村学校面貌有了很大的改观。解决问题的主要措施如下:

(一)办好所有学校

既要办好重点学校,又要办好一般学校,从各自的传统和优势出发办好所有学校。重点学校是客观存在的。我市的五所重点中学和两所首批重点小学,至少都有30多年,多至五六十年的办学历史和办学经验,他们为国家培养了不少各类人才。过去在财力比较薄弱的情况下,集中一些力量办好重点是有必要的,应当历史地辩证地看这个问题。过去从人力、物力、财力、生源确保重点,造成重点与一般办学上的严重矛盾,挫伤一般学校办学的积极性。现在应当调整这个矛盾,但这绝不是取消重点或是将重点下降到一般的水平。重点学校应当继续努力办好,进一步起实验性、示范性的作用;对一般学校要努力改变其办学条件,使它们在原有基础上不断提高水平,逐步向重点靠拢,达到普遍提高的目的。"六五"期间,我们正是这样努力办学的。

(二)各校教师原则上不调动

对于"文革"中调到一般中学执教的原重点中学教师基本上不调回,我们采取从其他途径补充的办法,既保持一般中学的骨干力量,又提高重点中学的师资水平。这样一般学校的办学质量有一定保证,重点中学在办学上也取得较好成绩,这种做法赢得了社会好评。同时,师专、师范招生面向农村,实行定向招生,鼓励农村学生报考师范学校,为农村办学提供良好的师资条件。

(三)重点增加一般中学的基建

在增加重点学校的基建的同时,更多地增加一般中学的基建。全市 28 所完全中学(含职业中学)不管城市和农村,普遍都盖起教学楼、综合楼(或实验楼),一些农村中学还建了学生宿舍楼,农村小学大多新建和翻建了新校舍。五年中,市府地方拨款 3 500 多万元作为基建费和 220 万元解决农村"一无两有"的经费,大大改善了中小学校舍条件。不仅如此,在教育事业费方面,一般学校都有了大幅度的增加。例如同安县,教育事业费1980 年 307.03 万元,1985 年达 719.88 万元,增加 134.46%,中小学人均从 51.81 元提高到 104.23 元,翻了一番多。

(四)改革招生考试制度

改革招生考试制度既是为了全面贯彻党的教育方针,减轻学生过重负担,提高教学质量,也是解决重点与一般学校关系的一个有效办法,为办好所有学校打下良好的基础。前几年我们在城市实行毕业考与升学考结合的办法,今年在农村推行。三年来还实行划区划片招生的制度。从 1985 年开始,在已经普及初中教育的市区和集美镇,取消初中招生统考制度。市和区都不组织小学毕业班统考,只有学校自行组织毕业考试,决定学生能否毕业。小学根据德智体全面衡量,择优录取的原则保送推荐、安排毕业生直接升入指定的中学。报名较多的中学则在区范围内实行推荐加口试办法,这样,一般中学也能招收相当数量学习好的学生,提高了办学积极性。高中招生也做了一些改革,省重点中学按本校招生数的 30%~50%推荐本校优秀初中毕业生免试升入普通高中,同时规定市一中、双十中学招收本校学生的比例不得低于招生数的 85%(有的达 90%)。这样就不会去挖一般中学的生源。一般中学也实行本校优秀毕业生 5%~10%留校的制度并允许他们宣传动员,使大部分合格学生报考本校,保证了一般中学也有较好的生源,大大增强了他们办学的信心。同时规定,招生录取一律按考生志愿的顺序,从高分到低分,结合德育、体育的表现,择优录取。由于改革中等教育结构,大力发展职业技术教育,学生报考志愿的选择余地也较大,升入各类学校的学生各得其所,提高了学习积极性。今年市区职业高中招生1 210 人,选择职业高中作为第一志愿报考的达到 1 161 人;而且在 22 个专业中有 12 个专业报考生超过招生数,说明职业学校的发展具有很大的潜力,这也是招生考试改革的一个成果。

(五)逐步建立从实际出发较为科学的学校管理制度

在省委"以智取胜"的方针指导下,市委市府领导提出了"以质取胜"的要求,特区的办学工作着重在质量上下工夫,包括在狠抓学生思想品德教育、转变差生上下工夫。据此,我们坚持两全的思想指导,在办学的实践中总结了一条评价学校的原则:依据方针,着眼全面,承认基础,注重效益,要求每所学校在自己的起点上,创造最佳的效益。我们采取数理统计的方法,平时记录了学校德、智、体诸项教育的成绩以及入学率、巩固率、合格率、报考率等数据,从各校的实际出发,对学校的教育工作进行全面的评估,这就调动了所有的学校的办学积极性与主动性。经过几年的努力,社会各方面已经逐步从只看升学率的狭隘的观念转变到从学校的校风、教师的教风、学生的学风等方面来全面评价学校,为了鼓励办好一般学校,在评选先进方面,充分考虑一般学校,对重点中学从严要求。

在注意办好所有学校的同时,我市还根据厦门市的传统和优势,办一些有特色的学校和试验班,开创了特区教育事业生动活泼的新局面,促进教育事业的繁荣。我们先后办了侧重培养体育人才和各行各业体育骨干(含小学体育师资)的鹭江中学,办起了一所侧重培养英语专长的六年一贯制的普通中学——英语中学,举办英语、日语、语文、数学试验班,城市小学高年级(有的中年级)普遍开设英语课。我们还选择市区3所小学,根据它们的传统、基础与条件,分别试办音乐、舞蹈、美术书法3个试验班。这些试验班的办班原则是:着眼全面发展打基础,寓专长教育于德智体三育之中;提前起步,探索发展个性、培养专门人才的途径。此外,为了适应现代化教学和新的技术革命的需要,市区中小学已经配备300多台微电脑,建立市教育系统微电脑培训中心,培养师资,中学开设选修课,小学组织课外活动小组。

办好所有的学校,办好有特色的学校,这是我市在教育改革的实践中逐步探索出来的办学途径。上述的种种试验尚待成熟、完善,实践已验证了这些试验是符合教育改革的发展方向的,是能够逐步与特区的社会主义现代化建设的需要相适应的。事物总是不断发展的,我们将继续端正教育思想,大兴调查研究之风,不断学习、不断总结、不断探索,为繁荣教育事业、建设特区做出自己应有的贡献!

台湾海峡交流基金会副董事长兼秘书长邱进益与福建省少儿艺术访问团留影

厦门大学潘懋元教授的鉴定意见

校职称办:

转来市教委职改办来信和郑炳忠同志的三篇教育论文,阅读后提出如下意见,以供参考。

一,观点正确,材料丰富。

二,对某些教育问题的观察敏锐。如 1985 年所写的论文,已明确提出流生数量剧增,是受特区招工文化要求低而待遇相当高所冲击。惜乎许多领导人到 1988 年之后对此才有所认识,以致未能及早采取有效措施以防止全国性的大量流生现象。

三,有些论点比较深刻。如从国际比较与我国现代化建设过程中,总结出职业技术教育发展的必然性,又从实践经验中得出改革中等教育结构必须与改革劳动招工制度相结合,只有改革劳动招工制度,职业技术教育才有生命力,而发展职业技术教育,又是改革劳动制度的一项内容(确切说,是深化劳动制度改革的保证)。中肯!

四,有些见解全面。如提出"办好所有的学校,办好有特色的学校,即重点学校、一般学校、有特色的学校,都可以从各自传统和优势出发办好,而不要互相攀比"。

郑炳忠同志作为教育行政领导者而积极从事教育科学研究,这种精神值得提倡。一方面,行政领导者搞研究,对问题可能看得更深远,有利于提高决策水平;另一方面,实际经验丰富,研究成果一般具有较高的可行性。当然,有些研究还可以深入一点。如认为教育的弊端的症结在于片面追求升学率的办学思想在我们不少同志的头脑里作怪。但思想是客观现实的反映,如果一种思想成为包括学校、教育行政部门以及家长在内的社会心理现象,就必然有其客观的社会原因。如果能进一步探究片面追求升学率的社会原因,可能更有助于从根本上解决片面追求升学率的问题。

我认为:郑炳忠同志三篇论文,具有一定的理论水平与重要的现实意义。美中不足的是三篇论文都是 1986 年以前发表的作品。

由于来函仅要求进行鉴定,歉难对职称表示意见。

(潘懋元,1989 年 8 月 30 日)

(厦门大学职称办公室签署:潘懋元同志是我校高教研究所所长、教授,1989 年 8 月 31 日)

加快教育改革步伐　适应特区建设需要①

　　厦门市试办经济特区已有四年了。这四年，随着经济建设的突飞猛进，教育事业也得到迅速恢复和蓬勃发展。特别是市委市政府十分重视教育工作，大力增加智力投资，发动各方集资捐资办学。1982—1984 年，教育事业经费每年都以 17% 的速度递增；基建投资从 1981 年的 90 万元增至 1983 年的 340 万元，1984 年达到 550 万元，1985 年将力争达到 1 000 万元。从小学到中学，从普通中学到职业中学，从城市学校到农村学校，办学条件都有明显改善。可以说，现在厦门教育战线的形势是新中国成立 35 年来最好的时期。

　　在这样大好形势面前，学校教育应如何迅速适应特区建设发展的需要呢？我们认为，特区的教育必须是高水平、高质量的，必须在"特"字上做文章，走在前头，办出特色。1984 年，全市城乡已经实现普及初等教育，城区实现普及初中教育。全市高中改制任务将于 1985 年完成。力争 1986 年城区基本普及高中教育，1988 年以前农村基本普及初中教育。中等教育结构改革的步伐加快了，普通教育与职业技术教育并行发展的教育体系已在我市基本形成。1984 年城市职业高中招生数已占高中招生总数的 40%（全市 35.7%），为各行各业培养大批有专业技术知识的劳动后备力量。市鹭江职业大学、英语中学、鹭江（体育）中学先后兴办起来。厦门师范学校有了较理想的校址，正在重点兴建，恢复了幼师专业，函授工作也打开了局面；市教师进修学院已于 1984 年年底改为教育学院；有 4 万多名学员的多层次、多门类（包括电大、业大、干校）的成人教育网已初步形成；几所新的大中专院校和职业中专将要开办。为了适应对外开放和文化交流的需要，城区小学五六年级已普遍开设英语课；今年秋季，从三年级起增开英语。1984 年已有 3 所小学从一年级起分别开办了一个美术书法、音乐、舞蹈试验班。全市中小学建立了 40 多个课外科技活动阵地。市教育学院和 20 多所中小学共配备 100 多部微电脑，建立了市微电脑培训中心及 4 所中学的学习推广中心，掀起微电脑学习热潮。市政府拨出专款 4 万多美元和 24 万人民币购置微电脑。最近，经市政府批准先后成立市少年儿童艺术团、中小学卫生保健所和市教育科学研究所，较大规模地开展教育教学研究和总结交流活动。这一切说明，厦门市的教育工作办得更加生动活泼，更有特色，更能适应培养创造型人才、建设经济特区的要求了。

　　展望前程，我们更加信心百倍。我们决心加快特区教育改革，开创新的局面。着力解决教育工作上存在的弊端，改革学生思想政治工作，改革教育管理体制，改革教学，改革招

---

　　①　原载于《福建教育》1985 年第 2 期。

生考试制度,改革师资培训工作,努力塑造一代新人,树立一代新风。而这一切的关键在于调动广大教师和干部的积极性和创造性。我们要在改革中,首先抓好知识分子政策的贯彻落实,在解决教师的工资待遇、生活福利、中老年教师家属农转非和教师住房、入党难等问题上有新的突破。我们完全相信,有各级党政领导的重视支持,有一支可以信赖的有较好素质的教师队伍,厦门市的教育事业将有较大的发展,教育质量将得到较显著的提高,一个以改革的雄姿与经济特区建设同步发展的、具有厦门地方特色的社会主义教育体系将要形成,我们一定会为加速经济特区的建设培养出更多更好的创造型、开拓型人才。

厦门市教育局新老领导与思明区领导参加松柏中学建校十周年留影

2007 年,郭振家副市长在九中召开的
"市语言文字达标工作总结表彰会"上留影

许十方副局长视察思明区九中,
与思明区教育局领导等留影

适应特区建设需要　大力发展教育事业①

　　厦门经济特区已经走过了十年的峥嵘岁月。改革开放不仅促进了经济的繁荣和社会的进步,也给教育带来了勃勃生机,使其走上健康发展的道路。

　　这十年,厦门教育摆上了特区经济发展的重要战略位置。特区经济的发展,为教育提供了较为雄厚的实力。政府努力增加教育投入,实现了连续三年包括公用经费在内的"三个增长"。1989 年财政经常性收入比 1988 年增长 29.2%,教育经费增长41.4%;1990 年这两项比 1988 年分别增长 17%、25.3%。市财政收入十年增长 4.6倍,而市教育事业费增长 6 倍。经过社会各界的共同努力,厦门各级各类教育得以空前的发展。1990 年秋季,全市有全日制学校 724 所,其中高等学校 8 所、中专 7 所、职业中学 7 所、中学 43 所、技工学校 3 所、小学 348 所、幼儿园 303 所、弱智儿童学校 4 所、聋哑学校 1 所,在校生近 22 万人,占全市人口的近 20%。单中小学、幼儿园在校生比1980 年增加 20.84%。基础教育办学比较扎实,全市已有 5 个区、2 个镇、1 个农场宣布实施九年制义务教育,1 个区、1 个县宣布实施六年制义务教育。城区已基本普及高中,初中毕业生升入各类高中达 93.99%,城乡也达 70% 以上。小学的"四率"均达到省颁一类标准,毕业生升入初中达 96.58%。幼儿园 1990 年比 1980 年增办了 94 所、409班,增生 13 597 人。10 年的各级各类学校毕业生数超过了过去的 30 年,成为厦门教育史上最兴盛时期。

　　这十年,深化教育改革取得了丰硕的成果。最为突出的是进行中等教育结构改革,大力发展职业技术教育。从 1980 年的 4 个职高班,发展为与 20 多个系统、集团联合办学,设置了适应外向型经济需要和具有地方特色的专业 40 多个,现有在校生占高中阶段各类学校学生数的 55%,职高毕业生当年就业率均在 85% 以上,1990 年达到 90%。职业技术教育成为发展特区经济的一大支柱,1991 年,厦门市政府被评为全国职业技术教育先进单位。中小学教育的改革,主要是根据特区建设的需要,办有特色的教育。创办了中学阶段六年一贯制的外国语学校、中小学九年制的音乐学校、体育中学和体育中专;城镇小学普遍开设英语课,运用聘请外籍教师和连续 4 年举办暑期英语培训班等形式提高教师的听力和口语能力;在城区选定 3 所小学创办六年制的音乐、美术、舞蹈班,有效地开展艺术教育;在 20 多所中学的高中部开设电脑课,在城区初中和部分小学开展电脑科技活动,目

---

　　①　原载于《厦门教育》1991 年第 4 期。为庆祝厦门经济特区创建 10 周年征文。

前全市中小学已配备各类电脑1 200多台。此外,中小学的招生制度已进行了6年的改革,城镇初中实行划区划片中小学挂钩招生,小学升初中、初中升高中实行两考合一(仅举行毕业考)。德育已摆在首要位置,突出爱国主义教育,建立了以宣传孙中山、陈嘉庚、鲁迅、郑成功、林巧稚、李林为主要内容的教育基地,创办了艺术节、体育节、科技节等校园文化活动,进行了丰富多彩而又有成效的教育活动。地方高等教育走出了自己的路子。鹭江职业大学是福建省第一所职业高校,紧紧瞄准特区两个文明建设的需要而设置专业,改革教材教法,培养了2 100多名毕业生,深受用人单位的好评;集美师范专科学校已经成为厦门中学师资的主要培养基地,十年内培养了2 800名合格教师。另有5所部、省属高等学院也有长远的发展,尤其在面向特区、为特区造就多方面人才上取得教育教学改革的成功。成人教育形成多渠道、多形式、多规格的办学模式。十年来已有9万多名职工参加文化科技知识的补习,城乡青壮年非文盲率已达90%以上。1990年全市29万职工已有7万人参加各类文化、技术学习和培训,成人高校(含自考)大专毕业生6 364人。据统计,在10万人口中,厦门全市大学文化程度以上者已占4.64%,特区内已占9.6%,高于全国、全省的平均水平。这一切,为特区建设提供了一批专门人才和一支有较高文化素质的劳动大军。

这十年,建立了一支素质较高的教师队伍。现有的教师队伍的合格率明显提高,小学公办专任教师增加1 800多人,学历达标率从50.3%提高到85.65%;初中专任教师增加1 100多人,大专以上学历从72%提高到90.2%;普通高中教师增加200多人,本科以上学历从65%提高到72%。现在每年有近百名本科、200名专科、200名中师毕业生补充到中小学、幼儿园的教师队伍。教师的生活待遇也有了很大的改善,城乡中小学教师年平均收入已进到全市12个行业的第6位;政府拨款兴建10万平方米的住宅,改善了2 000多名教师的住房条件,有力地稳定了教师队伍。正是这支队伍,承担着培养合格建设者和革命接班人的重担,为特区的两个文明建设做出突出贡献。

20世纪90年代,厦门经济特区进入新的更大的发展阶段,经济结构将发生深刻变化,向教育提出新的奋斗目标:建立起既适应国家社会主义现代化建设需要,又适应厦门经济特区发展需要的,面向21世纪,具有中国经济特区特色的社会主义教育体系。今后的十年,我们将从反和平演变的高度和适应世界科学技术的挑战出发,发展教育事业和深化教育改革。为了适应特区的需要,我们对教育事业的发展提出规划:城市满足3岁以上的幼儿接受学前教育,农村积极发展学前两年教育;城乡较高水平地全面普及九年制义务教育,到2000年,全市小学、初中在校生分别达到14万人和6万人以上;城市普及各类高中教育;建立由中专、中技、职高、职前培训班所组成的职业技术教育网络,高中阶段各类学校招生中职业技术教育占55%,在校生占50%以上;地方高等教育在现有基础上适度发展,支持在厦门的部、省属高校的发展和提高;同时适当发展成人高等、中专教育;全市城乡人口的文盲率、半文盲率降至10%以内,特区内降至6%以下;坚持多种形式办学,大力开展岗位培训和继续教育,实行"先培训、后上岗"的制度;建立一支具有良好政治思想、业务素质的教师队伍,城乡各级各类学校的专任教师全部达到现有学历要求的合格水平,初中教师的 50％、城镇小学和公办幼儿园中的 40 岁以下教师的大多数分别达到本科、大专毕业程度;教育经费每年平均以 10％以上的速度增长,继续做到"三个增长"。我们相信,经过不懈的努力,这样的奋斗目标一定会达到。厦门教育将为特区的经济发展和社会进步,为祖国的现代化建设做出更大的贡献。

1993 年 1 月,在哈尔滨市举行计划单列市教委领导会议留影

王淑景王文斗奖学基金成立 20 周年暨 2007 年度奖学金颁发大会

关于厦门市普及高中阶段教育的探索^①

一、指导思想和原则

在刚刚召开的第九届全国人民代表大会第四次会议上,朱镕基总理在"十五"计划纲要报告中提出"发展是硬道理"、"坚持把发展作为主题"、"要把发展科技、教育放在突出位置,进一步实施科教兴国战略,振兴科技、培养人才,促进科技、教育与经济紧密结合"。同时指出"坚持教育适度超前发展,为国民经济和社会发展服务"、巩固"双基"成果,"加强高中阶段教育和高等教育的发展"、"大力发展职业教育和职业培训,建立职业教育与普通教育相互沟通的教育体系"。

以上重要内容和决策应当是我们当前高中阶段发展和改革的方向、指导思想、方针和政策导向。因此,依据上述指导思想,对我市普及高中阶段教育有几点认识:

(1)必须加快高中阶段教育的发展;

(2)必须在巩固提高"双基"成果的基础上发展;

(3)必须正确处理发展数量与提高质量的关系;

(4)必须正确处理扩大普通高中招生规模与大力发展职业教育的关系,确定两者的合理的适应本地区发展的比例;

(5)必须努力建立职业教育与普通教育相互沟通的教育体系。

二、探讨我市普及高中阶段教育的几个问题

(一)巩固提高普及九年义务教育的数量和质量

厦门市作为经济特区、单列市,又是经济比较发达的地区,提出 2005 年要基本实现现代化,要求加快高中阶段教育的发展与普及是必要的,也是适时的。但正如中央教育部 2001 年工作要点指出的"大中城市和经济发达地区的义务教育要坚持高水平、高质量,率先走向现代化"的要求还有一定的差距,特别是农村。当前我市"双基"实施中有两个问题必须解决:一是农村初中辍学率比较高,甚至淘汰率(如退学)比较高;二是初中学生中一

---

① 该文为 2001 年在厦门市政协和市民盟座谈会上的发言。

部分学习质量差,甚至中考总分仅有几十分者却被录取进职业中学。这个问题应当重视并采取有力措施加以解决,才能保证普及高中的数量和质量,只求数量的发展而忽视质量的保证将会造成加快普及中的废品。市教委提出 2001 年为提高教育质量年。

(二)普及高中阶段教育的标准问题

按照国家和厦门市"教育之城规划"提出的普及的定义是以"学龄入学率"为标准的,而不是以初中毕业生的升学数量为标准的。因为当前小学生升入初中的学龄入学率比较巩固,但初中生经过 3 年大体减少 8% 左右(这是统计报表的数字,实际不止),因此考虑高中的普及率应以学龄入学率为准。如按照市教委 1999—2000 年统计报表分析,初中毕业班学生 24 555 人,而毕业生仅 23 893 人,减少 662 人,按后一个数字统计,升入各类高中比例 76.75%,而实际仅达 66.55%,还尚未与初一年入学数对比。为了使我市的高中阶段教育的普及工作扎实可靠,保证数量与质量,并与 2005 年基本实现现代化的要求相适应,我提出三点建议:一,普及高中以学龄入学率为标准;二,可靠的普及时间放在 2005年更为确切,这已经是很快的喜事了;三,学龄入学率普及率应在 85% 以上。

(三)正确处理好普通高中与中等职业教育发展的关系

江泽民同志指出"我们的基本国情之一,是在经济比较落后的条件下办大教育,我们必须立足于这个实际,深化教育改革,使我们的教育结构和教育体制适应社会主义市场经济发展和社会全面进步的要求","我们要培养数以亿计高素质的劳动者和数以千万计的专门人才,为现代化提供足够的人才资源。同时要注意教育质量"。

我们普及高中教育必须立足于上述实际,培养多层次多规格的人才。

因此,社会主义市场经济发展和社会全面进步的要求,厦门经济特区两个文明建设和基本实现现代化的需要,按国家教育部提出的,要"努力创造条件,积极扩大普通高中招生规模",又要"因地制宜发展普通高中和中等职业教育,保持合理比例","把职业教育放在与普通教育同等重要的位置,尤其要加快农村中等职业教育的发展"。

有的专家提出要"七三"开问题,即普通高中"七"、中等职业教育"三",我想目前这个比例不太适当。日本曾经这么做,但那是在社会高度发达,高中已普及的情况下,而我国的国情、区情还没有像日本那样的情况。我们是"亿万劳动者"和"千万专门人才"的要求,因此首先要在这一点上取得共识,把"职业教育放在与普通教育同等位置",尤其发展上。目前,按 2000—2001 年统计,全市高中阶段普职比已是 51.2:48.84专),岛内直属学校普职比为 58.81:40.19,那么,厦门的中等职业教育的发社会是否就那么不需要了?绝不是那样,比如电子类专业,每年需要 700~800毕业生仅有 300 人左右,这些年不得不从外地聘用几百名职高毕业生来满足个问题是对口社会需要问题、质量问题。这几年厦门工业学校的毕业生就供不应求类毕业生成了新加坡某航空公司的"定点产品",成了品牌、吃香专业。

又从扩大普通高中的招生规模看,很明确地说多办普通高中的主要目的,一是满足家长、学生的愿望,二是为了更多学生升大学。2000 年,厦门高考成绩好,3 000 多人升入各类大专院校,报考升学率达 82％以上。从 2001 年全国高校招生达 250 万人,增加 13.6％,以每年这个比例增长,我市 2001 年普高毕业生 4 555 人(还有 3 429 个职教毕业生一部分考大学),而 2002 年普高毕业生达 6 633 人,2003 年达 8 677 人,这样,特别是后两年预计将有 2 000～3 000 人不能升入全日制大专院校。他们要待业、备考和进行职业培训,当然升学比例也会大大降低。为了加快普高发展规模,在有些办学条件不够的学校办普高,也会大大影响教学质量。

鉴于上述情况,我认为今后 5 年内普高与职高(中专、职业中专、职业高中、技工学校)应当放在普通高中 5.5 与职业教育 4.5 更为适当,城市普高可适当高一些,农村低一些。建议市政府及其有关职能部门(教育、计划、财政、经贸、建设、劳动等)应当安排一定时间,拿出一定力量,专题研究一下中等与高等职业教育的改革与发展问题。

(四)积极建立相互沟通的教育体系,发展高等职业教育

这也是厦门经济特区培养高素质实用型专门人才的有效途径,是调动职业学校师生教与学、提高办学质量积极性的有力措施。这方面,中央和省以及各地经验提供不少办学的模式:

(1)普通高校办职业技术学院。

(2)职业大学、成人高校与普通中专、职业中专联办。

(3)普通中专挂靠大学办"三二"制大专班。

(4)争取有条件的普通中专升格。

(5)学制可办"三二",从初中毕业生招生。

总之,厦门经济特区要加快普通高中阶段的步伐,必须抓住"双基"的巩固提高,正确处理普高与职业教育发展的关系,处理好数量的发展和质量提高的关系。

市教育局老同志到厦门市电子职业学校参观学习并与学校座谈有关职业教育的办学合影

适应经济特区发展需要
提高基础教育办学水平
推进中等教育结构改革①

1980 年 8 月 26 日,全国人大常委会第十五次会议审议通过,正式宣布在深圳、珠海、汕头、厦门设立经济特区。1980 年 10 月 15 日,特区湖里加工区第一期工程破土动工,标志着厦门经济特区建设拉开序幕。那一年厦门教育捷足先登,10 月 15 日,市委市政府决定创办厦门鹭江职业大学,由市委副书记肖枫同志任首任校长。同年,时任市教育局局长的李永裕到福州开会前,向市委书记陆自奋汇报,得到支持,报省教育厅批准,于 12 月 26 日宣布设立福建省第一所公办的外国语学校——厦门英语中学(1990 年移址市区,批准改为厦门外国语学校)。厦门创建经济特区以来,党中央、国务院对厦门经济特区的重视、关怀、支持,以及多年来对教育工作的一系列指示、决策,把教育提高到前所未有的地位。"国运兴衰,系于教育;教育振兴,全民有责",我们更加明确教育在经济特区的地位、作用和责任,更加明确为特区建设发展培养各级各类高素质人才的重要性。

经济特区成立 30 周年,教育主要办了两件大事:高水平高质量普及九年义务教育;着力进行中等教育结构改革,大力发展职业教育,为全面普及高中阶段教育打下坚实的基础。相应发展高等教育、幼儿教育、社会教育和成人教育。

一、发展是硬道理

胡锦涛总书记在党的十七大报告中指出:"在党和国家的全局中,必须始终坚持把教育摆在优先发展的位置。"市委市政府历届领导十分重视教育工作,可以说是身先士卒,使得"文革"十年受到摧残的厦门教育,得到前所未有的恢复和发展。这里以一组 1981—1982 学年度和 2010—2011 学年度在校生做比较:

小学:由规模小的学校经过整合,从 336 所调整为 293 所,但在校生从 96 770 人发展到 183 340 人,增长 1.95 倍;

初中:由 34 所发展到 62 所,在校生从 29 145 人发展到 79 168 人,增长 2.6 倍;

普通高中:由 17 所发展到 32 所,在校生从 7 328 人发展到 42 461 人,增长 6 倍;

① 2011 年 9 月 22 日在厦门社会科学界第二届学术年会"厦门经济特区 30 年基础教育的回顾与展望"论坛上的发言。

中等职业教育(含技工学校):由规模较小的 22 所发展到规模大的 26 所,在校生从 5 271 人发展到 36 713 人,增长 6.69 倍。

以上两项,高中阶段合计从 39 所发展到 58 所,在校生从 12 599 人发展到 79 174 人,增长 6.28 倍。现有普职比为 53.62 ∶ 46.37。我认为,作为经济特区普高稍大于职高,应属于正常情况。

此外,大专院校由 6 所(本、专各 3)发展到 17 所(本 6、专 11),在校生由 6 600 人发展到 128 470 人,增长 19.5 倍。

幼儿园:由 172 所,在园生 14 775 人,发展到 505 所 87 659 人,增长 5.9 倍。但由于办学指导思想、观念的差距、失误,造成公办园发展少,民办园大发展。不少民办园的办学条件差的情况,必须加大改变力度。同时加大对民办园管理,给予扶持的政策。一年来,市政府已出台专门文件,正在努力改变这种状态,但需要相当努力的过程。

现有:教育部门办(公办园)　　667 班 23 352 学生,占 26.63%

集体办　　571 班 13 481 学生,占 15.3%

民办园　　1 687 班 48 482 学生,占 55.3%

其他部门办　　60 班 2 344 学生,占 2.67%

二、举全市之力,提前实现普及九年义务教育

20 世纪 80 年代初,由于教育受到"文革"十年破坏,我市的基础教育很薄弱。据 1982 年普查,厦门市文盲、半文盲率竟达 24.28%,高于全国水平;初中文化程度的职工占到 69%;当年初中在校生数,在校两年半后,农村巩固率还不到 60%,城市一些学校不到 80%。而改革开放之初,地处海防前线的厦门,教育基础设施建设缓慢,许多校舍年久失修,农村简易小学危房居高;教学设备差、师资奇缺,学生失学、辍学率高,农村文盲半文盲居多。据 1981 年统计,全市中小学危房有 7 万平方米,要全面摸清 0~17 岁义务教育对象数据难度较大。

1986 年国家颁布《中华人民共和国义务教育法》,提出在 2000 年实现九年义务教育。省政府提出要在 2000 年实现"两基",即基本普及九年义务教育,基本扫除青壮年文盲。而我市根据制定的"八五"计划,要求在 1997 年实现"两基"。为此,当时任市教委首任主任、后任副市长的蔡望怀同志决定组织力量配合公安部门共数百人,历时 8 个月深入查户口。另一方面宣传动员办学,他亲自在电视上发表"普九"重要意义的动员讲话。先后任教育局长、市教委党组书记的李永裕同志多次带领大家深入集美的偏远山区黄地、许庄,同安的莲花等乡村,动员支持办学,安排建校项目。厦门市实现"双基"实施九年义务教育的难点、重点在同安县。1994 年,厦门市人大常委会通过了"重点扶持同安县实施九年义务教育"的议案。为此,市政府教育督导室配合省督学拜访时任同安县委书记的陈涛同志,取得县委的支持。市政府常务副市长李秀记同志、副市长蔡望怀同志主持召开落实会议,与刘县长签订责任状,主要解决经费投入、校舍建设、教学设备等问题。与此同时,20 世纪 80 年代末,市政府发动全市各界掀起集资办学的热潮。1988 年,市直机关干部响应

市府号召,为市教育基金会成立开展"一人一月一元钱"的捐资活动,以支持"普九"。我市侨胞、港澳台同胞纷纷解囊捐资助学,全市成立近 10 个基金会。各个村也掀起集资办学热潮,出现了人人关心教育,积极改善条件的热潮。当时确实还不富裕的农村,村里最好最美的房子要数学校。市属各区也尽力挤钱办教育,确保教育经费和生均经费的"两个增长"。据统计,"八五"期间全市教育基建投资 2 亿元,全市学校消灭危房,新建中学 16 所、小学 4 所,扩建中小学 59 所,做到农村"村村有小学,人人有书读"。全市中小学普教仪器设备基本达到国家规定的 Ⅰ 类标准。中小学建立语音实验室,农村初中都安装计算机。市区学校的教学方式实现网络化,厦门的基础教育进入信息化多媒体的教学时代。至此,市采取有步骤地按质按量对市属 6 个区进行合格验收。同安县多方攻坚,于 1996 年接受省教育督导评估验收合格。我市提前一年跨越式实现"普九",全市第一个实现"双基"过程整整用了 17 年时间。之后,又用 10 年时间,市区财政加大投入,高水平改善办学条件,大力抓好教学教育,提高办学质量,促进基础事业全面发展。厦门市在全省设区市第一个实现高水平高质量普及九年义务教育的目标,取得"双高普九",义务教育进入全面普及巩固提高的新阶段。厦门又成为全省第一个全面完成"对县督导"省级评估的设区市,荣获教育部授予"全国推进义务教育均衡发展先进地区"称号。普通高中在省一级和三级以上的优质高中就学比例达到 53％和 97％,高中毕业生高考上线率达 97％,是福建省唯一获得这项荣誉的城市。泉州是丰泽区、福州是鼓楼区获奖。获得这个荣誉要具有三个重要条件:在薄弱学校的建设、统筹城乡教育的发展、合理配置教育资源、努力提升教育质量、加强教师队伍建设、规范学校办学行为等方面采取有效改革措施并取得明显成效。厦门花 7.7 亿元增加 4.5 万个学位,三个 4 年分别投入:2000—2004 年每年 4 000 万元,2004—2007 年每年 7 000 万元,2008—2010 年每年 6 000 万元,用于改善办学条件、学校改建工程等。初中毕业生 100％升高中,六成以上外来工子弟入公办校,坚持 12 年电脑派位。

这里要特别讲一点,就改革小学升初中的招生制度的决策与设施问题。"文革"后几年,由于教育整顿,拨乱反正,培养人才打基础的需求,恢复办原有重点中小学,恢复小学升初中的统一命题制度。随着基础教育事业的发展,切实减轻小学生的过重负担,促进学校"三个面向",解决一票决定升学命运的不公平做法,接着改为"取消统考,划片招生,就近入学",但保留给重点中学 10％择优权。这一举措,得到省教育厅支持,称这是为"初考"制度的弊病找到一个突破口,福建教育短评云"这个突破口很好"。后又经过两次调整,即"取消统考、推荐择优,就近入学,划片招生"相结合,和择优择特与"分区划片、志愿报名、电脑派位、就近入学"同时进行,但改革不彻底。最后听取反映意见,下决心确定"取消择优择校,免费就近入学,岛内实行电脑派位"。从改革的四个过程来看,第四阶段的改革力度最大,社会反响强烈,效果较显著。这个方向,应当坚持走下去。至于外国语学校招生的特殊性和部分学校办特色班的招生问题,有待于支持这些学校的办学,又合理安排招生,是个研究探讨的问题。

三、创办特区，厦门职业技术教育应运而生

特区创办之初,由于 20 世纪五六十年代创办的一些中专、技工学校、农中、职中在"文革"期间已被摧残殆尽,厦门面临的最大困难之一是人才不足,特区极需大量有一定的文化和专业知识技能的技术工人和一批掌握现代科学技术的人才。对此,市委市政府高瞻远瞩,把兴办职业技术教育作为特区建设的重要措施,列入市府工作计划,强调培养人才上要做"明白人"。市历届主要领导都把发展职业技术教育作为自己任期内改善投资环境的重要职责,提出要像办重点中学那样办好职业中学。试办初期,为了转变学校领导、教师和社会家长的陈旧观念和担心,吴星峰市长亲自到四中向师生宣传创办职业教育的重要意义,看望职校学生,鼓励他们学好文化和技术专业知识,努力成为合格的社会主义特区的建设者。陆自奋书记从海上登高看到七中(旅游职校)破旧平房,亲自指示当时的陈植汉副市长建地球仪式的教学大楼。试办推行期间,厦门市成立了中等教育结构改革领导小组,明确"把职业教育作为大事来抓,大力培养人才"作为特区建设的指导思想。市长办公会议研究诸如办学方案、招生计划、专业设置、培养目标以及解决办学经费、毕业生安排等问题,时任市文教办主任的周乔林同志和局长李永裕同志亲临一线抓这项改革。随着教育优先发展的战略地位的确立,1985—1996 年,厦门市职业教育经历了一个蓬勃发展期。由于改革招生制度,全国、省重点中专(职业中专)可以参与提前择优录取,招生数比例首次普职比超过 1∶1。全市各级各类职校分别与电子、化工、交通、商业、旅游、港务、财政、金融等 20 多个部门联合办学。经过几年摸索,又从与部门联合办学逐步发展为直接同生产集团、外商、中外企业联办,成立十几所培训中心,办出几所如电子、旅游、交通等国家和省重点职校。1988 年,厦门市创办市工业中专(普通中专)和高中阶段双学制的音乐学校(普高与职高),鹭江中学(后改体育运动学校),推动创办厦门艺术学校(后改为戏剧舞蹈学校)。1993 年,时任市政协主席的蔡望怀同志倡导兴办民办大学华厦职业技术学院,先后得到省、市人民政府批准,成为厦门市第一所获得教育部承认大专学历的民办学校,1993—2000 年,培养毕业生近 9 000 人。进入 21 世纪后,职教被赋予了更加突出更加重要的地位,此为改革开发 30 年来中国职教改革与发展的最好时期。"六五"期间,培养 5 届毕业生 3 000 人,"十五"期间培养了 5 万名毕业生。《人民教育》记者陈建洲在《中等教育结构改革道路宽广——厦门经济普通教育见闻(二)》中这样说:厦门市中等教育改革步伐为什么这样快,厦门市职业教育的发展为什么这样健康而迅速,他们的经验概括起来是:雪中送炭(按需办学),争取联办,以质取胜,政策兑现。

经过近 30 年的发展,厦门市已基本建立起与市场需要和劳动就业紧密结合的格局,服务经济社会的能力不断增强,规模不断扩大,新办一批民办职业学院,形成初级、中级、高级并行发展的职教体系和公民办职业技术教育的新格局,改变了"千军万马过独木桥"的单一办学形式,成为经济特区建设的一大支柱。这说明厦门职教在全国范围来看处于领先地位。记者这样报道:1980 年厦门成为四个特区之一,厦门教育界提前酝酿了一次改革。这项改革,在十年后给厦门带来的荣誉是,成为全国仅有的两个职业教育先进单位

之一,留下了"北看大连,南看厦门"的美誉(指厦门市政府与大连市政府1991年被国家教委等5个部门联合授予全国职业技术单位的光荣称号)。最近,教育部提出要评比全国千所职业示范校。厦门首批接受考评的有电子职业中专、集美职校中选首批项目选择示范校。改革是无止境的。几位老同志在交谈中认为,我市职业技术教育在办学上还存在一些不完全适应产业发展的问题。今后仍需坚持以服务为宗旨,以就业为导向,主动呼应,主动融入,主动对接产业的发展,努力提高办学质量。

四、振兴特区教育的关键在教师

邓小平同志强调指出:"一个学校能不能为社会主义建设培养人才,培养德智体美全面发展,有社会主义觉悟的有文化的劳动者,关键在教师。"1995年3月18日第八届全国人大第三次会议通过了《中华人民共和国教育法》指出:"全社会应当尊重教师。"在第四章指出"教师享有法律规定的权利,履行法律规定的义务,忠诚于人民的教育事业"、"国家保护教师的合法权利,改善教师的工作生活条件,提高教师的社会地位"。在此之前,1993年10月31日第八届全国人大常委会第四次会议通过《中华人民共和国教师法》,后用立法保证,定"每年九日十月为教师节"。包括权利和义务、资格任用、培养与培训、考核、待遇、奖励、法律责任等。其中第六章"待遇"第25条"教师的平均工资水平应当不低于或高于国家公务员的平均工资水平并逐步提高。建立正常晋级增薪制度,具体由国务院规定"。国家教委于1998年11月8日发布"教师和教育工作者的奖励规定"。1998年10月27日市八届人大常委会第八次会议通过厦门市实施《中华人民共和国教师法》若干规定。其中要求到2010年40岁以下的小学和初中教师,应在"教师法"认定的学历层次分别提高一个层次,但由外调入的小学教师应具有大专以上学历,初中应具有本科学历。同时还规定工资收入比本市相当类型公务员的工资收入高10%,在职教师教龄津贴提高1倍。统建购房优惠80%,双夫妻教师70%。定时体检,建立教师疗养中心,组织教师疗养。男教师满30年教龄,女教师满25年教龄,符合退休条件发给100%工资,享受终身教育荣誉津贴等。那么"教师法"的规定落实如何呢?

1. 学历达标情况

以1981年与2010年比较:

小学教师合格率从73.63%——大专以上占86.47%(其中研究生本科毕业生占41%,中师、中专以上已占100%);

初中教师合格率从73.63%——大专以上99.54%,本科以上92.56%;

高中教师合格率从56.02%——本科以上97.86%(研究生287人,占8.65%),总体高于全省、全国水平。

2. 教师节已举行27年,落实先进奖励表彰制度

全国三年一次综合奖,评选全国、省、市优秀教师、优秀教育工作者,二年单项奖。厦门成立奖教兴学基金会(包括助学助困),市教育基金会已是省5A基金会。单1989年全市就奖励500名优秀教师,退休教师每年有20名。2010年单项奖,每人奖励1 000元。

3. 享受终身教育荣誉津贴

已每年实施符合条件年满男 60 岁、30 年教龄,女满 55 岁、25 年教龄,标准退休金发 100％。享受市府规定的终身教育荣誉津贴。重阳节为 70 岁祝贺,有的区还向 80 岁、90 岁、百岁祝贺。

4. 教师(含离退休教师)购房实行优惠

全市统一价 80％优惠,夫妻都是教师享受 70％,基本落实。1983—1989 年,市在"文革"后投资 1 200 多万元,建 1 100 套宿舍,单城市解决 700 户。其他有关系统、房管部门落实华侨政策,八年解决 1 200 多户。

5. 评职提薪

这一届教育局领导努力争取,市政府落实支持,中学高级教师按相当机关副处职工资待遇,中学一级、小学高级按科级待遇执行。基本得到人均 2 000 元的增幅。据了解,如今,退休中学高级教师也达 7 000 多元,早退有 6 000 多元。人事处有一个 1989 年 6 月的资料,当时全市中小学教师人年均 2 391.42 元。现在职人均已增长 20～30 倍。如今后执行中小学教师部分可评副高以上职称,可达副局级以上的工资待遇。

6. 社会政治地位的提高

参与人大、政协、党派社会团体工作等,参政议事。

7. 加大师资培训力度

中小学开展教师岗位大练兵、师德建设年和百名校长进社区进家庭三项主题活动。构建自上而下、国、省、市、区教师与学校校本培训相结合的教师继续教育体系,深化名师名校长的培养,打造"133"工程,形成有利于杰出教师脱颖而出的环境。2007 年评首届中小学杰出教师 30 名、中小学优秀校长 10 名,2008 年评城市十大"师德标兵"。

8. 举办两岸校长论坛

成功举办"海峡两岸百名中小学(职校)校长论坛"活动,全面开展对台交流已进行 4 年。2007 年 10 月 27 日市教育学会与台湾中华文化交流协会联合举办"海峡两岸学前教育学术论坛",两岸三地近千名幼儿园教师、教育专家、学者参加。

五、加大教育投入,落实教育"三个增长"

教育投入明显增长,办学条件得到很大改善,但仍应加大投入。

首先,保障落实《教育法》的"三个增长"(高于市财政经常性收入比例的增长、生均教育事业费增长,生均公用经费的增长)。

"十一五"期间,全市教育经费(不含部属)投入 264.99 亿元,比"十五"107.51 亿元增长 146.48％。2010 年政府预算内教育经费拨款 48.35 亿元,比上年的 41.09 亿元增长 17.6％,财政经常性收入为 272.11 亿元,比上年的 233.34 亿元增长 16.61％。教育拨款高于财政收入 1.05 个百分点,教育拨款占财政经常性收入的 17.76％。生均预算内教育事业费支出的增长情况:普通小学生生均支出 7 630.42 元,比上年的 6 781.51 元,增长 12.52％;普通初中生生均支出 10 493.04 元,比上年的 8 945.68 元,增长 17.30％;普通高中生生均支出 17 664.52 元,比上年的 10 318.23 元,增长 13.05％;中等职业学校生均支出 9 082.16 元,比上年的 8 046.93 元,增长 12.86％。都居全国同类城市和全省的前列。普通高校生均支出 11 325.78 元,比上年的 10 278.49 元,增长 10.19％。生均预算内公用经费支出:温总理报告,提前一年实现农村中小学生生均 500 或 300 元。厦门市小学生均 1 210.90 元,比上年的 1 164.37 元,增长 4％;初中 1 664.58 元,比上年的 1 564.7 元,增长 6.38％;普高 2 034.87 元,比上年的 1 932.38 元,增长 5.41％;中职生均 2 380.69 元,比上年的 2 648.39 元,下降 10.11％,本级预算原由机关事务费安排物业管理费调整由教育费附加安排。

其次,重大教育专项工程顺利实施。现扩建、新建项目 442 个,面积 311.7 万平方米,投资 56.6 亿元。

再次,教育事业费投入。

从 1980 年至 2010 年分段比较:

1980 年教育事业费投入 1 017 万元,市财政收入 1.83 亿元,仅占 5.54％;

1989 年教育事业费投入 5 624 万元,市财政收入 8.1 亿元,仅占 6.94％;

1990 年教育事业费投入 1.006 6 亿元;

2000 年教育事业费投入 14.001 3 亿元;

2010 年教育事业费投入 56.2 500 亿元,等于 1989 年的 100 倍。

2010 年这一年财政支出 306.95 亿元,比上年的 268.05 亿元,增长 14.51％,预算内教育经费(含教育费附加 4.63 亿元)为 56.25 亿元,占财政支出 20.98％,比上年的 16.89％,增长 4.09％。

但要按国务院要求,教育财政性经费支出要占国内生产总值的 4％,目前难度很大。2010 年厦门市的国内生产总值超过 2 653.74 亿元,如按 4％应为 80 亿元,当年 56.25 亿元,占总值比例仅为 2.74％,比上年的 2.69％,仅增长 0.05％。这一点,中央下了决心,地方实行应如何处理?

最后,教育经费投入的政策措施:

实施中小学绩效工资改革,在全省率先实现教师同城同酬,保证城市教师享有同等工资福利,并给予地处偏远山区、海岛教师农村教师补贴。陆续开展扶持农村义务教育,2010 年投入 6 000 万元,用于完善农村义务教育学校的设施(包括设备购置、基建项目);集资 500 万元,支持岛外义务教育学校标准化建设;实施中小学校舍安全工程,2010 年投入 2.19 亿元,用于完成校舍维修加固任务。

以上发言,仅限于教育事业发展的部分情况,难以全面反映教育的全貌(比如全面贯彻教育方针、推进素质教育等),请大家指正。

从改革入手，开创厦门特区教育新局面[①]

厦门市教育局

最近，中央决定把厦门经济特区扩大到整个厦门岛，面临这一新形势，我们正在着手解决四个"不适应"的问题：对于对外开放后面临的新情况新问题思想准备不足，思想政治教育工作与保护青少年不受精神污染、培养"三有一守"的特区建设人才的要求不相适应；在数量上和质量上，尤其在结构上，教育与特区经济建设的需求不相适应；师资队伍素质和学校管理水平与培养创造型人才的要求不相适应；现有办学条件与特区教育大发展的需要不相适应。厦门市委市政府对教育这一战略环节非常重视，近几年进一步加强了对教育工作的领导，逐年增加了智力投资。两年来教育正常经费每年递增17%；教育基建投资1980年、1981年两年共为170万元，1982年一年就有182万元，1983年又增至450万元。为了适应特区经济建设需要，开创厦门特区教育新局面，我们在市委市政府的领导下采取了一系列的改革措施。

首先，大力加强和改善思想政治工作，保护青少年不受精神污染。各级各类学校注意调查试办经济特区后学生的思想状况，有针对性地加强思想教育；注意充分运用厦门的乡土教材，如华侨旗帜陈嘉庚、民族英雄郑成功等进行爱国主义教育；重视加强学生的共产主义道德实践；进行社会主义社会和资本主义社会的对比教育、理想前途教育和经济特区常识教育，使中小学生的思想能够健康地成长。

其次，在普及小学教育的基础上抓改革，全面提高教育质量。我市在1983年就基本普及了小学教育，六个区县中有四个区已验收合格，两个区县于今年年底验收。市区已基本普及初中教育。在普及的基础上，我们贯彻"三个面向"指示精神，集中注意力抓好普通教育的改革，全面贯彻党的教育方针，大面积提高教育质量，为特区经济建设培养各方面急需人才。

（1）大力加强外国语教学。目前，市区小学的五六年级已普遍开设英语课，正积极创造条件提早到三年级开设。有些学校已经或准备从一年级起开设英语口语课。1982年试办了六年一贯制的英语中学。近几年，厦门二中坚持办英语实验班，双十中学每个年段都试办日语班。

（2）扶持和发展有特色的学校。全市办了一所以培养体育人才为宗旨的鹭江中学。1984年小学又试办三个面向市区招生的实验班：即鼓浪屿人民小学的音乐班、向阳小学的舞蹈班、大同小学的美术书法班。

---

① 原载于《福建教育》1984年总338期。

(3)巩固和发展全市性的课外活动阵地,发展学生的兴趣特长和创造才能。继续抓好全市少先队 13 个活动阵地,组织好两年一届的"鹭岛花朵"文艺会演和小学生运动会,以及一年一度的学校音乐周活动。

(4)加强教师培训工作,提高教师素质。重点抓中小学外语、自然、技能科师资培训,1984 年暑期特聘美籍教师来厦给中小学英语教师讲课,举办自然科技和电教培训班,组织美术、音乐、体育教师讲习班。

各区也正积极进行教育教学改革。开元区着手改革学校管理体制,在全区范围内试行校长聘任制和教师聘任制。思明区决定抓三个"窗口"以指导全区教学改革:在思明小学实行整体教改实验;在向阳小学抓好文艺体育教育,使学生既全面发展,又学有专长;在演武小学抓英语教改和电脑普及。鼓浪屿区继续探索幼儿园、小学和初中的"一条龙"衔接问题。

最后,进一步抓好中等教育结构的改革。几年来我市职业教育发展迅速。1980 年职业高中学生只占高中招生数的 0.66%,1981 年发展到 19%,1982 年是 23%,1983 年达到 28%,今年可望达到 40%。职业教育的比例近期内争取达到 50%,以后相对稳定在这一比例上。我们把四中的电子职业高中班升格为电子职业中学,把七中的旅游职业高中班升格为旅游职业中学,把十一中的交通职业高中班升格为交通职业学校,为特区建设培养各种技术工人。与此同时,普通高中要积极开设职业技术教育课。为了解决特区经济建设对中等技术人员的大量需求,打算今后增办几所中专。此外,鹭江职业大学也将进一步发展。

鉴于厦门特区经济结构将以知识密集型和技术密集型企业为主,今后厦门市居民必须达到高中以上文化水平,我们还要大力发展各级各类成人教育包括高等教育,为更快更好地建设经济特区做出贡献。

厦门市思明区教育学会第一届常务理事合影留念

从培养一代"四有"新人出发，
做好实施素质教育的工作①

    1993 年 2 月 13 日,中共中央、国务院发出了名为"中国教育改革与发展纲要"的纲领性文件,依据党的十四大提出的"必须把教育摆在优先发展的战略地位,努力提高全民族的思想道德和科学文化水平,这是实现我国现代化的根本大计"的战斗任务和要求。《纲要》指出:"在新的形势下,教育工作的任务是遵循党的十四大精神,以建设有中国特色的社会主义理论为指导,坚持党的基本路线,全面贯彻教育方针,面向现代化、面向世界、面向未来,加快教育的改革和发展,进一步提高劳动者素质,培养大批人才,建立适应社会主义市场经济体制和政治、科技体制改革需要的教育体制,更好地为社会主义现代化建设服务。"根据总目标、总任务,提出发展基础教育,必须继续改善办学条件,逐步实现标准化,中小学要由"应试教育"转向全面提高国民素质的轨道,面向全体学生,全面提高学生的思想道德、文化科学、劳动技能和身体心理素质,促进学生生动活泼地发展,办出各自的特色。

    据此,我想就实施素质教育问题谈几点认识和建议,希望能依据党中央的要求,国家的法规,从本地的实际出发,在理论与实践的结合上进行有益的探讨和有效的工作。

一、实施素质教育的重要性

    在基础教育中实施素质教育,是党中央的决策,时代的要求,是关心下一代健康成长的重大课题,是使我们的教育事业,特别是基础教育事业,健康发展的重大课题,是当前教育工作上理论与实践的重要课题。因此,它不是可要可不要、可做可不做的问题。党的十五大会议上,江泽民同志的政治报告中就多处提出提高素质问题。在实施科教兴国战略中提出"要使经济建设真正转到依靠科技进步和提高劳动者素质的轨道上来",在建设有中国特色社会主义文化建设部分中提出"培养同现代化要求相适应的数以亿计高素质的劳动者和数千万的专门人才,发挥我国巨大人力的资源优势,关系 21 世纪社会事业的全局","要认真贯彻党的教育方针,重视受教育者素质的提高,培养德智体全面发展的社会主义建设者和接班人"。记得 1996 年李岚清副总理在一次中宣部等单位举办的形势报告会上提出:基础教育中一个重大问题,是如何从"应试教育"向素质教育转变,这是基础教

---

    ①   该文是 1997 年在市教育学会和市关工委联合举办推进素质教育工作会上的讲话。

育领域的深刻变革,也是党中央、国务院向基础教育战略提出的一项紧迫任务。基础教育要彻底摒弃以"应试"为目的的片面教育观,面向全体学生,培养学生热爱祖国、热爱社会主义、热爱劳动、热爱集体的精神,为今后学会做人、求知、劳动、生活、健体和审美打下扎实的基础,使学生在德智体等方面得到全面发展。他讲的实质上是素质教育的含义和基本内容。对此我们应当有一种紧迫感和责任感。

二、实施素质教育是能否切实做到依法治教的关键和前提

《教育法》的颁布和实施,标志着我国的教育工作进入全面依法治教的新的历史时期。总则的第一章指出:为了发展教育事业,提高全民族的素质,促进社会主义物质文明和精神文明建设,根据宪法,制定本法。把《宪法》规定的"提高全国人民的科学文化水平"进一步上升为"提高全民族的素质",这是教育法立法的宗旨之一,是我国办学指导思想在立法上的重大发展。它将使我国长期以来形成的"应试教育"从立法上转变到素质教育的轨道上来。依法治教的依据不仅有教育法,还有义务教育法、教师法、职业教育法、学校体卫和卫生工作条例、小学管理规程、未成年人保护法等法律、法规、规章。还有教育行政部门制定的规章,如1993年年初国家教委根据当时江泽民同志和李铁映同志的指示发出的1号指令和3号指示,1997年1号文件《关于规范当前义务教育阶段办学行为的若干原则意见》提出用三年时间纠正在改革中出现的不规范办学行为,办好每一所学校,提出加强薄弱学校问题,要求"各级政府和教育行政部门要下大力气,采取有力措施,用三年左右时间,在全国范围内使义务教育阶段免试,就近入学和不招择校生及变相择校生的原则能够全面贯彻落实"。所以,实施素质教育要提到依法治教的高度来认识。

三、实施素质教育是政府行为

既然方向、目标、方针已经确立,谁来组织实施呢?《教育法》明确规定,中等和中等以下教育,在国务院领导下,由地方人民政府管理,这是地方各级人民政府的任务。实施素质教育在一个学校、一个局部实施可以取得成果,可以典型引路,但这涉及整体的改革、体制上的改革,应当是区域性的。全国推广汨罗的经验,还有山东的经验,上海南市区的经验,这都涉及地区政府的决策问题。最近一个时期,许多地方不仅在一个县、一个市、一个专区,而且在一个省范围做出实施的重大决策。1996年年初,洪永世市长代表政府向人大报告中提出加快制订实施素质教育的方案,之后教育行政部门和有关方面反复多次制订修改实施方案,而1997年政府报告中又提出一些实施的有效措施。这样,政府重视,统一认识,就会把全局搞活,加快实施素质教育的步伐。

应该说,过去一段时间,我市在全面贯彻教育方针,全面提高教育质量和实施素质教育方面进行一些有益的探索和实践,我市的不少区、校围绕素质教育召开过多次研讨交流会,办了一些有创新的特色学校、特色教育。在一些学生中进行有益的比较成功的试验,如厦师一附小"和谐教育"、鼓人民小学"三园式"(学园、乐园、花园)教育、滨北小学的"劳

动教育"、二附小的"以艺术教育为突破口"的整体改革、六中的"创造教育"及创办艺术班等,许多学校在办出各自特色、发挥优势和教改方面做了大量的有成效的工作。我们多年来坚持的每年三节(科技节、体育节、艺术节含音乐周)以及校园建设、精神文明建设等,这些都有利于全面实施素质教育工作。实施素质教育已逐步得到理解和接受。第四届教育科研 80 多篇文章以各个不同角度讲了素质教育问题。

事物都是一分为二的。我市在实施素质教育方面,正如洪永世市长在今年(1997 年)的政府工作报告中指出,素质教育推进的力度不足,市实施方案(初稿)提出,由于办学思想的偏差,导致升学竞争日益剧烈,学生课业负担过重,身体素质较差,劳动观点、态度和技能较差,对学生个性发展缺乏足够重视,教育教学方法陈旧等,这些情况确实是实际存在的应试教育的反映。

这里,我想介绍一下一份抽查中小学生身体状况的资料(1997 年):我市学生体质的综合评价还是不错的,中等以上达 93.8%。而市直属学校学生营养状况也是较好的,达 90% 以上。但报考大学学生体检全部合格率低(1991 年 20.12%,1992 年 18.54%,1993 年 29.07%,1994 年 33.09%,1995 年 14.88%,1996 年 12.25%,1997 年 12.03%),而因视力限报(1993 年 65.45%,1994 年 57.86%,1995 年 81.91%,1996 年 84.26%,1997 年 85.48%),全市 1997 年高三年学生限报 79.4%,几所重点中学都在 90% 以上,有两校达 95% 以上。据学生抽烟情况抽样调查,小学生占 6.32%,初中 8.25%,高中生 30.63%。存在以上现象,使我们进一步感到"转轨"的必要性、重要性,增强我们实施素质教育的紧迫感和责任感。

综上所述,我们要实施素质教育,一方面是时代对我们提出的要求,一方面确实是我们当前教育实际的需要。因此,从培养"四有"新人、面向现代化、面向世界、面向未来的 21 世纪出发,我们应当积极推进素质教育的工作。

(一)首先要转变更新教育观念

实施素质教育是一个艰巨、艰苦的过程,关键在于转变教育思想、教育观念,要宣传普及这方面的知识,从各级政府、教育行政部门、学校领导、教师以及社会、家长、青少年都要全面提高认识,加上从大纲(目标)、教材、课程、制度(包括招生制度)改革以及评估体系的建立,才能逐步做到,当前首先规范办学行为。有几点认识要解决:

素质教育与全面发展的关系。由于前面两个方面的原因和背景,提了全面发展还要强调素质教育,应当说素质教育实际上就是全面发展教育,包括德、智、体等方面,它是贯彻全面发展方针的最好模式和方法。转轨提法是一种形象性的说法。

"纲要"提出转变,并不是过去都错了,方向要改变了,不是否定工作和成绩,而是针对"应试教育"问题提出的。任何一个要领都有发展的,过去讲素质是指先天的,现在我们讲的是以提高人的素质为目的的素质。素质教育是作为与"应试教育"相对立的教育模式,它有更广泛的含义。所以说素质教育是一种全面发展教育,是贯彻教育方针最有利的教育模式,是面向全体学生的教育(不是少数学生),是使每个学生都能健康成长的教育(刘佛年教授讲过,合格优秀教育工作者就是能够把差生转变成优秀学生、好学生)。它也是一种重视个性发展的教育,是使学生生动活泼、主动发展的教育,也是一种通识教育,不仅基础教育,包括职业教育、高等教育都需要。它为学生个人成长打好三个方面的基础:(1)打好身心健康成长的基础;(2)为进一步学习(或叫终身教育)打好基础;(3)为他们将来走向社会打好基础。

在转变观念中,我们各级关工委可以更好地发挥我们的积极作用,做好向社会各界、向教师、向学生、向家长的宣传、支持、协助,配合教育行政部门和学校领导做好这项工作。

(二)要规范义务教育阶段的办学行为

这是当前实现素质教育中要突出解决的问题。国家教委 1997 年 1 号文件指出:不办重点校、重点班、快慢班;免试就近入学(升学),不搞择校生或变相"择校生";加强薄弱学校建设等。这些在洪市长的政府工作报告中、市教委的工作意见中都提出了,现在的问题是实施中还有艰巨的工作要做。比如,重点中学要正确理解和接受这一举措,一般中学要进一步调动积极性,加强教学教育工作。要办好所有的学校,政府各部门领导、社会各界要支持这项改革,家长要理解支持这项改革,应当看到,过去一般中学在生源困难的条件下也培养了不少优秀学生。从领导力量上,要加强薄弱学校的建设,还有督导部门要依法依章做好评估工作。政府部门、学校领导不以分数、升学率去评价学校、教师,取消以分数站队等。

(三)实施要落实到学校,落实到教学教育工作上

关键要有一支积极实施素质教育的教师队伍。因为教学方法的改进、学生过重负担的减轻、教学质量的提高、学生思想道德行为的培养,有赖于一支高素质的教师队伍。除组织他们加强学习、培训,加强科研、交流外,有一点学校关工委可以办的事,就是可积极支持组织推进一些教学教育能力强的老教师帮助指导带动新教师,结成对子,培养各科新的骨干教师。有的学校曾组织过顾问组,教育学院办过中文的骨干教师培训班,请一些老教师讲课、介绍教学经验等。

(四)实施必须注重教育科研工作

加强教育科研工作,支持发挥教科所、教育学会、各研究会的作用,请进来,走出去,组织评选科研论文,开展专题论坛活动。

新时期　新环境　新一代①

——厦门市中学生思想教育工作回顾

厦门市教育局

厦门成为经济特区后,教育环境变了,教育对象也发生了深刻的变化。他们接触了纷繁复杂的外部世界,也不像以前那样全盘接受老师所传授的概念、道理,而是每时每刻都在思索、比较、提问。这使我们逐步明确学校政治思想工作的指导思想和重要任务,就是要在新的时期新的环境中培养一代新人,树起一代新风。这一代新人要继承20世纪五六十年代青少年的光荣传统,必须对共产主义有更坚定的信仰,对伟大祖国有更深厚的感情,要目光远大,胸怀开阔,富有创造精神。他们应成为四化建设、特区建设的中坚力量,能够识别、批判外部世界一切腐朽的东西,能够吸收、传播外部世界先进科学技术和一切有益于我们的东西。新的时期、新的环境给思想教育工作提出了新课题,也提供了丰富的内容,大好的机会。我们不失时机地锻炼、提高教育工作者的素质,努力摸索特区学生思想工作的内容、要求、方法、特点及其规律,取得了比较显著的效果。

一、爱国主义教育是学校思想教育的一条主线

1979年刚实行对外开放时,我们就及时地大张旗鼓地在全市中学开展爱国主义教育,并使爱国主义教育成为几年来学校思想教育的一条主线。

我们注意寓教育于活动之中,做到生动活泼,潜移默化。如组织"可爱的家乡访问团"、"伟大的祖国考察团"等。厦门一中还组织"五旗五史"(国旗国史、党旗党史、军旗军史、团旗团史、队旗队史)教育活动,学生查抄资料,讨论撰文,花两个多月写心得体会300多篇。各校都注意运用亲切感人的乡土教材,广泛宣扬民族英雄郑成功驱逐荷夷、收复台湾和爱国华侨领袖陈嘉庚热爱桑梓、倾资办学的事迹。一代体育英豪倪志钦、郭跃华、栾劲、林瑛、郑达真以及从我市出去的各界名人回厦时,他们的母校和其他学校都组织隆重的迎接仪式,邀请他们与学生见面,激励学生为国争光。

爱国主义教育活动全面展开后,我们又逐步引导挖掘教材中的爱国主义教育因素,把思想教育和学科教育有机结合起来。语文科布置以爱国为题写作文,举办征文、讲演比赛;史、地科举办祖国伟大人物、重大事件讲座;生物科讲解海洋生物;美术科布置画家乡风光;体育科举办"国庆杯"比赛活动;音乐歌咏内容更加丰富,使教育活动持久、有效。

---

① 原载于《福建教育》1985年6月号。

经过对比,认识才会深刻。我们充分利用特区条件,让学生尽可能多地接触、对比,自己得出结论。各校都经常请归侨、校友做报告。著名美籍医学家李景昀博士应邀回母校双十中学、集美中学做报告,以亲身体会介绍国外情况,朗诵了贺知章的《回乡偶书》、孟郊的《游子吟》,深深打动了学生的心弦。1984年,市航海夏令营邀请40名香港大中学生参加,这些学生向大家介绍香港生活的各个方面,学生对香港有了比较全面、正确的认识。

深入持久的爱国主义教育活动,祖国迅速发展的大好形势,使广大学生日益增强爱国情感,逐渐树立起献身祖国四化建设的理想。高中毕业班成绩优秀而又服从祖国安排的学生越来越多。1985年,一中、双十中学两所省首批办好的重点中学毕业生,报考学校遍及祖国东南西北。

二、以科技教育为导向,激励学生为四化发愤学习

青少年学生对新事物敏感,在特区环境里他们很快就感受到世界新的技术革命气息,对国外的一切先进技术都好奇、好学,我们就经常组织学生参观各种科技展览和引进先进技术装备的企业,激励学生为"四化"发愤学习。要求各校改进教学,着力开辟"第二课堂"。全市统一布局,让每所学校根据自己的特点和能力,建立两三个学科活动中心。1984年暑假,我们组织12 000多人参加92个学科夏令营活动。华侨中学仅高一年段参加摄影活动的就有100多人。两年市首届中学生课外活动作品展览,仅双十中学高二年段就有80多件展品参加展出,有不少作品参加全国、全省比赛获奖。如一中参加全国赛得奖53人83项。不少学校的劳动技术课都以电子技术为主要课程,建立市微电脑培训中心。中学和重点小学配备110多台微电脑后,许多学生更是废寝忘食地学习。1984年冬,市举办国际电脑技术交流会,很多学生自发前往参观。双十中学1984届高中毕业生陈锦辉的科学小论文《浅谈厦门东渡港的淤积》,参加华东六省一市中学生作文比赛,获最佳奖。

在学生学习掌握科学技术的过程中,我们注意激发学生的革命理想,鼓励他们为理想而奋斗。双十中学1982年举办习作冬令营,让文艺爱好者到湖里工业区、东渡新港、国际机场参观,著文作画,抒发热爱祖国、热爱人民、热爱社会主义的情感于文墨丹青之中。这些作品,成了学生自我教育的好材料。随着外部先进管理方法不断介绍进来,学生了解到国外经济竞争激烈,很多年轻人二三十岁就任总经理、总工程师、总设计师,承担着重任。于是,我们经常启发和教育他们学会自己管理自己,注意培养自己的开拓精神和竞争意识,增强组织、指挥等各项社会活动能力。几年来,双十中学、一中、六中从开展班际联谊活动发展到校际联谊活动,以学生为主,联络、组织、主持。双十中学高二年一个班的学生一年中自己筹办多项智力竞赛,活动能力、自治能力得到很大锻炼。广大学生并未拜倒在目不暇接的外部物质文明的面前,成为它们的奴隶,而是思考着:我们的现状如何,怎样赶上?正如一个学生所写的:"我们要大拼一场,让人们看看,我们飞向科学高峰的新生力量,是多么强大,多么有生气。"他们热烈地追求学识,追求真理,积极思维,心神集中在如何为中华民族的崛起做贡献这个激动人心的课题上,政治素质大大提高了。

三、加强学校管理，寓教于管，在管理中教育

几年来，我们认真研究和加强学校的管理，寓教于管，在管理中教育。从1979年起努力建设一支政治思想工作队伍，即管理队伍；健全了管理机构，即在党支部领导下的政教处具体负责，班主任、政治教师、团队干部三位一体的协同体制，做到有领导、有队伍、有计划、有措施。市委宣传部、教育局、团市委每年寒暑假都集训政教处主任、团队干部和政治教师。每学期期初、期末，市委宣传部都帮助我们开会部署学校思想工作，交流经验。1979年以来，多次表彰先进班主任，颁发优秀班主任证书，举行慰问班主任活动。1981年，设立市中学思想政治工作研究小组，专题探讨学生思想教育规律。

在管理方法上，坚持以疏导为主，坚持做好各种常规教育，努力建好校风、班风，给学生创造优良的成长环境。1979年社会上还在议论"雷锋叔叔不见了"的时候，市教育局就发出开展学习雷锋活动的通知，大张旗鼓地在全市范围内开展"学雷锋、创三好"活动，鼓励人人创三好，班班争先进，成百个学雷锋小组迅速建立起来。车站、码头、旅社、大街上，很多学生打扫卫生，维护交通秩序，培养了为人民服务的思想。这几年，又进一步地把学雷锋活动和文明礼貌月活动有机地结合起来，长年坚持。双十中学学雷锋服务队一直坚持在校内外活动，被评为省文明礼貌月活动先进单位。

特区青年要有坚定的信仰，活跃的思想，也要有良好的道德，文雅的仪表。我们除要求学生严格遵守《中学生守则》外，还于1981年颁发《十不准》，对学生的仪容仪表和一些活动做了明确规定，进行经常性的检查。每学期期末给家长发信联系，要求家长在假期中配合监督，新学期开始对所有学生进行检查。从1983年下半年起，全市中学生着统一制服，很多学校长年实行校行政值日，年段教师值日制度，每天检查评比学生出勤、自习、两操两锻炼和个人、集体卫生。

开展反腐蚀教育活动，是我们管理中的一个重要工作。我们先在厦门四中、七中抓点，而后市教育局发出文件，点面结合进行反腐蚀教育。初中班也配备了较强的班主任，年段、班主任经常了解学生的动向，请公安司法部门进行法制宣传教育，请生物教师开生理卫生讲座，向家长反映学生在交往等方面的情况，及时帮助学生割断与社会上不正当的人的来往。

规矩出方圆。各校的校风、校纪、校容都在不断好转，全市每年都涌现出大批文明学校、先进班级、三好生、五讲四美积极分子。1981年以来，学生犯罪率降到万分之一二。学生们追求文雅、优美、大方，形成了特区青少年应有的风格和情操。越来越多的学生关心国家建设，坚信社会主义祖国前途远大，并为此奋发读书，教育质量不断提高。高考和参加全国、全省各项竞赛成绩喜人。政治思想教育之花，结出了丰硕的果实。

根据厦门特区将更加开放的实际情况，遵循邓小平同志关于教育要"三个面向"的指示，我们的学校思想政治工作还要进一步加强，要认真研究解决一些尚未处理好或者可能出现的新问题，在特区的环境和条件下，努力培养一代有理想、有道德、有文化、守纪律的共产主义新人。

绿洲工程

——厦门市中学后进生转化工作的实践与思考①

许十方

一、"绿洲工程"的由来

中学要大面积提高教育教学质量,在实施九年义务教育后的一个重要问题就在于能否提高后进生的质量,因为初中后进生的人数由于取消了小学升学考试而增多了。九年义务教育的另一个难点是流生的控制问题。学生辍学了再去做工作把他们动员回来,效果常是事倍功半。流生的大多数是后进生,特别是留过级的后进生。如果我们能主动出击,在这些学生还没有成为流生之前就做好转化工作,就有可能化被动为主动,有效控制和减少流生。中学的其他问题,如学生课业负担过重、学生违纪犯罪、教师中的体罚学生等问题,无一不与后进生有关。可见做好后进生的转化工作,对中学工作的全局,特别是对保证义务教育的顺利实施有着十分重要的意义。

转化后进生的工作,要有高度的责任感和无私的献身精神和一颗火热的爱生之心。然而,光有"爱心+耐心"还不够,传统的依靠班主任单兵作战的方式,已难抵挡"后进生问题社会化,学生犯罪手段成年化"浪潮的冲击。越来越多的教育工作者认识到,把有可能堕落成"文盲+流氓"的后进生转化成对国家对社会有用的人才的工作,是一个浩大的系统工程。这个工程的艰巨复杂以及意义之伟大,可与造福人类的"沙漠变绿洲"的伟大工程相比拟。正是如此,我们把后进生的转化工作定名为"绿洲工程"。

二、实施"绿洲工程"的第一年

1990年,"绿洲工程"的第一年。我们是这样展开这一工作的:

1. 统一对后进生的内涵和认定标准的认识

"后进生"即指:品德或学业两者之一不合格的学生(常称"单差生"),或两者都不合格的学生(常称"双差生")。这里的"学业",不单指学习成绩,包括常说的"学力",包括学习动机、学习兴趣、学习意志、学习方法和习惯等。由于各校生员的基础不一样,"后进生"又

---

① 原载于《厦门教育》1993年第4期。作者时任厦门市教委中教处副处长。

是一个相对的概念。为了便于实际操作,我们又从工作面的大小上规定了一个百分比标准,即:各年段的"后进生",就是从学业、品德两方面衡量,在本年段居倒数 10％～15％ 的那部分学生。

2. 从建档入手,抓转化工作的基本建设

设计了全市统一的《后进生转化工作记录卡》,发至每位做转化工作的老师手中,要求为每个后进生设一份工作档案。还设计了《年段后进生登记表》,便于年段的统计和管理。实践证明,这是一项"重要的基础工程",使转化工作"落到实处"、"更科学化、规范化"。

3. 转化工作大检查的布置和实施

当年 6 月,我们下达了 8 月(后改在 9 月中旬)组织检查组下校检查的通知,并公布了《检查细则》。9 月初,我们从市属各中学抽调 17 位副主任以上领导,与市教委中教处同志组成检查组,9 月 11 日起分两大组下校,以 1990 届初三年为重点,以第一手资料为根据,按《检查细则》对各校转化工作的过程和效果逐条检查评价,并归纳出各校的特点和存在问题,从而达到"评比、学习、促进"的预期目的。

4. 研讨与表彰

通过大检查,我们摸清了全市后进生转化工作的现状,认真分析了丰富的第一手资料,从中归纳出几个普遍规律性的问题,在对这几个问题的深入研讨中寻找突破转化后进生工作难点的对策。还召开了表彰大会,表彰奖励了这一年市中学转化后进生工作先进单位和个人。

三、对我市中学转化后进生工作现状的评价

从现状看,市属中学可归纳成三类:

1. 转化工作整体功能较好的学校

这类中学,有效地治理了后进生,保证了学校各项工作的有序运转,初步形成了整体的转化功能。

2. 转化工作尚停留在"单兵作战"层次上的学校

这类学校尽管有不少教师也做了大量工作,但是由于学校的整体功能没形成,只是靠教师个人的良心和经验"单兵作战",效果不佳,领导也很吃力。

3. 办学思想正在转轨的学校

一中和双十中学这两所省首批重点中学在转变教育教学思想上有突破性的进展。他们有较高的办学水平和管理能力。3 年前开始的招生改革使这两所学校的初中第一次遇到相当数量的后进生,从领导到教师都面临一次观念、方法的大转变。以前的水平越高,"惯性"也越大,两校在转变办学思想上花了很大的气力,取得一定的进展。两校的办学思想正在转轨。但是到底应当是降低初中的教学目标水平来适应初中生员的现实,还是为保证重点高中生员的质量而冒造成初中大面积后进生之险,使初中教学目标水平居高不下? 这一直是困扰着重点中学校长们的"两难问题"。

总的看来,市属各中学已认识到转化后进生工作是贯彻九年义务教育的关键,在社会

大气候存在不利因素的环境中做了大量艰苦细致的工作。但是从全市看仍然存在以下问题：

1. 转化效果不理想

市属中学中，1990届初三的流生率达10.8%（其中最严重的学校达36.5%）。1990届初三统招生的巩固率只有74.9%。也就是说，有1/4的统招生被留级、转学、休学或辍学，这些学生绝大多数是后进生。加上在学的后进生中没有转化过来的人数，转化效率是不高的。转化效果最差的，是对学习动机的转化。老师、家长"求学"（要求、请求、哀求学生学习）而学生厌学的现象没根本扭转。

2. 转化还处于初级阶段，有待进步

从对转化工作的认识和工作方法看，还处在初级水平，在科学化、系列化、制度化上还需下工夫。(1)不少学校单凭学习成绩来认定后进生，而忽视了他们的学习态度及其他方面的表现。(2)转化工作方法大量停留在对后进生的"限制"、停留在让他们"服从"的层次上，体罚或变相体罚的现象、驱赶学生的现象时有发生。而如何把转化工作提高到"同化"水平进而达到"内化"水平，办法很少见。(3)提高学习成绩的办法，仍然离不开教学后或假期的大量补课。如何在课堂45分钟内推进，如何减轻学生负担，生动活泼发展的经验则太少。

四、对"绿洲工程"的思考

1."绿洲工程"在学校工作中的位置

这个工程是学校工作中一项带有全局性的系统工程，反映出这所学校的办学思想和管理水平，应该是校长、书记亲自挂帅，各部门密切配合，全体教职员工一起参与。有的校长深有体会地说，抓这工程的检查落实，是抓到了学校各项工作的"牛鼻子"，牵一发而动全身，促进很大。有的校长要求"狠抓几年，不要半途而废"。

2."治校先治安"，这是转化后进生的重要保证

社会上流氓的骚扰，是造成"双差生"的根源之一，与社会流氓结成团伙的后进生则对学校产生很大的破坏性。因此，"整顿校园治安秩序"才能为学校管理和转化后进生提供强大的保证，有效控制学校恶性事故的发生。对那些与外界结成团伙具有破坏性又屡教不改的顽劣生，留在学校成了校园不安定的"震源"和"教唆犯"，辍学后又成了骚扰校园的常客，各校都感到这不是普通教育可以解决的，都呼吁要进一步采取比较强硬的措施，让这些学生多接受特殊教育，接受强制性的心理、行为治疗。

3. 转化后进生要立足整体

对一个学生来讲，他的某种思想、某种品质或某种能力的形成或变化，很难找到一个唯一的因素与之对应，而应该是这学生所处的"社会关系的总和"相互作用的结果。这"总和"是一个多维度、多层次的系统和结构。在当前开放的信息社会里更是如此。因此，"绿洲工程"就要注意整体性特征，注重发挥整体功能。成功的经验表明："绿洲工程"整体功能的核心部位在年段；关键性的工作是校风、段风、班风的建设；努力的方向是挖掘社区的

整体功能。

(1)年段是核心部位。转化后进生工作是德育和智育的结合点,必须协调"以班主任为核心的教育集体"和"以备课组长为核心的各科教学集体"(以下称"两个集体")协同作战。它还是一项需要调动教师、学生、家长、社会诸方面积极性共同进行的工作。年段正好是能起这种"聚焦"作用的"利益共同体"。因为:一,老师是随年段"小循环"的,对本年段的教育教学质量的好坏有不可推脱的责任。二,年段工作的好坏,直接影响了学生的前途,学生与年段命运与共,唇齿相依。三,同一年段的学生由于相处最久,有同一年龄段的心理特点,所以相互影响最大。师生也因长期的教学交流,最了解也最有感情。所以,年段是学校教育教学整体功能发挥作用的基础单位,是"绿洲工程"的关键施工队伍。

(2)转化工作的关键是校风、段风、班风的建设。中学生心理的一个重要特点是:"疏远最靠近的父母、教师的'闭锁性'和寻求能坦率相告的伙伴的'开放性',这两种互相矛盾的心理同时存在。"通俗一点讲,许多中学生最听伙伴的话,最受同学的影响,最不喜欢父母的唠叨和老师的说教。因此,如果让后进生处在一个有良好风气的群体之中,同学间的榜样力量、群体的内聚力、群体规范的压力无时不在对他产生潜移默化的、不可抗拒的作用。所以,我们不应被几个后进生打乱全局,而是应立足整体,用前进的整体带动后进生。正如有的校领导那样,对后进生"欲擒故纵",先不提他们的缺点,不急于要他们改这改那,而是先抓整个班级整个年段学生日常行为规范的学习和养成,抓集体的形成,抓舆论的导向,抓团队建设、学生干部的培养,抓校园文化的活跃等等。也就是说,先紧紧抓住班风、校风的建设这个关键,同时注意吸引后进生参与这些建设,而不是让他们旁观,更不是与他们对立。优良的班风、校风建设好了,后进生也在参与中得到同化。

(3)挖掘和发挥社区的整体功能,做好后进生的转化工作,是我们的努力方向。改革开放后,教育也由封闭转向开放,越发社会化了。有许多问题,包括转化工作,已不是教育部门单独能解决得了的,需要家、校和社会密切配合,发挥整体功能才会产生效果,这方面我市许多学校已经有不少成功的经验。随着"后进生问题社会化,学生犯罪手段成年化"的发展,我们的对策应该是"齐抓共管,综合治理;教育社会化,社会教育化"。现在,不少学校正在朝这个方向探索新的组织形式:"家长委员会"、"社区教育委员会"、"社区教育网络"等相续诞生。希望这些有益的探索积极地进行下去,重点应放在挖掘这些组织的教育功能上。

4. 转化要立足起点

起始的初一年是学生思想发生变化的"转折点"。有些学生,在小学毕业离校到中学报到前的这段"真空"时间里,被社会上一些坏人带坏了;有些学生,初一入学后不适应中学生活,分化为新的后进生;有些小学的后进生,进中学后随年龄增大,"偷针"发展成"偷牛",越具有破坏性。这时期学生的心理刚进入"第二反抗期",又进入"青春期",所以是分化的"危险期"。学生的这一分化,已经由初二年提前到初一年了。但是,初一年又是教育的"最佳时机",这时候学生所处的环境变了,原有的群体被打散重新组合,学生对中学有一个新鲜感,有一种初到新地的谨慎和一切重新开始的心理。所以,很多成功的学校从起点抓起,牢牢抓住这个希望与危机兼有的转折点,采取一系列"超前措施",搞好中小学衔接，抑制了后进生的产生，取得了事半功倍的效果。

高中的起始年段是学生的又一转折点。几年初中义务教育的教学要求与普高的要求差距越来越大，使学生在这个转折点上越难转过弯来。与中小学衔接相比，高初中衔接问题是一个还没认真研究的课题，是认真研究这一课题的时候了。

5."绿洲工程"的质量控制问题

全市转化工作发展不平衡，差距很大。为了保证"绿洲工程"的质量，我们在两个层次上进行控制。

(1)用"检查、总结、推广"的办法进行校级质量控制，使得一些学校的行之有效又各具特色的规定和办法得到推广，变为全市每个学校治校的有力武器。

(2)用落实《后进生转化工作记录卡》的办法进行个人操作质量的控制。有些老师在转化工作的具体操作上有一些很好的创造，例如：怎样使对后进生的认定和鉴定摆脱教师个人好恶的影响，减少主观随意性；怎样在心理学、社会学理论的指导下对后进生进行科学分析，找出对策，减少盲目性，提高转化效益；怎样记录、积累资料，既有利检查考核又有利跟踪研究、总结提高……这些方法，既凝聚着传统的爱生之心，又闪烁着现代的科学之光。我们除了传统的用表彰会推广先进经验外，还试用"模式控制"，把那些科学的方法设计入《后进生转化工作记录卡》中。要求每位老师要做转化工作，就一定要填这份《后进生转化工作记录卡》，而在按规范填写的过程中，就不由自主地按一定的科学程序（模式）展开思路，进行工作。

五、"绿洲工程"刚刚开始

我市的"绿洲工程"才刚起步，还有许多困难在前头。例如教师队伍的稳定和优化问题，已开始暴露我市教育的弱点。而把学生由厌学转化为热爱学习，使后进生由"服从"到"同化"，从"同化"上升到"内化"——真正从内心深处热爱学习，把对真理对知识的追求纳入自己的价值体系和信念中——即实现学习动机的转化，更是我们今后应努力突破的一个难点。

要突破这些难点，在现有的框架中小打小闹，常常是解决一个问题后又会冒出十个问题来。要从根本上解决问题，就要有打破现有框架，向单一的"应试模式"挑战的勇气；就要在教育思想、培养目标、办学方向、学制课程、教学方法等问题上，发挥想象力和创造精神。

厦门市改革加强外语教育教学的做法[①]

吴德丰

厦门市是经济特区,培养外向型经济人才是教育战线为发展外向型经济服务的迫切而重要的任务,较好的外语能力则是外向型经济人才的重要素质。因此,自厦门市辟为特区以来,我市更是自觉地改革加强外语教育教学,使之得到较健康的发展,为外向型经济做出贡献,成为我市教育的特色。几年的努力之所以能取得这些进步,主要是我们注意了以下三个方面。

一、明确思想认识

搞好外语教育教学是特区建设的基础工程。作为特区,厦门是对外交流、引进先进科学技术、管理经验的窗口,与海外进行思想、科技、经济、教育、文化等全方位的交往,外语是这一切交往的必不可少的重要工具。特区一开辟,教育部门领导及时地宣传强调抓好外语教育教学的重要性,把它从单纯提高教学质量、提高升学率狭窄观念提高到特区基础设施的建设来认识。教育学院、师专相继开办英语班,市区各种中学初、高中按计划开足英语课程,在业余中学、夜校里开办大量英语班,1982年开办了我省第一所英语中学,绝大多数农村学校也在两三年内开设了英语课,市区小学全部开了英语课,筹办外国语学校。这样,我市外语教育教学的发展步伐紧紧地与特区建设步伐一起迈进。

必须抓大面积提高。特区建设需要的懂外语的人才是各级各类,成千上万的,外语教学也必须各级各类学校来共同提高。因此,市教委要求城乡各中学、普高、职高都要抓好外语。厦门一中、双十中学不仅开设英语课,还办起日语班(后来有所调改),发挥学校优势,较早建立语音室、有声阅览室,教学质量比较稳定。集美中学在海外校友资助下,率先建起第一个设备、功能较齐全的语言试验室。厦门二中有注重英语教学的传统,教委鼓励、支持他们办起英语试点班,该班吸收国外教材,改进教学方法。英语中学开办后,不仅突出英语教学,还与省电教馆合作,录制了部编初中英语教材情景教学录像片,被中央电视选为教学节目,录像文稿还被人民教育出版社出版。条件一般的学校,也努力抓好外语,第十中学善于发挥英语教师的作用,每年考上大学的学生中,都有一半左右读外语或涉外专业,较高的外语教学水平成了该校的特点。同安县也积极抓好外语,连续几年该县初中毕业英语成绩高于全市平均成绩。对于一些外语教学成绩较低的学校,教委注意给予充实师资、设备、安排教研人员下校给予具体的帮助。

[①] 原载于《厦门教育》1988年第2期。作者时任厦门市教委中教处长。

兼顾小语种。考虑到对日交流,我们在有的学校开设日语班。开设小语种困难多,中学、大学外语课程不好衔接,在困难矛盾前,教育部门领导亲自多次与有关领导、教师座谈,从对外交流的前景阐明保留兼顾小语种的必要性,使学校能克服困难,坚持开设日语课。还经常安排到厦门的日本客人与日语班学生见面,激发学生的学习兴趣。市教委在筹建外国语学校时,也制订了小语种的开设计划。经过探索调整,既保存了小语种,又使其比较适合社会需要。

二、加强宏观管理

要在全市中小学校处理好外语教学与其他工作的关系,使外语教育教学有较合理的结构、层次,能按计划发展,取得较好的效益,必须加强宏观管理。

市教委努力建立由行政、教学研究、教育科研、师资培训和民间研究团体构成的联合工作网络,在宏观管理上起着三个作用。

一是共同贯彻领导意图,及时给予反馈。如1983年年底,领导上提出在市区小学开设英语课的要求,这个网络工作成员了解各方面情况,共同召集有关人员讨论确认了小学开英语课的必要性和可行性,并就师资、教材、课时等教学问题提出具体的意见,使领导意图很快得到贯彻。1984年,市区小学从五年级开了英语课。

二是对全市外语教育统一规划安排。有关教学的工作问题,常由这些工作人员共同研究,规划安排,提出意见供领导研究决策。1985年,他们邀请了20多位骨干教师,在半年多时间里,四五次集中讨论,制定了厦门市中小学外语教学的五年规划和十年规划,对全市的小学、初中、普高、职高的外语教学,包括课堂教学和课外活动,从智能和能力上都提出明确的要求和措施,对实际工作还是起了一定的指导作用。

三是对各级各校教学进行调控。这个工作网络人员经常深入到学校中,了解外语教育教学中存在的问题,从而进行必要的调控。1986—1987学年和1987—1988学年这两个学年,他们中不少人参加视导组,每期下到近20所中学和部分小学,听课、看教案、查作业、听取汇报、座谈讨论,对教师进行面对面的指导。他们还花大力气探讨中小学教学衔接这一课题,确定四所中学分别指导市区几个区的小学教学,中小学教师常共同备课,互相听课。而后又对小学教学进行一系列改革。

在宏观管理上,领导相当重视教师队伍的建设。对外开放之初,教育学院就办起英语班,及时给学校补充部分师资。集美师专创办后,年年招收英语专业学生,从1986年起,英语科又改为三年制,使学生具有更扎实的专业知识技能。小学开设英语课以来,教委逐年把一些师专毕业生分配到小学任教。电大也办了两班英语班。还通过多方培养、引进,英语教师队伍得到较大充实。目前,全市68名小学英语教师中,英语专业大专学历以上达54.4%;初中专任教师中,大专以上学历达95%;高中教师中,本科毕业教师达85%。从1984年起,每年约10位左右来自英语、美国、荷兰、丹麦、新西兰、菲律宾、澳大利亚的教师到市属学校,主要是到普通中学任教,外籍教师已逐步成了我市教师队伍的一个组成部分。

三、狠抓微观突破

宏观管理要得到落实,还必须对一些影响全局的关键性的具体工作予以突破,这几年来,领导上主要组织了几项突破。

自编小学英语教材。为了有更适合小学生心理特点,更口语化、趣味化的教材,教委领导采纳了工作网络成员的意见,在 1985 年建立了特区小学英语教材编写组,通过 3 年多的努力,编出一套四册的小学教材。经过广泛讨论,修订和定点试教,前三册已在全市范围试用,第四册正在修订。与课本配套的课文录音、英语歌曲录音磁带也已录制投入使用。

组织教师培训。要求教师加强口语教学,就得突破教师本身口语能力这一难关。1983 年,通过了英中友好协会,聘请了 Pearson、Throm 和 Bhapman3 位英国教师,为本市30 名教师和来自全国各外国语学校的 30 名教师举办了为期一个月的短训班。以后,每年假期都聘请外籍教师来厦培训中小学教师。1988 年暑假,聘请了以 Topper 博士为首的,包括有数名教授的美国巴尔的摩市 11 位教师,对来自城乡的百名中小学教师进行了33 天的训练。至今,全市已有一半左右教师受过外籍教师培训,口语能力及教学能力有了一定的提高。

采取各种措施提高学生听说能力。市区每个英语教师配给一台收录机,至 1988 年,所有市属中学都配上语音室,以利听说教学。各校加强口头能力的培养和检查,有的学校的期末考增加英语口试。几年来还大力倡导开展各种课外活动,连年举办英语夏令营,陆续举办小学、初中、高中的校级、市级语音比赛和英语文艺会演,这些活动调动了师生加强听说教学的兴趣和积极性。

从 1988 年起,厦门市每年举办英语教师培训班,聘请外教来厦讲学。
图为市教委领导与英语培训班学员合影

两所小学的改革引起的思考①

黄守忠

厦师一附小以"和谐教育"、滨北小学以"劳动教育"为引绳,开展了全方位的教育教学改革,初步形成素质教育的模式,给人留下了深刻的印象。

更可贵的是两所学校的改革实践,提出了当前教育的许多值得令人思考的课题。

一,"应试教育"是一种历史性的,又是国际性的基本教育模式,似乎也是一种社会要求、心理要求。它固然有增强认知、增长知识的作用,但它又有几个明显的弊端:重知识轻能力,更轻学生的全面发展;瞄准高一级学校的升学试题来教学,知识很不完整;给学生造成在恐惧中竞争的心理损伤,给社会制造大量的"失败者"。为此,许多贤达名人提出挣脱这条绳索,改变这种模式的理论主张和实验样板,遗憾的是至今未成为共识,更未成为广泛的行动。

我们常说"要端正办学思想",这确实是症结所在。怎样端正呢?关起门来学习教育方针,学习先进理论,固然是必要的,但还很不够,我认为校长和老师还应走出校门,去看看社会进步和经济发展,去了解当今社会对人才的需要。尤其是校长,在研究教育的同时,要着重研究一下经济。这对于开拓视野,提高境界是十分有益的。即使在校内,也要重视研究学生的现状和需要,以利引导。一位高明教师的真功夫在于"导",而不在于"教"。

实施素质教育,是时代的需要,是"人"的需要,是教育发展的必由之路。不断给学生注入时代精神,学校才能健康蓬勃,学生才能聪明成器,校长老师也就有气派。

二,事业成功的基本要素之一是"和谐",一个健全人的基本标志是"和谐发展",即思想品德、行为习惯与知识能力的和谐,脑与体魄、四肢(尤其是手)的和谐,各种知识的和谐,共性与个性的和谐,等等。

教育的宗旨就是通过"和谐教育"的途径,促进学生"和谐发展",为社会造就一代又一代健全人。

许多学校出于事业心责任感,孜孜以求提高教学质量。于是乎,增加学生的课业负担,用大量的机械的练习求得助长知识的禾苗。殊不知,超量的机械的练习是智力的"屠宰场"。智力的开发,"聪明"的调动要靠多方面,课堂、作业是一方面;劳动、实践是一方面,有的游戏、文体活动、参观游览也是一方面。有的老师怨叹"种了瓜得了豆",其实这在很大程度上是自己造成的。

别林斯基有句名言:拿不到元帅杖,就拿枪、拿锄头吧。社会对人才的需求是多层次

① 原载于《厦门教育》1992 年第 3,4 期合刊。作者时任厦门市教委副主任。

各方面的,人们的发展也是多方位各层面的。博士是人才,战士也是人才,况且不可能人人都当博士。现实中我们常常看到有的学生平时课业成绩不佳,但在劳作或其他方面很有才能。教育教学要有基本要求、基本规范,应严格要求学生达到这两个"基本"。除此以外,鼓励个性发展,统一的东西不必要求过高,就像不要求梅兰芳懂得编电脑程序,林黛玉挥动李逵的双斧一样。

一位好教师不仅要勤于教,还要善于发现学生的个性特长,在学生还处于朦胧中就去点拨他,并构筑舞台让之施展。许多名流在事业成功时撰文怀念他的启蒙教师,我相信是由衷之言。

三,为了提高教学质量,必须着力调动学生的学习情感,情感足动力大,情感高行为雅。没有口感的人,吃苹果同嚼蟑螂没有两样。

现代化教育的特点是全方位的、终身的教育,中小学却是基础教育,也是阶段性的教育。面对几岁、十几岁的少年儿童,我们的教育既要看他们的现在,更要看他们的将来。他们的将来是社会主义的建设者、接班人,要用勤劳的双手,用现代科学文化知识推进社会主义的发展。没有崇高的学习情感,今天学不好,明天更难学。

调动学习情感,要靠思想教育,更要靠教学活动的组织和渗透。大量的练习、频繁的考试、偏高的教学要求、单一的教学活动、体罚或变相的体罚,往往扼杀了学生的学习情感。有的小学生边做功课边哭泣,怎能有学习的乐趣和动力呢?当然,要提倡刻苦学习,但只有高尚情感的驱动,才能品尝苦中有乐的滋味,刻苦才有持久的动力。

调动学生的情感,实质是尊重学生的人格。教师与学生的心灵沟通了,共同实施"芳草计划",共建"绿洲工程",我们的教育必将进入新的境界。

厦门市教育学会小学校长工作委员会第一届理事会理事合影

深化高中招生改革　促进教育事业发展[①]

吴德丰

在改革大潮的推动下,厦门市 1992 年的各类高中招生工作顺利完成了。由于市府的关心、市教委的领导和省招办的指导,市中招办的全体人员精心组织,认真操作,经过两个月的日夜辛劳,终于使 1992 年中招出台的几项改革措施全部得以推行落实,为我市的中招改革积累和提供了新的经验。

改革的实践,加深了我们对中招改革三个方面的认识。

一、高中招生改革的地位和作用

经过十余年的探索,教育改革已成全方位、多层面之势。1992 年春夏,在邓小平同志南方谈话和中央 2 号文件精神鼓舞下,各类各级学校都在议改革、搞改革,各种改革措施几乎覆盖了教育教学的各个层面,并且向纵深发展。初中是当前教育的薄弱环节,又是提高义务教育质量的关键,其工作已是当前教育部门和学校重点抓的大课题。高中各类学校招生,既有对学生考试成绩的要求,又有对学生品德、体育等方面的要求。因此,考生的考试、录取自然成了人们衡量学校和初中教育教学水平的一个方面。从这个意义上说,高中招生是初中教改的一个验收和评价。

高中各类学校的改革越广越深,内部需求和外部条件的一些矛盾就越尖锐。毋须讳言,好的生员是办学的一个重要条件,各校都势必千方百计,不遗余力地去寻求、挖掘好的生员。对于学校来说,招生是一场争夺战,客观条件又不可能让各校都招足如意的学生。如何让各层次的学生都各得其所,各校如何在现有生员的基础上发展提高,又成了高中改革的课题。从这个意义上说,高中招生又是高中教改的条件和出发点。

由此可以看到,高中招生绝不仅仅是一些事务性的工作,而是整个中等教育工作的一个重要环节,和各方面工作相辅相成。其本身改革得好,就成了其他改革的推进器、催化剂;否则,就成了绊脚石、拦路虎。1992 年我们进一步深化高中招生改革,注意强化和发挥其对办学的三个作用。

(一)突出导向作用

如果说,考试对部分师生的教与学是指挥棒的话,那么,对相当一部分学校来说,招生

---

①　原载于《厦门特区调研》1992 年第 12 期。作者时任厦门市教委中教处处长。

则是办学的指挥棒。对教育方针的深刻理解和全面掌握是需要一个过程的,加上一些不正确的思想干扰,有些学校会忽略了"面向全体,全面发展"这个教育要旨。1992年的高中招生改革,注意深化其对办学的导向作用。1991年中招,我市在省规定注意录取对象外,把市三好生、市级以上体育、艺术、科技各方面竞赛前两名获得者等,也增列为市属学校录取照顾对象。形成了对中专学校投档和对其他市属学校投档要反复变换考生的照顾分数的局面,工作量大,不易操作,且容易出差错。1992年在酝酿招生政策时,教委领导考虑到具体工作的困难,就是否再另外规定本市学校录取照顾对象的问题征求招生办的意见。大家讨论后认为:照顾对象面越小,工作越简单,但不利于保护学校开展课外活动的积极性。只要对学校改革有利,对学生全面发展有利,再困难也要干。不但沿用1991年规定,还有所扩大,如在师范招生时允许保留少数机动指标,让学校破格录取特长生;对参加"白鹭腾飞"团体操表演的数千名学生给予加5分和降分投档照顾,使加分对象分成"省加分"、"省优先"、"市加10分"、"市加5分"、"市优先"、"师范加分"、"师范优先"、"省降分"、"市降分"等三级9种。还专门召开三次小组会,讨论操作问题。多年来,重点普高招生都规定本校考生的最低控制线比一般中学考生低20分。这一规定成了小学毕业生拼命往重点中学钻的一个原因。1992年,在征求一中、双十两校领导意见后,改成本校和外校考生为同一分数线。实施后,一般中学学生家长奔走相告,相信这也必将推动初中招生改革的深入发展。

(二)加强协调作用

社会现实的影响和人们价值观念的变化,学生报考的大冷大热,造成不同学校生员或稀或满的现象还依然存在。学生只有合理分流,才能都得到发展,也不至于造成教育上的浪费。因此,我们采取四个办法加强调节。一是在志愿设计上,根据我市实际情况,规定考生在中专学校的重点类、一般类、委培类上各只能报一个学校,在第二批志愿中必须至少报一所普高,在职业高中、职业中专的两个志愿中只能报一所职专,从报考上加以限制;二是加强过程指导,在一中高师预班、市工业中专等校上线生员不满时,招办主要负责人亲自向考生做动员,指导他们改报,增加了他们的生员;三是实行调配,在第二批招生中,一人进行3次大调配,在认真参考学生志愿、家长职业、家庭地址、考生兴趣特长后,先后调配了近千名学生;四是允许各类学校对考生进行专业调整。通过这些办法,比较有效地解决了"冷热"不和的问题。有的学校招生两三百人,第一志愿报考的不上1/3,由于调节得好,不但招足了学生,且被录取的考生基本上都接受录取,准时报到。集美中学与集美区属学校的生员矛盾是个老问题,1992年也采取措施给予协调。我们规定,凡集美考生总分425分以上全归集美中学录取;中专落选生按其第二批第一志愿,分别由集美中学和区属中学录取。在区政府、教育局和各校支持下,比较好地解决了该地区长期存在的矛盾。

(三)坚持保证作用

考生的质量,客观上存在高低之分,加上我市1992年中考题目难度提高,因此,高分生比率较低。市区和杏林区4 617名考生中,400分以上考生仅1 150人,不足1/4。我们还是从改革找对象出路,使各类学校新生都有一定质量,保证教育教学的基本需要。对重点普高,不但提前录取,还规定上线考生中的前 25％为必取生。同安县在县府支持下,规定 437 分以上学生由同安一中录取,集美区也做出相应规定。对中专考生,规定最低控制线总分不低于 378 分。杏林区原有中专指标 35 人,但上线的只有 13 人,我们没有被计划约束,而是降低条件,把指标调到其他招生片,各中专学校都感到满意。市体校的考生中有很大一部分参加了 1992 年省十届运动会,影响了学习,有关部门向市府提出对这部分考生给予免试升学的要求,并上报了市府。我们得知消息后,及时与有关部门联系,并报告市府,陈述了免试升学的弊端。市府采纳了我们的意见,要求这部分考生兼顾学习,参加考试,保证了体育中专生员的文化学习素质。除考试成绩外,我们对考生的品德、体育、身体素质也注意把关,报名期间,请高招办同志做两次报告,指导学校搞好考生政审、评语。技工学校对考生视力要求较严格,我们数十次退档、补档,甚至动员其他学校退出已录取的考生投给他们,使他们录取的学生的视力都达到最低要求。

二、高中招生改革所解决的主要矛盾

中招工作本身就是一个矛盾体,诸多矛盾纠结在一起:国家需要与考生取向的矛盾,既定计划与实际情况的矛盾,普通教育与职业教育的矛盾,省定政策与市定细则的矛盾,学校意图与考生志愿的矛盾,录取规定与考生条件的矛盾……在这种左也矛盾,右也矛盾的实际情况下,要使七八十所录取学校都满意,11 000 多名考生都如愿是不可能的。马克思主义哲学告诉我们:矛盾是绝对的,长期的,统一是相对的,暂时的。招生改革一直是在探索中,客观情况又千变万化。招生改革要天衣无缝,方方面面都满意,是不切实际的幻想。因此,今年我市中招工作的改革,抓住三个主要矛盾开展:

(一)确实保证师范类生员

让师范学校招收到质量高的新生的理由是人人都能理解、人人都能接受的。然而,几年来师范的生员一直未尽如人意,要么考生不足,要么质量不高。1991 年我市采取一些措施,有较大的成效。1992 年我们以更坚决的态度来保证师范生员,即把师范学校放在提前录取的位置上,又规定每个考生都必须在提前批里选报师范、重点普高或航专,这样做会不会引起大量考生和家长的不满,引起不必要的混乱,造成社会问题呢?我们分析到:几年来,学校德育工作是有一定成效的,特别是毕业班年段的演讲比赛等形式的理想教育,使考生有一定的报效四化建设的思想基础。相当一部分家长是鼓励和希望子女当教师的,绝大多数考生从内心深处也是崇敬教师、崇敬教育职业的,他们并不厌恶教师职业。只是教师的地位低、待遇薄、工作苦,使他们望而却步,报考上的选择反映了一种"知"与"行"的矛盾。在这种情况下,一定的外力可以促成其选择。因此,我们坚定信心,做出规定,果然考生都能服从规定,个别不理解、不服气或者有实际困难的考生也只是私下埋怨。师范生员这个主要矛盾的解决,也带动解决了重点普高、一般普高的生员,有力地扭转了几年来考生不愿报考师范和普高的倾向。这从对我市 1988 年和 1992 年各类学校的招生数和第一志愿报考考生数的比率变化可以看出来。

招生数与第一志愿报考人数比率表

类别年份	师范	中专	重点普高	一般普高	职高（专）	技工
1988	1：1.1	1：5.5	1：0.93	1：0.59	1：1.78	1：1.8
1992	1：8	1：7.1	1：5.23	1：1.52	1：1.65	1：1.22

除此以外，我们还在厦门一中、集美中学、同安一中3所省重点中学共试办3个班的高师预备班，录取135名学生，为高等师范储备了一批高质量的生员。

（二）积极扶植职业教育

我市职业技术教育起步早，发展快，一直处于全省先进行列。但还满足不了特区建设发展对各种初级人才的需要，职教本身存在一些薄弱点，一些外部条件也不稳定，这些都需要借助招生给予扶植。针对我市职业技术教育薄弱点在农村的状况，我们批准同安六中开办2个职业中专班，又把3个电视中专班办在同安和集美区，扩大市区某些职专、职高、技工学校在农村的招生数。为了巩固联合办学，调动各部门的办学积极性，明文规定联办单位和成批接受技校生的企业的干部职工子女可以降低30分投档。8月4日接到省招办关于扩招中专自费生、委培生的通知，虽然第二批录取已经展开，我们还是以积极的态度来办理这"第二轮"的中专招生，8月5号就召集本市中专学校上报扩招计划，以后又主动邀请各有关中专学校尽早到厦门招生。还把挖潜扩招的要求及时传达给我市各职业学校，对于他们的扩招工作，也都给予支持，仅旅游职校和交通职校就招扩了50余人。有时为了招收一个自费生，我们也单独安排给予政审、体检。在我们的努力下，我市1992年录取的7 244人中，职业技术教育类达4 082人，占录取总数的56.4%，比1991年提高3个百分点。

（三）限制往届生和非厦门户口考生报考，提高办学效益

当前我市实施九年义务教育的任务还相当繁重，校舍、师资都还很欠缺，但农村中一些回炉生和城市中非厦门户口学生却占去了我们的学额。据省教委去年年底调查，全省高初中尚有回炉生两万余人，我市也还有数百人。1991年我们做出往届生报考中专必须高出应届生40分才能出档的决定，但出档后这40分是否回算仍由录取学校自定。1992年我们进一步要求，把报考中专的往届生的总分扣掉50分后再输入电脑，作为出档和录取成绩，允许往届生报考的中专学校也只限于20余所农林地矿类学校，使往届生升上中专学校的人数大大减少。据同安县这3年的统计，1990年有120人，占中专录取生的27%；1991年有65人，占15%；1992年包括自费生才50余人，占不到10%。

我市当前有非本市户口的中小学生4 000余人，目前还有发展的趋势，这成了城市实施九年义务教育的一个大负担。1992年我们加强对这部分学生在我市报考的审批，严格加以控制。

我们1992年的招生改革，虽然措施不少，但都紧扣着上述之三个主要矛盾，主线明

朗。实践证明,抓住了主要矛盾,方向明确,力量集中,比较容易见成效。

三、实施改革的条件

我市几年来的高中招生工作改革,特别是1992年一些影响面较大的措施之所以得以实施,除了这些改革顺应了客观形势的需要外,有一些条件也是极为重要的。

首要一条,是市教委领导的直接指挥和支持。从3月中旬到6月中旬,委办会上就两次集中讨论招生改革问题。市中招办成立后,教委主要领导数次集中招办的几位负责人专门讨论改革的工作,对改革提出明确要求,做出具体安排。招生过程中,每在关键时刻,委领导加班听取汇报,做出决策,并给中招工作提供较好的工作条件。我市中招的电脑管理条件在全省已是最优越的,赴榕招生时,需用一台便携式电脑,委领导了解情况后,当即批给1.8万多元添置。教委各处室也都从人力、物力、财力上给中招办予切实的支持。

为了保证改革措施在实施过程中不会走样变形,我们注意加强监督,除了抓好制度建设这些共性工作外,还在招生工作科学化和规范化上大做文章。1992年,我们的电脑管理吸取前两年的经验教训,进一步完善,电脑组增至3个人,考生档案信息、考试成绩分析、切线、投档、录取、归类统计、考生去向通知这一全过程都使用电脑处理。为了做好考生材料规范化,学校报名一结束,招生办马上设立一个6人组成的材料组,连续工作10天,对市区和杏林区的近5 000名考生的所有报名材料进行逐人逐页的核查、订正,区(县)招办也同时开展核查。工作科学化和规范化,使整个招生工作更加严谨、细密,排除人为的作用,堵塞了舞弊的漏洞,也使监督工作更加方便准确和有效。

招生学校对改革的理解、支持也是很重要的。每一批录取开始时,我们都把录取学校召集在一起,向他们宣传改革的设想和要求,也把现状和困难的底子坦率地陈明,大多数学校都积极地支持配合我们。如第二批参加录取的学校,相当多专业接收到的学生都是调配的,他们一不叫,二不退,正确处理全市招生大局和学校局部利益的矛盾,帮招生办做考生和家长的思想工作,保证全市招生工作顺利进行。

有一条是事关重要和必不可少的,那就是市、区(县)招生办所有人员具有的饱满的改革热情和刻苦的工作精神。招生的政策性、时间性强,再加上改革的措施多,涉及面广,使再有经验的招生人员都感受到有一种无形的沉重的压力。在压力面前,他们认真学习,勤奋工作,从招生面上工作开始至结束,整整两个月中几乎天天夜以继日地工作。从学院、学校借用的工作人员牺牲了宝贵的假期,和机关人员一起团结苦干。没有他们的努力,再好的改革蓝图也终归是一张蓝图。

马克思主义告诫我们,开展工作时要注意客观现实基础,反对超越客观能力的主观主义。给了搭桥的任务,还要给搭桥的条件。我们的中招改革,正是充分考虑了改革的必要性,又有一定的条件保证,才得以顺利进行。

尽管我们努力深化了改革,但1992年的高中招生工作还有很多不完善的地方,也还存在一些纰漏,随着教育改革的深入发展,招生改革的课题也越来越多。本文仅就今年的中招改革略做回顾和思索,期望能抛砖引玉,吸引更多同志来关心和参与这一工作。

促进教育"两个转变"
确立厦门特区龙头地位[①]

黄守忠　谭南周

厦门设置经济特区以来,市委市政府一贯重视教育,1993年提出建设厦门"教育之城"的战略构想,1995年提出"科教兴市"的战略决策。厦门教育事业长足发展,教育改革不断深化,为特区的经济建设和社会发展做出贡献,在福建省乃至在全国范围内具有一定的影响。

一、厦门教育改革的重要影响

一是政府不断加大教育投入。据统计,国家财政性教育经费,1986年为4 621万元,1993年为22 800万元,8年累计为83 730万元,每年平均增长率为21%;1994年为39 937万元,比上年增加75%;1995年估计为52 024万元,比上年增加30%左右。我市多年来的教育经费投入,包括教育事业费、公用经费、生均经费等方面均列全省之首。大幅度地增加教育投入,为我市教育的迅速发展提供较好的物质基础。

二是四大块教育健康发展。基础教育:至1995年,我市有6个区通过省级"普九"验收,"普九"工作居全省前列。岛内普及高中教育的程度也位列全省之首。高等教育:1994年每万人口中全日制大学生数为全省第一,而且有唯一处于福建省和经济特区的全国重点大学厦门大学,并于1995年6月通过"211工程"部门预审;集美大学的联办树立了全省深化高教体制改革的典范;鹭江大学是我省办得最早、培养人才最多的职业高校。职业教育:中等专业学校学生数占全市人口比例在全省最多;职业中学最早在我市创办,最早采取联办形式。成人教育:以岗位培训为重点的职工教育也为全省创造较好的经验。各级各类学校为特区发展和祖国四化建设以及人类文明事业培养许多高精尖人才和合格劳动者。

三是教育立法比较健全。10多年来,我市制定了许多教育政策和规定,使教育改革走上有序发展的轨道;1994年,我市取得立法权以来,已经制定并通过了有关教育的1个法规、2个规章和一批规范性文件,说明了我市教育逐步走上法制化轨道。

四是建立一支素质较高、比较稳定的教师队伍。从教师队伍建设来看,我市教师学历

---

① 原载于《厦门教育》1995年第10期。作者黄守忠时任厦门市教委主任,谭南周时任厦门市教科所所长。

达标率为：高中教师 78.57％（其中市属 82.68％）、初中教师 94.27％（其中市属 96.99％）、小学教师 87.66％（其中市属 99.06％），领先于全省；从教师经济待遇来看，我市除了每年为教师做几件实事外，1994 年年底出台政府规章《厦门市实施〈教师法〉规定》，这在全省是第一个，在全国也不多见。该规定对教师的工资、住房、医疗、奖励、退休等方面的优惠待遇，做出比较详细的规定。

这一切为厦门教育事业的继续发展打下了良好基础，也为促进确立厦门特区的全省的龙头地位创造了有利条件。教育与经济的"依靠"、"服务"关系十分密切。厦门教育事业要不断改革和发展，才能更好地适应特区经济建设社会发展的需要，才能为特区在全省龙头地位的进一步巩固发展做出新的贡献。

二、教育必须实现"两个转变"

（一）从计划型格局转移到建立以政府办学为主、社会共同参与的新体制

发展教育，首先是政府行为，正如《教育法》第 4 条规定："教育是社会主义现代化建设的基础，国家保障教育事业优先发展。"我市自 1956 年以来，教育经费基本由政府统包，学校体制也较单一，教育事业的发展也基本上由政府计划，这比解放前政府少投入、办学缺乏计划是一种大进步。然而，社会的发展和对教育的需求也逐步暴露了计划型教育和办学体制单一的弊端。因此，改革开放以来，我市的教育经费渠道和办学体制等方面产生了较大的改变，出现了包括企事业单位、社会团体、民主党派、国内个人、境外三胞在内的出资办学、捐资助学的好势头，兴办了集美大学工商管理学院、华夏大学、英才学校、岷厦国际学校、私立集美台湾子弟学校和私立大地、立人、汉伟、贻林幼儿园以及一批社会力量所办的成人教育学校（机构）。但是，不管是学校数量、规划、投入、设施，还是师资、生源、人才培养，从总体上来看，都必须来一个大发展。

建立"以政府办学为主，社会共同参与的新体制"的教育格局，必须做到：

1. 政府继续加大教育投入

厦门要建立"教育之城"，必须加强教育立法、增强教育投入、深化教育内外部的改革、加强师资队伍建设等，其中最为关键的是教育投入。厦门近几年教育投入做到了"三个增长"，其增长幅度之大，在全国是不多见的。但是，厦门教育摊子很大，基础教育缺口很多，硬件软件建设与高标准要求相比，尚有较大差距；厦门除了办好市属学校，还要支持办好省、部属大学，如与国家教委共建厦门大学，与交通部、农业部、省政府联办集美大学等；财政性投入所占国民生产总值比例过小，1994 年为 2.64％，1995 年估计为 2.3％，而要在 1996 年达到市政府提出的 4％的比例，难度较大。因此，政府这个教育投入的主渠道必须继续加强。

2. 制定多渠道筹措教育经费的政策

不管政府如何加大教育投入，还是满足不了日益增长的教育发展的需要。按照"人民教育人民办"的精神和具体市情，应该大力开拓筹措教育经费的渠道，这不仅是必要的，也

是完全可能的。筹措渠道中除了已经出台的教育税收、教育附加、缴纳学杂费、校产收入、教育基金以及一些地方政策外，还可以继续动员城乡群众集资，开征新的教育税收项目（如房地产业、高档消费业、旅馆业、广告业），鼓励国内企业事业单位和境外三胞捐赠。这些渠道的开通，要解决三方面的问题：一是端正观念，不要将之视为"苛捐杂税"、"乱收费"、"乱摊派"，而是作为"集社会之力，办教育之城"的大事；二是制定政策，将之列为政府行为，以免教育部门受过；三是采取强制性措施，以防止政策被软化或抛弃。

3. 制定社会力量办学的法规

我市社会力量办学的主要问题是缺少强有力的法律规定，还存在发展速度不快、形式不多、管理体制不顺、生源不足、师资不稳定、有些办学形式似乎与现行政策不符等问题。要解决这些问题，一定要利用厦门市有立法权的优势，制定这方面的法规。依法治教，按规定程序办事，提高工作效率。

4. 建立多规格的办学体制

树立"稳住一头，放开两面"的思想，政府集中财力，办好义务教育，以及普高、全日制大学，用市场机制促进非义务教育（职业教育、成人教育、学前教育）的发展。建立各种体制的学校，如公立学校、私立学校、国有民办学校（即学校国有，校长承办，经费自筹、办学自主；承担政府任务者，政策给予补贴）、公办民助学校（即学校公办，社会及个人投资用以新建、扩建校舍或添置装备、设施，政府给予一定的荣誉或照顾）、委托办学、部门联合办学等。对现有公立学校，通过调查研究和论证，进行调整。如兼并，办学质量好效益高的学校兼并办学质量差效益低的学校；合并，地域不合理的学校可以调整布点；专业组合，部分带初中的职业中学可以专办职高，初中部与他校合并来办，不同职业学校的相同相近专业可以合办。

（二）由以数量为中心转移到以提高质量和效益为中心

数量和质量是对立统一的一对矛盾。没有一定的数量就谈不上质量，没有质量的数量也是无意义的。改革开放10多年来，厦门教育迅速发展，不仅形成四大块教育协调发展的局面，而且形成了一定的特区特色和地域特色，培养了大批人才和有一定文化素质的劳动大军，其数量令人瞩目，其质量令人鼓舞。

"九五"期间，厦门特区经济建设社会发展进入新的历史阶段，要建成社会主义现代化国际性港口风景城市，这给特区教育事业提出了新的要求：一方面，继续在数量上发展教育事业；另一方面，深化教育教学领域里的改革，提高各级各类学校的办学质量和办学效益，显得更为重要。

1. 提高"普九"质量，普及高中教育

随着同安县1996年实现"普九"，我市成为福建省第一个全面实现"普九"的地市。那么，提高"普九"主要是量的问题，而巩固"普九"、提高小学初中办学水平则是质的体现。无论是市区，还是郊县，多数学校办得较好，但也有部分学校不管是验收标准的"四率"，或者是实际上的教学质量，都还不尽如人意。有相当部分学生在完成九年义务教育之后并没有达到应有的水平，是个文化教育上的"次品"，不利于他们走上社会，不利于培养跨世纪的人才。各类高中教育的普及率,岛内达到90%,集美、杏林两地和同安县达80%,这对提高劳动者素质和向高一级学校输送优秀生源,使之将来成为高精尖人才或各类复合型人才,具有十分重要的意义。

2. 实施教育现代化工程,迈向教育发展新世纪

厦门在"教育之城"的规划中提出了这个问题。我们认为,教育现代化应包括有现代化的教育思想、管理体制、教育投入、办学条件和质量标准。厦门应该从以下几个方面来进行工程建设。

(1)确立"培养具有创造力的人脑和能掌握、广泛应用电脑的创造人才"的培养目标。

(2)进行多种层次的素质教育,形成多种形式的办学模式,完善各种类型的终身教育。如基础教育,既要实现"应试教育"向"素质教育"的转变,发展学生的多种能力,又要进行适度的英才教育,发现、培养、造就高级人才的苗子;既要面向全体,办好所有的学校和提高整体教育质量,又要抓好各级升学教育的质量,提高高中进入大学的升学率。又如成人教育和职业技术教育,除了继续加强"联办"形式,和适应市场需要设置或调整专业以及开办新职业学校和成人教育机构外,应该大力推出正规教育与非正规教育并举、学历文凭和职业资格证书并重的教育制度。

(3)深化课程、教材结构的改革,在基本遵循国家教学大纲的原则下,降低必修课要求,扩大选修课和活动实践课,重视培养学生的个性、特长和创造精神,让学生有充分时间发展兴趣爱好,并分类指导,培养一大批复合型人才。

(4)在教学手段方面,既要继续加强现代化教学手段的建设,如音频系统、视频系统、计算机及其他先进的教学辅助设备等;又要改变先进的设备被冷落、被降低水平使用的现象,提高教师使用现代化设备的思想观念和操作能力。

(5)继续加强德育基地和德育基本工程的建设,把继承发扬中华民族传统美德教育同培养现代意识、改革开放意识教育结合起来。使我们培养出来的学生,无论是政治追求、思想品质、道德观念、行为规范,还是服务于社会的文化科学知识能力,都称得上是"跨世纪的中国新一代"。

(6)大力提高师资队伍的素质。"九五"期间,我市各级各类学校的教师应达到《教师法》规定的学历要求;到2010年,40岁以下的教师,小学大专化,初中本科化,高中部分持有研究生学历,这样才能保证我市的教育教学质量上水平。

过去的10多年,厦门特区的经济建设和社会发展之所以有如此巨大的成绩,在很大程度上是得益于教育。教育的地位和作用在特区的整体建设中是十分重要的。因此,我们相信,在新的历史时期,厦门教育事业的发展,教育改革的深化,将为确立厦门特区在全省的龙头地位,起着不可估量的促进作用。

加强领导　增加投入　多方面改善办学条件[①]

黄昭钦

厦门市辖六区一县,总面积1 516平方公里,1995年总人口121.4万,其中农业人口68.5万,人均国内生产总值19 714元,人均财政收入2 626元,农民人均纯收入2 665元。全市共有各级各类学校843所,在校学生27.88万人,占全市人口的23%。1994年全市城乡宣布实施九年义务教育,人口覆盖率达100%,至今年上半年经省政府"两基"验收,全市实现基本普及九年义务教育和基本扫除青壮年文盲。"八五"期间,我市认真贯彻《中国教育改革和发展纲要》,实施"教育之城规划",积极采取各种措施,多渠道筹措教育经费,多方面改善办学条件,取得了一定成果。

一、教育事业得到较快发展

至1995年,全市幼儿园374所,在园幼儿3.94万人,比1990年增加44所0.42万人;小学359所,在校生13.47万人,比1990年增加16所1.67万人;普通中学56所,在校生人6.52万人,比1990年增加13所2.37万人;职业技术学校27所,在校生1.78万人,比1990年增加10所0.65万人;普通高校8所,在校生1.78万人,比1990年增加0.36万人;特殊教育学校4所,在校生451人,比1990年增加260人,其他成人高校、高等教育自学考试、农村文化技术学校也都有较大发展。全市教职工人数21 600人,比1990年增加2 770人,其中专任教师15 114人,比1990年增加2 579人。

"八五"期间,我市普通高等教育在联合办学方面取得重大进展,市政府与省政府、国家有关部门联合举办集美大学,联合创办集美大学工商管理学院,国家教委与市政府共建厦门大学,联办厦大工学院。市政府把厦大的发展列入市高等教育和科技发展规划,支持其进入211工程。高等教育联办、合办的举措,为我市办学体制改革提供了范例。另外,我市还重视发动社会力量开展多种形式办学,如创办华厦大学、英才学校和一批私立幼儿园。

二、教育经费持续增长,办学条件进一步得到改善

"八五"期间,我市国民经济继续保持持续快速健康发展,1995年与1990年相比,全

---

①　该文系全国教育财务会议汇报材料,由厦门市教育委员会与厦门市财政局合著。执笔者时任厦门市教委计财处处长。

市国内生产总值由 57 亿元增加到 250 亿元,增长 4.39 倍,年均增长 25.2%;地方财政收入 21.63 亿元,增长 2.35 倍,年均增长 27.3%。市各级政府对教育投入有较大幅度增长,切实做到教育经费"三个增长"。1995 年全市教育经费总额 5.91 亿元,为 1990 年的 1.12 亿元的 5.28 倍。其中,国家财政性教育经费 4.98 亿元,为 1990 年的 5 倍,年均增长 38.14%;教育事业费 3.12 亿元,为 1990 年的 4.36 倍,年均增长 34.5%;生均教育事业费:中学生 1 551.87 元,小学生 869.64 元,分别是 1990 年的 2.7 倍和 3.6 倍;生均公用经费:中学生 869.64 元,小学生 145.25 元,分别是 1990 年的 1.88 倍和 2.88 倍。

"八五"期间,全市教育基建投资 2 亿元,新建中学 16 所,小学 4 所,扩建中学 25 所,小学 34 所,办学条件有较大改善。与 1990 年相比,1995 年全市小学校舍由 1990 年 34.6 万平方米增加到 58.2 万平方米,纯增 23.6 万平方米,增长 68.16%,生均 4.3 平方米。全市中学(含职高)校舍由 1990 年的 40.5 万平方米增加到 65 万平方米,纯增 24.5 万平方米,增长 60.5%,生均校舍面积 8 平方米。5 年共维修校舍 30 多万平方米,投入资金 1.15 亿元,设备资金投入 7 500 万元,添置了教学仪器设备 5 万多件,课桌椅 16 万多套,图书 150 多万册。至 1995 年,中学藏书 140 万册,生均 19 册;小学藏书 186.3 万册,生均 13.8 册。全市学校消灭了危房。中小学普教仪器设备已基本达到国家规定的 I 类标准。

1994 年、1995 年两年,我市和省政府、国家教委等部门共建厦大和联办集美大学,我市共投入经费 1.035 亿元,给两校办学注入了生机和活力,加快了两校的改革和发展。

三、教师待遇得到明显提高

1995 年,全市教职工人均年工资性收入比往年增长了 3.4 倍,教师的平均工资收入高于公务员平均工资收入。我市认真贯彻国家和市的工资政策,努力提高教师工资待遇。提高班主任津贴和教龄补贴标准,发放中小学教师岗位补贴,提高离退休教师待遇,发放特级教师、科学院院士、有突出贡献的中青年专家、博士生导师津贴,补助在厦的省部属大中专院校的特区津贴等。我市认真落实教师工资政策,从未拖欠教师工资,民办教师工资也有较大幅度的提高。此外,我市还发动社会各界和海外侨胞捐资助学,成立各级教育基金会奖教奖学。1995 年全市教育基金 8 119 万元,是 1990 年的 4.7 倍,5 年来共奖励教职工 15 759 人,发放奖教金 327 万元,极大地鼓舞了广大教师教书育人的积极性。

在教师住房方面,"八五"期间新建扩建教师住宅 3 295 套 26.3 万平方米,其中,1993—1995 年,市政府优惠售给教师统建房 1 500 套。今年我市可基本解决城镇教师住房困难问题,教职工家庭人均居住面积由 1990 年的 6.7 平方米提高到现在的 9.94 平方米,成套率达 79%。

四、增加教育经费投入的三项措施

"八五"期间,我市筹措教育经费,改善办学条件等方面取得较大成果。主要是采取以下三项措施:

一是各级政府加强对教育工作的领导。市委市政府落实教育优先发展战略地位,每年都要召开会议专门研究教育工作,解决工作中的实际困难,属区县应该解决的问题,就落实到区、县政府。如:为实现基本普及九年义务教育,市政府和各县区政府签订普及九年义务教育责任状。通过调查研究,市政府认为厦门市实施"普九"的重点和难点在岛外,尤其是同安县人口多,办学条件相对薄弱,因此,在1994年年底一次性拨给同安县2 120万元,新建扩建12所中学和新建1所特教学校,同时一次性拨给集美区、杏林区500万元扩建中学校舍。市政府每年召开全市庆祝教师节大会,在庆祝教师节时公布为教师办实事的项目和措施,切实解决教育工作的实际问题。

二是加快教育法规建设,使我市教育逐步走上依法治教之路。市人大和市政府先后颁布《厦门市捐资兴学奖励办法》、《厦门市学校用地保护规定》、《厦门市实施"教师法"规定》等法规和规章。市政府批转了《关于厦门市征收城镇教育建设配套实施细则》、《关于确定我市中小学公用经费最低标准的报告》等重要文件,有力地推动了我市教育的发展。此外,市人大每年开会期间都要对教育经费增长幅度做出决定,市财政和区县财政都按照市人大通过的增长比例确保教育经费的投入。

三是把我市教育发展中的突出矛盾和必须解决的重大问题列入市政府每年为民办实事的内容。如:新区中小学幼儿园配套建设问题、教师住房、教师待遇问题,尽力协调各方面保证解决。

为实现我市教育事业发展"九五"计划和2010年规划,我市将继续完善以国家财政拨款为主,辅之以征收用于教育的税费,收取非义务教育阶段学杂费、校办产业收入、社会捐集资和设立教育基金等渠道筹措教育经费的体制。继续确保"三个增长",逐年提高财政性教育经费支出占国民生产总值的比例,2000年达4%,政府对教育的投入达到财政支出的15%。征足、管好、用好城乡教育费附加,城镇教育建设配套费全都用于教育,城市增容费40%用于教育,适当提高学杂费收费标准,发展勤工俭学,鼓励社会团体和个人捐资助学,鼓励外资、社会力量合作办学和独资办学,积极开展公办民助、民办公助、国有民办等办学模式经验。进一步改革教育经费管理体制,按照事权与财权统一的原则落实教育经费在财政预算中单独列项,由各级教育行政部门提出年度计划的建议,经同级财政部门审核,列入当年预算,由同级政府经本级人代会批准后实施。

以严格管理求蓬勃发展^①

——厦门市社会力量办学的特点与管理

邓庆源

目前全市已有 96 家社会力量办学单位,今年参加各级各类培训的学员就达 41 328 人。在 96 家社会力量办学单位中,就其办学主管部门来看,主要有 4 种:企事业办学的 51 家,民主党派办学的 8 家,社会团体办学的 23 家,私人办学的 14 家。以办学类型来划分:文化补习类的 26 家,岗位培训的 12 家,职业技术教育类的 36 家,社会文化生活教育类的 22 家。近 5 年来为厦门经济特区建设共培养各种不同人才超过 10 万人。

厦门市的社会力量办学,经过几年的办学实践表明,具有下面 5 个特点:

(1)办学单位指导思想比较明确。我市绝大多数社会力量办学单位以为特区建设服务为办学宗旨,所设置的专业紧密结合特区建设的需要,为特区培养不少专业人才,取得了比较好的社会效益和经济效益。由市政协、民革市委会联合创办,与 1981 年成立的厦门市逸仙业余学校,10 年中共培养外语、财会方面的人才 3 500 多名,在此基础上办起了全省第一所成人外语业余中专学校。厦门市海员培训中心以岗位培训为主突出专业技术培训,办学 5 年来共举办培训班 131 期,受训学员 10 435 人次,合格率在 98% 以上,其中仅海员"四小证"培训一项,就有闽南三角地区的 5 000 多名海员参加受训。

(2)教师、干部热心、实干。目前我市社会力量办学的教师队伍中,有一半以上是离退休教师、干部。这些老同志中年龄最大的 76 岁,他们热心于成人教育事业,勤勤恳恳、兢兢业业,以自己的知识水平、教学经验和耐心细致的教学,保证了较高的教学质量。市离退休教师协会举办的市职工业余学校在年中组织 3 968 人进入高考辅导班学习,其中 1 077 人升上成人高校,还有一些人升上普通高等院校。他们的工作得到了上级部门的多次表扬,1986 年省委书记陈光毅同志莅临学校视察,给予充分的肯定和鼓励。

(3)专业设置适应特区经济发展的需要。"双补"期间,我市组织了 8 万多名职工参加文化补课和技术补课,社会力量办学单位发挥了很多作用;特区创办时,全市 10 多所成人学校办起了外语培训班,数万人参加了外语学习,"外语热"一度风靡鹭岛;为适应第三产业发展的需要,开设了众多的服务性专业,如家用电器维修等;为了满足人民生活需要,开设了厨师培训,交谊舞培训等专业;为适应开发搞活,开设了涉外知识和公共关系专业,为适应现代化管理的需要,又开设了电脑培训专业。

(4)以办学质量求生存求发展。社会力量办学求得生存,求得发展,关键在于提高教

---

① 原载于《厦门教育》1993 年 1 期,作者时任厦门市教委成人教育处副处长。

学质量和办出办学特色。例如:同一层次的财会类培训,有脱产学习、业余学习和函授学习等不同形式,各有所长,他们力求办出自己的特色,以满足社会上学员的需求;又如同一类型的学用电器维修培训,倘若不在师资力量、学校管理等方面不断加强,就很难在同行中参与竞争。由于社会力量办学属"以生养学",因而竞争还表现在管理人员和教师的聘任上。这类学校没有人员编制,全靠学校自己聘任,这就必然是"少而精"。复旦大学厦门函授站和市职工业余学校现有在校生 700 多人,行政管理人员只有 11 人,教师全是兼职的,完全实行流动;优秀的教师学校定期给予鼓励、表扬,不合格的教师淘汰,真正打破了"铁饭碗"、"大锅饭"。

(5)发挥优势,办学效果比较显著。厦门大学发挥高校师资力量强,设备比较齐全的优势,去年 1—9 月份,15 个系举办起了计划外函授、自考辅导和各类短期培训班,招收学员 2 887 人,结业 3 706 人,1991 年办班创收 119 万元。民盟市委会举办的华侨工作讲习班发挥民主党派办学优势,对来自全国 19 个省(市)、自治区的侨办、统战部门等方面的干部进行华侨、侨务政策的培训。他们对讲习的教材进行了较好的处理,保留基础知识、基本理论的精华,压缩、合并过多过繁的某些章节,学员感到学有所得,深受欢迎。市青少年宫、思明区少年宫、开元区少年宫和鼓区少年宫均是校外教育机构,他们把青少年宫办成培养"四有"人才的第二课堂,为孩子们创造一个增长知识、陶冶情操的良好环境;他们开展了许多适合孩子们特点的少儿美术、电子琴、钢琴、舞蹈、科技、武术等培训班,丰富了青少年的业余生活,为社会的稳定和两个文明建设起到了积极的作用。思明、开元两区少年宫的小朋友们还代表全市的小朋友们赴日为日本朋友进行精彩的文艺、武术表演,受到了很高的赞誉。

面对厦门市社会力量办学迅速持续发展的局面,市教委坚持严格审批,加强管理,具体表现在以下几个方面:

(1)加强法规建设,使社会力量办学有章可循,有法可依。1986 年 10 月,厦门市人民政府制定了《厦门市社会力量办学暂行规定》,明确规定了社会力量办学所必备的条件和审批程序。1987 年 7 月,国家教委颁发《关于社会力量办学的若干暂行规定》,同年 12 月,又与财政部联合发布《社会力量办学财务管理暂行规定》;1991 年,国家教委与公安部颁布第 17 号令《社会力量办学印章管理暂行规定》;1987 年 7 月,省教委、省工商行政部管理局下达《关于加强社会团体和私人举办各类职业技术培训中心(校、班)招生广告管理的通知》。这些规定、通知的颁布,使社会力量办学有章可循、有法可依。最近即将下达的《关于对我市社会力量办学实行分级审批》,结合我市社会力量办学的发展情况,再次制定了一些法规,必将促使我市社会力量办学朝着更加健康的方向发展。

(2)建立了市一级的管理体制。社会力量举办面向社会招生的各级各类学校或管理机构,均须在当地政府的领导下,由当地教育行政部门根据国家有关规定和程序审批,并纳入地方教育行政部门统一管理,这是国家教委明文规定的社会力量办学的管理体制。现在一般把社会力量办学作为成人教育的一部分,并且归属成人教育部门来管理,我市目前这方面的工作由市教委成人教育处负责。它的主要任务是负责全市社会力量办学的宏观管理,制定各种政策法规,目前还直接审批社会力量的办学。办学的审批着重从办学单位的办学方向、宗旨、师资力量、领导班子、办学场所和教学计划等方面严格要求,符合办学条件的发给"厦门市社会力量办学许可证",有效期限 3 年。期限到了,市教委组织重新审核。1991 年、1992 年两年,我们进行了两次重新审核工作,共有 65 个办学单位准予继续办学。

(3)定期检查,发现问题及时解决。为了加强对我市社会力量办学的指导和督促,市教委成教处经常派人下到基层了解情况。1992 年 4 月份,我们会同市科技、市家电领导小组对全市举办家电维修类的 5 个办学单位进行检查,检查包括听取办学情况汇报、实地教学设施的察看、听课和座谈等。今年年底我们还将举办"社会力量办学交谊舞教学观摩会",对这类培训班的教育教学工作进行检查。文化补习类的学校则定期举行听课,召开教学研讨会,讨论教学上存在的问题,以此来检查和提高学校的教育教学质量。对于个别办学思想不端正的单位及时给予教育,如在 1987 年某培训中心办学指导思想不端正,师资力量薄弱,管理也不善,致使在社会上产生不良的影响。我们发现后,及时与市里有关部门联系,严肃处理。

(4)加强与市里有关部门的协调,给社会力量办学以支持。社会力量办学的发展需要各个部门的关心和支持,社会力量办学的管理需要各个部门的通力协作。我们主动与市工商局、市公安局、市税务局和新闻单位联系,形成合力。教育部门负责广告内容的审批,工商部门负责广告的管理,而后送新闻单位刊播,一个环节紧扣一个环节,发现问题及时解决;公安部门负责印章的管理,税务部门做好征税工作,为社会力量办学创造一个良好的外部管理环境。此外,我们不断增强服务意识,对于基层单位反映的办学中遇到的困难积极帮助解决,以利于社会力量办学的不断发展。

当然,厦门市社会力量办学也存在一些问题,主要是:社会各方面对国家鼓励、支持社会力量办学这一方针的理解和认识不够,社会力量办学的立法还不能适应其发展需要,教育部门缺乏对社会力量办学的发展方针、政策和管理等方面的深入研究;有的办学单位的办学指导思想不端正,办学条件还比较差。针对这些问题,我们准备抓以下几项工作:一,认真学习党的十四大精神和邓小平同志南方谈话精神,进一步解放思想,加快改革开放的步伐。二,简政放权,建立市、区(县)两级审批管理体制。今后,市一级教育行政部门只负责高校、中专层次的审批和管理,普通中学和中等学校以下层次的由区(县)教育行政部门审批和管理。三,加强宏观管理,制定法规,抓好社会力量办学的检查评估工作。四,督促办学单位进一步端正办学方向,不断改善办学条件,努力提高办学效益。

我们相信,在党的十四大精神的指引下,厦门市社会力量办学将会出现新的局面,为特区人才的培养和劳动者素质的提高,贡献出更大的力量。

重视艺术教育　推进素质教育[①]

——厦门市艺术教育委员会十年工作回顾

在厦门市人民政府的直接领导下,于 1992 年 12 月批准成立了"厦门市艺术教育委员会"。该机构在市教育行政部门的领导下,委员采取聘任制,正副主任、执行主任、秘书长报请市教委同意下达文件,日常工作依托在体卫艺术处,邀请市文化艺术界知名人士担任顾问,全国音乐家协会主席赵枫、市政协主席蔡望怀担任名誉主任,委员由部分中小学校级领导和艺术专业人员,以及教育学院艺术教研人员组成。十年来工作有一定成效,对于全面贯彻教育方针、推进素质教育,促进中小学教育和艺术活动的开展,起了积极组织、协调和推动作用。

主要抓了以下工作:

一,推动建立艺术教育培训基地。巩固和发展艺术试验班,1984 年,在岛内三个市区建立音乐、美术、舞蹈试验班基础上,成立市音乐学校。在厦门六中创办艺术班,从初中招生发展到高中也办班。在厦门二附小和实验小学先后建立少儿艺术培训中心。区少年宫从开元、思明、鼓区三个区,推动增办了集美区少年宫和湖里区少年宫。推动厦门师范、厦门一中建立艺术楼,不少中小学、区开辟了专用音乐、美术室。1992 年,与厦门市广播电台合作创办了厦门市少儿广播合唱团。1997 年成立中学生艺术团和教师艺术团。

二,配合加强艺术师资队伍的建设。配合推动在市教育学院强化"三小门"的教研工作。中小学分别成立美术、音乐校际中心教研组,推动音美教研工作的有效开展。聘请专家组织多次音乐、美术、舞蹈讲座,办了多期音乐、美术、舞蹈教师培训班,提高在职美育教师的业务水平。早期还委托厦大艺术教育学院和集美师专每年培养 30 名艺术师资。这些年来加强艺术教师配备,中小学艺术师资学历水平高于其他学科。

三,配合推动在落实知识分子政策中,重视艺术教师的政治、社会、生活待遇,取得与"主科"一视同仁的待遇,在评定高级教师、特级教师中争取一定名额。如首批特级教师就有开元区的一名音乐教师,还有二附小一位音乐教师。在"小中高"评选中思明区唯有一位美术教师、一位舞蹈教师获得。我们还从 1993 年单列建立评选艺术先进集体和先进工作者的制度,推动中小学积极开展艺术活动,调动广大艺术教师的积极性。每两年评选 20 左右个单位和 50 名个人,先后已有 1988—1992 年、1994 年、1996 年、1998 年、2000 年、2002 年共 6 次评选,还组织过部分音乐、美术教师外出学习考察活动。为表彰先进,取得

[①]　本文系 2003 年厦门市艺术教育委员会成立十周年回顾文章。

社会有关人士支持建立艺术奖励基金,已奖励300多人次的艺术教师。2000年我们组织一次对区少年宫艺术教师进行全面考核,一年多来课改得到有力的进展,不少艺术教师参加全国教学评选中成绩突出。

四,配合抓好每年的艺术节、音乐周活动。音乐周已办18届,艺术节已办12届,有力地推动了校园文化建设。艺术节中,中学、小学轮换举行合唱、舞蹈、小品和中小学教师、学生艺术作品展,与团市委两年举办一次小学生"鹭岛花朵"评选活动,2001年以综合评选改为市区、直属小学各举行一台评选活动,效果更好。还坚持十来年的"友谊萌芽杯"钢琴、小提琴轮换比赛,多次组织参加全国少儿业余钢琴、小提琴、电子琴比赛,获得较好成绩,配合输送一批幼苗进入中央、省级音乐学院。2002年还首次举行"萌芽杯"民乐比赛和声乐比赛。在这些活动中,都争取社会有关人士和单位大力支持,提供奖金、奖品。在他们的支持下,每年都组织开展小学生、幼儿现场作画活动。

五,开展学校艺术科研活动。先后已开展过三届艺术论文评选活动,推动教研创新与改革。论文水平一届比一届进步。两次选送教育部参加全国艺术论文评选并获奖。

六,组织接待与对外交流活动。我们先后接待和邀请美国、日本、菲律宾等国家和台湾地区的艺术团和艺术家来访或讲学。市区几个区少年宫、音乐学校等先后组织参加厦门友好城市——日本佐世保市的访问演出,并先后组团到日本、马来西亚、澳大利亚和香港、台湾地区做访问演出。1993年8月,由省台办支持组织、国台办批准,以厦门市艺教委名义成立的"福建省少儿艺术访问团"赴台进行23天、11场的访问演出,开创两岸闽台少儿文化艺术交流的先河。正如邀请单位台北市艺术文化协会理事长屠明兰女士致辞说:我们邀请了40年来第一个福建省少儿艺术团访问台湾,只是小小的一步,但这一小步将是未来中华民族统一大步中的一个原动力。正如台湾文化总会"国际文化促进会"范光陵博士题词"少儿福建来,儿童第一声;交往一时事,流芳数百春"。此外,还多次组织少儿书画到国外进行展出交流。

七,由于上述多种因素的积极推动,各校领导大力支持,丰富校园文化生活。多数学校建立艺术团,不少学校建立管弦乐队、合唱队,年年开展艺术节活动,在课程改革方面取得可喜成果。

今后艺教委的几点主要工作:

以邓小平理论和"三个代表"重要思想为指导,贯彻落实教育部2001—2010年《全国学校艺术教育发展规划》,全面推进我市中小学的素质教育。

一,围绕艺术课程改革,实验推广和实施国家艺术课程标准,开足开齐开好学校音乐、美术课,创造条件开设舞蹈课。

二,围绕课程改革,采取多种形式提高艺术教师的能力和水平。

三,坚持办好每年艺术节,推动学校课外、校外艺术活动的开展。提倡学校组织艺术团,开展多样艺术活动,推动校园文化建设,积极参与社区文化艺术活动。

四,巩固与发展艺术教育基地,抓好校外教育机构区少年宫,争取2—3年内在海沧、杏林、同安成立区少年宫,继续推动音乐学校的改革,办好六中艺术试验班,两个小学培训基地和美术、舞蹈试验基地。

　　五，积极开展对国内、国外艺术交流活动，积极组织参与国内外的比赛活动。

　　六，坚持做好每两年一届的艺术先进集体和先进个人评选活动。每两三年开展一次的艺术论文评选活动。

　　七，调整、充实、健全艺教委机构，搞好自身建设。

　　八，争取政府加大对艺术的投入，并争取社会力量的支持。

厦门市书画教育研究院成立留影

1995 年，市友谊萌芽杯第二届少儿小提琴比赛评委留影

艺术教育之花盛开鹭乡①

——我市艺术教育工作的回顾

陈 兵

　　厦门素有艺术教育的优良传统,被誉为"音乐之乡"、"东方的维也纳"。它因哺育过不少名扬中外著名的钢琴家、音乐家、艺术家而闻名于世。尤其是在改革开放时期,厦门的艺术教育得到前所未有的突飞猛进的发展。厦门大学艺术教育学院,集美师专美术科、音乐科的建立以及福建工艺美术学校的发展,为我们艺术教育的人才培养提供了良好环境。这十年来,普通教育的艺术教育更令人注目:1986年以来各种艺术学科的研究会以及教育书画院的相继成立;市教育学院、进修学校和各区县美音科教研员逐步配备;区少年宫工作网络逐步建立和完善;各种有关教学、课外活动的规范相继制定,教学计划得到落实;在人民小学、大同小学、群惠小学分设音乐班、美术班、舞蹈班达六七年之久;1990年又创办我国第一所非高院附中附小型的普通中学音乐学校,还有舞蹈和戏曲学校;经市领导批准,音乐学校发展成十二年制的学校。艺术学校(班)培养了一批又一批的艺术人才和新秀,在历次国际和全国、省级比赛展出中名列前茅,成绩突出,受到省市的多次表彰。仅在1990—1991年度国际、全国、省级书画大赛中,我市就有20人荣获前三名;1992年"全省第八届中小学、幼儿园书画展"中,我市又有61人获奖。

　　厦门市艺术教育之所以能在较短的时间里,取得如此突出的成绩,这主要是我们能充分地发扬厦门艺术教育的特色与优势,重视师资配备,人才的培养,将艺术教育纳入教委的总体规划之中,由主要领导分管负责;强调必要艺术教育设施的配备,充分借助社会力量,来创建艺术教育活动基地和开展各种类型的比赛活动与展出。及时奖励先进集体与个人,充分调动了广大师生的积极性、创造性。善于"寓教于乐"——发挥"以美辅德、以美益智、以美健体、以美促劳"的独特功能和作用。

　　(1)1983年至1992年我市曾举办过10届学校音乐周和2届中学艺术节,《鹭岛花朵》小学文艺会演,《鹭岛幼苗》幼儿园会演,钢琴、小提琴、电子琴、手风琴、民族乐器等各类专项比赛,以及10届美术、书法、摄影展。1978年以来在全市开展"班班有歌声"活动和课间歌咏比赛活动,使校园里既"书声朗朗,又歌声嘹亮"。

　　(2)贯彻实施《全国学校艺术教育总体规划》,市教委决定从1991年起每年在全市中学举办"艺术节"活动。在市、各区(县)、校内,广泛深入开展各种类型的艺术比赛活动,包括:音乐、美术、散文、诗歌、小讲座、师生书画摄影联展、邮展、影展、花展和舞蹈比赛、乐器比

---

　　①　原载于《厦门教育》1993年第1期。作者系原厦门市教育学院美术教研员、市艺教委副秘书长。

赛、双人舞比赛、外语话剧比赛、服装设计比赛、集体舞比赛、黑板报比赛、民歌名曲欣赏,还有影视观摩、军民联欢同台演出、"党在我心中"诗歌朗诵会、"爱我国歌、爱我中华"歌咏比赛、"我爱特区水粉水彩比赛"、独奏独唱音乐会、风筝比赛……真是琳琅满目,丰富多彩。

(3)注重艺术教师的培养、艺术教育设备的配备。仅在1992年教委就在学校艺术教育设备上投资60万元(音乐50万元,美术10万元),基本上做到校校有钢琴和美术课专用教室,连区县学校均已达标。为了不断提高,市教委还重视从全国各地引进有名专家来充实艺术教师队伍(例如音乐学校),开展论文评比、专题讲座,同时邀请北京、上海、西安、广州等艺术家到厦指导交流,组织教师外出观摩教学和写生活动。接待美国、日本、菲律宾与中国台湾的艺术家和艺术团来访和讲学。为了加强艺术教育的管理,1992年市教委又成立体卫处,将教育学院、进修学校的教研活动和省市艺术活动纳入统一计划,不但节省了开支、人力,同时也提高了教研和艺术活动的档次与质量。

(4)积极争取社会、团体、企业与个人对艺术教育的支持和赞助。例如厦门一中艺术馆和厦门师范音乐楼的兴建,就得到了包括海外"三胞"在内的社会各界的扶持。

(5)对外艺术交流活动活跃,互相学习,增进友谊。在市府、市友协的关心支持下,以思明区少年宫、音乐学校、开元区少年宫为主,先后组成厦门少年歌舞团和童谣团,分别参加日本佐世保市庆祝中日邦交20周年以及童谣节的活动,进行了多场演出,受到该市各界的欢迎,取得了很好的效果。

为了适应经济特区改革开放新形势之需求,进一步深化艺术教育改革,发扬特区的艺术教育改革的特色与优势,进一步加强中小学师资质量的提高和艺术人才的培养,开辟艺术教育的活动与研究基地,推动厦门艺术教育的普及与提高,创办了"厦门市教育书画院",开始收藏陈列师生优秀作品,经常性开展对外文化交流与教研活动,深受广大师生的欢迎。设立"厦门市艺术教育发展基金",着手筹划发展艺术活动基地。我们争取在社会各阶层的关注支持下,创建自己的"美术展览馆"、"陈列室"、"演奏厅",建立厦门艺术教育活动音相档案……为了改变艺术教育只出不进的特点,在改革中求发展、求效益,我们又特成立了"厦门书画教育研究院"经济实体,广泛开展勤工俭学艺术活动。厦门艺术教育工作在国家教委举办的艺术教育干部培训班上受到了肯定。

最近,厦门市艺术教育委员会正式成立,市教委主要领导担任正副主任,聘请国家教委艺委会主任赵枫、厦门市政协主席蔡望怀、厦门市副市长王榕为名誉主任。艺委会的成立,将使我市的艺术教育工作更上一个台阶,使艺术教育之花开遍每一个学校,广大学生都结出艺术教育之果。

中小学生艺术团活动

坚定信念　科学发展　扎实推进
教育系统体育工作的持续协调发展[①]

——关于 20 世纪八九十年代学校体育卫生工作的回顾

林国铠

一、历史回顾

(一)加强锻炼,努力提高体育教师的政治素质、学生的健康水平

1993 年厦教委 257 号颁发《关于加强学校体育卫生工作的意见》,主要有六个方面:

1. 切实摆正体育卫生工作的位置

学校体育工作的根本任务和目标是增强学生体质、提高运动技术水平,这是民族强盛、国家发达的必备条件之一。各校领导及全市体育教师都应有共识,切实摆正体育卫生工作在教育中的位置,鼓励组织学生参加体育活动,把关心学生的健康作为己任;要减轻学生过重的课业负担,活跃校园生活,培养良好行为习惯,合理安排,齐抓共管。

2. 实施《体育合格标准》

国家教委颁发《体育合格标准》,结合推行《国家体育锻炼标准》,这是国家体育教育的法规文件,对促进广大学生参加体育锻炼起了积极作用。

我市自 1990 年开始,先后在市属中、小学和厦门师范试行。规定体育不合格的学生,不得评为"三好生";毕业时经补考仍不合格只发给结业证书,不得再报考高一级学校;凡因病要求体育免修者,须持有区(县)级以上医院证明,经校医、体育教师、班主任签字并报校长审批。

3. 抓好体育传统项目,不断完善体育竞赛制度

学校是培养体育人才的摇篮,在上好体育课、增强学生体质的同时,要积极开展课外锻炼,培养优秀体育人才,提高我市体育运动水平。各校都要组建体育代表队,培养高水平运动员。招生时,对个别成绩突出,确有运动潜力的学生,允许扩大招生范围,允许办理转学、寄读等手续。为快出体育人才,出好体育人才,体育传统学校应专题研究对策。

4. 重视师资队伍建设,调动体育卫生工作人员的积极性

为尽快解决小学体育卫生人员数量不足、质量不高的问题,要求厦门师范继续开设体

① 原载于《厦门市教育学会中小学体育教学专业委员会第五届会员代表大会会议材料》,2011 年 11 月 5 日。作者时任厦门市教育局中教科视导员,中小学卫生保健所所长。

育卫生选修课,培养一批既有较好文化素质又懂体育卫生知识的教师,争取利用 3~5 年的时间,农村中心小学都能配上专职体育卫生工作人员。由于体育教师长年累月都在室外作业,有条件的学校应酌情发给室外津贴费。体育教师男 50 岁、女 45 岁以上视其身体健康状况,工作量可适当照顾。体育工作服每年暂定补贴 150 元。每年 8 月底、9 月初确定学校体育卫生工作人员集中科研、培训、考试、评估、奖励的时间。

5. 增加体育卫生经费、配备器材,改善场地设施

教育行政部门和学校应划出不低于学校教育总经费的 1.2% 作为学校体育卫生的经常费用。市体委每年从正常体育事业费中划出不低于 10% 的比例用于学校体育经费专款。

6. 搞好卫生监督,提高健康水平

为加强卫生监督,根据中央六部委关于"学生体质调研"的通知精神,由市中小学卫生保健所每年对学生进行一次体检(与市卫生局联系,与市二院合作对学生高考、中考进行检测),对体检的数据、评分,其档案材料与家长沟通。引导学生学会自我评定,学会掌握运动处方,自觉参加体育锻炼,确保每人每天有一小时参与文体活动,减轻学生课业负担,提高学生健康水平。

(二)创建新《大纲》,强调以增强学生体质为主,促进学生个性发展

1985 年 9 月,厦门市体育科研会员集中编写《厦门市中学体育教学大纲》和《厦门市小学体育教学大纲》。

1. 编写指导思想

邓小平同志提出的"教育要面对现代化、面向世界、面向未来"的方针,为学校课程指明了改革方向。传统的体育教学《大纲》已不能适应现代体育教学的要求,国家教委指明原《大纲》由法令性文件转化为指导性文件。在合理继承传统的体育教学的基础上,代之以适应教育要"三个面向"具有时代感,符合我市实际情况及学生需要的新内容。

2. 确定体育教学的目的任务

目的是全面锻炼学生的身体,促进形态、机能及心理的健康发展,提高身体素质和人体基本活动能力,提高身体对自然环境的适应能力(如日本、中国台湾认定游泳项目应及格),传播必要的体育知识、技术和技能,把学生培养成为建设社会主义的一代新人。任务是使学生学习和掌握必要的体育基础知识、基本技能和基本技术,教会学生用科学的方法锻炼身体,在中学毕业之前掌握一两项终身锻炼项目,养成终生锻炼习惯。

3. 教材纲要体系

教材纲要以运动能力为体系。1985 年我市参加全国学生体质健康检测的科研成果活动,为我市编写"体育教学大纲"提供科学的依据。各项教材时数比重分配是根据各阶段体育教学的任务而确定的,各年级全年总时数确定为 32 周,64 学时。

4. 体育成绩考核

通过定期考查和评定学生体育课的成绩,可调动学生自觉积极地学习,刻苦锻炼,努力提高体育课学习成绩,促进德、智、体全面发展。由于体育也是一门学科,其考试项目包

含基础知识、基本能力、运动技术、素质水平（速度、耐力、灵敏、力量、柔韧等）。

（三）编写全国、福建省九年义务教育中小学试用课本，制定"体育教学工作手册"和"体育成绩登记手册"

为适应 21 世纪对人才素质和终身体育的要求，遵循《九年义务教育全日制中、小学体育教学大纲》精神，结合我省、市的实际情况，根据学生的身心发展规律和认识规律，参与全国（本人参与编写游泳教材）、全省（本人协助审核高中部教材）编写课本，将学生素质教育所需要了解和掌握的科学锻炼身体的知识与方法，有机地融入增强学生体质之中，具有科学性、趣味性、实用性和可续性的特点，培养学生具有自我锻炼、自评、观赏、安全急救、组织和创造性等能力，力求成为学生的良师益友。

1985 年 9 月，全国学校体育论文研讨会在我市召开，参加人数 300 多人，教育部体育处领导指定我在大会上做交流，我代表福建省以编写"厦门市体育教学大纲和两本体育教学工作手册"在大会上做了经验交流，集美中学现场展示了体育研讨课。此次活动，我市的一些做法和经验受到了与会领导、专家的一致好评。

（四）采用学生《体质综合评价标准》，在全国率先开展学生体质、健康调研，是贯彻执行《学校卫生工作条例》和《全民健身计划纲要》的一项有力措施

根据国家教委、国家体委、卫生部、人事部、财政部等联合通知，按照全国学生体质健康状况调查研究《实施方案》等的要求，本人参与由省教委、省体委、卫生厅、人事厅、省科委联合组织的福建省学生体质健康状况调查领导小组。早在 1987 年，厦门市教委、体委和卫生局就共同制定并实施学生《体质综合评价》，其项目、内容参照《中国学生体质健康调查研究》，对小学三年级至高中毕业班的学生，参照身体形态、机能和素质及运动能力等多项指标，每年固定进行测定，确定其体质等级。体育卫生研究会要求体育老师要教会学生自我评定自身的体质健康状况，激励学生自觉有效地参加体育锻炼，增强体质，使身体素质，即速度、耐力、灵敏、力量、柔韧等与健康检查的身高、体重、胸围、肺活量等结合起来评定，有利于从应试教育转向素质教育，并建立以素质教育为目标的学校评估与教育质量监测机制，用素质教育的指标来引导和规范学校的办学行为，并使之规范化、制度化。

我市于 1985 年、1991 年及 1995 年，先后三次根据体质调研的大量测试数据进行统计和处理，这一科研课题，其使用价值及效益得到有关专家的肯定。20 世纪八九十年代我先后两次参与全国在成都、南京的交流。学生的健康档案资料管理有统计、有图表、有分析、有总结。体育卫生工作管理更加全面和科学化，各项工作采取定量、定性结合，权重分配，逐渐趋于合理，并便于运行和操作。试行标准超过十年，学校体育卫生工作出现了前所未有的新局面。本人被国家教育部、国家体育总局、卫生部、国家人事部和国家科学技术部评为 1995 年全国学生体质健康调查研究工作中做出显著成绩的先进个人，厦门市中小学卫生保健所也被评为全国先进集体。

二、展望未来

（1）党政领导的关心、重视、支持是做好体育工作的保障，扎实推进教育系统体育工作的持续协调发展。

（2）各有关部门和社会各界的大力支持和热心帮助是做好体育工作的条件，争取社会各界对体育工作的更多理解和更大支持。

（3）体育研究会的换届成立，为加强自身建设，建成和衷共济、锐意创新的班子，是做好体育工作的关键。

（4）组织相关的部门及广大体育教师共同积极参与各种活动，是做好体育工作的根本，要与时俱进、勇于创新。

同志们！当前正在深入学习贯彻党中央推动的科技发展观和构建和谐社会，相信在各级党政领导的关心重视下，在各有关部门的大力支持下，新一届理事一定会倾注满腔热情，为建设学习型、健康型、创新型的体育乐园做出新的贡献！

2012 年厦门市督学培训会

采用《体质综合评价标准》
衡量办学质量的思考①

林国铠

近几年,国家教发三令五申要减轻学生过重的课业负担,要从"应试教育"转向"素质教育";要纠正重知识、轻能力,重智力、轻体育的倾向;规定学生在毕业时体育不合格不能毕业升学,初中毕业生加试体育并计入升学考试总分等做法,以期建立起一种制约学校办学方向的办法。然而,在制定有关评估指标时,有以体育合格标准,有以体育锻炼标准,有以视力标准,也有以课间操和课外活动出勤情况等作为衡量标准。笔者认为,体育课、课外活动及其出勤等只是体育的一个管理过程,并非目的。衡量学校体育卫生质量的标准,应该看学生体质是否增强、体质是否合格。

最近,国家教委发出通知,为推动全民健身运动的开展,将于 1997—1998 年制定青少年《体质评定标准》。回顾我市早在 1987 年即制定并实施中小学生《体质综合评价标准》,其宗旨是为使学生进一步了解自身体质、健康状况,激励学生自觉、有效地参加体育锻炼,以增强体质、提高运动技术水平,培养身心健康的一代新人,更好地为社会主义现代化建设服务。指出学校应把《标准》的施行工作同体育课、课外体育活动、卫生保健、体格检查紧密结合起来,作为评估教育质量的一个重要依据;要求卫生保健部门应结合健康体检、预防保健等,进行监测并协助教育部门对有关检测的数据进行登记、统计分析,以便科学化指导学校保健工作;要求体育部门应会同教育、卫生部门,在大力推行《国家体育锻炼标准》的同时,结合运动员的选才,做到一测多用、提高效益。《标准》自小学三年级至高中毕业班。测试内容依据《中国学生体质、健康调查研究》手册中规定的身体形成(如身高、体重、胸围)、机能(如心率、肺活量)、素质(如速度、耐力、力量、柔韧、灵敏)和健康水平等十几项指标。遵循教育规律,中小学每年统一安排检测的时间,使之具有可比性、科学性。检测成绩采用百分制评分法,即将各项指标的实测值对照"体质综合评分表",得出各项分数后相加除以指标数,为体质总分。再对照"体质综合评价标准"确定其体质等级。为便于检查、督促、指导实施《标准》的情况,学校建立健全学生体质、健康档案管理制度。如制订"体育工作手册"(含学年计划、学期计划、单元计划、课时计划等)、"体育成绩手册"(含体育课成绩、达标成绩、综合评价成绩等)、"卫生工作手册"(含因病缺课、视力情况、健康统计等),提出"图表上墙"(体质情况)、"资料入档"等等。经过多年的实践证明,采用学生《体质综合评价》的做法是切实可行的。它有利于体育、卫生两者的结合,即体育的速度、

---

① 原载于《厦门教育》1996 年第 4 期。作者时任市教委教育督导室督学、中小学保健所所长。

耐力、力量、柔韧、灵敏等素质与健康检查的身高、体重、胸围、肺活量等结合起来评定;有利于教师改进教学方法,因材施教;有利于学生自我评价、自觉锻炼;有利于从"应试教育"转向"素质教育",并建立以素质教育为目标的学校评估与教育质量监测机制,用素质教育的指标来引导和规范学校的办学行为。因此,笔者认为采用《体质综合评价》来评定学校体育卫生工作质量的做法是可取的。

厦门一中田径代表队创下了厦门市中学生运动会男女团体总分七连冠的辉煌纪录,
图为荣获"七连冠"合影

庆祝国庆三十五周年暨从事体育事业 30 周年表彰会合影

增强服务意识　改善服务能力
发挥群众性学术团体作用[①]

——厦门市教育学会第六届理事会工作综述

2004 年 1 月厦门市教育学会第六届理事会成立。四年来,在中共厦门市教育工委、市教育局领导下,在中国教育学会、市社科联、市民政局的关心、支持和指导下,做了一些工作,取得一些成绩。2005 年和 2006 年分别被中国教育学会、中共厦门市委宣传部、厦门市社科联评为"全国先进学术团体"、"厦门市先进学术单位"。

一、主要工作

(一)以科学发展观为指导,围绕构建和谐社会,促进教育均衡发展,实现教育公平等重大问题,开展理论学习和学术研究

党的十六届六中全会提出了构建社会主义和谐社会的战略部署,而坚持教育的优先发展,实现教育公平和教育的均衡发展是构建和谐社会的重要基础,教育公平是我国教育的基本政策。

2004—2007 年我会每年分别召开 1~2 次的常务理事会,各分支机构、理事单位负责人工作会议和专题座谈会,学习、传达全国人大原副委员长许嘉璐,全国政协原副主席张怀西,教育部领导周济、王湛、陈小娅,我国知名的教育专家顾明远、陶西平、谈松华等在中国教育学会年度工作会议上有关构建和谐社会,促进教育均衡发展,实现教育公平的报告精神,从不同层面,联系厦门教育改革和发展的实际,进行理论学习和学术研讨。

2004 年 4 月,我会邀请我国著名教育专家、中国教育学会常务副会长谈松华就实现教育公平,建立现代学校制度向全市 100 多位中小学校长、我会理事单位负责人做专题学术报告,受到与会者的热烈欢迎。

2006 年 9 月,全国人大通过了新修订的"义务教育法",新修订的义务教育法把实现教育公平作为新时期义务教育的方向。我会于同年 9 月、11 月分别召开全市部分中小学校长以及湖里、海沧、集美、同安、翔安教育局局长座谈会。市人大教科文卫、市社科联、同

---

① 该文系 2008 年 9 月 27 日在市教育学会第七届代表大会的工作报告。郑炳忠、黄启专合著。黄启专时任厦门市教育学会秘书长。

安区的领导等出席会议。与会代表就新修订的义务教育法的基本精神,结合我市城乡教育的均衡发展,解决农民工子女入学等问题展开了热烈的讨论,提出了许多很好的建议。我会秘书处以座谈会纪要的形式向有关职能部门做了汇报。

四年来,我们先后三次就有关教育的均衡发展、实现教育公平、坚持教育的公益性、克服教育产业化的负面影响、营造素质教育的社会氛围、义务教育政府的责任、未成年人的思想道德教育、世界一些国家课程改革动态等等,选印一些重要信息,分别报送市委、市府、市人大、市政协领导和有关职能部门、我会部分理事单位供决策和学习参考。

2005年10月,我会召开2005年学术年会,邀请市教育局领导,联系厦门的实际,就教育的均衡发展,教育的公平问题做主题发言。与会代表就我市城乡教育的均衡发展、职业教育与普通教育协调发展、优质高中的可持续发展、面向全体学生以及学生的全面发展等问题,展开了热烈的讨论。2006年2月17日《厦门晚报》教育版对这次会议做了报道,赞扬我会关注教育的均衡发展问题。

几年来,按市教育局的统一布署,我会中小学学科专业委员会配合教研、科研部门,分别邀请了我国有关教育专家朱慕菊、刘兼、陈汝德等来厦向学科教师做有关课程改革、教育教学要面向全体学生、促进学生德智体美和谐发展的专题报告,为学校教育、学科教学的和谐发展,积极推动课程改革,提供了理论指导。

2005—2007年,我会主要领导先后到湖里、集美、海沧、同安、翔安以及厦门旅游职业学校、厦门电子职业学校、厦门高级技工学校、厦门城市职业学院等地,就我市的农村教育、中等、高等职业教育的发展状况和当前需要解决的问题进行专题调研,并就调研中发现的问题向有关部门进行反馈,提出建议。

2004年3月,我会秘书处应邀参加市政协教科文卫召开的市农村教育发展专题研讨会,并与市教育局、市教科所有关部门负责人以及同安、海沧、湖里教育局领导共同探讨促进我市城乡教育均衡发展的有关问题。

厦门教育学会第五届理事会留影

(二)以实施素质教育为主题,紧密围绕教育行政部门的中心工作, 在积极推动课程改革中发挥积极作用

2005 年 1 月和 2006 年 10 月,我会与教育关工委联合召开了座谈会,讨论学习胡锦涛总书记在何东昌建议信中的重要批示、讨论学习教育部联合调查组关于素质教育调查总报告,并就学校自身如何落实素质教育进行深入的探讨。

2005 年 4 月,我会召开了常务理事扩大会,理事单位和各专业委员会负责人年度例会,学习传达教育部领导有关我国基础教育课程改革的实践与思考的讲话精神,研究了我会中小学学科专委会如何按照市教育局的部署,总结经验教训,科学思考和解决课改中一些亟待解决的问题,推动课改积极稳妥的健康发展。

2004 年 7 月,我会与《厦门日报》、厦门电视台《小海豚》栏目在厦门人民会堂一楼展厅联合举办厦门基础教育展。在举办教育展前的三个月,我会向《厦门日报》提议:基础教育展要以实施素质教育为主题,立足于"教育之城"的打造。通过让中小学、幼儿园展示学校的特色和风采,集中展示了我市全面实施素质教育、课程改革的最新成果。在 7 月 1 日的专场启动仪式上,有近两万市民、中小学生及其家长参加。

2005—2007 年,我会连续三年参加了由中共厦门市委宣传部、市社科联在中山公园举办的社科普及广场活动。我会秘书处以宣传新修订的义务教育法、课程改革、未成年人的思想教育和社会、家庭的素质教育等为主要内容,向市民分发了有关资料,参加了市社科联编印社科知识、专家进社区开专题讲座、接受市民咨询等,受到了市委宣传部领导的赞扬和表彰。

2005—2007 年,我会应邀参与了厦门市电视台、厦门市广播电台有关教育专栏节目的评议工作。多次就"营造素质教育的社会氛围"、"新闻媒体素质教育的宣传导向"、"媒体广告不要宣传高考中考和排行榜助长招生大战"、"加强青少年的人文教育"、"高中课改实验报道应注意把握的几个问题"等向电视台总编室、节目栏目组提出具体建议,引起有关部门的重视。

为配合开展"三项主题"教育活动,以宣传弘扬我市评选表彰首届优秀校长、杰出教师的风采。2007 年 12 月,由我会提议,经市委教育党工委会研究决定,由中共厦门市教育工委、厦门市教育局、厦门市教育基金会、厦门教育学会组织编辑了《槐台弦歌》第五集。

2004—2007 年,我会秘书处、学术委员会、校长工作委员会、教育学专委会分别联合在厦门市实验小学、厦门曾营小学、厦门教育学院、厦门同安第一中学等,就下列主题召开了专题论坛和学术年会:"新课程背景下的学校管理"、"课程改革与教师的专业发展"、"课改与学校文化建设"、"课程改革的实践与思考"、"实施素质教育的实践与思考"、"校本培训的实践与思考"等。有近 500 人次的中小学校长和教师参加,受到与会者的普遍欢迎。

几年来,我会各专业委员会按照教育行政主管部门的统一布置,密切配合教研、培训等部门,围绕课改,做了大量工作。英语、政治、历史、学前教育等专委会协助组织邀请清华、北大、华南师大、华东师大、南京师大以及人教社等课程专家来厦讲学,为课程改革培训教师;数学、地理、物理、生物、体育、音乐、美术围绕学科教学中的重点、热点问题,开展各项课题研究,部分课题研究结果已由出版社出版专著,在全国发行。有的课题研究的结题报告,在全国相关学科的交流会上发言。本会中小学各学科专委会,根据市教育局关于加强师资队伍建设的要求,协助组织教师基本功三项比赛做了许多工作;小学数学、地理、化学、学前教育等专委会,配合学科组织送教下乡,为提高农村中小学教师素质,做出了贡献;小学校长工作委员会围绕课改每年举办一两次校长论坛,为校长们构建工作交流、学校研讨平台,受到了学校的欢迎;少年儿童校外教育专委会配合有关部门连续三届组织筹划"同一蓝天下"大型六一现场活动,产生了很好的社会影响。

(三)根据基础教育的性质和特点,积极探索中小学开展群众性教育科研的正确导向和实践形式

几年来,"校兴科研""科研兴校"已经成为中小学和广大教师的共识,许多学校和广大教师从自身的需要出发,从事了各种各样的教育科研活动,这些科研活动也成为许多学校发展和教师专业成长的重要途径。但与此同时,我们也不能不看到,一些中小学的"校兴科研",并没有真正产生"科研兴校"的效果。这里向我们提出了这样一个问题:广大中小学教师的教育研究,应该是一种什么样的研究,广大中小学教师应该怎样选择适合自己的研究方式才能取得真正的效果?几年来,学会秘书处在认真学习国内教育核心刊物和有关专著以后,做了一些探索。

2004年1月,从我会召开第六届会员代表大会上印发的《学校教育科研往何处?》、《如此教育科研该刹车了》开始,我们先后四次印发《教师如何做研究》、《中小学教育科研的指向》、《教师教育科研的定位》、《教师做科研的十点建议》以及2006年我会起草的《"学校教育科研改革创新"的研讨题目和学习资料》等,为我会理事单位、我会群众性教育科研联系学校,提供无偿的资讯服务。希望通过我们的宣传介绍,能促进学校教育科研有一个更科学的发展。

2007年,学会秘书处酝酿研究中小学教育科研指导方案,组织专家论证,就中小学教师进行教育科研的价值取向、教育科研的转型、教育科研的管理创新进行比较深入的理论研究和实践探索。希望这个具体方案的讨论和出台,能为我市中小学开展群众教育科研提供导向性的参考。

2006—2007年,厦门市教育局、厦门市教育基金会、厦门市教育学会联合发文,以研究和解决教育教学的实际问题为导向,举办厦门市第七届教育科研优秀成果的评奖活动。这次评奖活动,从联合通知的"指导思想"、"参评成果的表现形式",到评选的实施条例、评审的原则、评审的标准、评审的过程以及评奖的总结、表彰决定,都突出强调中小学群众性教育科研必须坚持以研究和解决实际问题为出发点和根本目的。市教育局、市教育基金会领导在评奖的表彰大会讲话中,充分肯定这次评奖活动,对全市中小学开展教育科研起了良好的导向作用,"标志着我市群众性教育科研日益走向成熟"。

2004—2006年,学会负责人和学术委员会专家组成员,先后参加了我市科技幼儿园、第十幼儿园、火炬学校、实验小学、外国语学校、旅游职业学校、林边学校、教育学院等单位教育科研课题的开题、审题、结题活动,就中小学的教育科研的导向问题提出具体的建议。

2005年3月,学会在参加厦门曾营小学"照顾差异,发展个性"课题研究的结题大会上讲话指出:曾营小学的课题研究为我市中小学开展群众性教育科研提供了四点可借鉴的经验,即群众性教育科研必须为解决实际问题服务,为提高教师的专业水平服务,为促进学生的全面发展服务,为促进学校的可持续发展服务。

我市曾营小学、科技幼儿园的两项课题研究,是由我会推荐、指导和管理的中国教育学会"十五"立项课题。中国教育学会"十五"立项课题全国有251项,参加的学校有2 000多所,有20多万师生参加研究,其中结题的有50项,由中国教育学会正式颁发结题证书的只有32项。我市这两项课题研究都荣获结题证书。曾营小学这项研究成果曾在《人民教育》2005年第17期做了报道。

据不完全统计,四年来,我会部分学科专委会推荐的教育科研论文、教案设计等参加各种评比,获全国奖的有230多项,荣获全省奖的有250多项。

(四)发挥民间社团的特殊优势,厦台教育合作交流迈出实质性的步伐

厦门是对台工作的前沿。几年来,我们按照中央、省、市委的指示精神,加大对台教育交流合作,显示社会组织对台特点。

根据2001年我会与金门教师会签订的八条共同协议,从2004—2008年,我会接待6批金门教育参访团、金门学生来厦社会实践活动;举办厦金学生文艺、体育联赛活动共计500多人次。金门的中小学校长、教师和学生先后受到市实验小学、北师大海沧附属学校、埔南小学等学校的热情接待。金门教育界同行对我们中小学的校园建设、学校文化、师资培训、学校管理、课程改革和教育教学水平给予很高的赞誉,称厦门的教育给他们留下了美好的印象。

2001年11月,市教育学会访问团应金门县教师会的邀请赴金门考察留影

2006 年 4 月起,我会多次接待台湾慈明高级中学以释常露董事长、杨叔夏校长为团长的大陆教育参访、考察团。台湾的同行先后到我市电子职业学校、高级技工学校、外国语学校、集美中学等校进行参访交流。市教育局领导也多次会见了台湾的客人。2006 年7 月 24 日,由我会搭桥,台湾慈明高中分别与我市高级技工学校、电子职业学校签订了两项合作办学的项目。慈明高中派 30 名学生在市高级技工学校接受为期 30 天的初级厨师培训,培训考核合格者,由市劳动局颁发初级厨师专业证书;台湾慈明高中与厦门电子职业学校共同开发汽车电子专业课程。《厦门日报》2006 年 7 月 25 日以“台湾准厨师来厦学艺”为题进行了专门报道,称这是“厦台职教交流迈出实质性的步伐”。

2005 年 10 月、2006 年 11 月,我会分别应台湾财团法人崇普童军文教基金会、台湾中华华夏文化交流协会的邀请,“厦门教育学会文教参访团”、“厦门教育学会职业教育参访团”先后到台湾就基础教育和职业教育进行参观考察。两次赴台参访取得了积极的成果:第一,对台湾的基础教育课程改革有了初步的了解,汲取了不少可借鉴的经验教训;第二,对台湾职业教育的办学体系、实践教学、企业配合互动、师资充电、私校特色等有了进一步的感受,得到不少启示;第三,为今后厦台基础教育、职业技术教育以及校际之间的合作交流铺垫;第四,厦台职业教育的合作交流又取得新的实质性效果。

2007 年 10 月,在市教育局的直接关心支持和指导下,由我会与台湾中华华夏文化交流协会主办,厦门市陈鹤琴教育思想研究会承办的“海峡两岸学前教育学术论坛”在厦门召开。祖国大陆的 17 个城市以及台湾、香港的幼教专家、幼教工作者 1 000 多位代表参加。两岸学前教育的学术活动展现了两岸学前教育的新成果,探讨了在同一华夏文化背景下两岸学前教育的共同点,为两岸学前教育的进一步交流和合作开辟了研究和互动的前景。首届两岸学前教育学术论坛得到了集美大学、厦门城市职业学院、市教科院以及思明、湖里、海沧教育局的大力支持。这是论坛取得完满成功的重要条件。

(五)找准定位,扬长避短,积极探索在新的形势下, 教育学会的社会中介服务功能

党的十六届六中全会在谋划社会主义和谐社会的战略部署中,特别提出“健全社会组织,发挥行业协会、学会、商会等社会团体的社会功能,为社会经济、社会发展服务”。党的十七大报告又进一步提出社会组织是承接政府职能,增强社会自治的重要载体。

根据中央有关文件的精神,结合教育学会和各专业委员会植根于学校和教师,专业人才聚集,贴近教育教学实践的优势,我会参照中国教育学会和部分省市教育学会的实践经验,2007 年 1 月主动向中共厦门市教育工委、市教育局上报了“关于承担教育行政部门在机构改革中委托交办职能的请示”(〔厦教会〕2007001 号)。请示报告的主要内容是:围绕教育行政部门的中心工作提供舆论导向和智力支持;对教育行政部门出台的某些关系民生的重大政策,开展调查研究,提供信息反馈;组建学术委员会专家组为学校开展咨询服务;学会所属的专业委员会,主动配合有关部门,努力完成主管部门委托交办的任务;发挥民间社团的特殊优势,开展两岸教育交流与合作等。

2007 年 3 月,市教育局有关领导专门召开了教育学会工作座谈会,传达市教育党工

委有关会议精神,研究具体落实"请示报告"中提出的八条建议,市教育局领导对学会今后的工作提出具体的指导意见。

(六)发挥专业委员会的基础性作用,加强学会的自身建设

几年来,市教育局、市教育学院、市教科院、各区教育局、全市中小(幼)学领导对学会和专委会的活动提供了经费、办公地点、活动场所等方面的大力支持,为学会工作的顺利开展,创造了必要的条件。借此机会,我们表示衷心的感谢。

学会现有专业委员会 20 个,理事单位 60 个,是我市众多学会中规模大、影响广、成立早、工作涵盖广、服务人群多的学会之一。我会具有知识密集,人才荟萃的群体优势。专业委员会是我会工作的主体和基础,也是我市群众性教育科研的一支重要力量。几年来,我们制定、修改《分支机构管理条例》,对专业委员会开展活动的指导思想、活动范围、活动原则、组织机构、工作制度做了明确的规定。学会秘书处通过对分支机构的年度检查,每年召开两次负责人会议,学习国家有关社团管理政策,布置年度工作,交流工作经验,以及参加专委会的年会,协调专委会工作等形式,进一步密切与分支机构的关系。

2004—2008 年,在我会的积极推动下,海沧、思明、湖里、集美在区教育党工委、教育局的直接领导支持下,分别成立了教育学会。集美教育学会刚刚成立,翔安现正在积极的筹备中。几年来,各区教育学会开展了许多卓有成效的活动,发挥了桥梁和纽带的作用,成为教育行政部门和广大教育工作者可以依靠和信赖的民间学术团体。

几年来,学会工作有了新的进展,取得了一些成绩,但也存在一些亟待解决的问题。如学会在组织群众性教育科研还缺乏统筹规划,群众参与的广度,学术活动的深度,教育科研的质量和水平,尚有较大的差距;学会紧密围绕教育行政部门的中心任务,开展有针

2012 年 4 月 3 日,市教育学会到集美区学校调研留影

对性的学术活动有待加强;学会在为分支机构、理事单位提供咨询服务尚有待大力改进;学会自身的建设,通过网络加强学会的宣传、扩大学会的影响还存在着不少问题等等。

二、对新一届理事会工作的几点建议

学会今后工作的指导思想是:坚持邓小平理论和"三个代表"重要思想为指导,认真学习贯彻党的十七大精神,全面落实科学发展观,增强大局意识,服务意识,围绕全面贯彻教育方针,全面落实素质教育这个主题,积极开展群众性教育科研、科普,学术交流、咨询工作,为教育改革、发展创新服务,为广大教育工作者服务。加强学会自身建设,提高工作的质量和效益。努力发挥群众性教育学术团体的积极作用。

(一)把学习、宣传党的十七大精神作为学会今后的重要任务

学习十七大精神,最重要的是要进一步深入贯彻科学发展观,并自觉地用科学发展观指导开展群众性教育科研工作。

我们要认真学习党的十七大关于教育工作的重要论述和提出的新要求,联系改革开放 30 年来我国教育改革和发展历程中取得的伟大成就和成功的经验,联系当前教育工作中出现的新情况、新问题,从不同层面去思考教育中的问题,活跃学术思想,开展学术研究,在促进教育的改革和创新中,在提高教育的质量方面,发挥积极的作用。

(二)加强素质教育理论研究和实践探索,为学校落实素质教育构建交流平台

全面实施素质教育是教育系统坚持中国特色社会主义道路的必然要求和基本内容,是中国社会主义教育的价值取向。教育学会和各专业委员会要以全面实施素质教育为主题,以课程改革为突破口,紧密围绕教育行政部门的中心工作,深入实际,开展调查研究,积极开展教育科研,以理事单位为依托,举办专题论坛、学术年会,为解决学校落实素质教育存在的问题提供交流平台和思路,在传播教育理论、为推动基础教育转移到注重内涵,提高教育质量中做出应有的贡献。

(三)坚持两个统一,组织好群众性教育科研

教育学会和所属的 20 个专业委员会是群众性的教育学术团体。繁荣群众性教育科研,提高学术水平应做到以下两点:一,必须坚持群众性和学术性的统一。由于群众性和学术性是教育学会的根本属性,因此学会的主要任务就是组织群众性的教育科研,不断提升教育科研的水平,提高教育科研的学术含金量。二,要坚持教育科研和教育教学实践相统一。我们认为,教育学会和所属的专业委员会,所做的研究不应是学院式的,从理论到理论的研究,而要紧密结合教育教学实际,要有清晰的问题意识,使我们群众性的教育科研贴近实施素质教育、课程改革的前沿,直面教育教学实践。这是我们中小学广大教师开展教育科研的根本出发点,也是中小学教师搞教育科研特有的魅力。

(四)把握着力点,进一步研究今后工作的思路

党的十七大报告把社会组织摆在更加突出的位置,指出:"发挥社会组织在扩大群众参

与与反映群众诉求方面的积极作用,增强社会自治功能。"中央根据十七大精神,明确提出当前和今后社会组织建设和管理的基本思路是"健全组织、提升能力、培育扶持、规范管理、发挥作用"。我们建议,新一届理事会成立以后,要认真学习贯彻中央关于社会组织的指导思想、方针、政策和提出的新要求,把提升能力作为学会建设的关键环节,按照"自主发展,自主运行,自我管理,自我约束"的要求,从实际出发,进一步研究学会今后工作的基本思路。

厦门教育学会访问团与金门县教师会教育交流留影

厦门市职业教育访问团应邀赴台中慈明高中访问留影

发挥工会作用 做好思想政治工作^①

厦门市教育工会

厦门市教育工会是在厦门市创办经济特区的同时恢复的。十年来,我们在围绕发展教育事业和为特区经济建设服务的实践中,深深地体会到,越是开放的地区,越要加强教师的思想教育工作,高度重视党的基本路线教育,才能引导广大教工坚定不渝地拥护党的领导,热爱社会主义祖国,热爱人民的教育事业,更好地担负起为经济特区培养建设人才和革命接班人的重任。

一、加强党的基本路线和"三热爱"教育,使特区的教师能够坚持正确的政治方向

(一)加强改革开放意识的教育

中央决定在厦门建立经济特区,广大教师衷心拥护。但是由于思想准备和理论准备不足,不少人对经济特区的发展前景疑虑重重,在教师中也出现一些焦虑和不安,如特区经济的性质是社会主义还是资本主义的;工人阶级的主人翁地位会不会改变;资产阶级的思想意识和生活方式随着经济技术的引进而渗入到厦门以后,怎么办;外资企业的高薪制度使厦门出现了一个市场两种工资的现象,会不会导致教师实际生活水平的下降。针对这些问题,我市各级教育工会积极配合党委组织教工认真学习中央有关办好经济特区的文件精神,采取"走出去,请进来"的方法,帮助教师提高对兴办特区重要意义和有关政策的认识。市教育工会组织一批学校党、政、工会领导到深圳、珠海考察;邀请厦门经济特区筹委会领导同志向老师介绍经济特区的概念、起因、发展和当今世界经济、外国经济特区的状况,中央在厦门建立经济特区的深远意义、基本方针和政策;请特区规划设计工程师、副市长等向老师介绍厦门经济特区的布局和规划;组织各校教师参观特区建设的远景规划设计模型展览,使老师们对经济特区从理论到实践有了一个概要的认识。随后各校又结合政治学习,邀请市委宣传部讲师团、市计委、市经贸委、市外资局等单位的同志向老师做特区经济形势报告;利用节假日组织老师考察三资企业,同三资企业领导和工人座谈;访问特区农村蔡塘、何厝村,了解它们在改革开放后的新变化;举办"特区建设知多少"的智力竞赛和主题为"我为特区做奉献"的演讲比赛等等。通过这些生动具体、耳濡目染的

---

① 原载于《厦门教育》1991 年第 4 期。

思想教育,使老师们进一步认识到中央这一决策是贯彻三中全会精神的重大措施,是符合马克思主义基本原理和我国的基本国情的。

(二)利用典型人物和乡土教材,有的放矢地开展爱国主义教育活动

开放以后,大量的外资涌进厦门,带来不同的价值观念和腐朽的思想意识。他们以高薪吸引技术售货员和劳动力,对教师队伍产生巨大的冲击。最初,一些有业务专长的老师,尤其是青年教师申请到三资企业工作;一些有海外关系的教师纷纷申请出国;一些青年教师埋头在"托福"考试中;还有一些教师弃教经商。激发教师热爱祖国、热爱社会主义制度、热爱教育事业,便成为我们适应特区深入发展必须解决的迫切问题之一。面对上述问题,我市各级教育工会根据党委的要求,在教师中广泛开展爱国主义教育活动。我们有针对性地运用在海外享有崇高威望,为群众所爱戴的爱国华侨领袖陈嘉庚的典型事迹来教育老师们。同时,我们还发挥教师身边活榜样的作用,邀请厦门大学著名教授汪德耀报告他如何冲破美国反动分子的重重阻挠,告别心爱的法国姑娘,毅然回国报效祖国的动人事迹。邀请某教师谈他带领全家移居国外后,又如何毅然带领全家回国的切身体会。我们还召开不同类型的座谈会,请出国学习的干部、工人和探亲的老师介绍国外工人的社会地位和实际生活情况。为了让青年教师懂得过去,了解现在,掌握未来,市教育工会举办为期半年的近代史系列讲座,开展纪念鸦片战争、抗日战争等教育活动,以史论今。组织老师参观李林、林巧稚、郑成功等纪念馆,激发了老师们的爱国之情,从教之志,稳定了教师队伍。

(三)按照工人阶级群众性政治团体的特点,充分发挥党的桥梁与纽带作用

协助党委组织教师结合厦门实际搞好学习,引导教师们认识到:厦门经济特区建设八九年来,经济建设发展很快,人民的生活水平有了极大的提高,已经达到小康水平。厦门的巨大变化,其中一个重要原因就是有稳定的社会环境作为基本保证。今后要更快更好地建设特区,更需要有一个安定团结的社会环境,更需要坚持"一个中心,两个基本点"。

在组织上要求全体工会干部以身作则同党中央保持政治上的一致,坚守工作岗位,搞好本职工作。

在措施上,发挥工会组织在群众中有着广泛联系作用,通过邀请市有关部门的同志做厦门市政治、经济形势报告和帝国主义对我国的颠覆和渗透的情况介绍,组织教师进行社会考察,对比改革开放前后厦门经济建设和家庭生活的变化,耐心细致地做青年教师的思想工作,组织教师访问老前辈,听他们讲新旧社会对比和必须坚持四项基本原则等,提高广大教工的思想觉悟和工作责任感,在时局动荡和政治风云中站稳立场。

二、加强师德教育,提高其思想业务素质

厦门经济特区建设的发展,要求学校培养一大批素质较高的劳动者。厦门市委市政府努力提高教师的社会地位和经济待遇,社会各界也积极开展尊师重教的活动,支持学校

改善办学条件,帮助教师解决实际问题。这一切体现党和人民对教师的关怀,也对教师寄予更高的期望,希望建立一支素质较高的师资队伍以适应特区经济建设发展的需要。在这种形势下,我们积极协助学校党政领导开展了以师德教育为核心,以教书育人为目的,形式多样的职业道德、职业纪律、职业责任、职业技能的教育活动。

第一,举办"讲理想、爱教育、议改革、讲师德、比贡献"为主题的系列读书活动。

第二,邀请我市教育界老前辈、优秀教师、优秀演讲员和教育学、心理学专家组成"师德报告团",分别到各校向老师做"人民教师的光荣使命和神圣职责"的报告;举办"师德规范基本要求",教育学、心理学等系列讲座;介绍我市优秀教师"教书育人"为人师表的典型事迹与经验。

第三,重新印发了教育部、全国教育工会颁布的"师德六条标准",翻印了两万多册《徐特立四个第一》等小册子,组织学习执行。

第四,邀请厦门企业界的领导向教师介绍厦门教育为特区经济建设输送人才以及青年工人在企业积极发挥作用的生动实例,增强教师的工作光荣感。

第五,开展"学雷锋、育新人、为人师表"的群众性自我教育活动。组织一批优秀教师向老师们做"学雷锋无私奉献精神,为特区培养'四有'人才"的报告。组织青年教师到古田参观,开展"学习古田会议精神,走雷锋成长道路"的活动。

第六,结合军民共建文明学校,开展学习解放军的活动。

第七,加强培养青年教师工作。采取各种办法教育青年教师终身从教,帮助青年教师制订成才计划。广泛开展新教师互帮互学,结对子活动,发动1 000多位骨干教师业务再进修,举办青年教师补习班、考前辅导班,帮助青年教师解决学习经费的困难。

三、关心教工生活疾苦,帮助教工解决实际问题

首先,进行了大量的调查研究,建立教师家庭生活、身体状况档案。通过"内部情况反映"、"简讯"、"呈阅件"等形式向市有关部门反映教工身体健康和生活困难情况,使各级领导引起重视。调查研究认为,导致教师健康水平下降主要有三个原因:一是承担沉重的学校工作和家庭生活负担,工作、生活节奏太快,精力体力消耗过大。二是住房条件差,影响休息。三是工资待遇、生活水平低。教师们存在的这些困难引起各级政府的重视,并采取措施,逐步解决。

其次,努力维护教师的合法权益,关心教师生活疾苦,为教师排忧解难。思明区有位女教师的私房被无理侵占,有关部门还做了不合理的判决。为了维护这位女教师的合法权益,区工会主席陪同她向法院上诉了十几次,最后争得比较公平的判决。我市有一所华侨农场学校,由于管理系统的改变,导致老师的口粮供应中断,逼使老师向学生家长借粮过日子。市教育工会知道后,立即协同教育局领导向主管部门反映,在政府的重视和支持下得到妥善解决。为了帮助青年教师成家立业,解除后顾之忧,市教育工会建立了一支252人的"红娘"队伍,为青年教师搭桥牵线,促成了413位青年教师建立了小家庭,受到了市委市政府的表彰。为了解决教工子女入托难,我们先后创办了29个学校教工托儿

所,积极争取工厂幼儿园对我们的关心支持,几年来共解决近千名教师子女入托幼问题。工艺美术学校有位老师不幸病逝,留下了 5 个农业户口的遗属,而且没有一个就业,生活碰到极大困难,工会干部到处奔走呼吁,最后在学校和有关部门的支持下,发动老师募捐赞助,解决了 5 口人农转非问题,安排好遗属就业和就学。十一中有位女教师因为体弱孩子小,担任班主任工作,又碰上筹备搬新居,劳累过度病倒了。工会主席知道后立即带领工会委员登门看望,积极向学校行政部门建议,暂时免去班主任工作,减轻教学工作量。工会主席亲自到居委会联系,帮她雇一个保姆,有的工会委员帮她雇泥水工装修房屋,组织教师帮她搬家具乔迁新居。所有这些,都在教师队伍中引起强烈的回响,有力地稳定了教师队伍,调动了他们的积极性。

厦门市教育工会第十二次代表大会合影

市教育局党政工领导外出参观留影

1978—2003 年:最后的辉煌[①]

许十方　陈峰

　　1978 年,中国终于结束了"文化大革命",拨乱反正,改革开放。鼓浪屿的教育也迎来新的春天。

　　改革开放初期,鼓浪屿岛上被"文革"打得七零八落的学校拨乱反正,恢复了校名,也恢复了正常的教学秩序。根据鼓浪屿生源的变化,学校进行了合并调整:"文革"中已将岛上的另一所中学"侨办中学"并入"前哨中学"。20 世纪 80 年代初,厦门二中刚复名就成了鼓浪屿岛上唯一的中学,这是一所集鼓浪屿历史上各中学之大成的完全中学,而且立即被认定为"文革"后福建省的重点中学。小学经调整,人民小学、笔山小学、鹿礁小学、康泰小学又让鼓浪屿书声朗朗。"中华第一园"日光幼儿园和中专"福建省工艺美术学校",历经解散的磨难后总算保留下来了。

　　20 世纪 80 年代刚开放的中国,主调是浪漫的理想主义,是对"文革"的批判和对蜂拥而至多元文化的饥不择食,是对世界现代化的追赶。鼓浪屿"兼容并蓄,多元共进"的教育传统,其价值突然被社会所认识。鼓浪屿的老教育工作者在靠边站多年后突然有了实现报国宏志、实践教育理想的机遇,激情燃烧,思想解放。

　　在这改革开放的春天里,鼓浪屿这个小岛的教育故事特别多。

　　最先唱响的是 1978 年的厦门二中"英语试点班",近百年英语教学的特色遇到了大显身手的好时代。1982 年,在厦门二中英语教学试点的基础上,市政府在鼓浪屿创办了"厦门英语中学",即后来的厦门外国语学校。

　　接着是 1982 年人民小学提出的"学园、乐园、花园"三园办学模式。1984 年,人民小学启动全省第一个音乐教育(钢琴和提琴)试验班。经过数年实践,这个从幼儿园到小学六年音乐教育试验的成功,催生了 1990 年在鼓浪屿出世的"厦门市音乐学校"。

　　在新的历史条件下,鼓浪屿的教育继承传统积极创新,起跑时就抢占了教育改革的几个"制高点",教育特色凸显,再次吸引了省内外,甚至是国内外的目光。鼓浪屿教育出现了继历史上"经典时期"后的又一个教育创新高峰。

　　这个时期鼓浪屿教育的成功,得益于邓小平提出的"教育要面向现代化,面向世界,面向未来",正是这个战略取向,与鼓浪屿"兼容并蓄,多元共进"的教育传统产生"共振",终于使老树发新芽。

[①]　许十方、陈峰:《鼓浪屿教育》,厦门大学出版社 2012 年版,第 22～29 页。作者许十方为厦门市教育局原副局长,陈峰为厦门市图书馆原副馆长。

遗憾的是,20 世纪 90 年代中期开始,由于整个鼓浪屿发展定位的失误,"赚钱"成了"硬道理",精神被忽视,人文被忽视,原有产生"鼓浪屿格调"的文化教育生态被破坏,鼓浪屿沦为靠风景"卖色"、靠艺术"卖唱"的摇钱树,安静的、高雅的鼓浪屿越来越变得俗不可耐。雪上加霜的是,岛上居民出现一次"大换血",素质骤降,学校萎缩,给岛上教育带来的负面影响日趋严重。

岛上居民的"大换血"是由于原鼓浪屿户口的居民陆续迁出,而没有户口的外地农民工大量涌入造成的。解放后鼓浪屿也有过几次外来人口迁入的高潮。这一次遇到的却是与前几次特点不同的迁入潮。

这一次不同的是,由于鼓浪屿被定位为"风景旅游区",岛上的医院、学校、科研机构、文化机构陆续迁出,岛上"原住民"知识分子大量流失,而外地大批来淘"旅游金"的打工族和小商贩则蜂拥而入。一出一进"大换血",留在岛上文化素质高的"原住民"成为"弱势群体"。这一次外来的群体不再仅是来自周边的闽南地区,因此不只是文化程度的差距大,与鼓浪屿原有文化的"地域差距"也大;岛上外来群体不再是"散沙结构",其"团体稳定性"特征更明显。有人开玩笑说,外地某村的村委会,应该设到鼓浪屿来;加上社会上"金钱崇拜"风行,清高的鼓浪屿文化因"不识时务"而曲高和寡。这些因素叠加起来形成一种态势:不是外来群体融入鼓浪屿,反而是鼓浪屿的教育文化生态被改造了。

岛上新的教育文化生态对教育影响极大。以前是外来群体以能融入鼓浪屿文化为荣,以子女能进鼓浪屿的学校读书为荣。家长希望孩子通过在鼓浪屿受教育来提高孩子未来的社会地位,对学校十分尊重;学校使学生视野开阔、素质和自信心倍增,学生们都珍惜机会努力学习。而现在新的"读书无用论"抬头,鼓浪屿的学校在复杂的环境中抗争,直到现在都还没走出恶性循环。鼓浪屿的教育遇到前所未有的挑战。

就是在这样的逆境中,鼓浪屿教育也没有停止改革的步伐,它企图在改革中求生存,求发展。世纪之交,鼓浪屿承接教育部"社区教育"的课题,在构建"学习型社会"的实验中再努力创造了一回"鼓浪屿经验"。但是,这或许是鼓浪屿教育的最后一次辉煌。2003年,鼓浪屿行政区撤销,并入思明区,作为鼓浪屿独立的教育从此不复存在了。

历史的经验值得注意。

回眸百年之前鼓浪屿教育,历史的轨迹是一条"双峰曲线",出现过"经典时期"和"改革开放初期"的两个高峰,两次辉煌。认真研究历史,从产生这两次辉煌的教育文化生态中寻找共性,或许可以得到一些规律性的启示。

我们发现,两次辉煌都发生在一个蒙昧时代结束之后。这种时候往往有相对宽松、相对自由的思想环境,因此也常常是思想解放之时,各种文化交锋,各种思潮活跃。

第一次,"经典时期"(1904—1938 年)。几千年封建王朝覆没,蒋家王朝的专制羽翼尚未丰满(蒋家王朝对厦门的控制,是在 1938 年十九路军"闽变"失败后才逐渐站住脚,紧接着抗战又去了八年),鼓浪屿又在列强的资本主义方式的统治下,文化教育有相对的西方式"自由民主"。

当时的鼓浪屿教育文化,有闽南"港口文化"的本土元素,有对日本明治维新的仿效,有基督教文化的熏陶,就是学校中主流的欧美教育,也是传统流派与现代流派并存。多元文化在鼓浪屿这特定的"安定"、"自由"的文化教育生态中和谐相处,从"磨合"到"融合",演绎出鼓浪屿教育的经典。

第二次,"改革开放初期"。"知识越多越反动"的"文革"结束,"政治枷锁"解脱了,包括"经典时期"在内多元的鼓浪屿教育传统的价值被发现、被认可,鼓浪屿教育工作者的积极性、创造性迸发出来了。而且那时候,另一个枷锁——"金钱枷锁"尚未形成,鼓浪屿商业味道还较淡,也未受利益集团的操弄,社会还比较单纯。加上当时大家都"摸着石头过河","不管白猫黑猫,抓得住老鼠就是好猫",禁区较少,经得起失败。人们没有现在的心浮气躁,校长和老师们不存在因为没在核心 CN 刊物发表文章评不上职称的烦躁,所以思想有较大的自由度和创造的积极性。

改革开放初期,开放的政策使国人面对"外边"一个陌生的现代世界,震惊、焦虑激励国人奋发图强。大批"外边"先进的教育理念被引进,各种教育改革蜂起,有对被"文革"批判的教育"毒草"的再思考再认识,有对"外边世界"的学习模仿,也出现了很草根的原创,多元文化在碰撞着、试验着,百家争鸣,热气腾腾。

近些年来,在蝇营狗苟熙熙攘攘中,鼓浪屿病急乱投医,也有不少名士、专家开过各种各样的药方,但不见起色。鼓浪屿的发展走到今天,正处在"无共识状态",令人心急。当我们在思考 30 年举全国之力,世界顶级大师为什么在中国还出不来的"钱学森之问"的时候,当我们试图重振鼓浪屿的辉煌的时候,何不静下心来,从历史的研究中"提取公因式",寻找点规律,获得点灵感呢?

鼓浪屿教育两次"高峰体验"的历史经验值得注意。回眸百年之鼓浪屿教育,我们认识到,构建一个什么样的教育文化生态是关键所在,非常重要。

客观地说,现在大家怀旧留恋的"经典鼓浪屿",她与众不同的文化教育、与众不同的气质,是在那中外多元文化碰撞与交融力度最大的年代和环境中形成的。鸦片战争之后到抗日战争之前,鼓浪屿的社会生态正处在那"力度最大"状态。正是得天独厚,所以与众不同。

解放后,西方教会连同帝国主义一起被赶走了。被"帝、修、反"包围封锁激怒所产生的"高度警惕性",让"海外关系"等同于"特务嫌疑",令人不寒而栗。一个接一个社会主义改造的政治运动,消灭了剥削阶级的同时,其他阶级也成了"国营"、"集体"的"单位人",成了无个性蓝色的一大片。宗教和民俗是迷信,连同"封、资、修"的文化艺术,一起在破除之列。产生"经典鼓浪屿"的那种特殊的社会生态消失了,再生机制给灭了,鼓浪屿经典时期的"独特"便随之渐行渐弱,渐渐和岛外其他地区同质化。

不过,解放后还是有一些"得天独厚"的教育文化生态残存下来,使鼓浪屿有可能继续演绎一段"与众不同":

1. 家庭

岛上众多的归侨、侨属侨眷"剪不断,理还乱"的海外关系,使鼓浪屿同西方文化藕断丝连;在鼓浪屿的"经典时期"受教育长大的"老鼓浪屿"风韵犹存,母校的"校训"由老校友继续在家里"言传身教",潜移默化;厦大的教师、鼓浪屿各校的教师,大多数住在鼓浪屿,几个研究海洋、研究亚热带作物的科研机构也设在鼓浪屿,这些知识分子的子女大多数留岛读书,门第飘着书香。

2. 学校

校长们珍惜老校传统中鼓浪屿的"教育经典",努力探索在新历史条件下的继承和创新。"经典时期"留下来的老教师,以及回母校教书的校友,继续延续着母校的经典。

3. 社会

"经典鼓浪屿"和鼓浪屿的"教育经典"得到全社会的肯定和怀念,越来越意识到这是我们最珍贵的"非物质文化遗产";鼓浪屿还得益于有幸作为中国最小的行政区,独立运作50余年。

随着鼓浪屿特有的社会生态与周边的继续同质化,尽管许多有识之士不断呼吁"修复"、要"重振"鼓浪屿的经典,但历史规律不可抗拒,"皮之不存,毛将焉附"? 社会生态的变化无情地使这些努力变得苍白无力。开元、思明、鼓浪屿三区合并,鼓浪屿撤区变为思明区的一个"街道"后,"鼓浪屿"不再独立存在,鼓浪屿的那些"经典"就彻底进入博物馆,或者化为过去时态表达的、拿来招揽游客的"导游词"了。

旧的"经典"不可能"复辟",鼓浪屿教育是否没希望了? 我们还没有这么悲观。我们认为,关键在于找准着力点,应把着力点放在构建一个能再生"新经典"的教育文化生态上。

理想中的鼓浪屿教育文化生态是个什么样子?

我们想起了古代大思想家亚里士多德的一个观点。亚里士多德认为,文化思想的创造需要三个基本条件:一是天才人物对学问的真兴趣,二是充分的思想自由,三是充足的闲暇,这三个条件缺一不可。

联想鼓浪屿历史的"高峰体验",联想当今现实,古代哲人的这番话很有道理。我们的理解:

第一条是"非功利性原则"。研究学问是出于"真兴趣",不是为升官发财,也不急功近利。

第二条是"思想自由原则"。要让敢于坚持真理的"坚守精神"和鲁迅提倡的"永远不满足现状的,永远的批判和创造精神"如鱼得水,要允许失败,要尊重和保护少数。

第三条是"闲暇原则"。不必为稻粱谋,也没有"交差"赶任务的时间焦虑,淡定、从容、舒畅,静下心来做学问,处在最佳的"创造心理"状态。

中国社会科学院的学者周国平先生说,在希腊文中,学校一词的意思就是休闲。在希腊人看来,学生必须有充裕的时间体验和沉思,才能自由地发展其心智能力。在这三个条件的基础上,再赋予新的时代元素,不就是我们理想中的教育文化生态吗!

当然,这个理想中的教育文化生态应该在坚实的物质基础上。我们以为这物质基础起码有两条:一是岛上居民结构,知识分子应是优势群体;二是鼓浪屿的定位要重新研究。当年是"国际化居住型公共社区",造就了"经典"的鼓浪屿文化和教育。未来如何是好,必须有远见卓识。

未来鼓浪屿之教育文化生态,当然不必要也不可能完全复旧,但是她的核心价值应当是没有权术和功利,多元、自由、包容、和谐。这样的鼓浪屿,一定有优质的教育弥漫。这样的教育,一定会让她的学生受益无穷,永远珍惜;这样的教育,培养出的学生一定是不论走到哪里,都有一种独特的气质,"从整体人格来看都具有良好素质",都会是三百六十行,行行受欢迎的人才;这样的教育,一定有未来的大师在默默成长。

这或许也是鼓浪屿希望之所在。

厦门二中铜管乐队与合唱团师生参加演出留影

1992年随市外办访问日本友城佐世保市的厦门音乐学校和思明区少年宫师生合影留念

敬仰·榜样·怀念[①]

——忆周乔林二三事

　　周乔林同志是厦门教育界一位德高望重的老领导，也是我深深敬仰和怀念的师长。他廉洁奉公、艰苦朴素、坚持原则、实事求是、与人为善、团结同志的优良品德，是我们永远学习的榜样。

　　我和周乔林同志接触较多的时间是在1981年调入市教育局后，他担任市政府文教办主任和市人大常委会副主任以及他离休后。我从我印象较深刻的几件事反映周老的高尚品格。

　　坚持原则、实事求是是周老一贯的办事原则。他对人、对事的处理非常慎重。1957年反右期间，他是市教育局反右运动的领导，他实事求是对待干部，坚持局里干部中没有划右派的对象，因此他后来被以指导运动不力受批判。1984年落实政策期间，他对历次政治运动和审干中，受不公正处理的地下党老同志的历史情况进行调研分析，实事求是地为不少老同志平反昭雪，恢复名誉。

　　坚持全面贯彻党的教育方针，关心下一代的成长。他在担任市教育局局长期间，一贯主张要使学生德智体美劳全面发展。离休后兼任市教育学会会长和市关工委副主任，他最关心的是学生由于学习负担过重而影响身心健康。他专门到市学校卫生保健所了解学生的体质状况，深入学校了解学生学业负担情况，多次召开座谈会，然后亲自执笔写成颇有见地的书面调查报告，送市人大、市政府领导审阅，促进我市素质教育的实施。1998年纪念"6·26"国际禁毒日期间，他针对当时发现少数学生误入歧途吸毒问题，专门召开全市关工委会议，请市公安局缉毒大队领导介绍青少年吸毒情况，专题分析讨论现状，提出在全市学生中开展禁毒宣传教育活动。在纪念中国抗日战争胜利50周年之际，他以市关工委等单位联合组织力量，大力推荐广大青少年大唱抗日救亡优秀歌曲，并委托市教育局组织编印抗日救亡歌曲和录音带。

　　清正廉洁、艰苦朴素，这是周老非常突出的高尚品德。我常到他家拜访他，看到他一家老小四口，却住不起配套（带有公共厕所）二小房一小厅，实用面积仅有30多平方米，他的穿着也非常朴素。即使后来市老干局给他调整新房后，室内的布置摆设也非常简单朴实。这样一位老领导一生"一身正气，两袖清风"真不容易啊！

　　对我的信任和关爱，我永不忘怀。我从思明区教育科到市教育局工作是周老和李永

　　① 原载于厦门一中校友会：《风范永存》，2006年印行，第1~15页。

裕书记关心支持安排的。他对我既信任又严格要求。即使他离休后,我到他家看望并汇报工作时,他都诚恳地同我探讨、了解和指导,要求我在工作中应注意什么、抓什么,特别是有关政策性、原则性问题。有一件事,我永远不会忘记,就是 1981 年年初我调到市教育局担任中教科长时,由于我家里长期没有装修厕所,我用小舅子拆除老房子的旧木料搭了一间简易卫生间,刚好当时思明区教师进修学校在拆旧房时也有一些木料,有人反映我拿了公家的旧木料。当时,周老很慎重地责成一位老同志到我家调查并实地看现场,还向区里了解。最后,在一次教育系统干部大会上,周老当场宣布,进行澄清。这充分体现了周老对干部的关心爱护。

厦门一中 52 届高中毕业班同学回母校参加百年华诞留影

厦门一中(市中)老校友回母校参加春节团拜联欢会留影

专题研究

特区教育改革的一项重要任务^①

改革中等教育结构,发展职业技术教育,以适应对外开放和建设经济特区的需要,是厦门市教育改革的一项重要任务。五年来,厦门市创办职业高中取得比较大的成效。1985 年,职业高中招生数占高中招生数的 36％,市区达 45％;若加上从市区初中毕业生中招收的中专、中技生,职业技术教育的招生数则已占高中招生总数的 51.5％。从目前情况看,城乡 28 所高中形成三种类型:普通高中 9 所,职业高中 9 所,高中兼办职高班 10 所,基本上能适应经济特区建设发展的需要。五年来城市职业高中毕业生 2 528 人,当年就安排招工、招干和升学的有 2 166 人,占 85.7％。

一、市委市府领导重视，是办好职业教育的关键

市领导提出建设经济特区的一个指导思想,就是"把职业教育作为大事来抓,大力培养人才"。从办学方案、招生计划、专业设置、培养目标、办学经费等,到师生思想工作、毕业生安排等,市领导都亲自动手或指示有关部门一一认真研究解决。五年来,省、市共拨给职业教育发展经费 186 万元,使现有 20 多个专业都有比较完善的设备。

二、联合办学，是发展职业高中的基本形式

厦门市的职业高中有 90％以上的专业,同 21 个系统和部门实行联合办学。联办单位参与学校领导,派出兼职教师,共同研究教学计划和编写补充教材,提供资金支持学校建立实习工场车间,一起安排毕业生的出路。这样,职业技术教育就有强大的生命力,就能不断巩固、发展、提高。

三、以质取胜，是巩固、发展职业教育的基本保证

这一点,我们在办学时开始就注意了。招生不是招"四类货"、"落第生",而是与普通高中一样按志愿择优录取,保证生源质量。注意逐步建立一支专兼职结合、理论与实践结合、胜任教学的教师队伍,注意编好教材,兼顾普通文化课与专业课教学,配置好专业教学

---

① 原载于《福建教育》1985 第 12 期。

设施,加强学生的职业道德、职业纪律和职业责任的教育。因此,毕业生质量大都有保证,普遍受到用人单位的欢迎,有许多人已经成为生产工作的骨干力量。中外合资的中周厂港方经理说:"厦门办有电子职业教育,培养这方面的技术人才,我们才把电子工厂搬到这里办。"永泰电子有限公司的厂长说:"厂里工人 90 多人,四中电子职业班毕业生占了一半。这批学生素质好,有一定的专业知识,有技术,生产积极性高,产品质量好,超过了香港的同类产品,畅销美国市场。"有许多毕业生一经录用,就被送到职业大学和上海等地培养提高。对此家长也比较放心。所以,几年来报职业中学的考生逐年增加,报考职业教育学校的达 60％以上。

四、专业设置,以特区建设需要为依据

只有这样,职业教育的发展才有光明的前景。为此,我们教育部门在计委、劳动局和有关生产部门的支持下,不断对特区劳动后备力量的需求进行调查研究,登门拜访、商讨。经过几年的实践,我们认为在专业设置上应掌握几条原则:使长年发展与当前需要相结合;专业化与适应性相结合;既要考虑经济建设的长远规划,又要做好短期安排;既要有一定的专业性质,又要有较宽、较广的适应能力;有些专业要有相对稳定性,可以连续办几年,有些专业则要考虑应急。达到既能适应特区培养人才的需要,又能广开就业门路的目的。这几年,我们基本抓了以下几种类型的专业:(1)生产性专业:如电子、机械、化工、纺织、微生物等;(2)服务性专业,如幼教、旅游、烹饪、理发、驾驶等;(3)技能性和管理专业,如体育、美术、音乐和交通、房屋管理等。我们还先后创办了相对稳定的电子、旅游、交通、食用菌和体育等职业中学,建立了相应的培训中心。最近又建立了微电脑学习推广中心。根据特区建设需要、随时调整、创办新的专业,如应交通局、房管局对管理人员之需,开办房屋、交通管理专业。刚办的中外合资企业柯达公司需要化工专业技术工人,我们就在六中、九中调整专业来适应这个要求。职业中学的专业适应生产、服务行业发展的需要,不少学生尚未毕业就被预定录用;原来到年底才招工的,现在学生一毕业就被招走了,许多专业的学生供不应求。1985 年市区职高毕业生的就业率 8 月底就达 92.5％,有些学生还升入高等院校深造。

总之,厦门特区的中等教育结构改革形势很好,普通教育与职业教育并行发展的教育体系已基本形成。我们将继续研究新形势新任务,努力提高教育质量,加快改革和发展的步伐,力争在 1986 年使经济特区范围内(含禾山乡)职业教育(含中技、中专)与普通高中的招生比例各占 50％,更多更快地为经济特区建设培养合格的初中级职业技术人才。

增强教育首要位置的认识
加快厦门教育改革的步伐①

——在 1988 年厦门市教育工作会议上的工作报告

厦门市教育委员会

为了进一步贯彻党的十三大精神,贯彻七届全国人大和全国教育工作会议精神,真正落实教育的首要战略位置,加快我市教育改革的步伐,使之更好地为厦门经济特区社会主义现代化建设服务,我代表市教育委员会,向大会做工作报告。

一、一年多来的工作回顾

市教委成立于 1986 年 8 月。它的成立是我市教育改革从小教育观念转到大教育观念,从限于抓基础教育为主要任务转到全面协调管理各级各类教育,全面发动和组织全社会各部门来关心支持办好教育的标志。一年多来,我们以改革为中心,做了以下几项工作。

(一)坚持正面教育,充分认识体制改革的必要性

坚持四项基本原则的正面教育和党的十三大精神的学习贯彻,把全体师生的思想统一和提高到"一个中心、两个基本点"上来。

从 1986 年年底到现在,我们进行了坚持四项基本原则和正面教育与党的十三大精神的学习贯彻。在全体党员中,进行新时期共产党员先锋模范作用的讨论;在全体学生中,按照不同年级采用宣讲、上政治课等形式,提高学生对坚持四项基本原则和坚持改革开放的辩证关系的认识。我们还自始至终坚持有形的思想政治教育,组织和引导学生参加社会调查,使学生了解国情、市情,了解社会的发展和特区的巨大进步,加深了"两个基本点"的认识;加强劳动技术课教育和组织参加劳动实践、军事训练,培养遵守纪律和艰苦奋斗的精神和劳动观点、劳动技能;采用对话等形式,沟通师生思想,融洽师生关系,较好地解决了学校存在的问题。我们还抓了在职干部的马列主义理论正规化教育和师生"十法一则"的普及法律常识的学习和考试,取得一定的效果。一年多来,学生的违法犯罪率有了明显下降,广大教职工精神面貌好,尽管有些教师生活上遇到一些困难,他们仍勤勤恳恳地努力工作,整个教师队伍还是比较稳定的。

---

① 本文系 1988 年 5 月 23 日在厦门市教育工作会议上的工作报告。

在学习和贯彻党的十三大精神过程中,重点讨论加深教育首要战略位置的认识和教育改革如何跳出现行体制的束缚,迈出更大步伐的问题。学习贯彻中,分析了我市教育脱离实际的种种现象,对片面追求升学率倾向的危害有了新的认识。对我市几年来的教育改革也进行了评估,大家认为,在市委市府对教育工作的重视和直接领导下,我们在贯彻国家教育方针,坚持改革,坚持教育为社会主义现代化建设服务,统筹各级各类教育发展,对准特区需要办学施教,为特区培养人才和提高劳动者素质等方面取得较大成绩,发展是健康的。同时也看到我们对改革开放的方针政策认识不足,在许多方面还没有跳出现行体制的束缚。学习带来了认识的提高,市教委、各级教育行政部门、各校的领导改革的观念增强了,为本校本部门的改革制定了不少方案。最近,经过充分准备和思想发动,首先出台的酝酿已久的校长负责制和校办企业经营承包责任制,就是我市教育改革在跳出现行体制束缚方面的一个突破,为今后即将出台的几项改革奠定了良好的基础。省教委、省经委等 5 个委局在转发我市《校办企业承包经营责任制试行办法》的通知中指出我市教育部门在"加快校办企业的步伐,不少工作走在全省的前面",这是对我们的鼓励和鞭策。

(二)端正办学思想,进行各项改革

我市广大学校和教育工作者在克服教育脱离实际,克服片面追求升学率倾向等方面做出了许多努力,在端正办学思想和坚持教育为地方社会主义现代化建设服务方针上,进行了不少改革,主要有:

1. 初等教育和学前教育的改革

取消重点小学的大面积择优招生,市区小学实行划片招生。将 5 所直属小学和 1 所直属幼儿园下放给区管理,公办幼儿园统一招生和收费标准的初步改革,基本解决城市幼儿入园难的问题。

2. 初中招生制度的改革

为了调动所有学校和师生的积极性,1987 年秋季市区初中实行划片招生(重点中学10%择优),使普通中学生源质量得到较大改善,有利于各校在大体相同的起点上大面积提高教育质量。

3. 进一步改革中等教育结构

对准特区建设的需要,走联合办学的道路,已经与全市 32 个地方、部队的部门(单位)联办了 8 所职业中学,11 所中学兼办职高,共开办 42 个专业 114 个班,培养了"适销对路"的人才,初步形成了与普通中学并行的职业教育体系,成为发展特区经济的一大支柱。

4. 成人教育的改革

职工教育已开始由一般的文化学习转向以岗位职务培训为重点的轨道上来。农民教育也已转入以技术教育为主的文化教育和技术教育相结合的轨道。目前,乡镇文化技术学校已办 9 所。

5. 高等教育的改革

市属高校注意对旧专业的改造,增设特区需要的专业。鹭江职业大学根据特区建设发展需要,坚持办成"职业性质、大专层次、地方特色",增设了外经会计、国际金融等专业,

厦门经济学院和鹭大合并办学,提高了教育投资效益。电视大学试办招收应届高中毕业生的全日制普通班。

6. 毕业生分配制度改革

去年开始,师专对 13% 的特优生和优秀毕业生实行自选分配和一次性派遣到学校的办法。鹭大实行 10% 左右的品学兼优毕业生可优先挑选(推荐)分配单位,对少数品学较差的毕业班学生不予推荐。市区在师专就读的学生,毕业后户粮不变留在市区,分配到农村中学任教,解决农村中学师资不足的问题。

7. 学校体制的改革

1988 年 2 月,在鹭大、教育学院、一中、大同中学、六中、英语中学、莲花中学、十中、进修学校、实验小学等 10 所学校试行校长负责制,重新任命了校长,有利于重新组织领导班子和统一指挥学校的各项工作。

(三)稳步发展各级各类教育事业,培养合格人才,提高素质

市教委从大教育观念出发,以普及九年义务教育为中心,统筹全市的基础教育、高等教育、职业教育、成人教育和社会教育的发展;以适应特区建设需要为方向,鼓励社会各方面集资办学,提高教育投资效益,采取有效措施培养高一级人才和提高劳动者素质。近年来,在以下方面取得成查:

1. 教育事业稳步发展

1987 年各级各类教育稳步发展,各类学校招生都完成了计划,比前年有所增长。其中高等教育方面:市属全日制高校招生 748 人,在校生 2 085 人,比 1986 年增长 13.5%,毕业生 420 人;成人高校招生 915 人,在校生 3 044 人,比 1986 年增长 3.3%,毕业生 961 人。中等职业教育方面:中等职业学校招生 2 852 人,占高中各类学校招生数的 41.6%,比 1986 年提高 2%;中专、技校招生数有所增加,职高毕业生 1 714 人,大多数已被录用。成人教育方面:全市有 208 名厂长、经理参加培训和国家统考,取得合格成绩,提前一年半完成计划;3 800 多名管理干部参加现代化管理知识学习班,80% 理论合格,为外向型经济发展提供了一些人才;岗位职务培训的职工 10 300 多人,其中中级工 7 800 人,班组长 1 150 多人;参加电视讲座学习 2 800 人;业余中学、业余中专 41 所 575 个班,在学生 18 270 人;在各种培训中心、乡镇文化技术学校学习培训的人数近 3 万人;自学考试报考大专学员近 4 000 人次,已有 220 人取得自考大专毕业证书;近百个社会力量办学单位向市教委申报办学,经审核首批批准 77 个单位,现已发放办学许可证。普通教育方面:应届高中毕业生录取在大中专院校的有 1 517 人,占应届考生总数的 52.9%,其中录取在各类高校有 1 296 人,应届生占全市高校录取数的 89%,占应届生报考数的 56.5%;初中应届毕业生 9 552 人,升入普高 4 011 人,升入职高 1 988 人,录取中专、中技 864 人,录取率达 71.8%,比前年增长 4.8%;初中毕业考试和高中招生考试"两考合一",及格率为 61.3%,比前年有较明显的提高;小学应届毕业生 14 736 人,升入初中 11 143 人,升学率为 75.7%;小学一年级招生 15 993 人,入学率为 99.17%;开元区办起弱智儿童教育班,聋哑教育也有了新的发展;全市幼儿园招生 19 973 人,其中市区招收 3 709 人,市区 4 岁以上

幼儿全部入园。

为调整学校布局和解决新兴住宅区适龄少年儿童、幼儿就近入学问题,1987年新建和开办了莲花、祥桥、孙厝等三所中学,湖里小学和九幼、振兴等两所幼儿园。

2.教学质量明显提高

我市小学的"四率",初中毕业生的综合率、高中毕业生的上线率、职业中学毕业生的录用率、学生体育的达标率均名列全省的前列,我市还有一批学生参加国际、全国、省的学科竞赛,取得优异成绩。

3.加强了师资队伍建设

到现在为止,开展了三批教师职称评定工作,发展是健康的,对调动教师积极性起了一定作用。在部分教师中还进行合格证、教材教法的"两证考试"。为适应需要,充实加强了师资队伍,去年以来补充公办教师614人,扣除离退休和自然减员,净增479人。为提高教师素质,两年委托福师大和福大招生代培48人,1986年、1987年两年录取在本科院校师资班的生数从原来的每年40人左右提高到104人和115人。选送、抽调1107名教师参加各种业务培训学习,其中脱产学习272人。

教师的生活待遇有一定的改善,1987年除了市落实办支持,落实华侨政策房屋60多套住房外,本系统通过国家投资、地方集资和教师筹集资金,新建住房90套,还配套了莲花中学、滨北小学教师的住房。民办教师的工资在1985年增加23元的基础上,又增资20元,为本省解决民师工资较好的地区,有力地稳定了民师队伍。

教师的成绩是显著的,6位中小学教师被省政府授予特级教师称号;10名教师被评为市劳动模范(其中二位省劳模);还评出499名市先进教育工作者和99名市优秀思想教育工作者;青年教师参加省创优活动,我市被省评为先进集体,全省12个学科教坛新秀评选中,我市占了7科第一;全省小学教坛新秀评选,我市获伯乐奖,一名教师获一等奖。

4.合理安排教育经费

1987年普通教育为主的基建投资886万元,比1986年减少400多万元。全市教育事业费为3035.22万元,比1986年增加5.2%,其中市属1300多万,增加2.19%。在经费有一定困难的情况下,以"双增双节"为原则,市属学校实行部分事业费基数包干,严格管理制度,严格控制开支,合理安排教育基建,讲究教育投资效益,压缩行政费用,增加教学设备费的开支。1987年征集教育费附加280万元,其中城市220万元,农村60万元,解决办学经费的不足,特别是增添一批教学设备。

1987年勤工俭学也有所发展,全市产值达到1277.55万元,利润为146.89万元,其中一部分用于改善教职工的生活待遇和办学条件。

5.多渠道筹措办学资金,有效地改善办学条件

1984—1987年,全市农村乡村集体和个人集资达成371万元,县、区集资700多万元,市区集资270万元,盖了校舍18万平方米,添置了课桌椅27000套,维修了危房3万平方米,原郊区集资人均31.83元,东孚乡集资人均28元;集资百万元以上的有3个乡,集资70万元以上的有3个乡,集资20万元以上的有5个村,集资人均100元以上的有2个村,人均70元以上的有3个村,人均50元以上的有27个村;个人捐资2000元以上的

全市有 7 人,最高者 1 人捐 10 000 元。1987 年集资总额达 320 万元。

(四)我市教育工作中存在的问题

这些成绩是党中央的正确路线、方针、政策指引的结果,是市委市府的重视和直接领导的结果,是全市广大教育工作者辛勤劳动的结果,是全市各级领导和各行各业大力支持的结果,它是厦门经济特区的重大成就的重要组成部分。当然,我们还必须看到我市的教育工作还存在不少问题,主要有以下几个方面:

(1)由于我们的思想还比较保守,改革的观念和竞争的意识还不强烈。因此,我市教育改革的步伐还赶不上特区经济改革的速度,距离党的十三大提出的要求和中央领导提出的改革要超前的要求,还有很大的距离。存在"倒挂"、"细腰"和许多不适应特区建设的问题。

(2)教育经费虽然增长,但公用经费绝对数下降(前年持平,去年略有减少)。

(3)改善教师生活待遇,稳定师资队伍的措施还不够有力,一些教师思想动荡,特别是城镇到农村工作的教师较不安心。勤工俭学的渠道还不多,为学校提供的经费仅占市教育经费的 1.5%(有的省已占 1/3),教师的住房困难问题仍然十分突出。

(4)在办学方面,城市初中质量提高不快,1987 年毕业班以 300 分为标准线,约 40% 不及格。农村办学主要为当地社会主义建设服务的指导思想和方向还没有根本解决,农村职业技术教育和成人教育发展不快。城市成人教育中的高级工培训还有不少困难。

(5)部分学生厌学问题在我市表现突出,思想政治工作不够活跃,劳动技术课还很薄弱,全面发展还有不少薄弱环节。

(6)教学设备还较落后,我市多数学校建筑了新校舍,但不少是空壳子,缺乏教学仪器等设备,或者设备陈旧,现代化教学设备更少。

这些问题,有我们的主观原因,也有一时难以解决的客观原因;有教育部门的内在原因,也有社会原因。我们要认真分析原因,正视存在的问题,努力克服前进中的困难,切实解决问题,使我市教育的改革和发展迈开新的步伐。

二、今后的工作

今后的一年里,我们的教育工作必须以十三大精神为指针,正确认识"教育必须为社会主义建设服务"和"社会主义建设必须依靠教育"的辩证关系,端正我市教育工作的指导思想。我市教育工作的指导思想是:以社会主义初级阶段的立论为依据,提高对教育首要战略位置的再认识,从大教育观念出发,按照我市经济建设和社会发展的实际需要,以改革总揽全局,跳出现行体制的束缚,改革教育体制,改善教育结构,克服教育脱离实际和片面追求升学率的倾向,大面积提高教育教学质量,培养学生德智体美劳五育全面发展,把教育工作的立足点真正转移到提高劳动者的素质和"首先是为地方社会主义现代化建设服务的需要"上来。基于这种指导思想,今后一年的工作安排如下:

（一）提高教育首要战略位置的再认识

党的十三大和七届全国人大都强调提高劳动者的素质，强调重视教育，强调智力开发，理由就在于它对发展生产力具有极大的重要性。学习十三大和七届全国人大精神，就要对教育的首要战略位置进行再认识，对教育面临的任务要有全面和足够的认识。建设现代化和厦门经济特区，需要一大批素质好的掌握先进科学技术和文化的高级专门人才，过去我市教育在培养合格人才方面做出了贡献，但这是远远不够的，还必须大力培养初、中级人才和极大地重视劳动者素质的提高。农村商品经济的发展，城市企业产品质量和生产率的提高，特区要率先参与国际大循环，非走这条路不可。过去在这方面，我市确实不同程度地存在着教育脱离实际和片面追求升学率的倾向，只有彻底加以克服，才能真正坚持教育为社会主义现代化建设服务的方针，才能真正适应特区经济振兴和社会发展的需要。这就要求广大教育工作者明确自己光荣的历史使命，到特区改革、开放的第一线去，了解我市经济建设和社会发展对教育提出的要求，在"实践—认识—再实践—再认识"的过程中，形成正确思想，推动改革深化。

（二）深入开展党的基本路线教育

深入学习十三大精神和七届全国人大精神，开展党的基本路线教育，是今年，也是以后相当一个时期教育战线思想政治教育工作的重要任务。对高校、中小学的教职工和高校、中专的学生，在学习十三大精神的过程中要做好三件事：（1）要抓好基本线路教育，使他们充分认识国情、市情，深刻理解十三大所确定的基本路线和一系列指导方针；（2）要抓好提高特区改革要超前的认识，针对师生思想疑虑和大家普遍关心的问题，加强宣传教育，引导他们自觉拥护和支持改革，积极投身到教育改革的实践中去；（3）要抓好脚踏实地、艰苦奋斗的教育，使青年学生增强责任感和使命感，树立起艰苦创业的思想。对中小学学生，一方面让他们对十三大精神有所了解；另一方面会同有关部门，解决师资、设备、场所、经费等问题，继续组织他们参加社会实践、劳动技能教育和三防教育活动。广大党员、政治教师和全体教职工要把加强学生的思想政治工作当作自己的职业道德的神圣职责，要建立校长、领导与师生的对话制度，加强思想政治工作的科学性、针对性，讲究教育方法，讲求实效，真正把全体师生的思想进步统一和提高到"一个中心，两个基本点"上来。在思想政治教育工作中，当前要特别强调加强学生的爱国主义、品德行为和艰苦奋斗的教育，引导师生尊师爱生、遵纪守法、遵守职业道德和学生守则，勉励师生勤奋工作和学习，通过有形的丰富多彩的活动使思想工作落实到实处。

（三）加快教育改革的步伐

党的十三大和七届全国人大的中心议题是改革，作为首要战略位置的教育的中心议题也是改革，我市教育工作要以改革总揽全局，迈开改革的大步伐，跳出现行体制的束缚，大面积地提高教育教学质量，使之更好地适应特区经济建设和社会发展的需要。

1988年在深化教育改革、办有特色的特区教育上初步打算做10件事：

1. 改革教育管理体制

目前已有 10 所大、中、小学、进修院校试行校长负责制,重新任命一批校长,他们正在组织领导班子,制订校长任期目标、学校长远规划和近期打算。1988 年,市教委将根据试行情况,总结经验教训,修订试行方案,1989 年 2 月在全市全面铺开。按分级管理的原则,进一步将农村小学的管理权下放给乡镇直接领导和管理,农村区、县进一步落实,还要逐步理顺幼教工作的管理体制。

2. 改革人事管理体制

将一部分人事调配、调动、任免、奖惩权限下放给区、县教育主管部门和学校,在中小学内部实行师资、干部的流动和聘用。实行校长负责制的大中小学校,在职务评定后,即试行聘任制,其他中小学校仍实行任命制。

3. 改革校办企业管理体制

目前已有 4 个校办企业实行经营承包责任制,1988 年争取在 50% 直属校办企业实行,以此来增强企业活力,为进一步改善办学条件和教职工福利服务。区、县所属学校今年应有 60% 以上建立校办勤工俭学基地。

4. 改革财务制度

教育事业费按学生人数和教工工资总额下达基数,实行包干。

5. 进一步改革招生制度和招生办法

巩固和发展城市幼儿园、小学、初中和各类教育招生改革的成果。幼儿园实行公、民办划片统一招生,改革收费标准;小学实行划地区划片招生;岛内初中划片划校中小学挂钩招生,两所重点中学仍保留 10% 择优的过渡招生办法;各类高中完全按学生志愿顺序择优招生;鹭大对口专业试招少数职高毕业生;电大要认真总结经验,进一步加强联合办学,继续试招应届高中毕业生入学。

6. 改革师资培训制度和分配办法

按照需要处理好招生与分配的关系,实行多渠道培训师资。师专、师范进一步面向农村招生;拟定 5 年委托福师大代培本科生,每年 20 名;凡上师大本科的学生,每生每年补贴 200 元;建立华师大、福师大函授培训站;建立留学生的培养制度和聘用外籍教师的办法。师专、师范毕业生的分配要坚持三个"面向"(面向农村、面向基层、面向教学第一线),实行"供需见面"、"双向选择"、用人单位择优录用与适当统一调配相结合,引入竞争机制,少量品学兼优毕业生可优先挑选所在地区的接收单位,少数结业生不予分配,自谋职业。

7. 扩大并稳定大专以上人才补给来源

逐步形成我市大专以上人才补给来源的"三足鼎立"格局。每年大约 2 500 名大专以上毕业生来源,1/3 由市属全日制学校培养补给,1/3 由市各类成人学校(含自考)培养补给,1/3 由国家分配和引进补给。

8. 办有特色的学校

筹办外国语学校、国际学校和音乐学校,鹭大创办附设中专。继续加强中小学体、音、美和科技试验点,改革鹭江体育中学的办学。

9.发动社会力量捐资办学

在这次教育工作会议上,将表彰一批集资捐资办学的先进县、区、乡、镇、村和个人,通过表彰,推动今后的社会集资办学工作。要做好教育费附加的征收工作,农村教育费附加要按农业人口人均收入 1‰ 的要求收缴,充分发挥其效益。建立教育基金会,目前已成立王淑景王文斗奖学基金会,市政府已同意成立"厦门市教育基金会",决定市财政拨款 5 万元,城市教育费附加款提取 5 万元,共 10 万元作为首笔基金。各区、县也要成立教育基金会。学校要设立校长奖励基金,以校办企业利润收入的 10%,教工每年奖金中的 1/3(60元)、校友捐赠的奖教款项等,作为校长基金的来源。

10.市教委进行领导体制改革

在市委市府的统一部署下,实行党政分开,精简机构,下放权力,转变管理职能,克服事务主义和官僚主义作风,加强全市教育工作中带有全局性、整体性、战略性问题的研究,促进决策和管理的科学化、民主化和规范化,加强大教育观念,对全市各级各类教育统筹协调,全面安排,形成群体优势,提高教育投资的效益和办学的社会效益。

为保证我市教育改革的深化,使这 10 项已经或正在出台的改革能顺利发展,必须做好以下几项工作:

1.巩固和提高九年制义务教育的基础和质量

为纪念《义务教育法》施行两周年,将分别在同安县、集美区进行一次义务教育的检查,进一步研究落实措施,建议市人大、市府在全市广泛进行一次《义务教育法》的宣传,并制定有关法规、条例或实施办法,监督学生家长、社会各部门、单位实施义务教育。

2.巩固和发展普及初等教育的成果

首先是抓好农村小学(尤其是山区小学)的普及巩固工作,以后每年春秋两季开学前后,以乡为单位,普查各村的"四率"情况,县、市再组织抽查评比;其次要"扶贫帮新",农村小学中心带完小,城市小学老校带新校,重点学校带一般学校。

3.为全市普及初中打好基础

普及初中教育,关键在农村,我们要足够注意研究农村教育和解决农村教育中的实际问题,尤其要研究同安县的农村教育,力争在 1990 年左右全市城乡普及初中。已经普及初中的城镇各区,既要使社会各方面都来贯彻《义务教育法》,又要从教育内部分析原因,从根本上解决厌学、流生现象;要采取有效措施,大力提高教学质量,分段达到省教委下达的 1990 年初中毕业合格标准。

4.抓好四级毕业班工作

一定要端正办学思想,坚决贯彻"两一"方针,加强毕业班的思想教育和教学工作,引导广大学生勤奋学习,引导广大教师树立全面的观点,既关心学生学习,又要关心他们的品德和身体,正确指导选择志愿。

5.成人教育和职业技术教育要更加直接有效地为地方经济建设服务

这两类教育要按需办学,按需施教,使地方经济部门能从它们的发展中得到更多的直接利益和实惠。中等职业技术教育各类学校的发展比例要合理调整,将中专、中技的招生率从去年的 12% 提高到今年的 16%,调整部分重复或社会不急需的职高专业,增设服装、工艺美术等特区亟需的新专业。要多种形式地办好培训中心,1988年内职业教育招生大体达到高中各类学校招生数的50%。要办出职业技术教育的特点,加强实践环节。同时,要继续改革普通中学,允许一部分普通中学中期(高二年段)转轨,一部分学生在高三年转轨为一年职业训练。城市中学从禾山乡招生办学五年制试办四年制高中,加强技术教育。成人教育在调整的基础上,稳步协调地发展。对社会力量办学的规格、内容、师资、设备进行严格审查,新办学校、培训中心必须经教育部门(市教委、区县教育局)批准。继续发展成人中专,调整业余中学。乡镇文化技术学校在巩固的基础上有所发展,力争1988年全市乡镇文化技术学校发展到14所,提前达到省教委关于1990年实现建立文化技术学校的乡镇数占总乡镇数的70%的要求。这些乡镇文化学校要配合科技示范乡镇实施"燎原"计划,抓好农业技术人员培训。对各类干部学校进行调查摸底和综合分析,提出建立干部合理布局、结构的规划。加强以岗位培训为重点的职工教育,岗位培训的重点放在培训中高级工上,特别是培训高级工要打开局面。职工教育要社会化,坚持为外向型经济服务,坚持多层次、多渠道、多学科、多门类进行教育,把竞争机制引进来。

6. 市属高校事业要对准特区的需要,巩固、调整、发展

市属高校在改善办学条件、提高现有教育质量的基础上,对准特区的需要,挖掘潜力,内联外引,调整发展,为逐步形成我市大专以上人才补给来源的"三足鼎立"格局做出贡献。还要多层次、多形式办学,注意中等专业人才的培养,注意与社会挂钩,举办各种非学历教育,建立我市人才合理结构。鹭大要继续坚持"职业性质、大专层次、地方特色"方向,加强社会调查,调整补充专业设置,增设特区建设急需的服装设计、旅游、对外经济等专业,创办附设中专,继续试行毕业生分配制度的改革,成立科研(科学咨询)机构,发挥人才作用,实行联合办学,发动校内外、系统内外、市内外的力量共同办好学校,主动形成适应特区建设的培养人才机制。师专、教育学院、电大要拓开路子,大力培养初中、小学英语师资。对师专少数专业增设大学本科层次进行可行性研究,逐步实行毕业生积分分配制。要重视和大力发展电大、自学考试,培养特区需要的大中专人才,创造条件把省电大分校改为市电视大学。

7. 树立大教育观念

农村县、区教育部门要树立大教育观念,三教一起抓,使教育更好地为当地经济建设和社会发展服务。

8. 修订、执行21世纪教育发展战略规划

修订21世纪教育发展战略规划,进行可行性验证;拟定一个县(区)和一所学校教育教学质量全面评估标准,通过以后的试验逐步完善;建立市教委督导室,县、区设置视导员,根据质量评估标准分别对区、县和学校进行视导和督导。

9. 发挥各组织的作用

学校要发挥教代会的民主管理和监督作用,发挥工会、共青团、民主党派的作用,充分调动广大教师的积极性和聪明才智。实行校长负责制,校长必须自觉地置身于党支部、教代会的监督之下,自觉地民主办校。

10. 建立责任制,提高效率

教委领导和机关各处室要建立健全岗位责任制,讲究工作的科学性和高效益,建立机关工作人员的考评制度,建立同学校领导、教师的对话制度,做好来信来访工作。

(四)抓紧教师队伍的建设

总的来说,我市教师队伍是比较稳定的,他们的工作态度、勤奋精神和突出成绩为社会所称赞。但也必须看到,一些教师思想不够稳定,其主要原因之一是教师的生活待遇偏低。这个问题将随着我市经济实力的增强和教育经费的持续增长逐步得到解决。我们要在市委市府的领导和支持下,每年为教师办几件实事,抓紧兑现提高中小学教师10%的工资;继续与有关部门商量,取得支持,并多方筹集资金,解决教师的住房困难。但是,目前国家、我市的财力毕竟有限,短期内要大幅度地提高教师工资待遇是不可能的,因此各校要充分利用特区"小气候"的灵活措施和勤工俭学的优惠政策,广开财路,搞好教育部门的勤工俭学(大学、职教的有偿服务)等经济活动,创收集资,改善教师的生活待遇,勤工俭学的普及面要从现有的48%提高到80%,努力做到城乡每所完小年创收入1 000元、每所中学1万元以上。

在教育经费比较困难和教师经济待遇偏低的情况下,不能放松师资队伍的思想、业务素质建设,要继续加强教师的使命感、责任感、职业道德、遵纪守法的教育,大力表彰在"教书育人"、"服务育人"和"管理育人"等方面取得优异成绩的教职工。1988年和1989年要分别举行优秀思想政治工作者和先进教育工作者的表彰活动。今年完成教师职务的评聘工作,继续做好合格证书的考试工作。抓好教师的在职进修、知识更新和教研科研,提高教育教学水平。大力关心青年教师的政治成长和业务进修,继续开展创优活动,使他们健康成长,成为学校的骨干力量。教师进修院校、师范学校要通过函授、业余和脱产进修,组织考察和社会实践活动等多种渠道来提高教师的业务素质。我市同巴尔的摩市有关人士商定,从今年暑期起,由他们派出10名外籍教师,用几年暑期时间,对我市中小学英语教师普遍轮训一次。

(五)大力提高教育教学质量

从我市来看,提高教育教学质量,当前首先是要解决部分学生厌学问题。学生厌学是社会综合症,原因是多方面的。在我们教育内部、学校内部存在不少问题,有的是我们不按照教育教学规律办事,有的是"好心"但未考虑教育教学效果,有的是教育教学思想不端正,这些是带来学生厌学的原因之一。社会其他部门也应该从是否真正关心、支持教育和执行《义务教育法》等方面来分析原因,每个家庭应该从是否给子女以正确的家庭教育等方面来分析原因。我们呼吁全社会都用做实事来关心教育,每位家长都要端正特区人才观念,使学生厌学这个问题能尽快得到解决。

其次要澄清几个认识,克服教育脱离实际,即克服教育教学中脱离国情、市情,不适应地方经济建设和社会发展需要的部分,并不是取消或放松现行的思想教育和各种文化课教学,不是不要或降低现行的教学质量要求。纠正片面追求升学率倾向,是纠正只重视智育,忽视德育、体育、美育、劳动技术教育;只抓少数学习尖子,不面向全体学生;只重视输送进入高一级学校学习,但并不是不要毕业考试、升学考试和一定的升学率,也不是不要培养进入高一级学校学习,能成为国家和特区需要的高精尖人才。

最后要搞好教学领域的改革。过去几年里,我们在教育体制、结构等宏观方面的改革,取得较大成绩。但是,我市在教学领域的改革有些方面还比较差,因此必须通过深化改革来提高教学质量。广大教育工作者不能满足于平时的经验型教学和取得的暂时成绩,要从教育的"三个面向"出发,从教育为参与国际大循环培养人才的高标准出发,注重教研和科研,注重更新教学观念和更新学科知识,既要探讨教育教学规律,又要研究具体的教材教法;既要研究特区经济发展的需要,使教育更好地为之服务,又要面对学生的具体实际进行教学,使之学有所得;既要抓好以文化素质和技术能力为主要内容的智育,又要抓好以社会主义精神为主要内容的德育、以增强身体素质为主要内容的体育、以提高审视美和创造美为主要内容的美育和劳动技术教育、社会实践、三防教育,真正培养学生成为"五育"全面发展的"四有"新人。

(六)安排好教育事业发展计划

1. 制定和完成各级招生计划

1988年的高校招生计划是:市属全日制高校招生 760 人,成人高校招生 730 人。中等教育招生计划是:高中各类学校招生 7 100 多人,其中普高招生 78 个班 3 777 人;职高 43 个班 2 020 人,职业中专 6 个班 270 人,中专、中师招生大约 760 人,省、市中技招生约 310 人;初中招生 251 个班 12 280 人,小学毕业生升学率提高到 80%,其中岛内招生 91 个班 4 320 人,升学率达 95% 以上,全岛普及初中教育。小学招生计划是:共招生近两万人,其中市区 4 800 人,市区 6 周岁、城镇 6 岁半、农村 7 周岁的学儿全部入学。同时,增办思明区小学弱智班。幼儿园招生计划是:共招生 17 000 人,其中市区 2 900 人,市区幼儿三岁八个月入园,农村办学前班,幼儿 5~6 岁入园。成人教育计划组织 7 500 名职工参加各类技术培训,其中高级工 500 人。组织厂长、经理和各类管理人员多人进行岗位培训,其中"一长、三师和书记"1 200 人,其他管理人员 8 000 人。今年试行选派留学生 10 名。

2. 新建和扩建一批学校

1988年除筹建外国语学校、国际学校外,为保证九年制义务教育的实施,新建 2 所小学、1 所中学,改建 1 所小学,扩建 6 所中学,续建 4 所中学、中专,新建 1 所教师进修学校。新建学校要有总布局,在选址、校舍建筑、活动场所、绿化等方面要统筹考虑。

3. 做好中小学校教职工核编工作

结合定编、定岗、定工作量,进一步完善学校岗位责任制。通过教师职务评聘,促进合理流动,逐步改变目前师资分布不均、学科不配套、人员结构不合理的现象。

4. 开展"双增双节"活动,合理安排教育经费

要树立勤俭办学思想,正确使用好有限的经费,努力提高效益。1988年的农村教育附加要征收到人均收入 1% 的总和以上。要完成这个指标,需要县、区、乡、镇政府的高度重视,财、税、教育等有关部门密切配合,制定切实可行的收缴计划和措施,才能做好这项工作,与此同时,还要继续鼓励集体集资和个人捐资,奖励热心教育的人士。

各校要积极发展校办企业,根据市场需求,调整产品结构,组织"三来一补",做到利润和产值同步增长。今年全市校办企业要完成总产值1 400万元和纯收入200万元的任务。

教育部门要合理安排教育基建,讲究教育投资效益,管好用好教育经费,继续压缩行政费用,增加教学设备费的比例,进一步改善办学条件。重点扶持新校和条件较差的学校,适当增加教学仪器、电教设备、体音美用品的经费,把有限的教育经费用到最需要的地方去。

同志们,众所周知,教育是全社会的共同事业。在市委市府的领导下,我市许多部门充分认识了这个问题,自觉地尊师重教,为我市教育的改革和发展提供了许多良好条件。在这里,我代表市教委和全市教育工作者表示衷心感谢。同时希望各级政府、各级领导用抓经济建设的劲头来抓教育工作,希望各部门继续关心支持教育,为教育、学校、教师多做一些实事,使我市教育真正摆上厦门特区建设的首要战略位置。

我们相信,广大教育工作者一定会以国家富强、特区繁荣为己任,不辜负党和人民的重托,不断提高"教书育人"的职业道德和传授科学文化知识的本领,为我市教育更好地适应特区社会主义现代化建设的需要做出新贡献。

国家教委副主任柳斌到厦门师范学校和市电子职业学校视察

及早筹划　提前运作

——厦门市教育进一步适应和服务于特区建设的发展需要[①]

福建省人大常委会调查组

厦门市教育在适应和服务于特区建设中,有四个有利因素。

第一个有利因素是,教育基础好,职工文化程度高,易于掌握新技术,接受先进管理方法。特区开办以来,来厦门投资办厂的客商普遍对此留下深刻的印象。比较其他经济特区,厦门市是唯一开办时已有综合性大学的特区。厦门大学作为全国的重点大学,在特区开办头3年就为特区培养了急需的外事财务会计等方面人才数百人,接受厦门工厂、企业、事业单位派员来校听课进修,厦大夜大学还为特区开办了专修科等课程。20世纪80年代创办特区时,厦门市区已普及了初中教育。1982年人口普查时,全省平均每万人口中大学、中学、小学文化程度的分别为60人、1 828人和3 624人,而厦门市岛内已达358人、3 279人和3 551人。

第二个有利因素是,特区发展10年,领导重视教育,投资巨大,目前已形成一个比较发达,层次结构比较合理的教育体系和网络。10年来,厦门市财政对教育基本建设给予大量投资,1981年投资水平为181万元,1982年市财政包干后投资迅速增加。到1985年和1986年达到高峰,为1 319万元和1 436万元。1981—1989年,市财政共拿出6 200万元。这期间,多渠道集资也取得较大成绩。全市包括财政共集资1个亿,其中同安一个县也达3 584万元,人均集资80元。这几年厦门市中、小学办学条件大为改善,危险校舍已基本消灭。厦门市教育事业费也有大幅度增长,已做到了"三个增长",中、小学生均经费1989年为474元和149元,分别比上年增加43.6%和24.2%。1988年,中、小学生均经费比全国平均水平分别高出151.2元和42.5元。目前,厦门市108万人、1 516平方公里土地上,已有普通高校8所、成人高校6所、中专学校8所、技工学校3所、职业高中5所、普通高中21所、初中21所(其中近年来新建13所)、全日制小学347所(其中近年来新建7所)。全市有教职工1.91万人。中小学教师达标率已大大高于全国、全省平均水平。

第三个有利因素是,教育要适应特区经济发展的指导思想比较明确、自觉,特别是在职业技术教育、职工成人教育等方面取得很大成绩。1980年,在湖里工业区开山平地的同时,我省第一所职业大学鹭江大学教学楼破土动工。同年,在全省率先办起了第一所财会职业高中。10年来,经过试办、发展和调整提高,现已形成包括高、中、初等3个层次的

---

　　① 本文为福建省人大常委会调查组调查报告,1990年4月。

职教体系。目前全市在校生 4 000 多人,设有 45 个专业。厦门市每年升入普通高中与职业高中学生的比例,几年来大致保持在 1∶1 的水平,基本打破千军万马过独木桥(高考)的局面。10 年来共培养 2 万多各级各类专门人才,当年就业率为 30%～90%,有的专业高达 100%,甚至供不应求。很多三资企业对这些人员非常满意。近两年全国职业技术教育出现滑坡,而厦门市势头不减,中央有关部门对此表示赞赏。这方面,厦门市总结了一些宝贵的经验。如,超前规划,根据经济发展目标提高培养人才;优先培养外向型经济需要的人才;坚持与有关部门尤其是与生产集团联办的办学形式;根据人才培养的实际需要确定学制与教学内容;职业技术教育坚持以质量求生存、求发展的原则;等等。厦门市的职工成人教育也很有特色,1982 年开始以职工"双补"为主要内容,1987 年发展到高潮,全市 38.8% 的职工入学。1988 年曾出现一些曲折,1989 年又恢复发展,当年接受各种培训的占职工总数的 68.3%,其中岗位培训的占到 48.7%。

第四个有利因素是,厦门市华侨多,华侨有在家乡兴学办校的优良传统。解放前某些时期,厦门市办的中小学校有近一半与华侨有直接关系。捐资办学的光辉典范陈嘉庚则创办了闻名海内外的厦门大学和集美学村。新中国成立特别是特区建立后,华侨捐资办学热情更高。从 1981 年到 1989 年,厦门市社会集资 1 800 多万元,其中华侨、港澳台胞捐资达 900 多万元。厦门市外籍华人、华侨不少是著名学者或企业家,他们爱国爱乡,对就读过的母校感情尤深。近年来,各老校纷纷成立校友会,仅集美中学,前几年校友返校已超过 500 人次。他们捐赠办学经费、仪器、交通工具或其他实物,举行爱国讲演,还经常提出一些有益的建议。

厦门市教育在适应和服务特区建设方面,做了大量卓有成效的工作,但同时也还有薄弱环节和面临新的挑战。一是在现有教育方面,如部分中小学办学条件有待进一步改善和提高,特别是老城区中小学校运动场地过于狭小,市区教师住宅困难还相当突出,以及农村教育事业费附加征收不力(在全省属后进)。又如职业技术教育、成人教育各方面如何统筹和理顺关系等。二是从今后发展趋势看,教育与外部关系仍有一些不协调的地方,如大的经济决策如何与教育事业培养专门人才计划进行沟通、协调;职业技术教育与提供素质高的劳动力与就业政策的配套;大量外来人员就业的文化素质要求;成人教育与三资企业职工的培训提高如何结合等等。

根据以上对厦门教育发展的认识,在经济特区发展迅速,三胞、外商投资将出现重大突破的新形势下,我们有以下几点看法:

第一,在领导、决策层、计划部门和教育部门要进一步深化教育与经济建设的"依靠、服务"关系,以及坚持把教育放在经济建设"首要地位"的指导思想,保持厦门智力资源优势,发挥以上所说的各项有利因素,进一步推动"以智取胜"的实施,在建设硬环境的同时,建设好软环境。

第二,组织班子,及早筹划,使教育事业能与特区建设迅速发展相适应。根据厦门产业结构出现重大调整的趋势,原有的人才预测规划也要做相应调整。教育作为超前事业,如未能及早筹划,并及时投入运作,到时可能措手不及。这里需要考虑的一个问题是,在资金相对集中于新开发区基础设施基建的时候,必须同时将教育投资列入总体规划。

第三,在继续发挥厦门市教育发展的各个有利因素的基础上,搞好教育内部的调整,协调好各类教育之间的关系。对于基础教育来说,建议加快普及的速度和程度,在郊县加快实施九年制义务教育。同时在市区内普及高中阶段的教育,正如何东昌同志所说的,到时候可能达到日本目前的智力水平,使特区发展在智力资源上有坚实的后劲。在协调各类教育时,要克服狭隘的部门观念,要充分运用现有的几所部属、省属高校和中专学校,可以通过联合办学、委托代培等多种形式,充分挖掘其潜力。职业技术教育和成人教育方面,厦门市已将职工教育的管理设在市教委内,更有利于进行协调。目前岛内职业技术教育发展比较顺利,杏林、集美区和同安县则较薄弱,应下一些力气,这是因为考虑到今后三资企业迅速增加,大量新职工的补充和职业技术培训需要首先向二区、一县拓展。

第四,政策配套、立法保障。厦门对就业前培训及用工制度已经有了一些政策规定,但是有的内容贯彻得好,有的较差,岛内贯彻得好,岛外较差。目前还出现一些新情况,如对外来就业人员文化素质偏低、外资企业用工多口管理以及三资企业在职职工职业技术培训问题等等。因此,有必要制订一些与扶持和发展各类教育有关系的新政策。1981年全国人大常委会专门做出决定,授权广东、福建人大常委会制定下属经济特区各项单行经济法规,考虑到特区与境外交往多,人们对法制建设的要求较高,应加快这方面的地方性立法工作。

第五,厦门的经济和教育的发展与全省的发展有联系,三胞和外商投资出现重大突破后,对相应人才的需求将骤增。厦门今后机械人口的增长将不可避免,而这些新流入的人口不应是低素质的。根据三资企业就业安排先市区后农村,先岛内后岛外,先本市后外地,先本省后外省的原则,在需要外地劳力流入时,首先应考虑同一方言体系的闽南金三角地区。这一地区则应相应地加快普及义务教育步伐,以及推动职业技术教育的发展,以提供源源不断的具有基本素质的劳动者队伍;其次,为了支持厦门的人才需求,省教育、人才规划部门也应在全省高教、中专教育和其他职业技术教育等方面做相应的统筹安排。

1992年5月,参加全国计划单列市教育统计工作会议代表留影

适应特区建设需要
大力发展职业技术教育^①

钟友国

厦门职业技术教育紧紧伴随着特区发展的步伐,走过了 10 年新的历程。已经形成了包括 2 所职业大学、10 所中专(市属 5 所)、3 所中技、8 所职业中学、10 所中学兼办职高的职业技术教育体系,10 年来,为特区输送合格毕业生近 30 000 名,另有 5 个培训中心先后培训学员 8 000 名。现在,全市各级各类职业技术学校在校生 11 500 多人,设置专业 60 多个,教职工近 2 000 人。1990 年高中阶段职业技术学校与普通高中招收新生的比例为 53∶47。

厦门职业技术教育的发展,成为经济特区建设成功的重要因素之一。1990 年 3 月全国七届人大三次会议上,厦门市长邹尔均对记者说:"厦门的中学生有 44% 是职业中学的,让'三资'企业到中学去选拔工人,这些工人一上岗很快掌握技术;为了提高劳动力技术素质,我们还办了 12 个技术培训中心,对工人进行培训,所以外商最满意的是我们的工人。"(《人民日报》1990 年 3 月 28 日)这段话充分说明了我市职业技术教育 10 年发展和改革所取得的成绩及其在特区建设中的地位和作用。

厦门职业技术教育能稳定发展,有以下五个方面的因素。

一、领导重视——发展职业技术教育的关键

发展城市职业技术教育,特别是创办职业高中,关键在于地方党委和政府是否真正重视。我市在创办特区的开始,就把兴办职业技术教育作为特区建设的重要措施之一,自始至今列为市府工作计划。1979 年年底,市委书记陆自奋、市长吴星峰在市委常委会上明确提出着手进行中等教育结构改革,以后又在各种会上号召,使我市率先在全省创办职高班。1981 年,特区刚刚创办,百业待举,经费不足时,市府毅然拨出巨款,创办全省第一所职业高校——鹭江职业大学。同年 6 月,市府批转了市教育局、劳动局《关于部分中学举办职业高中班的报告》。这个报告,确定了职高的培养目标、经费、体制、毕业生择优录用等重大问题的原则,为我市大力发展职业技术教育提出了政策性的意见。此后,历任的市委、市府主要领导都把关心、重视职业技术教育的发展,作为自己任期的一项重要职责。市人大还把发展职业技术教育作为建设特区的一项指导原则,提交人代会上通过。1982

---

① 该文为 1991 年全国职业技术教育工作会议交流材料。作者时任厦门市教委职教处处长。

年春,为解决职业中学事业计划和有关办学的专业设置、师资、经费、机构等问题,先后召开过两次市长办公会议。这几年,市委市府的主要领导还下基层调查研究,解决问题,提出要像办重点中学那样办好职业中学,在经费、设备、师资、招生与分配、领导班子等方面给予充分保证。

二、政策落实——发展职业技术教育的根本保证

1. 经费落实

10年来,我们通过财政拨给职业技术教育的基建费2 000多万元,单给职业中学购置教学仪器、专业设备费用就达450多万元。从1982年起,我们对职高给予专项经费补助,每个新开班补助10 000元,其余每班5 000元,由市财政核拨,教育部门统筹,基本上解决了职业学校经费的主要来源。

2. 毕业生择优录用政策的落实

1981年秋,我们转发了市教育局《关于职业高中毕业生实行择优录用的报告》,指示计委和劳动局拨出指标,让首届毕业生80％得以就业。1982年我们指出:"劳动制度的改革要和教育制度的改革相适应,今后招工原则上不内招。"1983年起,我市对职业高中毕业生录(聘)用就业有4条规定:

(1)职高毕业生当年毕业,当年可以参加招工、招干录用。

(2)招收职高毕业生一般工种不定招工的男女比例。

(3)职高毕业生就业择优录用可工可干。

(4)职高毕业生就业,一般不必参加全市招工考试,如个别专业需要考试的,不但要考文化科目,还要考专业科目,其中专业科目和文化科目的总分,各占50％。由于招干招工的政策落实,贯彻先培训后就业的方针,几年来,职高毕业生当年毕业对口录(聘)用率达75％以上,市区当年就业率均在95％以上。群众讲:政府讲话是算数的,择优录用的政策是兑现的。

3. 有偿实习政策和毕业实习与毕业后录用相结合

毕业前顶岗位有偿实习政策和毕业实习与毕业后录用相结合的政策,既提高了毕业生实习的质量,直接为社会各有关部门创造财富,又能给学校增加收入,给实习学生一定补贴,促使实习任务圆满完成。

4. 招生政策的改革

规定高中各类学校全市统一招生。坚持普高、职高、职业中专、普通中专、中技等学校一视同仁。按考生填报志愿顺序录取。从1989年开始,坚持在招生考试前规定最低录取分数的做法。

三、联合办学——发展职业技术教育的主要形式

10年来,各级各类职业学校与电子、机械、化工、纺织、轻工、商业、财政、交通、旅游、

港务、金融等20多个部门联合办学,特区岛内11所职业中学,全部采取由1所职业中学(部、班)和1~2个主管部门对口联合办学,每个学校的联合办学与专业设置都是全市统一安排。联办确定后,联办双方共同成立联合办学领导小组,由学校一名校长任组长,业务部门的领导任副组长;联办双方在筹办时,都要签订联合办学的协议书,各尽其责。原则上分工是,学校一方提供校舍,负责日常教育教学管理,提供正常的教育经费;业务部门一方,负责选派推荐专业教师来校上课,帮助学校建立专业实验室、实习工场和解决专业的部分经费,提供实习场地,指导学生实习,并协助做好毕业生招工招干就业的择优录用。

我市联合办学的做法,有以下几个特点:

1. 设置联办专业

联办单位和专业设置,都由市计委、教委、经委、农委、人事局、劳动局、特区劳务公司协同研究,统筹安排,基本上做到联办不重复、专业不交叉。

2. 签订合同

联办单位都需与学校就领导体制、培养目标、学制、课程安排、经费、毕业生就业等10个问题签订合同。明确分工,各负其责。

3. 学校与对口单位的联办关系基本上长期稳定

如电子职业中学与电子工业公司,旅游职业学校与省、市旅游局、服务业公司,交通职业中学与交通局、轮船公司的联系关系,一直没有变动。随着经济体制的改革,这几年,联办从原来与行业行政局、部、委联办逐步改变为直接和生产集团、外商、中外合资大企业联办,取得很好的效果。

4. 联办单位承担义务灵活多样

有的拨款资助经费,有的提供专业教学设备,有的派出专业教师,各自发挥自己的优势参与联合办学。

四、为外向型经济服务——发展职业技术教育的坚定方向

10年来,外向型企业纷纷出现,外向型经济成分在厦门经济比重中日益增大。适应外向型企业要求,为之培养各个层次的生产和管理人才,已成为我市职业技术教育的坚定方向和主要特点之一。

我市职业技术教育超前规划,为厦门电子、感光、服装、地产、创汇农业等外向型生产企业培养了一批预备人才,而且适应其发展,设置许多新的专业。全国重点工程之一的福达感光材料公司,在奠基建厂时,我市的一些职业学校及时为该公司培养了200多名专业技术工人和管理人员,三年毕业时保证了公司正式投产。电子职业中学为厦门的三资电子企业培养了1 500多名生产和管理人员。旅游职业学校为旅游和其他企业培养了旅游、烹饪、涉外财会等方面的专业人才1 600多名。同安十二中为创汇农业培养了4 000多名专业人才,推动了同安县农业经济的发展。有关学校的毛织、轮机、旅游、水手、烹饪等专业,还培养了一批优秀毕业生到国外服务。1990年中央批准海沧成为台商投资区后,我们又瞄准方向,鹭大与北京化工学院联办化学工程专业,新创办的市工业中专增办

化工专业,有些职业学校开办了化工职业专业。

其次,我们根据外向型企业生产的缓急和生产中要求技术水平的高低,确定学制与教学内容。有的生产环节(如电子厂的插件操作、制衣厂的制衣工序)技术水平要求不太高,就设置两年制专业与之相适应;有些专业人才(如服装设计、导游等),文化和技术水平要求都较高,就设置三年制专业与之相适应。

五、以质取胜——职业技术教育具有强大的生命力

10年来,厦门职业技术教育采取四个方面的措施来提高教育教学质量。

1. 设置每个专业都按办学规律的要求制订好教学计划

教学计划包括学制、培养目标、课程设置和教学要求、教学课时安排,并根据教学实践情况,修订教学计划,使之不断充实、完善。同时,还制定语文、数学两科的教学基本要求。

2. 积极充实专业教学设备,重视学生专业技术技能的培养和训练

目前,全市各类职业学校都已建立能根据教学需要,又能让学生亲自动手配备较为先进的教学设备。校内有小实验场地,校外有大实验场所(厂、部门),努力以现代化的教学设备配备各类职业学校,以适应现代化生产的需要。

3. 重视对学生的专业思想和职业道德教育

各校领导都把学生的思想教育放在首位,经常邀请联办单位领导、本校优秀毕业生来校做报告,对学生进行端正、巩固专业思想的教育,还组织学生到工厂企业参观,和工人师傅座谈。市教委、市委宣传部还组织编写了包括10种专业的职业道德试用讲义系列,规定把职业道德教育列为正课来上,取得了明显的效果。

4. 重视文化课和专业课教师的配备和培养

文化课,一般选配具有大学本科毕业水平的教师担任。专业课堂教师,有关学校也通过改行、送培和调进等渠道基本上解决了。

改革中等教育结构以来,厦门职业技术教育取得显著效益。一是为厦门经济特区建设培养了一大批生力军,填补了我市大专毕业生的不足和某些专业人才的空缺,缓和了基础教育师资、医护人员缺乏的困难,为特区的各条战线,尤其是"三资"企业输送了大量人才;二是转变和更新办学观念,推动学校教育改革,改变办学单一化和"千军万马过独木桥"的被动局面;三是调整和推动社会上的招工提干制度的改革,有利于特区的两个文明的建设。

当然,由于经济和社会因素的制约,传统教育思想的影响以及办学经验的不足,我市的职业技术教育并不是一帆风顺的,还存在着不少问题,尤其是农村职业技术教育的步伐比较缓慢,还必须进一步努力。我们相信,在党的正确领导和国家教育方针的指导下,通过广大教师和教育工作者的努力,以及全社会的关心支持,厦门市的职业技术教育一定会克服前进道路上的困难,呈现出崭新的精神面貌。

加快改革步伐　把厦门特区教育推上新台阶①

创办厦门经济特区的 12 年,是厦门教育事业的兴盛时期。12 年来,教育改革取得了可喜的成果。但是,就厦门教育整体来说,还远远适应不了特区改革开放和现代化建设的需要。根据十四大对教育工作提出的任务和要求,结合厦门的实际,我们初步形成了加快改革步伐,把特区教育推上一个新台阶的基本思路。

一、改革领导体制和管理体制

在前几年 13 所学校试行校长负责制的基础上,1993 年市属中小学全面推行校长负责制。校长由市教委聘任,任期四年;副校长由校长推荐,市教委聘任;学校的中层干部,由校长提名,经党支部集体讨论审查后,由校长聘任。在教职工中实行聘任制和结构工资改革。不称职人员允许解聘,一时安排不了的可待聘或分配临时工作或在系统内流动。分配上根据工作量和实绩,实行按劳分配,奖优罚劣。市教委机关转变职能,加强宏观管理,一手抓决策与实施,一手抓监督与检查,推动和保证"两基"、"两全"任务的实现。进一步落实"分级办学,分工管理",将部分市属中学划归区管理,同时推动农村县(区)把初中下放交镇管理,逐步实行"县镇共管,以镇为主"的体制。

二、大力加强基础教育

1992 年全市实施九年制义务教育的人口覆盖率达 59.57%,1993 年力争超过 90%,1994 年达到 100%,提前于 1996 年全市城乡普及九年制义务教育,同时于岛内四个区普及高中教育。为此,在 1996 年以前要完成新建 17 所中学,扩建 13 所中学,校舍建筑面积共约 13 万平方米的基建任务。还要充实教学设备,改善办学条件,要求在一两年内全市中学、城镇小学和农村中心小学的教学仪器设备达到Ⅰ类标准,农村完小达到Ⅱ、Ⅲ类标准。市与县(区)、县(区)与镇要层层签订"普九"责任状,明确并履行各自的义务和责任。

---

① 原载于《福建教育》1993 年第 1,2 期合刊。

三、加快发展职业技术教育

要根据特区建设和台商投资区发展的需要,适时地开设职业技术教育的新专业,扩大职业技术学校招生数,增加普通中专的招生比例。发动企业直接参与办学,学校与生产集团直接挂钩,使专业设置和布局与企业、集团的需要更加贴近。开办由世界银行贷款的"厦门市电子培训中心",与有关部门合办"海员培训中心"、"外派劳动力培训中心"。农村选择部分初中试行"二加一"(初中两年加一年职业技术培训);城市部分普通高中继续进行"二加一"的试验。全市普通中学都要引进、增加职业技术教育的因素。

四、积极发展成人教育和高等教育

最近经国务院批准,集美区增辟为台商投资区。这样,海沧、杏林和集美的台商投资区连成一片加速开发。同安县的外商投资工业区也一个紧接一个地加快建设。为了适应新形势发展的需要,市属高校和工业学校将增加招生数,增加委培和自费招生数。拟与北京化工学院、上海化工学院、福建化工学校等有关院校实行联合办学,创办有关石油化工等专业。职工教育以岗位培训为主,多层次多渠道办学。大力发动社会力量和民间办学,还要创造条件引进外资办学。农村在各镇已创办文化技术学校的基础上,进一步推进农科教结合,力争于近期内普遍建立自己的教学基地。"八五"期间基本扫除城乡青壮年中的文盲。

五、改革招生考试制度

初中招生继续采用划片就近入学、中小学挂钩招生的办法。取消升学考试,小学语文、数学两科毕业考试由各校命题。有体育、文艺专长的学生积极推荐输送给传统项目的学校。试行厦门师范、航海学院大专班和重点中学同批提前录取的办法,保证师范和重点高中的生源质量。每位初中毕业生报考普通中专只限当年和下一年两次,非应届初中毕业生报考普通中学必须提高50分才能录取。有明显特长、德智体诸方面合格的学生,市属各级各类学校经过审核给予破格录取。非义务教育阶段,即普通中专、职业高中和部分办学较好的普通高中招收一定比例的自费生。扩大职业高校对口招收应届职业高中毕业生的招生数。

六、切实把德育工作落到实处

继续抓紧两大系统工程:一是抓好日常基本教育工作。继续开展"学雷锋创三好"活动;抓好后进生转化;加强年段建设,优化班级集体,形成良好教风、学风、校风;活跃校园文化,完善育人环境;探索、研究寓德育于各科教学与课外活动之中。二是抓好德育工作的基本建设。加强德育队伍的建设,特别是领导班子和教师队伍的建设;加强薄弱学校的建设;建立和完善德育基地;加强德育资料建设,编印德育乡土教材和德育基地教材;继续加强军民、警民共建和"三结合"教育网的建设。

七、办有特色的学校,达到整体优化

总结推广厦师一附小"和谐教育"、滨北小学"劳动教育"、演武小学"电化教学"和人民小学办"三园"式学校的经验,办出一大批"合格加特色"的学校。调整课程结构,增设各类选修课,加强体育、艺术教育活动,减轻学生课业负担。小学和初中阶段试行不留级制度;对崭露才华的学生试行包括跳级在内的奖励制度。引进并充分利用先进的电教手段,在"八五"期间,普及中小学计算机教育,每年拨出上百万元充实电子计算机设备。争取全市中小学各类电脑达 1 500 台,并运用于教育系统人事、财务、教学等方面的管理。协助集美区、同安县建立"教育示范镇"。试办九年一贯制学校,研究探索九年制义务教育的整体改革问题。搞好国家教委确定的厦门市城市教育综合改革的试验。进一步办好有特色的外国语学校、音乐学校、体育中专和小学音乐、舞蹈、美术试验班,音乐学校创造条件办到高中。进一步搞好校外教育,推动七个区县在两三年内都办起少年宫。成立市教育规划领导小组,编制教育科研规划,修订教育十年规划和"八五"计划;拨出专项经费,保证教育科研和整体改革的试验。

八、加强师资队伍的建设,抓紧干部和教师的培训

除了继续向福建师大等师范院校保送和委培外,抓紧从省外师大、综合性大学引进本科毕业生和研究生,调入一批 45 岁左右具有本科学历以上的中年骨干教师。办好一中、集美中学、同安一中的高师预备班(1992 年招收 130 名学生)。在集美区和同安县录用部分"五大"毕业生补充农村小学师资队伍。继续完善师范院校毕业生考核积分与双向选择的分配制度,做到按需择优录用,让 3% 的特优毕业生优先选择志愿。抓紧实行在特区内的年轻(1955 年后出生)初中、小学教师分别提高一个学历层次的培训计划,办好厦门师范小学师资大专班,在厦门教育学院建立函授部,创办大专和本科函授班。扩大本市师专、师范的招生指标,加强对农村师资的培养。实行新教师上岗前的培训,根据其一年的培训和工作表现,转正定职,正式聘用。继续努力改善广大教师的工作条件和生活条件,通过改革工资、校园结构工资、勤工俭学等逐步提高教师待遇。着力解决教师的住房,力争"八五"期间,教师住房人均面积达市平均水平。

九、增加教育的投入

厦门市 1991 年生均教育事业费,中学生为 635.03 元,小学生为 272.4 元;生均公用经费,中学生 148.02 元,小学生 54.51 元。1992 年全市教育事业费超过 1 亿元,比 1991

年增长 20％以上,加上基建费和城市教育附加收入,达 1.2 亿元以上。市政府下决心今后继续增加教育投入,继续做到"三个增长",按照现代化的要求增加对教学仪器设备和体美音器材的投资,进一步改善办学条件。学校要进一步搞好勤工俭学,发展校办产业,特别是第三产业,力争经过几年的努力,达到两个"一"的水平(产值 1 亿元,收入 1 000 万元)。继续发展各级各类教育基金和中小幼教师奖励基金。同时通过联合办学,企业参与,增加办学资金。

1986 年,市中学青年教师教坛新秀表彰大会合影

1988 年,厦门教育学院中学校长培训班结业留影

面向特区　面向市场^①

——厦门职业技术教育综述

《中国教育改革和发展纲要》指出"发展职业技术教育要与当地经济发展的需要相适应"、"各级各类职业技术学校都要主动适应当地建设和社会主义市场经济的需要"。厦门经济特区创办十多年的实践证明,只有改革那种包得过多、统得过死的教育体制,改革教育结构,建立起与社会主义市场经济体制改革相适应的教育新体制,才能增强主动适应经济特区发展的活力,走出特区教育发展的新路子,才能为特区的腾飞提供更多更好、素质较高、质量较好的劳动者和建设者。现已形成门类相对比较齐全、按需办学、结构合理、协调发展的职业技术教育的网络,受到社会各力量的欢迎与肯定,充分体现了经济特区大力创办职业技术教育具有强大的生命力和吸引力。目前,有千人以上规模的职业大学 1 所、普通中专 11 所(其中市属中专从 3 所发展至 7 所)、技工学校 4 所、职高 18 所(其中 8 所为普高兼办职高)、职业培训中心 12 个。共设置 130 多个专业,在校学生 13 758 人,教职员工 2 256 人,今年职业中等学校招生占高中阶段招生数的 63.4%,在校生已占 60%。12年来,厦门各类职校已为特区培养 3 万多名建设人才。

一、不断优化专业设置和办学布局,增办职业学校

现在,专办职业学校或职业高中部的已增加到 10 所,如厦门九中从办金融专业、财会专业到创办财经职业学校。同安县在洪塘中学增办化机类职高部,新办卫生职业中专学校和电视中专。这样,在一个 50 多万人口的县有 5 所职业学校,且摆脱了农村办职教的困境,愈办愈有生命力。全市办学规模在 500 人以上的学校已有 6 所,旅游职业学校达千人以上。市属中专从 4 所增至 7 所,新创办有特色且添补空白的工业学校、戏曲舞蹈学校、体育中专、音乐中专。在深入调查市场需求情况的基础上,新开办了飞机乘务员、涉外商业营销、保税业务、电脑文秘、模具、现代通信、保安、物业管理、农机维修、农副产品加工、蒙尼坦美容美发、导购模特等急需的新专业,淘汰停办了一些不急需或趋向饱和的专业。新开设的专业适销对路,受到企业和用人单位、学生和家长的欢迎。

---

① 原载于《厦门教育》1993 年第 1 期。

二、办好一些重点职业学校，起骨干、示范、辐射作用

在 10 所职校中,我们重点抓电子、旅游、交通等几所重点骨干学校。这几所学校办得早、办得好,有两所已是省重点职业学校。它们的专业社会需求量大,久办不衰。对这些学校,市教委从人力、物力、财力上给予支持,加强领导,增加投入。如电子职业学校,特区几十家电子厂年年要人,毕业生供不应求,且质量要求不断提高,我们就采取有力措施全面加强这个学校的工作。派了有多年职教办学丰富经验和管理能力的市教委职教处处长担任校长;争取国家教委、省教委的支持,得到世界银行 60 万美元的贷款,市财政投入配套资金 208 万元,三年到位;建立起一座电子综合楼,设立各专用教室和实习、生产车间;调配、引进、培训了一批专任教师。由此,推动了办学的发展和质量的提高,先后开设了电子、计算机、电子电器、现代通信、家电、模具等专业,去年被确认为省级重点学校。今年年初,批准承办的"厦门市电子技术培训中心"开始启动,辐射培训外地区的学生,至 8 月底止,已为沙县、福鼎、宁德、霞浦的职高学生举办了 5 期电子技术培训班共 276 名学员,并已推荐输送到本市 10 多家企业。他们还在厦门华纶职校办辐射班。厦门旅游职业学校已于前年首批被确认为省重点职业学校,市府和市教委着力全面整治其校舍和环境。它是厦门恢复职教办学后最早办学的学校,最早建立旅游培训中心,规模达千人以上。多年来不仅为厦门市输送 2 000 多名毕业生,而且为全省旅游系统培养培训了多批旅游管理、烹饪专业的毕业生。去年以来还面向全省招收航空乘务员职业中专学生,取得显著社会效益。厦门交通职业学校是后起之秀,正在创造条件成为重点校区。它创办了汽车修理、驾驶、乘务、船电、电工、电力、轮机交管等专业。为了办好这所学校,市领导采取倾斜政策,集中一定财力给予支持,建立了比较完善的实习车间,为交通部确认的全国第一所交通职业中专学校。今年,交通部又批准该校设立外派商船船员培训中心,已先后开办两期,培训了 190 名水手和机匠,第一批 80 人中已有 75 名作为劳务输出。上述旅游、交通两校,充分挖掘办学潜力,发挥辐射作用,今年秋季分别在集美中学、东孚中学和禾山中学联办旅游服务、汽车运用与维修专业。这样,由重点带动一般,辐射面广,可以把职教办得更活,质量得到进一步提高。

三、深化联合办学机制，拓展联合办学的内容

今年全市有 50 多个专业和 40 多个部门联办。

(1)校与校联办,重点骨干学校办学起辐射作用。

(2)联合培养与输送挂钩。如电子、水手、港务、空中乘务员专业等,还有如化工中专与利恒涤纶公司联合创办职业中专,工商行、建行、兴业银行、农行、交通银行分别委托旅游学校和财经职校定向培养。

(3)采取顶岗位实习,培训与录用结合。如电子专业、烹饪专业等。

(4)厂校、产教结合,实习与生产挂钩。宏泰电子发展有限公司在电子学校引入电话

机组装生产线,共同开办"现代通讯班"进行对口培养。利用世行贷款设备,与江西八〇一厂共同创办宏华机电厂加工制作机械模具等。女子职校服装班承办市学校工业公司委托的中小学生统一着装的制作任务。旅校与国贸公司共同创办工贸公司,九中美术班搞装修贸易公司等。

(5)拓展联合培训办学。如女子职校与中国香港、北京蒙尼坦学校合办美容美发分校等。

(6)建立一系列培训中心,为特区各行各业,甚至外地企业,联合办专业培训班,承办培训任务,促进当地生产的发展。近两年来,我市依托职业中学经正式批准开办的培训中心共有12个,单是旅游学校和同安十二中就已先后培训近万人。

(7)联办形式多样化。不仅办学,且把学校作为社会活动的阵地,共同开展文化体育活动。交通职校与联办单位联合举办运动会,进行职工、师生同场比赛,密切厂校合作办学的关系。

四、提供好生源,有利于职高毕业生的深造

这方面,厦门已试行了五年,总体效果较好。厦门的职高发展较快,每年毕业生数量较多,其中有一部分学生的文化水平和专业技能、实际操作能力都不错,迫切要求深造。五年前,我们试验给他们提供一种深造的途径,即采取推荐加考试的办法升入对口的鹭江职业大学相关专业,每年还有音乐、美术专业的毕业生对口报考升入美术院校。每年升入鹭大的电子、财会、文秘、服装设计、工民建等专业的学生,大多数文化课能跟上,而且在专业基础知识和技能方面有较大的优势,有的成了"小先生",有的成为学生骨干。鹭大提出,今后可以扩大职高毕业生升入职大的数量,或专门对口办班。随着厦门特区的发展和办教育之城的要求,今后将为更多质量较高的职高毕业生进入职大或其他大专院校深造提供机会。

五、培养较好质量的职高毕业生,应当强化职业道德教育

职业道德教育是职业技术学校德育工作的重要组成部分,良好的职业道德素质和道德品行,是社会和各个职业岗位对人才培养规格的基本要求。职业技术学校不仅要培养学生过硬的专业知识和能力,而且要培养学生较好的职业道德素质。因此,职业道德教育对于职业技术学校来说,既是思想政治教育的一部分,又是专业教育的一部分,这是职业技术教育的重要特点之一。而这对特区职工职业道德素质的培养提高更有特殊意义。厦门创办职高10多年来,我们始终抓住这一重要环节不放,在教学和技能学习中、在社会实践、在下厂劳动顶岗位实习中,我们坚持把职业道德教育贯穿其中。为了使职业道德教育能够做到有针对性、规范化,市教委、市委宣传部于1986年组织力量编写了包括10种专业的职业道德试用讲义系列,规定把职业道德教育列为必修课,取得了明显的效果,不少单位把这套教材列入本系统本单位对职工进行职业道德教育的教材。为了加强职业高中

职业道德教育,去年6月,我市承担国家教委职教司委托为主编写全国职业高中职业道德课教学大纲的任务,于去年10月成立《厦门市职业道德常识课》教材编审委员会,着手组织力量编写大纲,分工负责编写包括普通中专有关专业在内的10本结合行业特点的职业道德教材丛书。目前已由高教出版社出版4本,其余6本正在出版社编审中,预计于今年年底出版。今后,我市包括各行业职工的职业道德教育将进一步有计划、规范化,并使之达到理论联系实际,知行统一,把理论教育与严格训练紧密结合起来。

《闽南金三角中小学优秀作文选》座谈会人员留影

厦门市少儿舞蹈师资培训班结业式留影

发展我市普通教育大好形势
进一步开创教育工作新局面[①]

郑炳忠　　王民生

第六个五年计划期间,我市教育事业在"调整、改革、整顿、提高"方针的指导下,为经济特区建设和社会发展服务,取得了显著成绩。普及初等教育任务已提前完成,中等教育结构改革得到了调整,各种形式的成人教育比较活跃,教师队伍的素质有所提高,办学条件有了较大的改善,我市的教育事业呈现出欣欣向荣的景象。目前,全市有完全中学28所(其中专办职业高中10所)、初级中学11所,在校学生48486人,学生数比1980年增长14.9%;全日制小学341所,在校学生97457人;幼儿园239所(班),在园生24316人。中小学已拥有一支9115名的教职员工队伍,其中专任教师6940人。

一、普通教育健康发展

1984年,全市城乡普及初等教育,比中央提出的1990年和省提出的1985年完成普及小学教育任务分别提前6年和1年。小学的入学率、巩固率、毕业率、普及率都达到省的要求,全市小学毕业生升学率已达77%,市区已经普及初中教育,小学毕业生升学率达97%,农村小学毕业生升学率也达69%。市区初中毕业生升入高中各类学校的已达88%,接近普及高中教育。全市中学从1979年开始,学制由四年逐步改为六年,至1985年改制结束。城镇小学学制也由五年改为六年,农村小学仍为五年制,1985年一年级起改为六年制。这几年来,采取了一系列措施加强、调整戴帽初中班,原有的戴帽初中点78个仅保留4个,其余全部撤销。与此同时,扩建了一批初中校,新建了6所中学,加快了初中招生发展的速度。由于坚持进行教学改革,加强教育科研工作,各类学校的教学质量逐步提高,1985年初中毕业生升学及格率已由1983年的30%提高到57%。五年来为大专院校输送3915名学生,为中专学校输送2254名学生。

二、中等教育结构改革得到调整,职业技术教育迅速发展

1980年,中央确定在厦门建立经济特区的同时,我市在4所中学试办了4个职业高

---

① 该文系市教育局"六五"计划实施的工作综述,由郑炳忠和王民生合署。王民生时任厦门市教委办公室主任。

中班。经过几年的发展,到 1985 年,全市已办职业高中 10 所,还有 10 所完全中学兼办职业高中。学校与 30 个局、公司联合办学,并开设电子、轻纺、商业、旅游、服务、交通等 33 个专业 97 个班,学生 3 900 多人。1985 年,全市中等职业教育(职业高中、部分中专、中技)招生数占高中阶段各类学校招生数的 44.1%,其中市区已达 51.5%。职业高中的发展,改变了我市中等教育结构单一化的状况,初步形成了与普通中学并行的中等职业教育体系。五年来,职业高中已培养 5 届 3 021 名毕业生。毕业生的就业采取不包分配、择优录用的原则,当年就业率一般都在 90% 以上。许多专业的毕业生供不应求。这一批毕业生,分布在上百个公司、工厂、企、事业单位。由于他们在校既学文化科学知识又接受职业劳动技术教育训练,走上岗位后,很快就能熟悉业务,深受录用单位的好评。同时,我市还成立旅游、交通、电子、微生物培训中心。

三、根据特区建设需要,
扶持和发展培养专门人才的有特色的学校和试验班

鹭江中学是一所侧重培养体育人才的普通中学。它的办学目的是为专业运动队和体育院校输送人才,为全市各行各业基层单位培养体育骨干和小学体育教师。1982 年开办的英语中学,是一所侧重培养英语人才的六年一贯制普通中学。二中、双十中学分别举办了英语或日语试验班。还根据一所学校的传统、基础、条件和特长开展了其他一些试验班。如鼓浪屿具有悠久的音乐传统,鼓浪屿人民小学试办音乐班;群惠小学具有开展舞蹈活动的传统,一些教师在舞蹈方面训练有素,开办了舞蹈班;大同小学有美术方面的基础,开设了美术班。这些试验班的办班原则是:围绕全面发展打基础,寓专业教育于德、智、体三育之中;提前起步,加速发展,探索发展个性,培养专门人才的途径。

四、根据教育面向现代化的要求,
在进行教学改革的同时积极开展科技活动

为适应新技术革命的需要,市区中小学已配备微电脑 200 多台。9 所中学的高中,分别开设了电脑必修或选修课,大部分中学组织了计算机课外活动小组,市教育学院成立了微电脑培训中心,计算机在学校的教学和管理上发挥了作用。许多中小学建立了多种门类的课外科技活动小组。通过各种科技活动,培养学生热爱科学的思想和跟踪科学技术的热情,增长学生才干,培养学生的创造精神和创造能力。仅 1984 年、1985 年两年,全市中小学参加省级以上的电脑、数学、化学、生物、作文、美术、书法、手抄报等项比赛,有 108 人获奖,其中获一等奖 21 人,二等奖 34 人,三等奖 53 人,21 个学校被评为先进集体。

五、改革招生考试制度

为了全面贯彻党的教育方针,减轻学生的过重负担,提高教学质量,我们对招生制度进行了改革。1984 年开始,在已经普及初中教育的市区和集美镇,取消初中招生统考制度。市和区都不组织小学毕业班的统考,只由学校自行组织毕业考试,决定学生能否毕业。小学根据德、智、体全面衡量、择优录取的原则保送、推荐、安排毕业生直接升入指定的中学。高中的招生也做了一些改革,省重点中学按本校招生数的 30%～50% 推荐本校的优秀初中毕业生免试升入本校的普通高中,同时规定,市一中和双十中学招收本校初中毕业生的比例不得低于本校招生数的 85%。省重点中学未被推荐免试的考生一律和一般中学的考生参加高中统一招生考试。高中阶段各类学校招生志愿的填报和招生录取,不分批档,一律填报 8 个志愿,按考生志愿顺序,从高分到低分择优录取。

六、采取多种形式办学,积极发展成人教育

这几年来,成人教育适应经济改革需要,采取多种形式办学,形成了一股热潮。1981 年,在各级各类业余学校学习的职工 11 000 多人,1985 年已达 5 万多人。职工的文化、技术素质有了很大提高。目前全市有电大、业大、教育学院等 7 所职工业余高等学校,共设文理科 27 个专业,学生数达 5 400 多人。三年来,为特区建设培养了各种专门人才 780 多人。全市已有职工中专和业余中学 25 所,在校学生 17 000 多人。许多工厂企业也大力开展文化、技术教育。教育系统承担了职工文化补课的大量工作,全市应参加初中文化补课的青壮年职工已有 80% 以上取得文化补课的合格证,基本完成文化补课任务。职工自学的积极性不断提高,两年来参加高等教育自学考试的职工近 6 000 人。办学形式灵活多样,有市办、区办、厂办、校办、民主党派、社会团体办,有全脱产、半脱产、业余、刊授、函授、短期培训等,为适应特区建设的需要,大力举办外语、对外经济、企业管理专业班,注重培养这方面的专门人才。整个成人教育开展得比较活跃。

七、加强师资队伍的建设

这几年来,教师队伍的调整、充实、提高工作也取得一定成绩,教师队伍的素质有所提高。1985 年,全市高中公办专任教师 734 人,比 1980 年的 560 人增长 31%,大学本科毕业文化程度的高中教师比重由 1980 年的 65.1% 上升到 66.4%(市属中学占 71%);初中公办专任教师 1 789 人,比 1980 年的 1 603 人增长 11.6%,大学专科毕业以上文化程度的初中教师比重由 1980 年的 71.4% 上升到 81.6%(市属中学占 84.9%);小学公办专任教师 3 338 人,比 1980 年的 3 002 人增长 11.2%,中专、高中毕业以上文化程度的小学教师比重由 1980 年的 53.2% 上升到 79.6%(市区、市属占 80.4%)。小学高年级的英语教师,按照大专毕业程度的要求配备的占 40%。对高中教师未达大学本科毕业、初中教师未达大专毕业、小学教师未达中专的,已开始分期分批通过短期脱产、业余、函授、自学考试等形式进行培训提高,争取在三五年内使他们达到相应的文化水平。

加强师范教育。厦门师范学校几经迁校折腾,现在有了较理想的校址,并作为重点正在加强建设。迁到新址以来,建校投资近 200 万元,已建成教学楼、办公楼、学生宿舍楼、

膳厅、教工住宅也在兴建之中。学校除了开设普师专业和幼师专业外,还办民师班和师资进修班。现有学生 698 人,五年来为国家输送 550 名毕业生。厦门师专在停、转、并的风雨飘摇中稳住了阵脚,1985 年市投资 69 万元征地 50 亩,在新址建校。现有学生 401 人,五年来培养毕业生 791 人。

认真落实知识分子政策,提高教师的政治地位和社会地位。五年来,市属教育系统单位发展党员 273 人,平反冤假错案 335 件,为 326 人撤销了原来的处分或结论,53 人恢复了公职,解决地下党遗留问题 29 件,为 13 人恢复了党籍,25 人提升了工资,15 人安排了职务。教职工的住房条件有所改善,五年来安排 450 万元建设教工宿舍 40 900 平方米,解决了部分教职工住房的困难。教职工的生活水平也有所提高,1980 年,市属中学教职工平均工资 67.54 元,小学 58.26 元,1985 年工资改革后,市属中学教职工平均工资 102.91 元、小学 90.63 元,分别增长 52.3% 和 55.6%。五年来,全市 151 名民办教师转为公办教师,200 名进师范学校学习。今年庆祝教师节活动期间,表彰了 597 名市先进教育工作者,给从事教学工作和教育工作 25 年以上的 2 939 名教师和 456 名教育工作者分别颁发了教师荣誉证和教育工作者荣誉证。

八、智力投资逐年增加

市委市府领导把教育工作列入议事日程,重视智力投资。这几年来,普通教育经费有明显增加,从 1982 年起,达到省委提出的每年递增 6% 以上的要求。1982—1984 年,全市中学正常经费每年实际递增 17%,小学递增 6.6%,市属中小学 1985 年比 1984 年又增加 25%。基建经费也逐年增加,1981 年为 97 万元,1982 年为 220 万元,1983 年为 396 万元,1984 年为 533 万元,1985 年达到 1 274 万元,五年内新校舍竣工面积达 226 400 平方米。1982 年下半年至 1985 年,市府拨出 180 万元作为农村小学实现"一无两有"专款,1984 年、1985 年两年陆续拨款 60 万元用于农村中学校舍改造。同时,通过多种渠道,鼓励群众集资和华侨捐资办学,1979—1983 年,全市社会(包括华侨)集资共 147 万元,1984—1985 年仅郊县社会集资达 572 万元,华侨捐资达 115 万元。学校的教学设备也不断添置更新,五年来共安排教学设备费 360 万元,经过这几年的努力,办学条件有了较大的改善。

"六五"期间,我市教育事业取得可喜的进展,但是与我市经济特区建设和社会发展对各类人才的需求相比还有一定的距离。这就向教育事业的发展提出了艰巨的任务。"七五"期间,我市教育事业的发展要实现两个转变:一是要由目前教育同现代化建设和新的技术革命形势要求不相适应的状况,转变为逐步适应,使教育同经济、科技、文化建设协调发展,互相促进;二是在教育事业的管理上,要由集中过多、统得过死,转变为加强实现管理指导,扩大地方和学校的办学自主权。为了实现这两个转变,一方面要继续巩固普及初等教育,因地制宜,逐步实行九年制义务教育。同时,要在不断提高质量的基础上,巩固发展高中教育,大力发展职业技术教育。发展的目标是:

1. 普及基础教育是现代文明的重要基础和标志

"七五"期间,全市要实现九年制义务教育,要在全市城乡已普及初等教育,市区已普及初中教育的基础上,根据各县(区)经济发展和教育基础不平衡的状况,区别对待,分地区、分阶段、有步骤地按质按量普及初中教育,禾山乡和杏林区于1986年,郊区于1988年,同安县于1990年,小学毕业升入初中的人数要达到95%以上。在推行九年制义务教育的同时,还要努力发展幼儿教育。

2. 在逐步实行九年制义务教育和不断提高质量的基础上相应发展高中教育

市区和禾山乡、杏林区要分别于1986年和1988年普及高中教育,使初中毕业升入高中阶段各类学校的人数达到90%以上。到1990年,郊区和同安县的初中毕业生升学人数要分别达80%和70%。

3. 职业技术教育

职业技术教育已成为现代教育制度的重要组成部分,"七五"期间,要按照"先培训、后就业"的原则改革劳动就业制度,大力发展职业技术教育。到1988年,全市高中阶段职业技术学校(含招收初中毕业生的中专)的招生数要相当于普通高中的招生数。市区已于1985年达到这个要求,禾山乡、杏林区和郊区、同安县要分别于1986年和1988年达到这个要求。

这样一个发展目标,是根据我市现有教育基础和特区建设实际需要提出来的。实现这一目标,需要付出极大的努力。它不仅要求我们在今后继续坚决贯彻《中共中央关于教育体制改革的决定》,搞好教育改革,而且要在此基础上,认真抓好以下几项工作:

1. 要新办14所中学

到1989年,初中在校学生数将从现有的3.4万人增至4.6万人(高峰期),实增1.2万人,每校增加900人,从1986年起需要新办14所中学。岛内增办湖里、莲花、槟榔、滨北、何厝5所中学。郊区增办海沧、后溪两所初级中学,杏林区增办杏侨初级中学,同安增办莲河、祥桥等6所初级中学。每所学校基建费(包括教师宿舍、学生宿舍等配套用房)平均150万元计算。共需投资2 100万元,平均每年要拿出400万～500万元作为普及九年制义务教育的建校经费。

2. 继续调整中等教育结构

从1985年起,现有普通高中已不再改办职业高中,现有职业高中要扩大办学规模,并努力创办新的职业高中,有条件的初级中学要兼办职业高中班。到1988年,全市普通高中和职业高中的招生数要达到1:1的水平,往后几年继续保持这样的比例。

3. 建立一支拥有足够数量的合格的教师队伍

建立一支拥有足够数量的合格的教师队伍,这是发展教育事业、培养合格的四化建设人才的关键。今后5年,每年要增加350～400名教师。为此,既要通过各种形式和途径培训与提高原有教师的水平,又要优先发展和加强师范教育,为普及九年制义务教育及发展各级各类学校输送、补充新的教师。

4. 继续增加智力投资,努力改善办学条件

发展教育事业不增加投资是不行的。在安排教育事业经费时,要切实做到按中央《决定》要求的"两个增长",即政府的教育拨款的增长要高于财政经常性收入的增长,按在校学生人数平均的教育费用逐步增长。要充分调动企事业单位和业务部门的积极性,鼓励

集体、个人和各种社会力量,为发展教育事业贡献力量。

总之,在"七五"期间,经过教育体制的改革和工作上的调整与加强,要使我市的基础教育得到切实的加强,职业技术教育得到广泛的发展,学校的潜力和活力得到充分的发挥,各级各类教育都能主动适应经济建设和社会多方面发展的需要。从而使我市的教育事业出现一个崭新的局面。

厦门五缘实验学校开学暨捐赠仪式

市教育工委副书记、市教育局副局长林守章视察五缘湾学校留影

认真总结经验
推进厦门市职业技术教育①

李永裕

厦门市职业教育随着特区经济发展的步伐,走过了十年新的历程。它从十年前的单纯升学教育体制,发展到现在已形成了包括 1 所职业大学、9 所中专、3 所中技、5 所职业中学、10 多所中学兼办职高的高、中级的职业教育网络,初步适应我市经济建设的需要,成为特区发展的一大支柱。就职业高中而言,它与全市 30 多个部门和单位联办了电子、旅游、交通、运输、建筑、港口、轮机、财会、金融、文秘、美术、音乐、幼教、服装、化工、养殖、食用菌、体育、环保等 40 多个专业,1989 年在校有 115 个班,4 247 名学生,教职员工 527 人。这年,包括中专、中技、职高在内中等职业技术学校招生数为 2 984 人,占高中各类招生的 51.6%。

10 年来,仅职业高中已培养 9 200 名毕业生。当年录用率都在 95% 以上。随着特区经济的深入开放,1989 年我市外资企业实现工业产值已占全市工业总产值比重的 46.8%。鹭江职业大学、电子职业学校、旅游职业学校等都在瞄准特区外向型经济和两个文明建设,创办为它们服务的新专业。厦门六中的服装制作专业与南朝鲜的有关企业进行了联办。据统计,职业技术学校的毕业生相当部分录用在"三资"企业,如 1989 年已安置的 1 414 名应届职业高中毕业生中,录用在"三资"企业的就有 627 名,占 44%。这些毕业生都能较快地适应劳动岗位需要,成为"三资"企业的劳动骨干。外商说,他们选择在厦门投资,原因之一就是厦门有较发达的教育和较高素质的劳动者。

回顾十年前进行中等教育结构改革、创办职业高中之初,普遍表现有畏难情绪,认为这项改革,虽"势在必行,但实在难行"。市委市府坚决而明确地把发展职业技术教育作为建特区的重要措施,广大干部和教师辛勤探索,勇敢开拓,取得了如今的成绩。应该说这十年的经验是十分宝贵的。但我市职业技术教育作为一个体制,目前还是很不完善的,它的专业设置,以及教材、师资、设备、实习场地等的建设还需要我们继续付出很大努力。它的教育、教学质量更有待我们去提高,特别是经过去年全国性的政治风波,使我们认识到我市直属学校虽然表现较为正常,但也应该毫不例外地加强思想政治教育,把我们的学生培养成为社会主义事业的接班人。进一步去看,当前我市经济发展正面临一个新的时期,一方面是各行各业正在根据中央方针进行治理整顿,它必将促进企业的生产结构改革,这样对各级各类人才的需求也必将发生新的变化。另一方面"三资"企业的不断增多,尤其

---

①　原载于《厦门教育》1990 年第 1,2 期合刊。作者系原厦门市教委党组书记。

是台资的涌入，海沧、杏林开发区的设立与发展，更需要大量的劳动技术力量，如何去适应它们的需要正向我们提出十分重要的课题。至于我市农村的教育改革也还是刚刚起步，怎样在实现"燎原计划"中去综合进行改革，发展职业技术教育，为发展我市郊区、同安县的农村经济、支援特区建设做出贡献，也同样是一个非常迫切的课题。为此，认真总结我们过去十年的经验，进一步探讨我市职业技术教育今后的路子，以指导我们的工作，不仅十分重要而且也十分迫切。

中国科学院院长、全国人大常委会副委员长卢嘉锡到同文职业学校（旅校）视察留影

厦门市工商旅游学校合作办学留影

拓宽职业教育发展的基本思路[①]

钟友国

一、下大力气抓好"产教结合",为逐步过渡到"以职养职"奠定基础

既要注重社会效益,又要注重经济效益。条件成熟、基础较好的电子、交通、旅游等学校要迈开大步子。已注册成立的电子培训中心、交通运输技术培训中心、旅游饭店管理服务人员培训中心、同安真菌研究所,要在搞好职高学生实验实习的前提下,发挥设备和技术优势,广泛开展对外培训,培训范围除本市外,可以辐射到漳州、泉州等地。暂无条件的学校也要结合地区特点实行产教结合。职教经费安排,要优先重点扶持能早出效益的学校,在较短的时间内使每所学校至少有一个能出效益的项目。

二、继续优化专业设置和办学布局

1992 年已开设飞机乘务员、物业管理、保税业务、保安等 11 个新专业。今年要在深入调查研究的基础上再设置一些急需的专业,如蒙尼坦美容美发专业等;停办或减少一些趋于饱和的专业,采取"辐射办学"的办法,开办厦门旅游学校旅游服务专业海沧中学教学班(拟与东方高尔夫球场联办),厦门交通职业中专学校汽车运用与维修专业禾山中学教学班等。市区一些办学条件较好的热门专业在保证招收市区学生的同时,应积极向县、郊区和外地区招生。如侨中港务班可向同安县、东山县、泉州市、莆田市等地招收适量的自费生,新开办的华纶职业学校也可向外县市招收少量学生。同安县和集美区要打破不跨县、区招生的限制,交叉互相招收少量学生,以利于优化生源和专业辐射。蒙尼坦美容美发专业向社会成人招生,进行职教结合的尝试。

三、进一步开放办学,逐步放开收费

今年将大大增加职高招收自费生的指标,收费标准根据专业的不同,由学校确定。同时适当提高职业中专、职业高中学杂费的收费标准,所收款项主要用于设备的投入。生源充足的同安县扩大电大职业中专班的招生指标,以满足农村学生的入学愿望,增加学校的收入。放开收费要做好广泛的宣传、解释工作。

[①] 原载于《福建教育》1993 年第 1,2 期合刊。作者时任市教委职教处处长。

社会主义市场经济与教育体制改革[①]

黄守忠

邓小平同志对教育工作发表过许多极其重要和精辟的见解,内容十分丰富。他指出,社会主义的根本任务是发展,发展科学技术是第一生产力。实现现代化,关键是科学技术要能上去。科学技术人才的培养,基础在教育。当前我国改革开放和现代化建设进入了一个新的发展阶段。建立社会主义市场经济体制,加快改革开放和现代化建设步伐,既为教育的改革与发展提供了良好机遇,同时也对教育工作提出更高更迫切的要求。

教育为社会主义现代化建设服务,社会主义现代化建设依靠教育提供人才——这是教育的任务,也是教育的功能。在新的时代进程中,教育不但要适应建立社会主义市场经济体制的需要,而且要跻身于社会主义市场经济运行之中。

一、树立现代教育观念,把教育当成战略产业

传统观念往往把教育当成单纯的消费事业,看不到教育对科技进步、经济增长、社会发展的巨大推动作用。随着社会进步,人们逐步聪明起来,认识到科技、智力、人才是综合国力的决定因素,教育质量和教育效益成为高明的领导者日夜萦怀的问题,把教育投资当成是开发智力的生产性投资,甚至把开发智力资源优先于开发自然资源。正因为教育的战略地位十分重要,所以中央一再强调"各级党委和政府要把优先发展教育事业作为战略任务来抓,加强对教育工作的领导"。

教育的战略地位不是凭主观任意拔高的,更不是"老王卖瓜",而是由教育所承担的任务决定的。教育的功能归结到一点,就是培养人。当今中国教育的任务就是要培养大量的熟练劳动者和多种专业人才,同时要造就一批进入世界科技前沿的跨世纪的学术和技术带头人,为建设强盛的社会主义中国服务。而数以亿计的熟练劳动者和各种专业人才只能靠自己培养,开放度再高,也不可能从外国大量引进。谁能说靠黄牛、靠推磨,能建设发达的市场经济?

市场经济涉及经济领域的方方面面,所需要的人才也是多种多样的。高级人才是人才,中级人才和初级人才也是人才;多才多艺的全才是人才,在某一方面发挥了个性特长或业务(技术)专长的人也是人才。社会要依靠教育,造就数以亿计的工业、农业、商业等各行各业的有文化、懂技术、业务熟练的劳动者,造就数以千万计的具有开拓能力的厂长、

---

① 原载于《厦门教育》1995 年第 1 期。作者时任厦门市教委主任。

经理、工程师、农艺师、经济师、会计师、统计师和其他经济、技术工作人员,还要造就数以千万计的能够适应现代科学文化发展的新技术革命要求的教育工作者、科学工作者、医务工作者、理论工作者、文化工作者、新闻和编辑出版工作者、法律工作者、外事工作者、军事工作者和各方面的党政干部。没有教育,就没有人才;没有人才,市场经济的发展、社会主义现代化的伟业,必然是一纸空文。

因此,发展社会主义市场经济,必须刻不容缓地发展教育,做好人才培养、人才储备。

二、教育要主动为市场经济服务,参与市场经济的运行

教育的服务对象,历来就是教育工作的方向。邓小平同志明确指出:"社会主义的本质就是解放生产力,发展生产力,消灭剥削,消除两极分化,最终达到共同富裕。"社会主义的教育应该毫不犹豫地适应它,并全心全意地为它服务。而今,解放、发展生产力的核心是发展社会主义市场经济。因此,就要按市场经济的规律、格局来改革教育。

1. 改革办学体制

要改变政府包揽办学的单一模式,改革包得过多,统得过死的体制,建立以政府办学为主体、社会各界参与办学的体制,以适应社会主义市场经济体制和政治体制的改革。要因势利导,大力发展民间办学,依靠行业、企业、事业单位及公民个人、海外侨胞、港澳同胞创办各级各类学校,根据市场需要办学,根据各自特点办学,可以专业班,可以基础班;可以学历教育,可以短期培训;可以全日制,可以业余、函授;可以吸收青少儿童,也可以吸收成年人,甚至老年人。形成人民办教育的格局,创造社会的每一成员在人生的每一个阶段都能接受教育的机会。由于有这个机会,人的素质就能不断得到提高,也势必促进经济的跃进和科技的发展。

2. 改革教育结构

要大力发展职业技术教育,并按市场的需求设置专业。职业技术教育做到高、中、初级配套,形成层次,培养高级技师、农艺师,培养大量的熟练的劳动者。职业技术教育要走"产教结合"的道路,与行业、企业联合办学,或是企业、行业独立办学,学以所用,学以录用,逐步摆脱对政府投入的依靠,直接面向经济建设主战场。同时要大力发展成人教育,在坚持岗位培训为主,持证上岗的同时,一方面坚持不懈抓扫盲,一方面组织在职职工提高学历层次,未达到初中毕业程度者限期达标,并努力普及高中阶段的教育。农村要普及农业技术教育,使每个农业劳动者掌握1～2门现代农业技术。成人高校实行"宽进严出"政策,使愿意学习者都能进校学习。采用"学分制"激励学习,也可以选科进修,达标者发给单科结业证书。职业技术教育、成人教育的成果要与个人的利益挂钩。

3. 把竞争机制引入教育

一般地说,人皆有力争上游的愿望,在提高教育质量和教育效益的运作过程中,竞争是很好的润滑剂。可是在教育界谈起竞争,一怕会加重学生的过重负担,二怕好教师会校际流动。当前的基础教育确有学生课业负担过重问题,但这个"过重"更多的是机械性的课业练习过多,为"应考"而题山题海,而不是学生智力负担过重,更不是学生的德、智、体

负担过重。

教育的竞争机制,当务之急应解决三个问题:

1. 改革招生办法,尤其是初中的招生办法

几年来,厦门市采用小学毕业生就近划校进入中学的办法,损害了师生及家长的积极性,一批有才华的学生得不到良好发展的机会。应该创造条件让学生在一定区域内自由报考,目前作为过渡,应该让一批优秀学生到历史形成的较好的中学去学习。其他各类学校的招生也要逐步体现公平竞争。

2. 教职工的利益分配

目前的个人收入分配体制只体现表面的"平等",造成"干好干坏一个样",所以"要坚持以按劳分配为主体,多种分配方式并存的制度,体现效率优先,兼顾公平的原则"。教职工的利益分配,既要兼顾工作的量,更要体现教学的质量和效益,敢于拉开档次,优者高薪受奖,劣者力争创优。

3. 教职工的合理流动

要改变一进某校既定终身,"铁饭碗"伴随终身的现象。一方面要真正授予学校对教职工的聘任权,另一方面也要允许教师到他愿意去的学校受聘,让其发挥更大作用,原校不能用行政手段硬拖强留,施加精神压力。对于不适合或者不愿意继续留在学校者,经批准可以另谋职业,允许流动。

4. 改革教学内容、教学形式和方法,以适应现代社会和经济、科技的发展

教学应同时完成向学生传授知识和促进学生发展两项任务。传统教学论只重视传授知识,现代教学论要在掌握知识的过程中发展学生的智力,以及情感、意志和性格等心理品质,培养学生的现代意识,包括惜时、讲效益、守信誉、竞争与合作、自主自立、民主与法制等。

教学的目标、内容、形式既要有统一的要求,又要兼顾特殊性、层次性,允许有多样性。统一的要求应该是最基础的要求,除此之外,要保证并加强选修课、课余活动的时间和指导,让学生根据自己所好所长自主学习,自主实践,充分发挥学生的个性特长和创造才能。

教学方法应侧重于教会学生学习,指导学生掌握正确的学习方法,让他们终身学习。

三、劳动力市场是当前培育市场体系的重点之一

劳动力的厚薄、高低,都与教育息息相关。在发展社会主义市场经济的进程中,各级党委和政府、社会各界不但要十分重视商品的生产和流通,还要十分重视通过教育培养的劳动力素质。教育部门、学校和老师也要有强烈的社会主义市场经济意识,按现代社会经济和科技发展的要求,主动改革教育,培养高素质的劳动者和高精尖的人才,以出色完成时代赋予的重任。

同安县 1996 年实现"普九"
面临的困难与对策①

郑炳忠　　苏锦联

1991 年,我们制定厦门市教育事业发展十年规划和"八五"计划,同时修订"普九"规划,在经过多方面深入调查的基础上,进行反复分析研究论证后,撰写了调查报告《厦门市普及九年义务教育面临的困难与对策》,为领导的决策和组织实施"普九"提供了重要依据。经过 3 年多的实践,卓有成效。1993 年 6 月,鼓浪屿、思明、开元、湖里 4 个区作为省政府"两基"评估验收的试点,通过验收总体确认合格。1994 年 5 月,杏林区又经省验收合格。至此,全市所辖 6 区 1 县已经有 5 个区(占全市总人口的 43.03％),经省验收确认实现了普及九年义务教育。剩下的一区一县,集美区早于 1992 年就经省"六项督导评估"复评达到优级,目前正在抓紧做好准备,将按规划于 1995 年接受省政府"两基"验收。同安县原规划 1997 年实现"普九",经研究决定提前一年于 1996 年实现。为此,全县上下动员起来,投入"创优"行动。1994 年 10 月,经省"六项督导评估"的复评,也已达优,目前同安县也在按照"两基"评估验收的指标要求,积极创造条件,为 1997 年的"两基"验收做好准备。

当时我们在制订"普九"规划时就预计到,全市"普九"的重点、难点在同安,全市要在 1996 年实现"普九",关键是同安县能否在 1996 年提前一年实现"普九"。对此,市政协十分重视,列为教科文委 1994 年的重点调研课题,组织人员到同安县进行多次调查。我们十分赞同并积极参与,协助做好专题调研。现根据我们过去了解掌握的资料,结合这一次进一步调查核实,撰写这篇调查报告,供有关领导决策和组织实施时参考。

一、同安县"普九"进展情况和面临困难

同安县是厦门市唯一管辖县,1993 年年底人口 533 988 人,现有小学 221 所,中学 25 所,1993—1994 学年,小学在校生 68 976 人,学龄儿童入学率 99.78％;初中在校生 18 012 人,小学毕业生升入初中的比率 91.9％。小学教师 2 546 人,学历达标率 79.22％;初中专任教师 1 178 人,学历达标率 93.72％。1993 学年正值小学在校生的最高峰期,小学教师缺编 300 多名,已请代课教师顶岗;初中专任教师基本平衡。全县已普及小学阶段(六年制)义务教育,15 周岁人口中的初等教育完成率 97.42％,从 1994 年 9 月全县 12 个镇已先后宣布实

---

① 原载于《厦门教育》1992 年第 3、4 期合刊。有修改。作者由郑炳忠与苏锦联合署。苏锦联时任厦门市教委教育督导室督学。

施九年义务教育。

解放前,同安县的教育基础差,解放后因处于福建前线海防最前哨,与金门县只是一水之隔,第二产业、第三产业不能建设和发展,乡镇企业几乎是零,经济落后,财政十分困难,长期依靠市财政的补助,属于"保吃饭"财政。改革开放以来,尤其是近几年,同安建设正在起步,财政经济状况略有好转。但百废待兴,各方面建设需要大量资金,县财政仍然十分拮据,而对教育正常经费还是优先给予保证,1993年县财政教育经费支出3 527.7万元,占县财政总支出的44%,做到不拖欠教师工资。1994年还增拨400万元专款解决实施义务教育之急需。近几年,在县、镇政府的重视下,以村为主多方发动群众集资建校,尤其是得到侨胞的捐助,同安县的小学校舍才得到根本的改观,已有85%左右的校舍是新建或扩建的,建筑面积近20万平方米,做到校校无危房。在市财政的大力支持下,初中校"文革"前只有5所,20世纪80年代末增加到20所,而且校舍基本上是新建的教学楼。1991—1993年又新建5所,其中华侨捐建的国祺中学一次性建成9 000多平方米,可办36个班,规模宏大壮观的完全中学。

按1991年全市规划测算,同安县要实现"普九",必须在原有20所中学的基础上,新建初中校11所(每所规划都是24个班,校舍建筑面积5 524平方米);扩建10所,新建扩建校舍总建筑面积约8万平方米左右。由于种种原因,前三年只新建5所,扩建3所,建筑面积只完成2.7万平方米左右,尚缺5万多平方米(新建6所初中的一期工程、扩建7所、新建聋哑学校1所,以及新建10所初中的二期工程),一定要在1996年,最迟在1997年上半年,建成交付使用,才能适应初中在校生成倍增加的入学需要,才能基本实现"普九"。同安县1993—1994学年教育统计年鉴的统计数据证实:初中在校生18 012人,小学在校生中:六年级9 290人、五年级12 443人、四年级13 557人、三年级12 495人。以小学这四个年级的在校生的95%测算,今后四年应升入初中的生数:1994年8 825人、1995年11 821人、1996年12 879人、1997年11 870人。1996学年全县初中在校生数将达3.3万人左右,是1993学年的1.83倍;1997学年将达3.6万人左右,正好翻了一番,是最高峰的一年。总之,今后三四年间,初中在校生的成倍猛增,需要相应增加校舍设备、师资和经费。还有一项更难解决的问题——初中在校生的大量辍学。据查,1992—1993学年,同安县初中辍学率已超过5%,今后随着小学毕业生都要升上初中,辍学率还会更高。以上就是同安县实现"普九"面临的巨大困难,亟待解决的问题。

二、对策和建议

(一)依法治教

必须大力宣传《义务教育法》、《中国教育改革和发展纲要》,增强依法治教的观念,切实做到依法办事。

增强各级领导实现"普九"的责任感和紧迫感,做到认识到位、政府行为到位、教育投入到位。使每位校长和教师都要为"普九"尽职尽力,千方百计让所有学龄儿童少年进得来,留得住,学得好,坚决制止在校生的辍学。还要向全社会广泛深入地宣传,增强"普九"的思想观念,形成实现"普九"人人有责的共识,发动全社会都来支持义务教育。每位家长和学龄儿童少年,明确受完九年义务教育,是每位家长和学生应尽的义务和权利。对违反义务教育法的人和事,应依法及时进行严肃的处理。

(二)政府划拨基建专款,帮助新建、扩建初中校舍

这点市政府十分重视,最近已经划拨 2 120 万元专款,作为同安县今明两年新建 6 所、扩建 7 所初中校舍和新建一所聋哑学校的基建。建议市政府于 1996 年、1997 年再拨专款续建 10 所新建初中校的二期工程,即可解决同安县普及初中阶段义务教育的需要。为了确保按时保质保量完成基建任务,建议同安县政府成立建校领导小组,争取县有关部门的积极配合和支持,集中力量解决征地、立项、设计和基建任务的提前完成。

建议同安县政府继续采取政府提供优惠条件,推行教师集资建房的行之有效的好办法,进一步解决教师住房困难的问题。

建议需要解决学生住宿条件的学校,采取各种有效、合理的措施集资解决。对此,县政府应给予政策性的规定。

(三)初中师资缺额 500 名左右的解决办法

第一,要精打细算,在生源猛增的 1995、1996、1997 三个学年,可采取适当"扩容减班"的办法,以适当减少班级,尽量减少教师的缺额。

第二,适当扩大师范类大专院校的招生名额,师专学制应三年、两年并举,以备 1996、1997 学年同安县初中在校生大量增加之急需。

第三,建议人事部门准予中小学自然减员的指标,留给教育部门招聘补充。

第四,准予面向社会公开招聘"五大"毕业生到初中任教。

第五,建议人事部门动员分配一些应届非师范类本科、大专毕业生到学校任教。可考虑让统一分配到同安各单位的本科、大专毕业生先到中学"支教"一年或两年,而后返回原分配单位工作。

第六,从外地引进、调入一些合格的初中教师,或者签订合同聘任一些外地区的教师到同安短期任教。

第七,对已办理退休而身体健康仍可继续任教的教师,可返聘回校任教,给予合理报酬。

第八,大专程度的行政领导和行政办事人员可适当安排多兼点课,有条件的教师可超工作量适当安排多任些课。对超工作量多任课的行政人员和教师给予合理的补贴,补贴工资由教育局统筹核发给学校专款处理。

第九,试行工资总额大包干的办法,推行校长负责制,授权校长在校内试行结构工资,有利于充分发挥教师的潜力,调动教师的积极性,多做贡献。

(四)发动社会捐助或赠送

学校教学设备,除了市、县统一拨专款添置外,学校也应多想办法,发动社会捐助或

赠送。

(五)初中校长和教师要增强依法实施九年义务教育的观念

凡是小学毕业生都应欢迎他们就近升入初中学习,坚决制止流生,让他们有机会受完九年义务教育。至于学习成绩确实很差的学生,可按省的规定"初一后学生,如果年纪已达 16 周岁,连同小学阶段已学完 9 年或 8 年("五三"学制)跟班学习文化课十分困难的学生,经家长同意,可以对其着重进行初级职业技术培训(一般要 3 个月左右),结业后发完成义务教育证书和培训证明"。也可以按市县的规定,根据本地本校的情况,举办初一后或初二后分流班;或举办初级职业班,采取灵活多样多种形式办学习班,尽可能让他们学得好或学有所得,至少也能受完九年义务教育,取得"完成证书"。

(六)帮助特殊群体完成义务教育

对于过去小学毕业后没能升入初中,或者升上初中后流失在社会的辍学生,各镇要想办法举办各种形式的初中学习班、培训班、农民技术学校、业余中学,使这部分学龄青少年(指 1996 年 8 月 31 日以前未满 18 周岁者),也能受完九年义务教育,取得"完成证书"。

厦门市同安县小学阶段前八年实际在校生数和今后七年在校生数预测表　　1994 年 4 月

	上学年期初在校生数	上学年毕业生数	本学年招生数	本学年期初在校生数	增减生数	学龄人口数(根据"四普"数据,含非本市户口)	毛入学率%	第四次人口普查资料	
								出生年月	人口数
1986—1987 学年	53 267	7 774	8 921	49 995	−3 272	49 725(五年制)		78.7.01 79.6.30	9 426
1987—1988 学年	49 995	7 890	8 048	49 704	−291	48 553(五)		79.7.01 80.6.30	8 432
1988—1989 学年	49 704	8 324	9 356	49 820	+116	48 046(五)		80.7.01 81.6.30	9 613
1989—1990 学年	49 820	8 565	11 769	52 373	+2 553	51 057(五年制) 61 113(六年制)		81.7.01 82.6.30	13 049
1990—1991 学年	52 373	4 459	12 100	59 737	+7 364	64 761(六)		82.7.01 83.6.30	13 704
1991—1992 学年	59 737	5 109	11 089	65 276	+5 539	66 282(六)		83.7.01 84.6.30	12 058
1992—1993 学年	65 276	7 937	10 657	67 686	+2 410	68 276(六)		84.7.01 85.6.30	11 420
1993—1994 学年	67 686	8 008	9 651	68 976	+1 290	70 159(六)		85.7.01 86.6.30	10 315

续表

上八年是实际数下七年是预计数	上学年期初在校生数	上学年毕业生数	本学年招生数	本学年期初在校生数	增减生数	学龄人口数（根据"四普"数据，含非本市户口）	毛入学率%	第四次人口普查资料 出生年月	人口数
1994—1995 学年	68 976	9 290	9 758	69 444	+468	70 304（六年制，下同）		86.7.01 87.6.30	9 758
1995—1996 学年	69 444	12 443	9 864	65 965	−3 479	67 119		87.7.01 88.6.30	9 864
1996—1997 学年	65 965	13 557	10 899	63 307	−2 658	64 314		88.7.01 89.6.30	10 899
1997—1998 学年	63 307	12 495	11 016	61 828	−1 479	63 272		89.7.01 90.6.30	11 016
1998—1999 学年	61 828	11 212	1.1万	61 616	−212	62 852			1.1万
1999—2000 学年	61 616	9 979	1.1万	62 637	+1 021	63 537			1.1万
2000—2001 学年	62 637	9 758	1.1万	63 879	+1 242	64 779			1.1万

厦门市同安县初中阶段前八年实际在校生数和今后七年在校生数预测　1994 年 4 月

	上学年期初在校生数	上学年毕业生数	本学年招生数	本学年期初在校生数	增减生数	学龄人口数（根据"四普"数据，含非本市户口）	毛入学率%	第四次人口普查资料 出生年月	人口数
1986—1987 学年	12 594	3 223	4 675	13 675	+1 081	32 044	42.68	72.7.01 73.6.30	10 321
1987—1988 学年	13 675	3 436	4 918	14 251	+576	31 342	45.47	73.7.01 74.6.30	10 086
1988—1989 学年	14 251	3 673	5 740	14 585	+334	30 011	49.60	74.7.01 75.6.30	9 604
1989—1990 学年	14 585	3 674	5 011	14 636	+51	29 810	49.10	75.7.01 76.6.30	10 120

续表

	上学年期初在校生数	上学年毕业生数	本学年招生数	本学年期初在校生数	增减生数	学龄人口数（根据"四普"数据，含非本市户口）	毛入学率%	第四次人口普查资料	
								出生年月	人口数
1990—1991学年	14 636	3 844	4 190	14 299	−337	29 780	48.02	76.7.01 77.6.30	10 056
1991—1992学年	14 299	4 540	4 545	13 788	−511	30 713	44.89	77.7.1 78.6.30	10 537
1992—1993学年	13 788	4 426	7 029	16 239	+2 451	30 019	54.10	78.7.01 79.6.30	9 426
1993—1994学年	16 239	4 321	7 077	18 012	+1 773	28 395	63.43	79.7.01 80.6.30	8 432
上八年是实际数下七年是预计数									
1994—1995学年	18 012	4 189	8 547	22 370	+4 358	27 411	81.61	80.7.01 81.6.30	9 613
1995—1996学年	22 370	6 622	11 821	27 569	+5 199	31 094	88.66	81.7.01 82.6.30	13 049
1996—1997学年	27 569	7 201	12 879	33 247	+5 678	37 118	89.57	82.7.01 83.6.30	13 704
1997—1998学年	33 247	8 547	11 870	36 570	+3 323	39 653	92.23	83.7.01 84.6.30	12 058
1998—1999学年	36 570	11 821	10 651	35 400	−391	37 934	93.32	84.7.01 85.6.30	11 420
1999—2000学年	35 400	12 879	9 480	32 001	−2 993	34 545	92.64	85.7.01 86.6.30	10 315
2000—2001学年	32 001	11 870	9 270	29 401	−2 600	32 245	91.18	86.7.01 87.6.30	9 758

说明：(1)小学毕业生升学率：1994—1995学年以92％、1995—1996学年以后以95％计算。(2)1994—1995学年以后的预测数根据1993—1994学年教育年鉴统计数据，供领导决策参考。

厦门市政府召开普及九年制义务教育工作会议市政府和同安县政府签订责任状①

福建省教委办公室

厦门市人民政府 7 月 10 日召开普及九年制义务教育工作会议。蔡望怀副市长主持会议,市教委主任郑炳忠汇报了该市 6 年来实施九年制义务教育的情况,提出今后进一步学习、贯彻《义务教育法》及其《实施细则》的意见。会上,蔡望怀副市长代表市人民政府、刘水在县长代表同安县人民政府,分别在"同安县实现普及九年制义务教育责任状"上签字。

市委副书记、副市长李秀记出席会议并讲了话。他说今天我们办了一件大事,市府与同安县政府签订了同安县确保于 1997 年实现普及九年制义务教育的责任状,有目标有措施,明确了市和县的责任,将对确保全市城乡如期于 1997 年实现普及九年制义务教育产生积极的促进作用。普及九年制义务教育是一件大事,是跨世纪的基础工程。百年大计,教育为本。厦门提出 20 年赶上"四小龙",首先要千方百计把教育搞上去,抓好普及九年制义务教育,提高特区劳动者的素质,为厦门经济特区的腾飞,特别是郊县的经济腾飞,服务。

李秀记同志指出,要落实责任制。普及九年制义务教育,难点在农村,重点在农村。为此,今天,我们和同安县签订了责任状,其他六个区也要明确自己的责任,把规划落实下去。各级政府和各职能部门,都要各负其责,一级抓一级,层层抓落实,真抓实干,按时保质保量完成普及九年制义务教育的任务。

李秀记同志还指出,要有措施,抓实抓细,一件一件落实,关键是校舍和师资。要增加校舍和教学设备的投入,各有关部门要抓落实。基建的安排要抓紧抓早,要适当超前,只要财力许可,尽可能提前一年。为此,要提早做好校舍基建的前期准备工作,项目审批要及时,在建项目要抓紧,加强质量管理。同安县基建项目多,时间紧,可交叉同时并进,基建经费要及时划拨,有问题要抓紧解决。至于师资,更要提前做好准备,要抓师资的培养、培训,市教委要规划好,市人事局要给予支持。农村师资缺额大,需要招聘"五大"毕业生来补充,要保证质量,转干指标市可以批,但市教委和人事部门要严格审查,把好素质关。

李秀记同志最后要求各级政府加强对实施义务教育工作的领导,加强义务教育法的宣传,转变人们的观念,特别是农民的观念,脑筋通了才会重视。宣传、教育、司法部门要加强这方面的工作,当作教育的根本措施来抓。教育工作绝不单是教育部门的事,县、区领导和各有关部门要密切配合,齐抓共管。市教委负有主要责任,要起指导、协调、服务、检查、督促的作用。要把普及九年制义务教育规划,有计划有步骤地落实到基层,狠抓落

---

① 原载于《教育工作通讯》1992 年第 5 期。

实。为了子孙后代,其他方面经费紧一点,也应保证九年制义务教育的经费,在预算额度内的基建费还可以提前使用。厦门市要在 20 世纪 90 年代打下大城市框架,人口素质一定要好。要切实做到全国人大常委会来厦检查时对我们的期望:"搞得好一点,时间早一点,经验多一点,贡献大一点,并能起窗口作用和带头示范作用。"

福建省督导工作会议全体代表合影

市教育学会老同志到同安一中参观,听取校领导作改革创新办学情况介绍合影

关于改革我市中小学招生和考试制度的探讨①

《中国教育改革和发展纲要》指出,要逐步改革和完善升学和考试制度,稳步推进小学毕业生就近入学、初中毕业生升学考试、高中毕业会考和高考制度的改革。根据中央的指示,结合厦门市九年来中小学招生的考试制度改革的实施而进行探讨,有益于普及九年义务教育,贯彻"两全",提高素质,培养各类人才。

一、九年来改革的回顾

厦门市进行中小学招生与考试制度的改革,依据是什么?其背景如何?

第一,教育工作上存在一些亟待解决的问题。如在普通教育办学上,中小学围绕着各级升学考试的指挥棒转,突出反映学生课业负担过重,考试、作业、资料繁多,加班加点,体质下降,辍学率高,小学、初中普及率低,思想道德素质也存在不少问题,存在重智育、轻德育、轻体育的现象。

第二,由于在普及义务教育阶段,初中仍办重点学校(班),重点初中全面择优,一般中学生源差,办学遇到不少困难,影响办学积极性,而普及九年义务教育的提出又迫切需要切实解决贯彻"两全",办好所有初中、小学的问题。

第三,针对上述教育工作上存在的问题,中央和国家教委、省教委发出的一系列的文件、法规、指示,对于解决办学思想、端正办学方向、普及"两基"、贯彻"两全"起了强有力的推动和促进作用。

我们的改革分两个阶段:

第一阶段(1984年至1986年)。主要是:(1)普及初中的市区三个区和集美镇,取消初中招生升学考试,只实行小学毕业考。(2)一中、双十中学划区招生,试行推荐加试(后改为推荐择优录取)的办法。其他一般中学,按小学划片就近升入中学,未录取者由区负责统一调配。(3)郊、县试行保送制度,保送生免试升入初中。(4)办有特色学校,英语中学分配名额区招生,择优录取。鹭江体育中学加试体育。在三个区的三个学校分别创办音乐、美术、舞蹈试验班。(5)进一步深化中等教育结构改革,既要办好普通高中,保证重点高中,又大力发展职业技术教育,培养特区需要的各类人才。

第二阶段(1987—1993年)。主要措施有:(1)不论重点或非重点中学一律分区划片

---

① 原载于《厦门教育》1994年第1期"招生制度改革"专栏。

划校中小学挂钩招生,逐步淡化初中办重点。一中、双十中学两所省首批重点中学在片外择优10%。(2)1992年、1993年进一步改革,除划片外,推荐给一中、双十中学的10%的优秀生按德、智、体全面衡量,并择优一部分特长生。(3)突出办重点高中,1992年、1993年严格把关保证一中、双十中学、集美中学等首批重点中学生源,采取提前批全面择优,比省中考招生规定前进一步。(4)办有特色学校,如外国语学校、体育中学、音乐学校、戏曲舞蹈学校,多渠道培养人才。

二、对改革的不同看法

对上述两个阶段(特别是第二阶段)的改革反映比较强烈,不仅看法不同,甚至意见对立。最近市教育学会召开两次座谈会,集中反映以下几种看法:

1. 主张继续办重点初中,保证高中、大学生源的质量

原重点中学(主要是首批重点中学)和少数未划入重点中学招生范围的原重点小学的一些同志,对这项改革(主要是对初中不办重点,一样划片就近入学,未能全面择优)认为,生源差了难教学,既要承担高考重压又要分散力量去教差生难办学,高考质量不能保证,与省其他首批重点中学相比他们升学率低,省专以上(特别是重点大学)的录取率下降。因此,主张要继续办重点初中(甚至办重点小学),生源让其全面择优,以保证高中、大学生源的质量。

2. 认为改革的方向对,措施得当

大多数一般中学和区教育行政部门一些同志认为,这项改革的方向是对的,不少措施是得当的,有利于实施普及九年义务教育,有利于中小学入学率、巩固率、及格率和综合比率的提高,有利于办学上的平等竞争,调动一般中学领导和教师的办学积极性,有利于贯彻"两全",小学生课业负担明显减轻,各校可发挥优势、办出特色。据福建省普教教研室1990—1992年三年各地市初中毕业生"四率"的统计,除及格率由于本市自己出题难度较大不可比外,我市含农村的巩固率、报考率、升学率、综合比率(含及格率)等都比全省各地市和平均数高,如果一定要把小学初中招生改革硬与高考直接联系起来看,那么1993年是划片招生六年后的第一届,比1992年高考录取比率高,全市录取省专以上占应考生18.93%(1992年13.31%),应届生21.63%(1992年20.82%)。理工类上线率省均22.25%,厦门22.44%;外语类省均12.84%,厦门23.63%,有明显优势;文科历来较差,省均5.55%,厦门仅3.41%。

3. 改革有些问题

(1)一些中学认为小学毕业考由学区或学校进行命题,考试质量不能保证,主张还是实行市或区毕业统考。

(2)划片中小学挂钩招生的学校已有七年,"七年一贯制"不利调动片外学校办学的积极性,也会影响片内学生的学习积极性,认为划了片挂钩重点中学直入"保险柜"。主张应当通过评估调控划片的学校。

(3)存在一部分家长千方百计转户口到重点的片内和转学寄读。一部分家长(特别是

知识分子的家长)主张在小学阶段也要凭本事实行升学竞争,让重点中学全面择优。

以上情况反映,争论的焦点是:初中要不要恢复办重点,要不要在小学升初中让重点中学全面择优招生,要不要在义务教育阶段直接与高考挂钩(即有的认为,为了保考的质量——明确说是升学率,仍要办重点小学、重点初中)。

三、坚持改革,探索新路

如何继续进行中小学招生考试制度的改革,我认为有几个问题必须很好探讨和研究。

1. 改革必须要在正确办学思想指导下进行

改革必须符合党、国家提出的基本办学方向和办学要求,即要符合"两基"、"两全"的目标和要求。

1993 年年初,根据江泽民同志、李铁映同志的指示,国家教委先后发〔1993〕1 号文件和 3 号文件《关于减轻义务教育阶段学生过重课业负担、全面提高教育质量的指示》(1 号文件为"指令")。该文件指出"努力办好每一所小学和初级中学。义务教育阶段不应当分重点学校(班)与非重点学校(班)","改革初中招生制度,在基本普及初级中等教育的地方,学生读完小学后就近升入初中一年级学习,不另举行初中招生考试","任何部门和个人都不得单纯以学科考试成绩或升学率高低评价学校和教师"。《中国教育改革和发展纲要》指出:"要逐步改革和完善升学和考试制度,稳步推进小学毕业生就近入学","中小学要由应试教育转向全面提高国民素质的轨道","中小学要切实采取措施减轻学生过重的课业负担"等。

(1)在义务教育阶段,要全面贯彻党和国家的教育方针,面向全体学生,全面提高教育质量,全面提高国民素质,必须办好所有的初中和小学。

(2)在义务教育阶段,不应当办重点学校(班),小学升初中不举行升学考试,让学生在小学毕业后就近升入初中,这样有利于办好所有初中、小学,有利于减轻小学生的课业过重负担,有利于由应试教育转向素质教育的轨道。

(3)评估一个学校和教师的标准,绝不能单纯以学科成绩和升学率高低进行评价。

(4)因此,对招生考试制度的改革势在必行,应当逐步改革,使之完善。小学升初中,不应当举行招生考试,让学生读完小学后就近入学。上海市规定,就近入学的学生要确保占 95%,重点中学只有 5%的自主招生名额。

2. 继续办重点、全面择优

在上述指导思想和办学方向前提下,义务教育阶段(即初中、小学),仍继续办重点、全面择优,或者有的同志主张的小学放开升学竞争,会带来什么后果?这是必须充分慎重考虑的问题,许多教育工作者都会从实践中体会到。其一,它将带来小学生围绕升重点转,势必加剧小学生的过重课业负担,"小眼镜"增多,体质下降。这是有历史教训的。其二,影响一般中学办学的积极性,而一般中学由于没有一定的优秀生,而多数是中差生,将影响它们参加省的评估定级。其三,其结果导致学校围绕各级升学考试转,谈不上从应试教育转向全面提高国民素质的轨道,当然也谈不上"两全"的有效贯彻。我们的教育工作应当主动适应这种需要,努力提高国民素质,不仅要培养高级人才,还应当培养大量的中初级人才。

3. 继续办重点中学

那么,是不是重点中学就不要办呢?绝不是这样,在高中阶段还没有能力普及的情况下,办好一批重点高中,这是必要的。基于这个前提,几年来厦门市为重点中学高中部录取优秀生源创造必要的保证条件,让他们在提前批全面择优,这样不仅可以收到60％左右的本校优秀生,而且其他一般中学可输送约40％的优秀生,为重点高中输送高校的生源打下了坚实的基础。当然重点高中仍有双重任务,它们又带办初中,这就要求它们在教育改革中要起示范作用,办出特色,让它们的办学经验和优势能在一般中学中得到推广,开花结果,全面推进,这样办的重点中学意义更大。

4. 改革完善中小学招生和考试制度

必须继续改革中小学招生和考试制度,使得不断完善。吸收过去改革中的长处,调整改革中的不足,我以为有几点可供探讨研究:

(1)把毕业考试的权限仍交给学区(片)和小学,由市教师进修学校和区教研室进行指导,严格把关,保证毕业考的质量。

(2)划区划片中小学挂钩招生仍可继续实行,但过去的"七年一贯制"是不妥的,建议制定评估标准,每两年由区督导室进行一次评估,调整划片挂钩学校就近入学,这有利于调动所有小学办学的积极性。这样,也避免户口的"大迁移"。

(3)继续采取提前批录取的办法,保证重点高中的生源。

(4)继续创造条件办有特色的学校,发挥各校的办学优势。对于省首批办好的重点中学,由于他们的办学水平和校风教风有一定的优势,可采取仍划片招生与办少年科技班相结合的办法,改变过去按毕业考试成绩择优10％的办法,在办特色上下工夫。

厦门市原常务副市长张可同(右一)
在1985年湖滨中学开办典礼上讲话

时任厦门市副市长郭振家(右二)
视察湖滨中学

"减轻小学生课业负担过重"研讨会纪要[①]

厦门市教育学会

市教育学会于 1989 年 11 月在连续召开几次座谈会的基础上,举行教育思想研讨会,有 21 位同志在会上发了言,就有关基础教育指导思想、加强政治思想教育、把德育放在首位、减轻学生负担、启发学习兴趣、发展个性、师资队伍建设等方面进行探讨。其中市教科所副研究员黄菊美同志的"让每个学生都享受到学习的快乐"一文,针对当前中小学教育内部存在的突出问题,就教育指导思想及由此而确定的教育目的、教学内容、方法及课内外关系、师生关系等方面进行论述,引起较大的反响。该文章参加我会主办的优秀教育科研成果评奖,以最多票数获得一等奖,并在市教育工会主办的《厦门教工》第 62 期全文发表。

由于国家教委发出"关于重申贯彻《关于减轻小学生课业负担过重问题的若干规定的通知》",教育学会决定结合讨论减轻小学生过重负担问题来进一步研讨教育思想,和小学教育研究会一起邀请部分小学教师、校长、教育行政干部、教育界老同志进行座谈研讨,现将主要内容纪要如下:

第一,1989 年 3 月以来,市教委就李鹏总理批示及国家教委通知,召开会议动员部署,督导室下校调查研究,解决实际问题,县区教育部门及一些学校校长也主动采取措施,积极贯彻执行。课业负担过重现象开始有所缓解,但还有不少人信心不足,忧心忡忡,生怕负担减少,质量要随之下降。尽管教委领导注意保护教师的积极性,有些教师还是抵触很大,消极对待。大家认为,小学生负担过重的原因是复杂的,是中小学教育工作中长期存在的诸多问题得不到解决的反映,而且有社会原因,解决这个问题需要综合治理。按规定采取一些措施控制是必要的,也可以解决一些问题,但如不从长远着眼,有明确的目标,同时以积极的态度,一步一步地着手解决一些深层次的问题,减轻负担,提高质量的目的就很难实现。

第二,造成小学生课业过重负担最主要的原因首先是教育思想问题。升学竞争把中小学教育推向片面追求升学率的歧路,长期未得到有效克服,而且愈演愈烈,发展成为各年级、各有关学科的考试分数竞争。尽管市区已普及初中教育,小学本不应有升学率的压力,但仍然在重点中学择优 10% 及留级控制在 3% 之间展开追逐。有些领导同志、社会人士单纯以升学率、考试分数作为衡量学校教育质量的唯一标准,评价教师也单纯以所任学

[①] 本文是在市人大常委会原副主任、厦门教育学会原会长周乔林同志指导下修改的 1989 年 11 月市教育学会研讨会《纪要》。

科考试分数为依据,并与奖励挂钩,加上频繁的统考,过多的竞赛,给师生造成很大的压力,全面发展教育相当程度上被扭曲为应考教育。偏离了教育方针,培养目标,实际上无助于提高教育质量。为此,首先应该解决科学地评估中小学教育质量问题。有些同志建议:这个评估标准的制定要走群众路线,在市委、市政府领导下,发动有关部门、社会团体、全体学校教师、部分学生家长参加讨论。通过讨论,使党政机关、社会团体的领导者、教育部门的干部、教师,对教育方针、培养目标等重大问题有个正确的共识。在此基础上,制定学校评估标准,为缓解片面追求升学率压力,全面贯彻教育方针打下思想基础。

第三,造成学生课业负担过重的另一重要原因是,现行中小学教材有相当部分内容偏多,要求偏高。有些学校教师或者由于统考的压力,或者由于不懂儿童认识规律,教学上求全、烦琐、急于求成,任意增加内容,提高要求,个别的甚至要求得 80 分才算及格。现在,新编九年制义务教育教材已经出版,在各省市部分地区开始试验。我市虽然没有试验的机会,但在教材问题上还是可以有所作为的。首先,组织、指导教师认真钻研现行教学大纲、教材,结合学生实际,明确教学目标,严格按照大纲要求进行教学,这应该是教育院校教研部门的主要任务之一,而且经验也不缺乏,是不难办到的。其次,我市已取得中考命题权,完全有条件组织力量,参与国家教委 1990 年秋季开始的教材改革试验精神,对现行初中、小学教材确实要求过高部分进行处理,适当降低要求。还可以有一定的弹性和灵活性,以适应不同学校、学生的需要,特别是小学一年级教材,要求确实过高,市区入学年龄又降至 6 岁,刚离开幼儿园的儿童很难适应,这是迫在眉睫的工作。

第四,减轻学生过重负担要从改革考试制度入手,我市初中招生制度、高中招生考试制度均已做了改革,这对缓解片面追求升学率,减轻学生过重负担起了积极作用,尚须深入调查研究,总结经验,进一步改进。市区重点中学初中招生择优 10% 的办法,对小学影响较大,可考虑再做改革。有些同志还主张,对小学生能否毕业,不应只看一次毕业考试,而应结合平时全面发展的成绩来评价、确定。此外,各学科统考较多,有的每一级都要统考,直至年段,实际上形成制度,也须下决心处理。

第五,课堂教学是学校教学的主要形式,提高课堂教学效益是减轻过重负担的重要途径。"向 40 分钟要质量","让作业进课堂",积极培养和激发学生学习兴趣,抓紧儿童注意力最佳状态的时间进行教学;精心设计作业,注意作业的目的性和实效性,尽量当堂练习,当堂解决问题。我市确实有些教师主动积极探索,在教学上全面贯彻教育方针,教书育人,学生负担合理,而且学得生动活泼,取得良好效果,也取得一些经验。建议教育行政部门深入发现、总结这些经验,大力表彰,树立榜样,积极推广,使之成为全市的共同财富。并对成绩卓著的优秀教师给予重奖,同时也要拿出几个经得起检验的学校经验总结,用事实来说服教师。

现行小学教学计划安排是比较紧的,如何科学安排课时,切实保证学生休息、体锻、课外活动、课余假日时间,充实校内活动内容,活跃学校生活,建议教育行政部门抓点试验,发现疑难问题向上反映或者大胆处理。

第六,提高教师业务水平是减轻过重的课业负担,全面贯彻教育方针、提高质量的关键。当前我市中小学教师,尤其是大量的青年教师,除政治上需要补课外,业务技能方面也需补课。提高师资队伍学历水平固然重要,补课更是当务之急,重点应该是后者。在教育科学方面,应该结合实际,帮助教师弄清一些问题。例如,什么是正确的人才观、育人观,和谐统一地进行德、智、体、美、劳诸育的道理和方法,教育超前性与儿童成长规律的关系,培养创造性人才与素质教育的关系,正确认识与对待考试和分数等等。提高教育理论水平,开展教育科普活动。在业务技能方面,有部分教师学科教学的基本功较差,需要调查摸底,有计划地补课。有些新教师缺乏一专多能的训练,体美音劳师资奇缺,不少学校无法组织指导学生开展多种多样的兴趣活动,也要下决心利用课余时间补课,从现在情况来看,师范教育也需进一步改革。

第七,由于造成片面追求升学率及学生课业负担过重有其深刻的社会原因,不是教育部门自己所能完全解决的。但作为教育部门,首先要把责任担负起来,大量的工作要通过学校、教师去贯彻,但各级教育部门都有自己的事要先办好。最重要的是教育部门对这些总问题要有危机感和迫切感。要解决问题不是一朝一夕的事,根据我市条件,完全可以通过主观努力,在一个时期内(例如 2000 年前),逐步把升学(应考)教育转到素质教育的轨道上来。当然,这需要在党委和政府领导下,发动社会各界共同努力才能实现。教学是复杂的脑力劳动,凭一纸考卷指挥教学是远远不够的,要把教学工作领导好,首先要采取有力措施,创造条件,帮助校长把教学工作抓在手里。要在学校里开展多种多样活动,也要帮助学校创造条件,特别应注意的是,无论如何,不要再采取激化片面追求升学率、激化盲目考试分数竞争的措施,不能挫伤教学改革的积极性。

以上意见,供领导同志参考。

1996 年,厦门市儿童舞蹈编导讲习班合影

解决市区幼儿入园难是
当前厦门特区教育的一个重要课题^①

苏锦联

幼儿教育是教育事业的重要组成部分。办好幼儿园,除了为儿童进入小学打好基础外,还能减轻家长在教养孩子方面的负担,使他们能够安心生产、工作和学习,所以其意义是双重的。

可是,我市幼儿入园难的问题长期没能解决,幼儿入园年年都很紧张,尤其是公办幼儿园更为难入。去年,只有鼓浪屿区3周岁半以上幼儿入园问题基本解决,而开元区、思明区却远远满足不了需要。本文着重就开元、思明两个区的问题进行调查研究,提出我们的看法。

一、现状

1. 适龄幼儿数大增

从今年开始,市区一般将招收六周岁学龄儿童入小学,所以适龄幼儿只就3、4、5岁三个年龄段而言。而据开元、思明两个区调查统计,今年秋季适龄幼儿就有10 723人,明年将达到11 336人(主要是1982年、1983年生育高峰期所生)。

2. 现有幼儿园可容纳生数有限

开元、思明两个区,现有公办9所55班,民办11所55班;托儿所办的小小班4所10班;工厂、企事业、部队办的共10所34班,合计34所154班。再加上已建成,有待今年秋季移交使用的新住宅(即滨东、滨北、莲花)配套幼儿园3所18班,总共37所172班。如以每班平均30人计算,只能容纳5 160人;如以40人计算,则可容纳6 880人(按《城市幼儿园工作条例》规定,每一个小班人数以20～25人为宜,中班以25～30人为宜,大班以30～35人为宜)。根据开元、思明两区的现实情况,姑且以每班平均40人(民办园还不止)作为权宜之计,今年两区适龄幼儿不能入园数尚有3 000多人,至少需要增办70多班,这就需要新建具有六班规模的幼儿园12所。值得提出的是,开元、思明两区现有公办、民办的20所幼儿园的校舍,绝大多数是又老又小,破旧不堪,有的还是危房,尚需改建或新建。

3. 幼儿教师奇缺

市区3个区(包括鼓浪屿)的公办、民办、工厂、企事业办和部队办的幼儿园共有37所

---

① 原载于《厦门教育》1986年第1、2期合刊。作者时任厦门市教育局初教科视导员。

178 班,现有专任教师和行政领导只有 369 人,而按编制应配备行政领导和专任教师 430 人,缺额 61 人(保育员、医务、后勤人员还不算在内)。

如果按市区 3 个区适龄幼儿数统计,"七五"期间每年在园幼儿都有 1 万多人,则至少需要幼儿园 42 所 250 班(每所以 6 班规模,每班以 40 人计算),需要行政领导和专任教师 584 人,至少需要增加 215 人。

单就今年而言,新建成的滨北、滨东、莲花三所幼儿园要开办,湖里、八幼要扩大,需要新办 25 班,新增教师 50 人,原来的缺额和退休教师要补给,工厂、企事业和部队办的幼儿园都急需专任教师,实际需要 100 多位幼儿教师。而今年可望得到补充的,只有将从泉州幼师毕业的 10 人,将从六中职幼毕业的 30 多人,尚缺 60 人以上。这里说的仅仅是市区的情况,农村幼儿师资更缺,问题更大。幼儿师资奇缺,将是今后五年一个突出问题。

二、原因

存在以上问题的原因,主要是指导思想不明确,各有关方面认为这是福利事业,软任务,可办可不办。

另一个重要原因是,幼教工作一直处于多头领导的状态,责任分不清。正如幼儿园老师所说的,她们是"婆婆多,没亲娘"(意思是说没有具体负责的领导)。

幼儿教育事业长期以来没纳入国家计划,幼教经费没列入市财政预算,基建没拨款,也没专人负责筹建。过去市财政只拨给一些托、幼补助款,去年才专门拨款搞基建。更没有统一规划,只是有多少教室就招收多少幼儿。如开元、思明两个区,20 世纪 50 年代就办了 8 所公办幼儿园,50 年过去了,还是这 8 所。

现行收费标准也是个大问题。按市政府的规定,公办幼儿园每学期只收学杂费 4 元;民办幼儿园每学期收学杂费 3.5 元,管理费 8 元,共 13.5 元。校舍、师资条件相对比较好的公办幼儿园收费极少,民办幼儿园反而高出两倍多,这种倒挂现象,使得每年招生时都要挤坏公办幼儿园的大门。

民办幼儿园经费自筹解决,采取以生养师的办法,虽然收费比公办园高出两倍,而且招收数有的多到每班七八十人,还是入不敷出,民办幼儿园教师工资收入偏低。这在特区经济日益发展、就业门路多的厦门,还有谁,特别是女青年能自愿报名当幼儿园教师或是保育员?

三、建议

1. 首先办园指导思想要明确

幼儿教育是社会主义教育事业的一个重要组成部分,是实行九年义务教育这个基础教育的基础。重视智力开发,就要从早期教育抓起。城市计划生育好,基本上都是独生子女,既要做到"优生、优育",更要做到"优教",这对提高全民族的素质,多出人才,出好人才,必将起着相当积极的作用。

2. 把幼儿教育列入国家教育事业发展计划

"七五"计划提出:"在实施九年义务教育的同时,积极发展学前教育。城市要大力发展各类幼儿园,逐步满足幼儿入园的需要。"建议:厦门特区内的市区 3 个区,在 1986 年首先实现四周岁以上幼儿入园,接受两年的学前教育;在 1988 年三岁半以上、1989 年三周岁以上的幼儿能入园,接受三年的学前教育。

3. 统一规划,合理布点,增加投资

市委书记邹尔均在市六届二次全委扩大会上讲话指出:"目前幼托工作是个薄弱环节,一定要增加投资,改善设施,提高素质,这是培养人才的基础。"这段话讲得多好,期望各级领导能加以落实。市财政每年要划出足够的基建费作为旧市区新建和改建园舍之用;计委、建委要把幼儿园的基建列为优先项目;规划局要优先批给所需用地,区街道要配合做好征用地住户的拆迁动员工作。今后新建住宅小区,必须按比例同步建设幼儿园。

4. 成立机构,加强领导,把发展幼儿教育的责任交给区街

如果厦门市人民政府也成立教育委员会,就由市教委统一领导幼教发展事业,如果不成立市教委,建议由分管教育的副市长挂帅,由市教育局、妇联、计委、建委、财政局等单位组成领导小组,办事机构设在市政府,加强统一领导和管理。各区要在分管教育的副区长的领导下,建立相应办事机构、专人负责。区负责统筹安排,街道负责具体组织实施。

5. 依靠社会力量

发展幼儿教育应当更多地依靠社会力量,因为举办幼儿园既是教育事业,又是福利事业,必须坚持国家、集体、个人一起上的原则。

根据我市的实际情况,建议:

香港黄怡文先生捐建厦门市秀德幼儿园留影

向黄怡文先生颁发荣誉证书

第一，凡是千人以上企业事业单位，原则上应自己办园，也可以按系统分区设点办园；单独办园有困难的可争取所在区街道的支持和配合，实行联合办园。

第二，为了筹集资金，加速幼儿园校舍的建设和增添设备，建议对入园幼儿的家长或家长所属单位，收取"幼儿园建设基金"，专款专用。

第三，改革幼儿园的收费标准和办法。建议公、民办幼儿园一律改为按月收管理费6元（父母双方单位各补贴2元，由职工福利费中支付、家长自己负责2元）。如需寄午膳在园睡午觉者，每月收保育费5元；保育费、伙食费、点心费一律由家长自付。

企事业单位单独办或联合办的幼儿园向社会开放，收外单位职工子女入园的，可参照上述标准收费。可以从这部分收入中提取40％作为保教人员的奖励费。

条件好、质量高的幼儿园经过教育部门审定，还可以实行分等收费的办法，其增加收费部分由家长负担。

第四，民办教师工资要妥善研究、统筹解决，国家对民办教师工资实行按生数定额补贴，一个班的补贴一般不超过50人的定额。如果超过，超过部分的补贴减半。

6. 积极采取措施，加速培训合格的幼儿师资

"七五"期间，厦门师范幼师班将有110名毕业生，六中职业幼师班将有190名毕业生，可分配到市区公、民办幼儿园任教，基本上可满足"七五"期间市区幼儿教育发展的需要。除了师范幼师和职业幼师为我们提供合格师资外，对现有未达中师水平的133名专任教师，应采取多种形式的在职培训，通过函授、参加中师自学考试、短期脱产培训、以老带新等办法提高他们的素质和业务水平。

根据《条例》的规定，逐步配备专职保健员，配足保育员。

7. 改进招生办法

采取按区、街道划片招生就近组织入园的原则,由各区教育局、妇联、街道、幼儿园的领导共同组成招生领导小组,统筹安排,具体部署各园的招生任务,划分招收的地段。

8. 今年的应急措施

由于 1982 年、1983 年出现生育高峰期,所以今、明两年的生源最多,而办园条件尚未改善,是入园难的关键年。解决办法:

第一,建议市区今年就把小学生入学年龄从 6 岁 3 个月改为 6 周岁,把未满 6 岁 3 个月的儿童也组织入小学一年级学习,以缓解入园难的压力。

第二,在需要和可能的条件下,各区可确定几所小学挤出几间教室办学前班,或幼儿园把大班移到附近小学的教室上课,腾出教室多招收中班和小班。

第三,在区、街道统筹安排下,各地段可根据实际情况,对今年招生采取按年龄"切线"、从大到小组织入园的原则,优先保证四周岁以上幼儿入园。

第四,有条件的托儿所,可增办幼儿班。

第五,工厂、企事业单位要关心、支持办好幼托园所。有条件的单位要自办幼儿园,也可在托儿所办小小班,让 4 周岁以下的幼儿寄托;没有条件自办幼儿园的,也要在财力、物力、人力各方面大力支持附近或定点挂钩的幼儿园。

我市商业、财贸职工最多,房源、物力、财力、人力也最雄厚,完全有条件自办幼儿园。根据财贸职工分散的特点,建议商业局在开元、思明两区各办 1～2 所幼儿园,解决财贸职工子女入园问题。

第六,旧市区幼儿园基建工作是解决入园难的关键,建议市府领导抓这关键,由计委、建委、规划局、财政局、托幼办及有关区街道共同协作,研究解决。

第七,滨北(振兴新村)幼儿园、滨东(湖滨新村七群)幼儿园、莲花新村幼儿园,或已建成,或将竣工,要及时验收,移交教育部门,以便筹办开园事宜。

第八,对校舍较缺、生源较多,幼儿入园难的街道,在未建新校舍之前,应给予托幼经费特殊补贴,让街道想办法租用民房或其他用房,临时解决校舍不足的困难。

1989 年 5 月 3 日,黄怡文先生与厦门副市长蔡望怀等嘉宾为厦门秀德幼儿园落成剪彩

关于中小学校长负责制试行方案^①

厦门市教育委员会

中共中央在《关于教育体制改革的决定》中指出："学校逐步实行校长负责制,有条件的学校要设立由校长主持的、人数不多的、有威信的校务委员会,作为审议机构,要建立和健全以教师为主体的教职工代表大会制度,加强民主管理和民主监督。学校中的党组织要从过去那种包揽一切的状态中解脱出来,把自己的精力集中到加强党的建设和加强思想政治工作上来;要团结广大师生,大力支持校长履行职权,保证和监督党的各项方针政策的落实和国家教育计划的实现;要坚持用马克思主义教育广大师生,激励他们立志为祖国的富强奋勇进取,建功立业,保证学生德、智、体的全面发展,使学校真正成为抵御资本主义和其他腐朽思想的侵蚀,建立社会主义精神文明的坚强阵地。"为了贯彻中央这一决定,改变过去那种党政不分、职责不清、效率不高的状况,必须逐步推行校长负责制,充分发挥校长、党支部、教代会三个方面的积极性,把我市教育办成有水平、有特色、开放型的特区教育。现就我委系统试行校长负责制提出如下方案。

一、校长

校长是政府任命的学校领导,全面主持学校工作,对外代表学校,对内全面领导学校教育、教学和行政管理工作。

校长必须服从上级教育行政部门和上级党委的领导,保证上级教育主管部门下达的教育工作计划实施,自觉接受党组织的监督,依靠全体教职工办好学校。

副校长作为校长的助手,接受校长委托,分管部分工作,并对校长负责。

(一)校长的主要职责

一,贯彻执行党和政府制定的方针、政策、法规。

二,根据教育改革的要求,特区的需要和学校的实际,提出长远设想、任期目标,制订工作计划,并认真组织实施。

三,调配和管理好全校人事,建立教职工岗位责任制,抓好教职工政治业务进修,贯彻党的知识分子政策,充分发挥全校教职工的工作积极性、主动性和创造性。

四,坚持以教学为中心,加强教学管理,建立稳定正常的教学秩序,深入教学第一线,

---

① 原载于《厦门教育》1988 年第 1 期。

抓好教育研究工作,深化教学改革,面向全体学生,全面提高教学质量。

五,组织好思想政治教育工作,发动教师教书育人,发挥政教处、年段、班主任、政治教研组和团队、学生会组织在思想教育工作中的作用。

六,组织搞好文娱体育活动,加强卫生保健工作,促进学生的身心健康,并注意培养文体人才。

七,积极组织学生参加劳动、军训、社会调查和科技活动等。

八,领导和监督后勤部门搞好学校基建、维修,抓好学校的安全保卫工作,管好用好经费财产,加强实验室、图书馆工作,办好校办厂、场,改善办学条件。

(二)校长的权限

为了保证学校的统一领导,提高行政和教育工作效率,校长有以下权力:

一,对学校的发展规划和工作计划、教育工作的各项目标、教育教学改革方案等做出决策;颁布学校的各种规章制度,采取改革教育工作的措施,根据上级的规定决定校内各级行政组织的设置和分工,确定教研和科研课题。

二,提名副校长人选,由党委(支部)考核,按管理权限上报主管部门批准后任命;征求党委(支部)意见,聘任或免去处室正副主任及校办厂厂长人选,其中办公室主任、人事和保卫干部的任免需征求上级主管部门意见,安排调整学校人事,有权拒绝不合格、不需要的教职工来校工作;在实行教师聘任制之前,有权在岛内校际之间交流教职工。

三,确定学校经费的预决算,制定学校设备更新和基本建设方案,提出校办厂发展规划,决定校办厂管理经营制度。

四,校长有权按照国家规定和学校制度,决定对教职工进行考核、升级和奖惩,有权使用校长基金、奖励教职员工和学生,有权按教育主管部门规定决定学生处分。

五,制定颁发各种规章制度,其中重大的规章制度需经教代会审议通过,校长对教代会做出的决定有不同意见,可提请复议,复议后仍有不同意见,校长可先执行自己意见,并在限期内报告上级主管机关裁定。

(三)校长的任命(聘任)

校长由教育行政主管部门考核选拔,按上级有关规定报请有关部门任命(或聘任)。任期四年,连任届次暂不限定。

(四)校长主持的校务委员会

校长主持人数不多而有威信的校务委员会、党委(支部)书记、工会主席、团委书记等参加,其他人员由校长聘请。它的主要任务是对学校管理和提高教育质量中的重大问题进行审议,协助校长做出决策,协调学校内部各方面的工作,解决相互工作关系上的配合。校务委员会每学期召开两三次为宜。

(五)校长必须接受的监督

一,校长必须定期向上级主管部门请示汇报工作,接受上级的考核。

二,在重要问题上要听取党委(支部)的意见和建议。

三,向学校教职工代表大会报告工作,听取意见,定期召开学生代表会,听取学生意见和建议。

二、学校党委（支部）

实行校长负责制后,学校党组织要把工作重点放到加强党的自身建设和政治思想工作上来,实现对学校的思想政治领导。

党委(支部)的职责是:

一,加强党的思想建设和组织建设,发挥党支部的战斗堡垒作用和党员的先锋模范作用,领导党的纪检工作,教育党员增强党性、端正党风、严肃党纪。按照"从严治党"要求,同一切不正之风和腐败现象做斗争。

二,做好全校师生的思想政治工作,定期研究师生员工思想动态,研究思想政治工作指导方针和改进加强思想工作的措施,组织全校师生学习马列主义、毛泽东思想和党的路线、方针、政策;加强政治课教学的指导,指导工会抓紧抓好教师政治理论学习。

三,动员组织全体党员和师生员工支持校长行使职权。

四,对学校有关贯彻执行党的路线、方针、政策定期进行检查,对学校的业务指导方针及其他带全局性的工作,党委(支部)应进行定期检查研究,并向校长提出建议,指导开好教代会,发挥教代会民主管理和民主监督作用。

五,领导工会、共青团、学生会,协调党、政、工、团之间的关系。和各民主党派、党外人士密切合作,充分调动各方面人员办学的积极性。

六,对学校干部进行教育、培养和考察,对校长提名的副校长及中层行政干部的人选进行考核并提出意见。

三、教职工代表大会

实行教代会制度是教职工行使民主权利、民主管理学校的基本形式。教代会接受同级党委(支部)的领导,支持校长负责制的实施。教代会代表由教职工直接选举产生,代表的构成要充分体现学校以教学为主的原则,又要适当照顾各方面人员。教师代表一般应占有60%左右的比例。

教代会每届二年。代表中期出缺,可适当补选。每学年应召开1～2次教代会,教代会闭幕期间其日常工作由工会承担。

教代会的职权是:

一,听取和讨论校长工作报告,审议学校的发展规划、改革方案、规章制度和工作计划等重大问题,教代会讨论决定的问题,如与校长意见分歧,可报请上级行政主管部门裁决。

二,评议推荐学校处级干部,必要时还可以建议上级机关予以嘉奖、晋升或予以处分、免职。

三,讨论决定有关维护教职工合法权益和教职工集体福利事项等问题。

四、通气制度

一,校长负责制是学校管理体制的统一整体。它包括了校长对学校教育教学、教研和行政工作的全面负责和指挥,党委(支部)对党的工作、思想政治工作进行领导和对行政工作实行保证监督,教代会对学校的民主管理。因此,必须正确处理校长、党委(支部)、教代会三者的关系。为了统一步调,协同动作,避免脱节,三者之间应建立必要的工作制度。

二,建立各种会议制度,互相通气,互相尊重,互相谅解,互相保证,以达到统一步调的目的。

(1)建立校领导学习制度。由党委(支部)书记主持,组织学习党和国家的路线、方针、政策,学习上级党委和政府的有关重要步骤。

(2)由校长主持,定期开好校务会议。

(3)由党委(支部)书记、校长轮流主持党政工团联席会。

(4)校长主持的行政会议和工会主席主持的基层工会会议,可邀请书记列席参加;书记主持的党委(支部)会议,可邀请校长、工会主席列席参加。

(5)党员领导干部带头过好组织生活和每季度的双重民主生活。

三,各单位可根据本单位的实际情况,制定确实可行的工作制度。

五、附则

一,各校可参照本方案精神进行试验和安排工作,并注意总结经验,创造条件争取全面推开。全面实行本方案的学校要经过市教委批准。

三,本方案的修正权、解释权在市教委。

原厦门教育学院第五期中学校长岗位培训班结业留影

振兴特区教育的关键在教师①

中小学教师是整个教师队伍的基础，这支队伍的素质和稳定如何，关系到我国的九年制义务教育能否实施和普及，影响着整个一代新人的培养。所以邓小平同志强调指出："一个学校能不能为社会主义建设培养合格人才，培养德智体全面发展，有社会主义觉悟的有文化的劳动者，关键在教师。"

全国有 1 000 万教师，承担着培育 2.2 亿万学生的光荣任务。厦门市有 7 800 多名专任教师（还有 2 000 多名职工），正在培养 15 万多名中小学生，他们承担着教育学生、培养人才、提高劳动者素质的普及基础教育的历史使命。特区教育能否高质量地为特区经济建设和社会发展服务，关键在于有一支不仅合格而且要有较高水平又稳定的教师队伍。教育行政部门和学校有千百项纷繁的工作，但首先必须不遗余力地做好教师队伍建设这项工作。

一、贡献与现状

教师是创造性的劳动，他们几十年如一日、默默无闻地、清淡艰苦地为中华人民共和国的教育事业，为发展厦门市的教育事业进行辛勤劳动和卓有成效的工作，其贡献是巨大的，不可磨灭的。因而他们在工作中虽有忧愁，却也可从中得到鼓舞、激励和安慰。1980—1989 年的 10 年中，他们为厦门市培养了中等以下学校的全日制毕业生有 284 000 多人，其中小学 156 518 人，初中 78 130 人，普通高中 33 085 人，职业高中 9 088 人，本市中专 4 497 人，技工 4 000 多人。从 1977 年恢复高考制度至 1989 年输送升入高等院校 12 803 人，升入各类中专 10 745 人。这些毕业生正在经济特区建设的各行各业中奋斗、成长、贡献，有相当一部分人还在国内外高等院校、研究机构深造。

经济特区为培养人才打基础的普教事业之所以能取得这样的成就，除了有各级党政领导的重视、支持和抓紧工作外，我市有一支较高学历水平和业务能力、素质较好的中小学教师队伍是极为关键的基本因素。下面列表比较 1988 年我市与福建省、十个单列城市的平均学历达标率。

---

① 原载于《特区教育》1990 年第 2 期。

比例单位 类别	厦门市	福建省	十个单列市
小学	83.9%	77.58%	50%
其中:中师、高师毕业	59.1%		
初中	85.5%	68.5%	47.1%
其中:城市	89.1%		66.9%
普通高中	67.5%	55.1%	51.3%
职业高中	53%	27.7%	25.4%

由此说明,外商来厦投资之所以普遍反映厦门劳动者素质较高,与厦门市历来有较好的文化基础有关,而较好的文化基础和劳动力的素质又与有一支学历水平和业务能力较高的师资队伍密不可分。不仅这样,这支队伍的绝大多数人具有比较强烈的竞争意识、工作责任感和振兴特区教育的自觉性。据 1988 年市政协教育组的抽样调查,衷心热爱教育工作的教师占 54.3%,一般热爱的占 32.2%,两项相加达 86.5%。他们当中,每周用 8～10 小时备课的占 49%,12～14 小时的占 40%;每周批改作业时间 6～8 小时的占 41.8%,10～12 小时以上的占 56.8%;每周用在教育学生和工作上 6 小时左右的占 52%,10～12 小时的占 28%,14 小时以上的占 20% 左右。事实证明,他们这种崇高的事业心和责任感是难能可贵的。而且由于有一大批中老年骨干教师带领着近 40% 的年纪 35 周岁以下的青年教师,老带新,新老互帮,互相促进,基本上保证整个中小学教师队伍的稳定。这几年我市"跳槽"的青年教师无非是 2‰～3‰,其中有些人也确实不适合在中小学任教。这次全国发生的学潮和动乱中,我市中小学之所以如此稳定,师生未停过一节课,与这支队伍的努力工作是分不开的。他们的共同愿望是反对动乱,立足稳定,维护和发展厦门特区的大好形势。1988 年全国召开中小学德育工作会议,我省受全国表彰为先进集体的有 5 个,厦门市就占 3 个,这与这支队伍努力加强德育工作有重要关系。

厦门市中小学教师队伍的面貌是好的,他们热爱教育事业、努力工作,也比较稳定。能够有这样的基本状况,应当充分估计厦门市的党政领导和社会各界是关心支持教育工作的,多年来认真贯彻知识分子政策,为教师队伍的稳定和提高切实办了不少实事。

第一,大量平反冤假错案。直至 1985 年年底,我市教师队伍中的历史上冤假错案该平反纠正的全部解决了,共有 335 件。为 326 人撤销原来的处分或结论,53 人恢复了公职;解决地下党遗留问题 29 件,为 13 人恢复了党籍,为 15 人安排了职务;还为一大批老同志、老教师解决党龄、团龄、伍龄问题;党的统战政策、侨务政策、起义人员的政策也得到了认真检查落实。在"四大"运动中受错误冲击的一批老校长、老教师重新安排领导职务和教学工作。

第二,提高教师的社会地位,政治上给予充分信任,工作上大胆使用,人尽其才。前些年落实政策,恢复和安排不少老同志、老教师到领导岗位。他们中的大多数同志已离退休了,但还在老年大学、教工联谊会、教育基金会、各种研究会和社会教育中继续发挥作用。

几年来,又挑选提拔一批中青年教师到领导岗位,现在厦门市直属中小学、中专的校级干部 96 人,其中大专以上学历 77 人,占 80.2%(其中本科以上 49 人,占 51%),有一批教师担任省、市、县(区)人大代表、政协委员。1985 年以来,全市教育系统在教职员中发展党员近 300 名,现有中小学党员 1 449 人,占全体教工的 14.79%。

第三,建立尊师和表彰的制度。近几年来,全市受过全国、省、市表彰的"五一"奖章获得者、劳模、教育先进工作者、"三八"红旗手、优秀班主任等光荣称号的有 3 000 多人次。从 1985 年第一个教师节起,市、区、县每年评选一次优秀教师和先进工作者,在青年教师中开展教坛新秀和优质课评选活动,建立向从事教育工作 25 年以上的教师、教育工作者颁发荣誉证书的制度。我市中学有 9 位、小学有 7 位教师被评为福建省特级教师。

第四,首次在中小学教师中建立职务评聘制度。据 1988 年公办教师评定职称统计列表如下:

类别	参评人数	高级		一级		二级		三级	
		人数	比例	人数	比例	人数	比例	人数	比例
中学	3 247	406	12.5%	1 222	37.64%	1 328	40.89%	197	6.07%
小学	4 554	1 113	24.5%	1 908	41.79%	1 258	27.58%	88	1.93%

在职务评审中,重视破格评选优秀中青年教师。被评的中学高级教师中,中学 6 级教师有 21 人,7 级教师 3 人,其中 1967 届、1968 届大学毕业生 3 人;恢复高考制度后毕业的本专科生有 55 人被评为中学一级教师。

第五,在师资队伍建设上,鼓励教师进修提高。从"六五"计划起,狠抓了师资队伍有计划有组织的培训,委托师范本科院校代培,努力办好师专、师范、教育学院、教师进修学校,建立培训处、函授部。1980—1989 年,本市全日制各类师资毕业生有:本科 404 人、大专 1 441 人、师范中专 1 471 人;1985—1988 年在职函授毕业本科 48 人、大专 158 人、普师 647 人。

第六,认真努力改善教师生活待遇。1980 年市属中学教职员平均工资为 67.54 元,小学 58.26 元,至 1989 年 6 月分别为 126.82 元和 110.20 元,全市中小学公办教师平均为 102.99 元。现在全市中小学教师人均年收入 2 390 元,第一次超过 12 个行业 1988 年年底职工年均收入 2 309 元的水平。从 1983 年以来,市府为解决全市城镇中小学教师的住房困难,6 年来投建教工住宅 34 幢,投资 1 200 多万元,面积近 7 万平方米,共建 1 100 多套。单城市中小学教师就解决 700 多户。另外市各系统、房管部门分配和落实侨房政策,8 年来先后解决 1 200 多户。为大批教师解决家属农转非、两地分居的困难,每年解决几十名从城市到农村工作教师的生活困难。民办教师连续两次增资,人均收入在全省的较前列,师范学校每两年招收一期民师班,并建立民师退养制度,做到老有所养。许多县、区、乡和学校还建立勤工俭学基地,解决一部分教师的生活福利。市建立教育基金会,今年全市奖励 500 名优秀教师。

党和政府以及各界对教师队伍建设的有效工作为今后稳定和提高教师队伍打下了良

好的基础。但是,应当充分看到,教师队伍建设中仍然存在许多亟待解决的问题。

其一,教师没有自己明确的权利和义务。比如教学教育权,参与学校管理与民主监督权,休假权、休养权,履行自己教学、教育职责和保护学生合法权益的义务等。由于对权利、义务不明确,对自己应有的要求、职责也不够明确,对提高自己的职业道德修养和教学业务水平有所放松,有的甚至有所忽视,教书育人、为人师表的要求尚未形成广大教师的行为准则。主人翁思想在一部分教师(特别是在部分青年教师)中未明确树立,对差生厌弃、缺乏立足于转变的恒心,有些人存在突出的厌教情绪。教师中的政治思想工作也比较薄弱。

其二,教师资格和任用制度尚未明确建立,赏罚不明,缺乏公平合理的竞争机制。因此,过去使一部分没有具备一定学历和基本条件的人进入教师队伍,对教师没有严格的考核制度和聘任制度,其弊端是干好干坏一个样,满足于大锅饭、平均主义的陋习,不管其表现和工作如何,照样晋级调薪,致使一部分教师觉得没有奔头,积极性调动不起来。教师的培养提高仍未被重视。

其三,教师的待遇,特别是社会地位和生活福利待遇仍然偏低。当前,存在脑体倒挂、分配不公的情况使这个问题更显得突出。据市政协教育组调查,感到教师社会地位低、被人歧视的占54.4%。一个干了几十年教师生涯的"人类灵魂工程师"、高级教师,比不上一个刚职业高中毕业的学生工资待遇,怪不得每一年报考大专院校志愿中第一个志愿报考"师"字的考生仅1%左右。进入本市师专的考生许多是专科线的末尾志愿,教师队伍的素质必然受大影响。据抽样调查,认为教师待遇差的人占50%;认为近年来教师生活水平下降的占36%;对现有物价上涨幅度经济能力难以承受的占61%,特别是一部分中青年教师。当前,在更加拉开劳动报酬差距和金钱的诱惑下,青年教师中跳槽、出国谋职业的增多了,少数刚师范院校毕业的学生甚至愿意交纳巨额培训费出走,甚至个别党员校长擅离职守、弃教从商。如此下去,教师队伍潜在不稳定因素,何以谈得上教育质量的提高呢?

其四,由于各种因素的影响,当前教师中确实存在一些业务水平差、专业不合格、出工不出力的师德低下的人,城市学校还出现师资既超编又有某些学科不配套的现象,至今尚未有一个人员合理流动的制度,结果合格的人被拉走了,不合格的人却难以安排和流动;长年病的占用正常编制3%~5%,又不能到编外,教育部门对人员的管理使用、奖惩权限又非常有限。这一条,严重地阻碍了教师队伍的优化组合。

二、对特区教师队伍优化的几点探索

从国内外实践中证明,为迎接新技术革命的挑战和适应国际竞争的需要,许多国家无不把提高教师的地位和待遇放在改革教育和培养合格人才的重要战略地位。苏共中央关于教育体制改革的决定中强调:"整个教育体制改革的决定性人物是教师,所计划的改革的成功与否在决定性程度上将取决于教师的知识、教学技能以及积极的、有说服力的和热情的态度。"美国有关人士说:"美国教育质量下降的最大因素就是忽视教师的地位和作用。"日本使教师职业成为全社会羡慕和尊敬的"圣职",中小学校长工资待遇相当省厅局级干部。

厦门经济特区的经济发展和社会进步要走在全省、全国的前头,其教育事业的发展和提高都必须超前;而为百年大计的教育事业而奋斗的广大教师,他们无论在政治思想素质和文化科学业务素质和能力也都必须超前,要有更高水准。着眼于这一目标,兴利除弊,我对我市中小学教师队伍的建设有几点认识。

第一,提高教师的素质。首先要提高教师(特别是青年教师)的政治思想素质,他们要有较高的政治思想水平。这样才能促使他们教书育人,为人师表。从最近这场学潮中,使我们更加深刻认识到这一点。争夺青少年一代的复杂斗争形势向广大教育工作者的思想政治素质提出更高的要求。要培养学生具有坚定正确的政治方向,首先教师应当具有这种思想品格,教师的一言一行对学生都起着潜移默化的影响。在这方面,对约占40%的35岁以下的青年教师尤其重要。他们是21世纪初培养青少年一代的师资骨干力量,他们的政治思想状况决定着我们今后几十年新一代人才的政治思想素质。可是应当看到,他们没有经历过"文革"前、"文革"中以及与现实的对比、分析、认识(特别对比这十年),他们也没有经历过劳动和社会实践的磨炼,他们政治上幼稚,不懂国情,不理解在当前社会主义商品经济发展过程中出现的各种现象,他们没有认真学习过马列主义、毛泽东思想。因此,首先要提高这一部分教师的政治素质和思想素质。只有这样,他们才有可能用正确的立场、观点和方法去上讲台,培养教育学生。为此:(1)要强化党团组织和工会在他们中间的工作,引导他们关心政治,关心国家大事,学点马列主义,对他们进行形势、任务和本身光荣职务的教育,促进他们拥护党、关心社会主义事业、热爱教育事业,树立为培养革命接班人这一伟大事业献身的精神。组织上岗前的培训轮训,使他们初步懂得怎么当一个教师,怎么当一个合格的教师,为什么服务和为谁服务的问题。(2)组织他们参加一定的社会实践,到社会到工农兵中去调查和体验,促使他们发挥特长,组织参加宣传团队、年级、班级工作等,给他们压担子。(3)领导要重视他们做他们的工作,经常同他们进行对话、恳谈,交朋友,接受他们的正确意见,帮助他们改正缺点,特别是请威望高的中老年教师关心指导他们,注意在青年教师中建党。(4)引导他们身体力行,要求他们在实际工作中和行动上成为学生的表率,正确对待差生,热情关心帮助双差生。(5)要求他们在学生中体现高尚的品德,同一切对学生不道德的甚至违法乱纪的行为做斗争。

当然,广大中老年教师仍有一个继续提高自己政治水平和思想品德的任务,使自己成为青年的表率,也向青年教师学习长处,吸取新鲜的营养。

第二,要引导广大教师努力提高自己的业务能力,在工作岗位上钻研业务,精益求精。正如前述,我们仍有一部分学历和专业不合格的教师,还有一些即使达标了但不胜任教学的教师。我市对这一部分教师的工作目标是:

(1)到1991年年底,大多数教师达到基本合格,凡专业不合格的不能上岗;(2)学历未达标,45周岁以下者,在今后五年内能够达标,力争在85%～90%以上的专任教师中实现;(3)对一部分学历超前教师(在小学教师中有一大批大专毕业教师,在初中有较多的本科专业教师),应当强调教师的在职学习提高,提倡多读书,多钻研,探索教学中的问题,大力开展教学研究活动,全面提高教学水准,增强教学改革的自觉性。

此外,还必须发动广大教师勇于进行教学领域的改革实践,从中吸取新鲜的改革成果和经验,及时组织推广。要继续提倡老带新,结对子,新老互相促进的活动。要继续开展教坛新秀活动,进行青年教师优质课观摩评比,使青年教师继承老教师的优良教学传统并加以发展。要坚决采取有力措施改变那种围绕考试升学为中心的教学活动,着眼提高学生的全面素质。还要发动教师特别重视教学中的政治思想性,寓教育于教学之中。对于不合格的教师,要通过教师进修院校、师专、师范学校,采取脱产、半脱产、函授等办法对他们进行培训、辅导,逐步建立定期的进修制度。在电大办专科英语师资班,在教育学院办中文、英语、数学、幼教在职教师进修大专班,在师专、师范联办面向小学的"三二"制中文、数学师资班,培养具有大专学历的小学教师;在师范学校招收以面向农村的三年制普师、幼师班和两年制的民师班。

第三,要在教师中建立严格的考核、管理制度,鼓励先进,奖优罚劣,实行合理流动。

教育内部管理体制本身也存在着不少弊病,大锅饭,干多干少、干好干坏一个样,衡量好差没有一个明确标准,好的得不到更多奖励、晋升,差的、无所作为的,工资一样晋升,缺乏公平竞争、调动人员积极性的有效机制。因此,需要有一个鼓励进取的制度和措施。我认为可以从以下五个方面来抓:

(1)要有严格的管理制度。鉴于中小学的工作特点,原则上应建立教师坐班制(或弹性坐班制),才能保证学校正常秩序的运转。只要学生在校,学校领导、教师都应在校。要有一个严格的出勤考勤制度,对每师记录在案,旷课者应课以工资,多次缺课者应绳之以纪律,以校为家、出满勤者给予重奖。

(2)要有严格的考核聘用制度。每学期每位教师应对自己的教学教育工作进行小结,每学年一总结,组织交流。建立人头教学教育档案,根据考核,每学期由校长聘用一次教师。

(3)要有晋升制度。今后建立力争每年(至少两年)进行一次职务申报评审制度,按其德、责、才能进行评审晋升,可以降级、升级、破格晋升。

(4)要有表彰制度。学校结合学年总结年年考评、表扬一次,县、区、市每两年评选一次先进,给予精神和物质奖励。特别突出和贡献者,可建议评以劳动模范和晋升工资。

(5)要有合理的流动的制度。我主张中小学教师也实行聘任制,允许双向选择,可以聘用、不聘、解聘,也可以应聘、拒聘,这就有个流动问题,教师不能单纯依附某个学校,应实行合理流动才能调动其积极性。合理流动,首先要在教育系统内部进行;个别素质差、不适宜任教的,不管其有否学历,可以往外流动。同时,在师资分配、调配中还应实行城乡交流,避免近亲繁殖,鼓励竞争进取,以选优除劣,达到优化组合的目的。

第四,提高教师待遇是当务之急。

一个不可否认的事实是,这几年来,广大教师的工资和生活福利待遇有所提高,不少教师也解决了住房问题。在教师中应提倡艰苦奋斗、勤俭创业的精神,应当让大家了解只有随着经济建设发展,国家财力增多,教师的待遇才能得到改善。然而,正如王震同志说的:"他们的工作十分辛苦,生活比较困难,社会地位和物质待遇有待提高。"

新中国成立以来,我国脑力劳动和体力劳动者的工资关系,据有关资料分析大体经历了一个由持平—差距—扩大—逐步缩小—收入倒挂的演变过程。其表现:(1)工资收入水平偏低;(2)无正常升级制度;(3)中年教师报酬与贡献不相称;(4)同行政级别挂钩,形成不合理的工资关系;(5)工资与物价不挂钩,没有理顺工资同物价的关系;(6)工资管理体制不合理,工资不同个人工作、贡献挂钩。由于教师工资待遇上存在的问题,直接影响到广大教师劳动消耗的补偿,不少教师超负荷运转,影响健康,影响广大教师的积极性,使教师这一职业缺乏吸引力,许多青年学生不愿报考师范专业,上了师范院校毕业后也想方设法离开,更影响教师队伍的优化。另一方面,教师住房困难也是个突出问题,据直属学校和岛内三个区统计,无房户和困难户有 682 户,占 15.2%,其中无房户 109 户、危房户 28户、租私房 128 户、租侨房 69 户、人均 6 平方米以下 171 户、4 平方米以下 157 户。由于住房困难,影响生活,影响工作积极性。实际情况反映,学校和教师的地位也不高,许多家长只有到了孩子念书、在校出事、准备升学时才会想到学校和教师。

由于上述情况,从某种意义上讲,教育事业的发展和教育质量的提高有赖于教师的社会地位和生活待遇的提高和改善。因此:

第一,应进一步改善教师的工资待遇。解决这个问题的出路在于改革现行教师的工资制度,国家单独设立教师工资系列,使教师的工资收入与其地位和作用相适应。建立和健全工资的有效激励机制,给地方和学校有较多自主权,即统一原则与一定灵活性相结合,经济特区应有更多的自主权。教师还要实行定期晋级增资制度。根据经济的发展,使教师的实际平均收入从不低于到逐步高于企业职工的实际平均收入,而且能达到 12 个行业的前几位,保证教师的实际收入不因物价上涨而降低。而且对中小学教师,凡经年度合格考核者,应建立每年均可晋升工资等级的制度。为了鼓励广大教师到艰苦的地方任教,对到老、少、边、山区、海岛、经济落后地区工作者给予工资向上浮动和增加津贴。对于从事特殊教育的教师,应实行特殊教育的津贴制度。

第二,为了调动广大教师的积极性,实行按劳分配、多劳多得的原则,克服平均主义,对教师应实行教龄津贴、课时津贴、超课时津贴和岗位津贴的制度,对担任班主任者应增加补贴。应当可以继续进行结构工资改革的试点。还应规定,凡中等和中等以下学校的教师,教龄满 30 年,其退休照发全薪。还应向从事教育工作 25 年或 30 年的教师和教育工作者颁发荣誉证书。

第三,要加快解决教师住房困难的步伐。政府应规定,对教师住房的建设、分配的购买实行优先、优惠政策,力争 1992 年前凡 40 周岁以上的教师的大龄晚婚而缺住房的教师能安居乐业而不被住房问题困扰。由于这样必须:(1)各级政府每年应拨专款盖教师住宅;(2)建立新的学校必须相应建有配套住房;(3)农村中小学教师的住房应由县、乡政府统筹解决。

第四,关于教师医疗保健问题也是个突出问题,尤其在农村的教师。应建立定期对教师进行体检的制度,禁止将人均医疗费发给教师个人包干的错误做法。允许生活基础在城镇到农村工作的教师,其离退休后将其医疗关系转回所在地城镇的医院、门诊部就诊。

　　此外,各级行政部门、社会服务行业、文化事业机构应积极为教师提供方便,为教师进行社会调查、社会实践和参观创造条件。

　　第五,为了使教师的职业成为人们最羡慕的职业,应建立:(1)国家已决定每年9月10日为教师节,应认真隆重做好庆祝每年教师节,树立"尊师重教"良好的社会风尚;(2)颁发教师荣誉证书;(3)对特别优秀教师授予教师的最高荣誉——"特级教师",可每三年评定一批;(4)为了使教师这一崇高职责能得到保障和履行自己应有的权利义务,国家应制订具有法律作用的"教师法"。

　　总之,各级政府和教育行政部门根据中央的要求,应努力提高自身的政治思想和业务素质,积极为提高教师待遇、改善工作生活条件采取有力措施,加上广大教师的高度事业心和责任感,一个较高水平而又稳定的教师队伍一定会建设好;由于他们所迸发的积极性,将会使厦门经济特区教育事业的发展愈来愈好,提高为特区建设服务的人才的素质。

　　衷心希望,各级领导、各界人士和广大教育工作者为建设一支较高水平合格又稳定的教师队伍共同努力奋斗,我们特区教育事业将为经济特区建设和祖国四化做出更大贡献。

1990年,旧金山—厦门英语培训班师生留影

努力为特区培养建设人才①

市教委决心发动全市教育工作者,以认真的工作精神、严谨的工作态度、优异的工作成果向厦门特区建设十周年奉献心意和厚礼。

我们在组织全市师生认真学习党的十三届七中全会精神和全国人大七届四次会议精神的同时,将认真研究和制订为特区建设和发展培养合格人才的具体措施,进一步动员全市教职员工为培养特区各级各类人才努力工作,做特区建设的无私奉献者。

现在的中小学生是"跨世纪的人",是特区未来的建设者、接班人。我们的责任在于使他们在良好的社会环境和学习环境中刻苦学习,努力培养成为德智体全面发展的"四有"新人。在特区建设十周年庆祝活动前夕,我们要组织开展形式多样、生动活泼的活动,大力宣传我国改革开放和特区建设十年来的重大成就,对全体学生进行党的基本线路教育,爱国主义、社会主义、集体主义教育,灌输"开朗、守信、开拓、奉献"的特区精神,使他们从现在起就明确特区建设者、接班人应具备的要求。市教委还要在全市学校中开展《厦门市市民文明公约(试行稿)》的宣传活动,使之与《学生守则》、《行为规范》的教育有机地结合起来,列入学校思想品德教育的内容之中,教育学生不做有损特区声誉的事。

在特区建设十周年庆祝活动中,市教委将广泛发动各级教育部门和学校对特区教育的十年进行总结,举办教育论文讨论会,进一步推动我市教育工作向前发展。对承担重大项目——大型团体操的创作工作,在十一届亚运会大型团体操总顾问毛学信教授的主持下,方案已基本设计出来。整个大型团体操表演需要中小学生、体院学生、部队同志共3 000多人参加,还需要5 000多人组成背景台,规模之大在厦门历史上是第一次。从目前情况看,要完成排练、合练,以及道具、布景、服装、音乐等制作工作,任务十分艰巨。我们将竭尽全力圆满完成这项光荣的任务。期望全市各部门都来关心大型团体操这一项展现厦门特区风采、表现厦门特区人民精神风貌的浩大工程,在团体操的排练与表演的各个工作环节中给予大力协助和支持。

---

① 原载于《厦门日报》1991 年 5 月 15 日。

构建由应试教育向素质教育转轨的机制①

许十方

实现基础教育由应试教育向素质教育转轨,重要的是找到一个突破口,构建一个有效的运行机制。这方面,我们几年来进行如下探索:

一、创办特色学校

早在20世纪80年代初,我们就鼓励各中小学在全面贯彻教育方针的基础上,办出自己的特色。10多年来,全市出现了各种不同类型,不同层次的特色学校,真可谓百花竞放,争奇斗艳。

(1)创办了从培养目标、课程设置、师资设备、招生办法到教学管理、教学方法都"特色化"的外国语学校、音乐学校,还创办了侧重培养体育人才的鹭江中学。这些是特色化程度最高的学校。

(2)在班级层次上创特色,如大同小学办美术书法实验班、群惠小学办舞蹈班等。这些学校吸引、培养了有相应特长的学生。大同小学学生美术作品多次参加国际比赛和交流,群惠小学的舞蹈队曾代表厦门市出访日本。

(3)在课外活动上创特色。如厦门二中的足球队多次参加东南亚华裔长青杯足球邀请赛、OP帆板队代表中国参加亚洲比赛。厦门六中广泛开展创造发明活动,学生的发明在北京国际发明展览中获金奖和宋庆龄基金儿童发明奖,创造思维课成了该校深受学生欢迎的有特色的选修课。还有鹭江小学的"小民警中队"、鼓浪屿小学的"少先队义务导游"、厦门一附小的"安全小卫士"等,都成为有学校特色的优势项目。

特色学校有两个共同的特点:一是不断丰富特色,提高特色化程度。市鼓励各校找准起点创特色,并使特色在实践中不断向深层次演化,直至由"学校特色"演化出"特色学校"。如外国语学校就是在厦门二中英语试验班的基础上创办的,音乐学校也是由鼓浪屿人民小学的音乐班发展而来的。二是保持学校的基础教育性质,不因"特色"牺牲学生应有知识结构和素质基础的完整性。就是特色化程度最高的中小学也不是专科学校。

实践表明,办特色学校成了基础教育由应试教育向素质教育转轨的突破口。首先,各校确定自己的"特色方案",都依据本地的社会、经济发展需要和社会、历史文化、自然条件。如音乐学校办在孕育了殷承宗、许斐平、许斐星等一批音乐家的"琴岛"鼓浪屿上,使

---

① 原载于《福建教育》1993年第1,2期合刊。作者时任厦门市教委中教处副处长。

"转轨"有了较广泛的群众基础和较强的经济基础。其次,创特色也创出了不同于以升学率高低论输赢的新的办学质量评价标准。一些普通学校因办出特色而增强了办学的信心和凝聚力,一些有特长但非"考试能手"的学生在"学校特色"中找到了用武之地。最后,用心分析、充分发挥本校传统和现实的优势创特色,容易突破,人人调动了各校办学的积极性、主动性和创造性,应试教育、千校一面的局面打破了。

打开了突破口不等于就转轨了。我们的战略是"集中优势突破一点,逐步达到整体优化",由办特色学校开始,建立起一个可操作的转轨机制。

二、推行"校园三节"

从 1990 年起,我们在督查占用学生节假日补课和滥用复习资料增加学生负担的现象的同时,在全市中学推行"校园三节"(5 月的艺术节、10 月的体育节、12 月的科技节),要求作为学校的常规工作纳入学年工作计划,要求做到"三重":"重心在学校"、"重要在群众性活动"、"重要在于参与"。实践表明,以素质教育为目的的"三节"活动,有力地冲击了"片追"、"恶补"。"三节"成为学生展示才华的盛大节日。

三、实施专项教育

我们有选择地在全市中小学生中开展了几种专项教育,其目的不只是掌握几样职业技能,主要的还是培养未来建设者的现代意识和现代思维方式。

(1)电脑教育。市建立电脑教育中心,成立市中小学电子计算机教育领导小组,制定了全市中小学计算机教育的发展计划。现全市中小学已有电脑 1 200 余台,中学电脑1992 年起升级换代(以 16 位机替换 8 位机),有一支专兼职结合的师资队伍,电脑教育在中小学生中有层次地普遍展开。市区高中已把电脑课程列为高一年必修课,初中和小学开选修课或开展课外活动。计算机辅助管理和辅助教学也逐步普及。

(2)环保教育。每年举办有中小学生参加的环保宣传、调查、知识竞赛、征文和绘画比赛、环保夏令营等活动。培训师资,自编教材,在岛内各中学和部分小学、幼儿园开设环保教育课程。

(3)"三防"(防核、生、化武器)教育。从 1987 年开始,经过三年两轮试点,现"三防"教育已纳入市区 19 所中学初二年劳技课教学内容,且由"三防"逐步发展到关于化学工业泄漏、台风、火灾、地震等突发自然灾害常识和简单处理技术的教育。

正确引导与加强教育^①

——厦门经济特区青少年政治思想状况的初步调查

刘福民等

厦门经济特区建立以后,青少年的状况如何,是社会普遍关注的一个问题。1985 年暑假,中共厦门市委宣传部、厦门市教育局党委和厦门市教育学院联合组织了 26 位中学政治教师,分成 5 个社会调查小组,到机关、学校、中外合资企业、外商独资企业、娱乐场所、街道居委会等 50 多个单位,进行了为期 15 天的社会调查。这次调查,采取了召开有关领导和干部的座谈会、访问外商资方人员、答卷抽样分析和进娱乐场点实地观察等方式,并与就业和在校 300 多位青少年交谈,收集了许多第一手材料。现在根据调查所得的材料,做如下初步的分析,供大家研究参考。

一、奋发向上,主流是好的

马克思主义告诉我们,人们的社会存在决定人们的社会意识,社会意识是社会存在的反映。厦门经济特区的实践表明,当代国际社会的频繁交往和我国社会的深刻变化,反映在青少年的头脑里,就形成了当代青少年政治思想的一般特点。20 世纪 80 年代与 50 年代、60 年代相比,青少年的思想确有许多不同之处。我们认为,应当从历史的变迁和社会的变革中,透过现象看本质,分清主流和支流,才能正确认识和对待正在成长的青少年一代。

当前,从 7 岁到 20 岁的青少年,基本上是在粉碎"四人帮"以后出生或长大的。他们所处的社会条件与以往相比,有三个显著的不同:

(1)经过拨乱反正,我国出现了安定团结的政治局面。他们没有直接参加过"文化大革命",没有经历过各项"政治运动",没有"阶级"、"成分"或"出身"的包袱,受"左"的影响小,有安定的学习和工作环境,成长过程比较顺利。因而,他们思想活跃,敢想敢说。在调查中,我们与青少年交谈时,深感他们"无话不可对人言",诚恳爽直,天真可爱!

(2)经过城乡改革,我国经济状况出现了日益好转的势头。他们没有"上山下乡"的"后顾之忧","瓜菜代"的时代过去了,粗粮变细粮,生活温饱,许多青少年还讲究打扮,求新求美。因而,他们性情开朗,乐于开展丰富多彩的课余活动,喜欢广泛进行人际社交活动。

---

① 原载于《厦门教育》1986 年第 1,2 期合刊。市委宣传部、市教育局、市教育学院联合社会调查组合署名,时任厦门教育学院政治教研组组长刘福民根据调查组成员的报告整理。

（3）厦门经济特区的建立和发展，开辟了广阔的就业门路。他们没有"待业"的烦恼，中学毕业后，招工招干的机会多、收入高，生活条件越来越好。因而，他们对家庭的依赖思想减弱了，自主自立的要求增强了。

厦门青少年生活在这种优越的社会条件下，思想上产生了共同的愿望和要求，主要是：

（1）热爱祖国，向往未来。他们关心特区建设，渴望振兴中华，早日实现"四化"，对祖国未来充满信心。他们说："我们的祖国一定能成为世界第一流的强国。"几年来，学生填报的高考自愿，遍布祖国的东南西北。双十中学的刘文同学到美国以后，写信给母校说："祖国建筑事业不发达，我就学建筑专业，以后回来为祖国做贡献。"厦门一中应届高中毕业生林建伟，在美国的养父和姑姑为他准备了自费出国留学的费用，他婉言谢绝，决心要靠自己的努力争取出国深造。他现在已被录取在清华大学学习。

（2）拥护改革，敢于创新。他们普遍感受到改革和开放政策给自己和家庭带来的物质利益，许多青少年说："我们是党的三中全会路线的受益者、拥护者和继承者。"无论是在校还是已就业的一部分青少年，都勇于创新，取得了显著的成绩。例如，市电子职业中学的几个同学自发组织起来，边学习实践，制作出无线话筒、高传真扩音机，得到市里的赞扬和奖励。1982届职业高中毕业生王建兴，现任市食糕厂西饼车间主任兼团支部书记，去年以来研制出"白兰地蛋糕"、"鱼片汉堡"等8个新产品，被市商业局评为先进工作者。鹭岛开发公司的陈顺利，成功地编出了"人事管理"、"工资管理"、"图书管理"等3套电子软件程序，为特区做出了贡献。

（3）思想活跃，要求自理。他们不愿受"保姆式"的管教，要求自理和自主。竞选班长、竞选学生会干部的事，已在学校相继出现。团队和学生会自己组织学科社团，独立开展体育比赛和周末文艺晚会，表现出多方面的兴趣爱好和组织能力。在日常生活中，对于偏见和不公正的人与事，许多青少年敢于表示自己鲜明的反对态度。

（4）求新好学，渴望成才。他们目睹外国的新技术、新设备，感到祖国落后了，激起了探求新知识的强烈愿望，对科技活动的兴趣越来越深，听科技讲座的青少年最多，学外语、学电子计算机技术最为热门。许多青少年向海外亲友索取科技外文书籍，充实自己。他们说："只有学好真本领，才能振兴中华，赶超世界，成为富国强民的有用之才。"

（5）讲究实际，厌恶空谈。在他们的心目中，"横比"多于"纵比"，对经常回忆过去不感兴趣，注重于面向实际的现实态度。对于领导干部和教师的言行不一，对党内的不正之风，十分不满。对于空谈、假话、大话、套话，特别反感。

在上述主导思想的支配下，青少年中出现许多令人称赞的好人好事。1985年，全市评选出105名优秀学生干部、484名"三好生"、80个先进班级。已经就业的，不论是当干部还是当工人，不少人是所在单位的骨干，有的在中外合资和外商独资企业成为生产能手。原来在厦门电子学校担任班、团干部或学雷锋小组组长的庄振佳、黄维媛等同学，到了厦华电子公司后不久，就担任了生产线的总线长，都很能干。该公司人员对李先念主席说："我在这里招收的工人，比香港的质量好。"据了解，在厦新电子公司就业的毕业生，1984年人均产值195 000元，公司经理很高兴。在市工商银行工作的杨丽婉同学，先后被评为省二级珠算能手和电脑操作能手。在餐馆工作的，有的被破格提升为四级厨师，他们的烹调技术还受到西哈努克亲王的赞扬。

调查组的同志们认为,可以把当代青少年的特点概括为:自尊、自主、自理和求知、求新、求实。这些共同的特点,就是当代青少年思想中的主流。这种主流,是顺应历史潮流,符合社会主义四化建设的需要的,应当充分肯定。如果看不到当代青少年的主流,就很容易否定党的三中全会以来的路线、方针、政策,动摇社会主义四化建设的信心。

二、问题不少,原因是多方面的

在这次调查中,我们也发现社会上的各种错误思潮反映在青少年头脑里,出现了许多复杂的问题。我们认为,在充分肯定主流的同时,也应当看到支流,清醒地看到青少年身上的消极因素和不良影响,以便"对症下药"地进行教育。他们的问题主要表现在:

(1)在政治上,有些青少年勇于思考,但不善于思考,辩别是非能力差,分不清社会主义和资本主义,有的甚至说:"资本主义比社会主义好。"

(2)在思想上,有些青少年注重实际,但偏于"实惠"。有的说:"合资企业比国营企业好,独资企业又比合资企业好,工资高,奖金多。"有的甚至认为"只要收入多,宁愿受雇佣,被剥削"。

(3)在品德上,有些青少年求新求美,但分不清善与恶、美与丑。当前青少年中,独生子女增加,骄娇二气比较严重,不爱劳动也不会劳动。就业后的学生,工作拈轻怕重,不愿干杂活,连搞卫生也不主动。有的人不能适应紧张的劳动和工作,被解聘或自动退职。初中学生谈恋爱的"早恋"现象,时有发生。

(4)在文化上,有些青少年虽有求知欲望,但良莠不分。有的爱看武打影片、爱情小说,有的辗转传抄淫秽手抄本。不少职业中学(班)的学生,重专业课,轻文化课,基础知识不扎实。有的说"读书不如做工痛快、有钱花",于是放松了学习,流生现象也比较突出。

(5)在生活上,有些青少年求新求美,但盲目追求"高雅"、"摩登",讲究"派头"、"排场"。有的人离开学校一就业,花钱大手大脚,男的抽高级烟、上高级餐厅,女的购买金首饰,每月工资140多元,还要父母给钱。他们说"金钱是身外之物,生不带来,死不带去,不做80年代的葛朗台"(指守财奴),主张吃光用光。有的盲目追求西方生活方式。

这些弱点,集中在少数青少年身上,就会恶性膨胀,造成一些人道德败坏,甚至走上犯罪的道路。在调查中,一个引人注目的问题是青少年犯罪现象有所上升。究其原因,大致有三个方面:

(1)我们的思想政治工作,还没有改变软弱涣散的状态。有些单位和领导,把生产、工作和教学看成是"硬"任务,把思想政治工作看成是"软"任务,说起来重要,做起来次要,忙起来不要。由于没有摆上"中心环节"的位置,思想政治工作就起不到"领先"和"保证"的作用,不能发挥应有的威力。

(2)有些青少年思想幼稚,意志薄弱,一味追求奢侈的物质享受,以致被坏人引诱拉拢,受腐蚀。有的人爱看武打录像、小说、小报,受其影响,讲"江湖义气",结成团伙,一起干坏事。

(3)家庭管教不严,或失当。有的父母对子女过分溺爱,甚至纵容、包庇,教育子女不得法,目前并不是个别的现象,应当引起重视。

事实说明,教育青少年是一个严重的问题,是一项艰巨的任务,千万不可掉以轻心。如果忽视青少年思想中支流的一面,必将造成严重的后果。我们认为,各级党政领导机关和广大教育工作者,应当有这样一个明确的指导思想:对外开放是我们的基本国策,抵制资本主义腐朽思想侵蚀的斗争也是一项长期而艰巨的任务,保护青少年不受资本主义腐朽思想的侵蚀,是关系我们党和国家前途命运的根本大事。

三、正确引导,加强和改善思想政治工作

思想政治工作的根本任务,在于解决人的认识问题,提高思想觉悟,确立坚定正确的政治方向。解决思想认识问题,要坚持实事求是,以理服人的原则,才能收到应有的效果。对青少年学生还要根据他们的现状和特点,运用晓之以理、动之以情、明之以实、导之以行、炼之以志的有效方法,才能把他们培养成为有理想、有道德、有文化、守纪律的一代新人。根据全国党代会的精神,我们打算加强和改进以下几个方面的工作:

(1)重新认识思想政治工作的地位和作用,统一指导思想。当前,首先要认真学习和贯彻全国党代会的精神,统一指导思想,克服软弱涣散状态。我国的"七五"计划,是一个社会主义物质文明和精神文明同时并进的计划。任何具体工作都离不开思想政治教育,思想政治教育也离不开各项具体工作。加强社会主义精神文明建设,不仅能够推动社会主义物质文明建设,而且能够造就一大批"面向现代化,面向世界,面向未来"的一代新人。

(2)加强和改进中小学的思想品德课和思想政治课。1985年中央18号文件明确指出,当前政治课内容需要改革,教学方法必须改进,但政治课教学只能加强,不能削弱。我们不赞成一部分人取消政治课的主张,那样就会偏离社会主义教育的方向,改变社会主义教育的性质。我们厦门各中学,在坚持教好现行教材的同时,去年还编写了《经济特区常识》,作为政治课的辅助教材,取得了明显的教学效果。

(3)发动教师以身作则,教书育人,寓教育于教学之中,共同做好青少年学生的思想政治工作。重视政治教师的思想建设,是加强学校思想政治工作的重要环节。几年来,我们每年暑期都用10天左右的时间,举办讲习会,组织全市政治教师学习文件,参观访问,帮助他们提高理论水平,增加感性知识,把理论和实际结合起来,提高政治课的教学质量。

(4)学校、社会、家庭要互相配合,落实综合教育措施。马克思主义历来认为,人的本质"是一切社会关系的总和"。青少年思想品德的成长,学校固然担负着重要任务,但社会和家庭的影响也是极为重要的。许多事实说明,一张报纸、一首歌曲、一部电影、一本小说基调的高低、内容的健康与否,都对青少年的思想起着潜移默化的感染作用。我市文安街道的帮教小组,根据青少年犯罪的心理特点,把任务落实到人,做耐心细致的说服教育工作,开展读书、游泳、体育比赛等多种活动,从中进行理想、纪律教育,引导失足青少年"向昨天告别",朝新的起点迈进,并积极帮助他们解决就业和婚姻问题,使失足青少年有了很大转变,有的还入了团、入了党。对教育后进和失足青少年起了积极的作用,取得了可喜的成果。

青少年的可塑性很大,只要社会各方面正确引导、加强教育,他们是能够健康成长的。

坚持爱国主义教育，培养德才兼备的一代新人[①]

吴德丰

党的十三届三中全会后，我国实行对外开放，厦门成了我国与世界各国交往的窗口之一。如何使学生思想政治教育适应这一变化，是我们面临的新课题。我们认为，爱国主义教育是一切思想教育内容的基础，爱国的情感是一种巨大的精神力量。对一个民族来讲，它是一种牢不可破的内聚力，有了它，就有了战胜一切困难的信心和自立于世界民族之林的能力；对一个人来讲，它是为祖国献身，贡献出一切光和热的精神支柱和原动力。有了它，就可以在任何时候、任何场合，不废报国之举，增添效国之情，做出一番轰轰烈烈的事业来。几年来，我们以爱国主义教育为主线，重在提高中学生的思想素质，抓改革，抓教学，抓管理，使我市教育事业随着特区前进的步伐逐渐发展，体现了厦门经济振兴和社会发展的脉搏，保证了青少年一代在各个方面能够适应新时期社会主义建设的需要。

（一）

我市对中学生的爱国主义教育，是随着改革、开放，特区建设的发展而逐步深化的。

1979 年，实行对外开放之初，"鼓浪屿"号、"集美"号两艘客轮通航于厦门与香港之间，每周有上千的侨胞、外国人进出厦门，国外大量的物质、精神文化产品涌进来了。生长在封闭环境下的青少年学生一时眼花缭乱，部分学生盲目崇外，妄自菲薄，对我们国家、对社会主义制度产生怀疑，觉得"厦门不如香港"，"社会主义不如资本主义"。针对这些思想，我们把教育学生了解、热爱祖国的壮丽河山、文明历史、优秀的文化遗产、中华民族的伟大史诗和学习祖辈前人的崇高精神作为主要内容，先后开展了"伟大祖国考察团"、"可爱的新厦门"、"我爱新厦门"的活动，组织学生查阅报刊资料，运用图片展览、看电影、幻灯片、访问老前辈，和外省兄弟学校通信等形式，广泛了解祖国的政治、经济、历史、文化。我们还邀请专家、学者和社会知名人士为学生主讲有关爱国主义教育的专题，诸如"五千年的文明古国"、"地大物博的祖国"、"灾难深重的祖国"、"新生的伟大祖国"、"十年浩劫的祖国"、"前景无限好的祖国"等，使学生了解祖国的昨天、今天和明天。活动初期，各校举办以爱国主义为主要教育内容的班会、队会、团日、讲座、报告会、征文、讲演比赛和读书、歌咏等活动，组织学生参观、游览本市和泉州、漳州、武夷山等风景胜地和人文古迹，开展全

[①] 该文于 1987 年 12 月 13 日以市教委名义报送参选全国教育先进集体的汇报材料。作者时任厦门市教委中教处处长。

市性的"沿着厦门解放的道路前进"的象征性活动。这些活动,使学生更多地了解祖国,增强了对祖国的感情,树立了民族的自尊心和自信心,明确了新一代在改变祖国落后面貌中所肩负的重任。

1980年,中央决定福建实行特殊政策和灵活措施,确定在厦门设置2.5平方公里的经济特区。当时,有些学生感到疑惑,是不是社会主义不行,不如资本主义,需要资本主义来帮助了,甚至提出"现在外商来厦门办企业,与当年资本主义侵略有什么不同"等问题。因此,我们的爱国主义教育也随之深化,提高学生认识社会主义国家建立经济特区的重要意义,学会同资本主义打交道的本领,以及建设精神文明,抵制资产阶级思想侵蚀成了这一阶段教育的主要内容。我们组织学生到曾经是"万国租界"的鼓浪屿,参观解放前淌着华工血泪的大德记海滩,资本主义列强曾据为"国中之国"的领事馆,组织团员开展"日本侵华在厦门的罪行"调查,同学们望着日本侵略者用尖刀挑着婴儿狞笑的图片,满腔怒火,增加了"落后就要挨打"的感性认识;来到工厂、农村开展社会调查,耳闻目睹了解放前后厦门工农业生产的变化和党的十一届三中全会以后的厦门飞跃发展的盛况,进一步认识到社会主义制度的优越性;走访了厦门湖里工业区刚刚筹建起来的合资企业,逐步地懂得对外开放、引进外资的积极意义,体会到科学技术就是生产力。

1983年,教育部提出采取多种方式对青少年进行爱国主义教育,本市各中学建立了"升国旗制度",坚持每周举行"升旗仪式",讲解国旗、国徽的象征意义,请音乐教师介绍国歌作者的生平,有的学校举行"当国旗升起来的时候"的主题队会、班会,升旗仪式在我市城乡中学坚持至今。许多学校还精心布置、设计良好环境,使学生处处感受到爱国主义情感的熏陶,操场上飘扬着鲜艳的五星红旗,教学大楼上悬挂着振兴中华、奋发学习的标语,教室、图书馆、实验室里张贴着反映我国社会主义建设成就的图表,悬挂着爱国历史人物、历代杰出的科学家、文学艺术家的画像,以及各爱国人士的名言录。厦门一中在1983年国庆节组织了有900多个学生参加的"五旗五史"考察团,写出了考察报告、心得体会300多篇。"国旗国史"考察分团不仅考察了国旗、国歌、国徽的诞生及其意义,还考察了近百年来我国人民反抗外来侵略的光荣历史和新中国成立以来的伟大成就。他们说:考察国旗国史,倍感肩上的责任重大,为了祖国的富强繁荣,我们一定要加倍努力,好好学习,为将来参加四化建设打下扎实的基础。

为了给外商投资创造较好的工作和生活环境,体现中华民族"礼仪之邦"的传统美德,我们从特区社会主义精神文明建设的需要出发,教育学生在与国际友人接触的场合中,要自尊、自爱,注意国格、人格。1981年,我们颁布了"厦门市中学生十不准",还在各中学广泛开展文明礼貌活动,多年坚持开展"学雷锋、创三好"活动,这些活动都把特区青少年学生应有的理想、道德、情操、人格作为主要内容,使我市广大青少年学生把自己的命运和特区的前途、祖国的命运自觉地联系起来。

1984年2月,邓小平同志视察厦门,做出把经济特区扩大到全岛的决策,极大地鼓舞了厦门人民加快特区建设的信心,我们及时抓住这一时机,激发学生的学习积极性,把爱国主义教育落到实处。"努力学习,为特区建设做贡献"是我们激励学生的口号,也是特区青少年学生爱国的体现。我们组织团员、青年学生到各行各业,开展"社会需要什么样的人才"的调查,了解新时期建设有中国特色的四个现代化对人才结构、素质的要求,学习建国之才,增强效国本领。我们加快了始于 1980 年的中学教育结构改革步伐。1986 年秋,中等职业技术教育的招生占高中招生数的 45％左右,全市职高专业已办了电子、计算机、家用电器、幼师、服装、烹饪、旅游、财会、水产养殖等 42 个专业,这些专业根据特区经济建设发展的需要,把个人理想和特区建设结合起来,既学高中文化基础学科,又学专业基础理论,边学边实践。五年来,5 000 多名毕业生多数被对口录用。

我们还经常组织学生参观科技展览和引进先进技术装备的企业,把学生的兴趣、注意力吸引到科技方面。各中学开展课外活动,开设劳动技术课,开展学科竞赛,在市教育学院建立微电脑培训中心,市属 13 所中学和 8 所重点小学配备了 200 多台电脑后,许多学生废寝忘食地学习,各校纷纷举行智力竞赛、学科竞赛,学生中掀起学习电脑、外语热潮。仅双十中学,1986 年就获福建省"东南杯"微电脑程序竞赛团体赛总分第一名,个人赛的一、二、三等奖。该校在近几年还双获国际奥林匹克物理、化学竞赛福建省选拔赛桂冠,四取"国际少年书信写作比赛"国内奖和国际特别奖。很多学生走上了自己喜欢、能力允许、国家需要、作用明显的道路。

爱国主义教育要"从我做起,从现在做起,从小做起",与实际工作结合起来,教育每一个学生"热爱祖国,要从热爱家乡、热爱学校做起",愿意、主动为群众服务,为社会服务,我们带领学生到工厂、农村、商店开展义务劳动,到风景区、旅游点开展义务导游,到汽车站、火车站做好事;发动学生美化、绿化校园,参加义务劳动,组织开展"共青团义务劳动日"等活动。

近一两年来,我们又根据党的中心任务和国家的工作重点,抓住"一个中心,两个基本点"深化爱国主义教育。在配合这一教育而进行的革命传统教育中,一些学校组织学生听取解放前厦门地下党革命斗争史报告,发动学生收集地下党活动资料。大同中学附近的"妙法林"是厦门地下党 20 世纪 30 年代的活动点,同学们去参观、听讲解、做好事,收集厦门地下党活动资料,出版了两期厦门地下党革命烈士罗杨才、刘惜芬等二十几位烈士的事迹史料。各中学还通过整理校史,建立"光荣室",提出校训,使学生了解学校的发展和成就,坚持好校风。在对学生进行"没有共产党就没有新中国"的专题教育中,组织学生看中国革命史录像,使学生了解中国共产党在中国革命中的地位,宣扬新时期共产党员的先锋模范作用。教育学生坚持党的领导,永远跟着共产党走。在"建设中国特色社会主义"的教育中,1986 年、1987 年这两年,市委宣传部和我们联合办"中学生政治夏令营",深入工厂、农村、中外合资企业开展参观访问、社会调查,以帮助学生理解运用政治课所学的理论知识。在响应中央关于组织学生参加社会实践的号召中,今年,我市各中学组织高中学生下工厂、农村参加生产劳动,1 000 多名高中学生到部队开展军事训练,有的学校已建立了固定的社会实践活动基地,有的学校拟定明年教学计划时,把参加社会实践的军训活动列入课表。

（二）

在对学生的爱国主义教育中，我们的做法是：

1. 运用对比，提高认识

有比较才有鉴别，经过对比的认识才会深刻，在这基础上树立起来的信仰，才是坚定的信仰。我们利用对外开放，厦门又是侨区，易于接触和了解外部世界这个有利条件，引导学生在比较中鉴别，在鉴别中提高。许多学校运用莲花中学曾美娜同学失去双亲之后，同学、班主任、老师、校长给予无微不至的关怀，使她在痛失双亲之后，感受到大家庭的温暖的实例，以及前几年厦门一中刘鸣行姐妹俩"孤女不孤"，华侨中学师生捐款，帮助家庭有困难的同学治病，在"六一"节召开茶话会慰问失去父母的学生等生动事例，对比香港弗兰克老太太死后四个月无人过问的遭遇，进行两种社会制度的对比教育。各校还组织学习张光斗教授的"访美归来谈社会主义好"、李敦白"谈在美国探亲的感受"、韩素音的"谈西方文化"、于梨华的"我的留美经历"、北京侨生遇静"重返祖国，献身四化"、杭州吕芬老师的"香港七个月"、王昌熙"做一个堂堂正正的中国人"等文章，加强了社会主义和资本主义本质区别的认识。厦门一中在对学生进行四项基本原则教育时，开展了解放前后对比、"文革"前后对比、党的十一届三中全会前后对比的活动，使学生进一步明确"没有共产党就没有新中国，就没有现代化建设的今天"的道理，从而更加热爱我们社会主义，拥护党的十一届三中全会的决定。

2. 运用家乡人物的榜样力量激励学生

榜样的力量是无穷的，厦门有几十名名震全国、誉蜚环宇的历史人物和近代现代英杰，这是激励学生的最好乡土教材。最近几年，连续建树起来的郑成功、孙中山、陈嘉庚、鲁迅、林巧稚、罗扬才、王亚南等塑像，更是用来激发学生缅怀前人、爱国爱乡、继往开来、誓创大业的生动教材。一走进双十中学校门，就看到孙中山高大塑像，从他炯炯有神的目光中，学生们好像看到了先辈英烈对他们的殷切希望；在鼓浪屿，同学们指点着民族英雄当年操练水师的日光岩，把"振兴中华"的决心倾注于建设好特区的誓言；在集美学村，集美中学坚持用陈嘉庚老先生倾资办学的爱国主义事迹教育学生。运用乡土教材进行教育时，我们特别注意运用现实生活中的英雄形象和就在我们身边的活生生的先进人物事迹。例如，组织学生听取张海迪的电视演讲、对越反击战英模事迹报告、长江漂流队队长报告，以及曲啸同志的录音报告，还邀请几位厦门籍的世界冠军、亚洲冠军、全国体育健将如倪志钦、郑达真、郭跃华、林瑛、栾劲等回校做报告，组织学习我市青少年学生精神文明的先进典型，这种教育更为直接、形象，达到了"以理服人"和"以情感人"的效果。

3. 寓教育于教学之中，使课堂教学成为爱国主义教育的重要阵地

各学科注意充分挖掘教材中的爱国主义教育内容，重视一张图片、一首歌曲、一个故事、一本书、一个人物和一节课的教育作用。语文科布置以爱国主义为主题的作文，举办征文、演讲比赛；历史科举办祖国重大历史事件讲评；地理科组织祖国山河的课堂邀游；美术科组织学生参观、游览、实地写生作画；体育科举办"国庆杯"比赛活动；音乐科开展音乐

欣赏,介绍著名作家的爱国事迹;数理化、生物等学科讲解我国古今著名科学家攻克科技难关取得世界领先成就的事迹。各学科还注意把课堂教授的知识用于实际,让学生在实践中锻炼能力,使爱国主义教育付诸于服务人民,服务社会的实际行动。有的中学和旅游园林部门配合,组织红领巾导游团,到万石植物园担任义务导游工作。同学们查找资料,访问行家,实地考察,既有效地提高了学习历史、地理知识的积极性,又领略了自然美、艺术美,加深了对家乡山山水水的热爱和美的熏陶。厦门富山国际展览城举办国际展期间,有的学校组织高中学生参加大会接待工作,在接待中外参观者时彬彬有礼,服务周到,受到好评。这些学生在接待工作中英语口语得到训练,激发了求知欲望。寓教育于教学之中,既使教学与育人相结合,又使教育推动了学生学习的积极性和自觉性。1987 年,全市初中毕业生的巩固率、及格率、报考率、综合率均列全省前茅。

4. 提高教师队伍的素质,保证教育活动持久、扎实地开展下去

对学生的思想教育工作,主要是通过全体教师来进行的,教师的思想素质和业务水平至关重要。在对学生进行爱国主义教育中,我们重视加强对教师队伍的培训,提高教师的思想教育水平。每年暑假,市委宣传部和市教委就联合举办暑期讲习会,组织全市政治教师、政工干部学习文件,传达中央精神,介绍厦门经济特区建设状况,使教师了解国家形势,掌握理论动态,充实教学内容,提高思想觉悟。几年来,我们先后举办了"经济特区问题"、"经济体制改革"、"法学基础理论"的专题讲座,编写乡土教材。1984 年暑假,我们组织部分教师到有关单位调查访问,查阅资料,编写了《经济特区常识》一书,还汇编了 26 位教师对厦门青少年政治思想状况所做的社会调查文章。教师素质的提高,保证了我们开展以爱国主义教育为主的思想教育工作既有声有色,又扎实持久地进行下去。

此外,我市还建立学生思想政治工作研究小组、中学政治理论课研究会,各校建立政治教育处,加强工会、团、队、学生会和年级、班主任的工作,从组织上保证政治思想工作的有力协调开展,拧成一股绳,形成了一支坚强有力的思想政治工作队伍。

几年来,我市中学坚持以爱国主义教育为主的学生思想教育工作,使我市各中学校风不断好转,青少年学生朝着"四有"方向健康成长。中学生的犯罪率一直处于万分之二至万分之五的低比例。厦门一中、双十中学、厦门六中等校多次被评为厦门市的"文明单位"、"花园式"学校和省教育先进单位。1981 年、1982 年,《人民教育》载文报道了我市中学爱国主义教育经验。几年来,一批又一批的国内外教育同行到我市参观指导,都认为厦门市学校"校园美丽",中学生的仪表仪容"整洁大方",精神面貌较好。

特区教育在发展,特区青少年学生在健康成长。我们送走了一批又一批的毕业生,有的服从国家需要,升大学继续深造,到西南、西北、东北读大学的逐年增多;有的报考师范院校,立志从事党的教育事业,录取在师范本科院校的学生 1985 年仅 42 人,1987 年达 115 人;有的应征入伍,走上保卫祖国的岗位,而更多的学生则在建设特区的岗位上成为具有一定素质的劳动大军,发挥着重要作用。

厦门市中学生违法犯罪情况调查[①]

邓渊源

为了了解厦门市中学生违法犯罪的状况,探讨其特点和原因,寻求解决问题的对策,我们从 1986 年 3 月起走访了市检察院、公安局、学校,对学生违法犯罪率较高的某中学做了为期半个月的专题调查,召开各种类型座谈会,找违纪生、违法犯罪生谈心,印发有关调查表格、问卷,以期尽量掌握更多材料进行分析研究。现将调查资料整理分析如下:

一、学生违法犯罪的基本情况

表 1   1983—1985 年市属中学学生违法犯罪情况统计表

人数\项目\时间		盗窃	强奸	流氓	打架行凶	诈骗	总数	占同期在校生的比例
1983 年		4	1				5	2.4/10 000
1984 年		10		1	4		15	6.5/10 000
1985 年		25		4	1	1	31	11.84/10 000
累计	人数	39	1	5	5	1	51	
	%	76.5	2.0	9.8	9.8	2.0		

表 2   1983—1985 年市属中学学生违法犯罪生年级分布情况统计表

人数\年级\时间		初一	初二	初三	高一	高二	高三	总数
1983 年		2	3					5
1984 年		4	4	2	4	1		15
1985 年		5	7	4	6	8	1	31
累计	人数	11	14	6	10	9	1	51
	%	21.6	27.5	11.8	19.6	17.6	2.0	

---

① 原载于《教育研究》1986 年第 12 期。作者时任市教委副主任、课题组组长。

表 3　1983—1985 年市属中学学生违法犯罪生年龄分布情况统计表

人数 时间 \ 年龄	13 岁	14 岁	15 岁	16 岁	17 岁	18 岁	总数
1983 年		2	2		1		5
1984 年	2	2	3	3	4	1	15
1985 年		2	9	11	5	4	31
累计　人数	2	6	14	14	10	5	51
累计　%	3.9	11.80	27.5	27.5	19.6	9.8	

二、学生违法犯罪的特点

(一)犯罪增多,年龄趋小

据表 1 所示,市直属中学违法犯罪学生的人数从 1983 年的 5 人,占同期在校生的 0.0024% 增至 1985 年的 30 人,占同期在校生的 0.001184%。

这些违法犯罪生年龄较小,从违法犯罪生在校年级分布来看(表 2),初中生违法犯罪人数多于高中生。1983 年违法犯罪生全是初中生。在 1984 年和 1985 年的违法犯罪生中,虽出现一些高中生,但三年累计,初中生占 60%,高中生占 39.2%,可见违法犯罪生初中生占多数,而其中又以初一二年级居多。再从违法犯罪生的年龄分布来看(表 3),以 15 岁、16 岁为"高峰"。值得指出的是,这些违法犯罪生均属男性,而女性犯有不良品德行为者,据查,年龄更小。＊＊中学有 4 位女生犯性行为的错误,她们的年龄在 12～16 岁,低于违法犯罪男生的 1～2 岁。

(二)各类犯罪,盗窃居首

这些违法犯罪生分别有盗窃、强奸、流氓、打架行凶、诈骗等罪行,其中犯盗窃罪的人最多,占 76.5%。某中学和某某中学等 5 位学生自 1985 年 5 月至 9 月,结伙先后窜到本市 80 多家商店、商场、贸易公司作案达 90 多起,盗窃的物品总价值达 1.2 万余元,部分赃物销赃得款 3 400 余元。被分别判处 10 年、7 年、6 年有期徒刑。

(三)互相感染,结伙作案

1985 年违法犯罪生 31 人中,结伙作案的有 18 人,占 58.1%。某中学从 1983 年 9 月至 1985 年 10 月,学生违法犯罪共 7 起 19 人,结伙作案就有 4 起 16 人,占全校违法犯罪生的 84.2%。这些结伙作案的学生均因平时趣味相投,聚伙玩乐,进而一道作案。

(四)轻举妄为,不计后果

这些作案学生,分不清是非、美丑、善恶、荣辱,不懂得什么是违法犯罪。他们作案时,对一切危害行为及后果抱无所谓的态度。某盗窃小集团夜间作案时均穿黑色夜行衣,身带匕首,摆出一副亡命之徒的姿态。某某因与同学闹矛盾,其校外朋友帮他报复时用刀行凶,差点儿出人命。有的学生公然在光天化日之下侮辱女性、抢劫、诈骗……给社会治安带来严重的危害。

三、学生违法犯罪原因的初步分析

(一)内因

如上所述,这些违法犯罪生年龄 15 岁、16 岁居多,大部分是初中生。他们正处于少年期或刚进入青年初期,这是一个人生理和心理发展急剧变化的时期,也是从童年向成年过渡的时期。他们虽在生理上、心理上发育很快,但还未成熟,处在半幼稚半成熟、半儿童半成人状态,充满着独立性和依赖性、成熟性和幼稚性错综复杂的矛盾。一些心理学家认为,这时的青少年主要心理特征是:物质欲望增多与未独立的经济地位的矛盾;独立自主要求与依附关系的矛盾;性欲萌发与道德、法律的矛盾;活动能量大与认识水平低的矛盾;现实与未来的矛盾。对于自我意识不健康的青少年,他们在社会上各种腐朽思想和旧习惯势力的不断影响和毒害下,由于得不到及时的良好的教育和引导,以至于在无政府主义的自由观、低级下流的乐趣观、亡命称霸的英雄观、哥们义气的友谊观支配下,在纷繁的社会现象和大量社会信息面前,易受外界的诱因直接引起的欲望所驱使,强烈追求私欲(物欲、性欲、报复欲等),产生种种不计后果的违法犯罪行为。

(二)外因

1. 旧观念的影响

党的十一届三中全会以来,党风、社会风气都有明显的好转。但是剥削阶级的腐朽思想、旧的传统观念和习惯势力依然通过各种渠道影响着人们。十年浩劫中党的优良传统和社会主义道德风尚受到林彪、"四人帮"的严重破坏,其流毒至今还在毒害着人们。这几年我国实行对外开放,对内搞好经济政策,这对加速我国四化建设是十分必要的。但由于思想政治工作和各项管理措施没及时跟上,西方的腐朽思想和没落的生活方式也传入我国,对青少年的毒害极大。宣传工作一度出现的片面性,什么"能赚、会花",什么"高收入、高消费、高享受";还有影视上有些不顾社会效果宣扬低级趣味的东西;商标广告、日历上众多的美女头像,这些也起了潜移默化的作用。有些青少年对当前经济改革缺乏正确认识,看到个体户成为万元户,招工不要初中毕业文凭,到合资企业当工人待遇好等等,而产生新的"读书无用论"。社会上青少年活动场所很少,对青少年有教育意义的活动场所也商业化。"营业舞厅"、"幸运城"这类活动场所又不对青少年加以限制;有些收购旧物品的商店、摊贩没严格执行向青少年收购旧物品的有关规定;有的餐馆、游乐场所只考虑赢利,对大肆花钱的青少年不闻不问;一些青少年经常聚伙胡闹的溜冰场也缺乏严格管理。此外,社会团伙的感染、影响,对后进生具有很大的吸引力、诱惑力、腐蚀力。因此,影响青少年学生违法犯罪的不良社会因素是很多的,在这种情况下,认识、辨别能力低,意志薄弱的青少年学生就可能沾染某些恶习,以致失足犯罪。

2. 家庭问题

目前,一些家长对子女教育不力,方法不当,有的家庭自然结构受到破坏,有的家长品行不端……这也是造成违法犯罪的重要的外在因素。

某某中学几位学生结伙偷盗,首犯某某的哥哥因偷窃被行政拘留,在其兄影响下,他结伙偷盗,将200元赃款给母亲用,其母根本不追问钱从何来。一伙人在某某母亲面前分赃款,而当母亲的却视若无睹。某某把部分赃款拿去买沙发椅,其父母却受用无愧。

流氓团伙的首犯某某某,在校属双差生,虽班主任对他耐心教育,但得不到家长的有力配合。其母相信算命者的话,认为某某在16岁时有灾祸,唯有玩弄几个女人才能消灾解难,故对某某某的恶行放任纵容,致使某某某更加放荡不羁,以至银铛入狱,其母才痛哭流涕地说:"是我害了他,是算命先生害了他。"

3. 学校问题

(1)教育思想不端正,片面追求升学率,忽视对学生的思想教育。有些学校领导和老师重智育轻德育、体育、美育,重高中轻初中,重毕业班轻非毕业班,重好班轻差班,重好生轻差生,重课内轻课外,重校内轻校外。这些同志的教育观、学生观、质量观、人才观是错误的。在这种思想指导下,思想工作放松,差班、差生工作不抓,课外活动放任,家校联系脱节,学校管理松散,严重影响学生的健康成长。

(2)学校思想政治工作队伍不健全,思想政治工作薄弱。政教处、团委会、少先队大队都是学校负责学生思想政治工作的领导机构,目前有些学校人员配备不齐;负责这些工作的干部有的思想不安定,工作不带劲;不少老师不愿当班主任,有的当了班主任后,只求班级不出乱子就行。

有些学校领导和教师教育水平不高,不了解新时期青少年学生的特点,不善于把握学生身心发展的年龄特征,不懂得寓教于教学、活动和管理之中,不会抓住良好的教育时机,不去开辟各种教育渠道,不愿做差生的转化工作等等。他们仍然采取封闭式、程式化、模式化和简单说教的方式来教育学生,用歧视、嘲讽、体罚,甚至用推出学校的办法来对待学生,工作严重脱离学生的实际。

(3)教学脱离学生实际,学生厌学、逃学。有些教师不认真备课,讲课平淡乏味。他们只求教学进度,不管学生是否学懂;只管课内,不管课外对差生的辅导和学科兴趣活动的开展。因此不少学生听课不带劲,进教室就感到精神压抑。他们的考试老是不及格,又遭到家长的训斥,老师的白眼,同学的嘲讽。这些学生从厌学到逃学,在社会上寻找安慰和欢乐,其中有的人因结交坏朋友而走上了违法犯罪的道路。

(4)学校对学生的管理教育不严、不当。有些学校领导、老师不明确加强学生管理的目的、意义,不善于通过抓管理,促使学生身心健康发展,因而出现有章不循、有令不行、有禁不止、好坏不分的状况,校风、班风、学风不好。例如,明知学生抄袭作业严重、考风不正、出现早恋等,但只皮毛说说,不采取有力措施。明知星期三下午老师政治学习,有些学生利用这一时间,在家里、在社会上干坏事(不少违法犯罪生在这一时间内作案),也不研究解决办法。

在对学生的管理中又不能使管理与教育、训练相结合。仅满足于管理,而不做好教育训练,不去引导学生自治自理,甚至有的以处罚代替教育和管理。由于过分处罚学生,以致使学生在感情上与学校对立,导致他们在校外犯罪。

(5)校内外教育脱节。目前校外教育阵地亟需开辟,学校与校外教育机构缺乏联系,缺乏协调。老师对学生的家访一般化,甚至有的为了"告状"才去家访,造成学生的抵触情绪。有的老师动不动就请家长到校听"告状",也引起家长和学生的反感。由于校内外教育脱节,对青少年学生教育影响的连续性、一致性得不到保证,影响德育的效果。

就目前情况而言,由于青少年身心发育的提早,教育弊端的存在,社会不良影响的扩大,致使一些青少年学生在错误的人生观、道德观、违纪观支配下,走上违法犯罪的道路。

四、全社会都来关心青少年的健康成长

(一)制定保护青少年健康成长的条例

为了促使社会各方面负起保护青少年、培养青少年、挽救失足者的职责,消除不利于青少年健康成长的社会环境,对青少年的有害行为进行限制,惩办危害青少年健康成长的人,政府应制定保护青少年健康成长的条例,成立监督执行该条例的专门机构。

(二)依法惩处青少年违法犯罪

政法部门应充分发挥专政机关的威力,依法惩处毒害青少年的罪犯和违法犯罪的青少年。在办理青少年犯罪时,应加强对犯罪心理的研究,以利于对他们的教育、挽救、感化,从中了解动态,摸索规律,研究对策。有关部门应努力创造条件成立青少年违法犯罪问题研究机构。

(三)兴办家长学校,提高教育水平

目前各地正兴办家长学校,这对提高家长教育子女的水平是很好的措施。为了办好它,当前,必须努力解决教材和师资培训问题,尤其是编写出一套适应幼儿、小学、中学的家长学校所需要的,又互相衔接的系列教材。

(四)办好各级师范,培养合格师资

大力发展和办好各级师范学校,培养新的合格的师资。要积极鼓励优秀学生报考师范院校,努力提高师范教育的质量。

(五)要大力加强和改善学校的思想政治工作

学校要端正办学思想,坚决纠正片面追求升学率的倾向,促使全体学生德智体全面发展。要加强思想政治工作队伍的建设,重视班主任的选派、培养。要大力加强对学生的理想、道德、纪律和法制的教育,在教育中要注意了解学生,注意学生身心发展的规律,注意遵循思想、政治和道德教育工作的原则,注意改革不适应新时期要求的思想政治教育的内容、方法、途径,努力探索思想政治教育的新路子。搞好学生思想政治工作,关键是提高教师的思想、业务素质和教育水平。此外,学校还要大力改革政治科教学,努力开辟第二课堂,建立学校、家庭、社会三结合的教育网络,整顿校风、班风、教风、学风,热情耐心地做好差生的转化工作,深入开展思想政治教育的科研工作等等。

(六)筹建"工读学校",加强教育,挽救有违法和轻微犯罪行为的失足学生

青少年是国家的未来,关心青少年健康成长是每个成人、家长、老师的光荣使命,只要全社会都来关心青少年的健康成长,青少年学生的犯罪率一定会降低,一代新人一定会茁壮成长。

厦门市教委在集美中学"抗日女英雄李林烈士纪念碑"前举办德育夏令营留影

教育之城：厦门教育的发展蓝图①

——"厦门教育之城规划"介绍

黄守忠

一、把厦门建成"教育之城"的依据

依据之一：厦门教育基础较好，初步建立了比较完整的教育体系，除了有比较发达的基础教育、职业技术教育、成人教育，高等教育尤其发达。1990年统计，全国所有城市的万人普通高等学校在校本、专科学生数，厦门市221人，位居全国第一。本市有全国重点大学厦门大学，集美学村有5所高校，还有鹭江职业大学、民办的华夏大学；拥有57个硕士点、18个博士点、4个博士后流动站、7个全国重点学科，与国内外有广泛的学术交流。

依据之二：厦门是著名侨乡，厦门经济、教育事业的发展与华侨热心桑梓捐资兴办的优良传统密切相关。陈嘉庚先生倾资兴办集美学村与厦门大学就是光辉典范，许许多多的爱国华侨、校友及本市企业界有识之士都有高涨的兴学、办学热情。

依据之三：实现厦门市经济超常发展的"三级跳"奋斗目标，必须领先科技进步和劳动者的素质提高。因此，必须大力发展教育，从总体上提高劳动者的文化和道德素质，同时培养一批具有较新知识技术又有应变能力，能面向世界挑战的人才，为厦门经济适应世界竞争提供人才保证。

因此，把厦门建成"教育之城"，是有条件的，也是有必要的。

二、"厦门教育之城"的总体目标

总体目标是以《中国教育改革和发展纲要》为指导方针，从现在起至2020年逐步建立适应厦门经济特区经济社会发展需要，具有中国特区和厦门地域特色，社会办教育，人人受教育，每个年龄段都可接受教育的结构优化、布局合理、形式多样、设备先进的现代化、国际化教育体系，使人口总体文化素质达到国际先进水平，各级各类学校又有若干代表国际、国内先进水平的"窗口"学校。

具体来说，分为基础教育、职业技术教育、高等教育、成人教育、学前教育和特殊教育、特色教育、社会教育、教育科研等8个方面，每个方面都有具体的规划。

---

① 原载于《厦门教育》1994年第1期。作者时任厦门市教委主任。

实现总体目标的时间应为 2020 年,并将之分为三个阶段:近期(至 2000 年)、中期(至 2010 年)、远期(至 2020 年)。

三、建设"厦门教育之城"的任务

1. 提高人口的文化素质

20 世纪末厦门市 25 岁以上居民文化程度分布目标为:15％达大专以上、27％达高中(含中专、职高)、24％达初中、22％达小学,文盲半文盲力争控制在 10％以下,平均受教育年限为 9.5～10 年,2020 年达 12 年。

2. 成为国际化的教育基地

进一步发展华侨华文教育,办好厦大海外教育学院、集美华侨补习学校,创办一批国际学校,形成初中高等教育门类齐全、全日制与短期培训相结合、函授与面授并举的外向型华侨华文教育基础;扶植海外华文教育;扩大教育对内对外交流,尤其注重海峡两岸的教育交流,如引进台资兴办基础教育、合资或台资独办职业技术学校与成人教育机构、各级各类学校扩大对台招生等。

3. 努力建好两个教育区,形成地域特色

集美学村历史悠久,在东南亚有相当影响,应在提高办学的总体水平上下工夫,以集美大学为龙头,带动学村内的集美中学、小学、幼儿园,提高教育教学质量,提高内部设施的现代化程度,率先达到国际一流标准。

办好厦大、鹭大、黄厝综合教育区。支持厦大高标准地进入"211 工程"。鹭大和民办华厦大学建成厦门市高等职业教育基地和继续教育基地,要配套建设各种教育中心,以扩大教育城在学术性、层次性、开放性方面的国际影响。

发扬鼓浪屿艺术教育的传统,使它成为具有良好艺术氛围的艺术教育区。

4. 鼓励多种形式办学

在政府继续加大对教育投入(1996 年的政府教育投入占本市国民生产总值的 4％,2010 年达 5％,2020 年达 6％)的同时,继续发动社会各界、海外华侨华人、港澳台同胞捐资办学,支持民间、私人办学和外商捐资办学,并为社会团体、企业事业单位、私人办学提供优惠政策及各种方便,形成多种力量办学的格局。

四、实施"厦门教育之城规划"的关键

一是投入。不管是硬件建设还是软件建设都需要增加投入,要在各级各类学校整体水平提高的基础上办一批"窗口"学校更需要投入。投入的主渠道是政府增加教育经费,其次是多渠道筹措教育经费,还要开拓教育的收费渠道。

二是改革。既要教育内部的改革,挖掘潜力,提高办学效率,提高各级各类学校的教育质量,培养各类高级人才与提高劳动者素质;又要有教育外部的各种配套改革,保证教育改革的深化。

三是建设教师队伍。没有一流师资队伍就没有一流的教学质量,采取切实措施提高

教师的经济待遇和社会地位,加强教师的培养培训,提高思想道德、科学文化素质,从而建立一支宏大、高质、稳定的师资队伍。

原国家教委副主任柳斌(中)在市教育局许十方副局长(右一)陪同下到厦门六中视察

厦门六中部分老领导参加奠基仪式

祝贺厦门六中 60 华诞,市教委老领导与校领导合影留念

完善《教育之城规划》①

1994年3月4日,厦门市人民政府批复《教育之城规划》指出:"市政府原则同意《厦门教育之城规划》,请进一步征求有关部门及社会各界意见,制订具体实施方案并逐步组织实施。"

几年来,"规划"对厦门市的教育改革与事业发展起了一定的推动和促进作用。每一年市政府工作报告都将其列入工作任务之中。但也存在一些亟待解决的问题:

第一,"规划"适度超前是必要的,但其中不少指标没有做充分调查论证,脱离实际。比如,每年的财政教育经费投入问题,提出1996年就要达到国家规定的占国内生产总值的4%,之后市府改为2000年达到。但实际上1999年包括在厦的省部属院校的总投入仅达2.8%,而本市2.5%左右,还有不少指标提出的兑现时间根本就无法做到。

第二,很重要的一个原因,"规划"公布后,市府和有关部门并没有每年及时组织力量制订具体实施方案并逐项加以落实,说到底"规划"并未取得计划、财政、建设等有关部门的共识。

第三,未能根据新形势新任务的不断发展,对"规划"进行调整补充和修订。

鉴于上述情况,根据市提出的"十五"规划,提出几点建议:

第一,重新组织力量修订"教育之城规划",使"规划"既能体现教育的重要战略地位,体现邓小平同志"三个面向"和江泽民总书记"三个代表"的要求及第三次全国教育工作会议精神,同时又能体现本市2005年基本实现现代化的目标。而在修订的组织力量上,应当是专家与第一线的工作人员结合,应有规划、财政、建设、法规等部门的人员参加。修订后,应由市府报送人大常委会审定,这样才能形成法规,才能监督各有关部门组织实施。

第二,修订中针对我市2005年基本实现现代化的要求,在事业的发展与改革上有几点是要引起充分重视的。

幼儿园教育的发展,应当坚持公办、民办、私人办多渠道发展,而不应把幼儿园都推向社会去办。这项改革应当首先考虑其社会效益、以提高幼儿园素质为出发点,不要单纯从经济上考虑"卸包袱"。

"两基"还是重中之重。现在城乡之间不管是硬件还是软件差距较大,农村初中辍学率较高,农村普及九年义务教育还是低水平的,同时城乡都存在学生学习质量差的问题。所以市"十五"规划中对"两基"仅提"继续巩固两基"是不够的,应改为"巩固提高"即"制止流生"、

---

① 原载于《厦门日报》2000年4月27日。

"巩固学额"、"提高质量",否则也会影响普及高中的数量和质量。2001年国家教育部的工作要求提出经济发达地区普及九年义务教育,应做到"高水平、高质量、率先走向现代化"。

普及高中阶段教育问题。国家教育部2001年工作安排中提出,要扩大普通高中招生规模,大力发展职业教育和职业培训。据此,一是要正确处理普通高中与职教发展的关系。目前普职比以5：5.5比4.5：5较恰当,普高在城市可高一点,职教在农村可高一点,不能过分强调普高而忽视职教,普高发展过多了,新办的学校有的不能保证质量,大学招生又不能扩大那么多,明后两年就有大量的高中毕业生,将会有不少毕业生升不了大学,职教主要是调整适销对路专业,提高质量,与发展职大结合。二是要处理好普及高中阶段教育的标准和时间问题。不能以初中毕业生的升学率为计算标准,应以适龄入学率为准,按现有初中毕业生与当时入学时计算,大约三年中已减少8％左右。所以厦门市的普及高中时间(按学龄入学率85％计算,市"十五"目标提出按初中毕业生升学率90％以上计算)放在2005年更恰当,绝不要赶时间。

高等教育要加大力度,包括职大的发展。市"十五"计划提出到2005年普通高校在校生要达5万人。按现有在厦普通高校学生24 000多人,每年毕业生约5 000人,也就是说今后每年在厦普通高中要招生1万人(新增5 000人),而增生后的师资、校舍、设备、经费如何安排,各高校如何分解招生任务,要及早抓紧研究落实,否则计划会落空。

第三,要加大教育投入。当然这要争取多渠道的投入。但按中央要首先落实占国内生产总值4％的问题。按厦门市2005年国内生产总值要达1 000亿元的目标,即当年财政性的教育经费要达到40亿元,而市"十五"计划提出"财政性科技教育投入五年累计50亿元以上"是远远达不到规定的。

本市山区教师看厦门活动留影

关于《贯彻市九届党代会精神,把我市建成"教育之城、科技之城、艺术之城"》的几点建议[①]

2002年1月9日收到市政协教科文卫委的专题讨论提纲,觉得解决这个专题非常重要。它若解决好,对于提高厦门市的品位,向着现代化国际化的目标迈进,起着不可估量的作用。现提出几点建议:

一、要解决"大厦门""大教育"的观念

原有的"规划"仅限于岛内,从"大教育"的角度为"大厦门"服务,必须立足于厦门的8个区(包括海沧投资区)。厦门创建教育之城的重点难点在于岛外,特别是同安区,这是厦门市教育的重中之重。同安区的九年义务教育和普及高中教育不解决好,厦门无法成为教育之城,这里包括对其人力、物力、财力的加大投入。

二、把基础教育的改革与发展列入厦门创办教育之城的重中之重

厦门市政府是地方政府,支持高等教育、培养高级人才是对的、必要的,但重心应当放在基础教育的建设上,这也是中央基础教育工作会议的要求。但是,目前的情况是:(1)基础教育的投入不足,原《规划》提出占国内生产总值4%的投入差距甚远,这几年都在2.5%左右徘徊,农村的投入更难保证(教师的增资、校舍、设备、生均公用经费等);(2)城市不断圈地盖高楼,可舍不得按标准(市人大常委审议通过学校用地法规)增加校舍用地,中学普遍不足,许多小学更是弹丸之地。例如,思明区霞溪小学由于华侨大厦建设被拆迁,当时市领导答复二期给予解决,可是20年过去了,旁边批盖大楼空了几年,却不能增加旁边小学用地。望在新的规划中对上述两点能重点研究落实。

三、集思广益,尊重教育发展规律

第一,厦门师范的撤销(尽管市府至今未下达文件),引起海内外人士的强烈反映,上级教育主管部门也有不同意见。事实上,省通知各地要保留一所师范;而厦门师范却是全国首

---

① 本文系在市政协大会民主会上的发言,发表于2002年2月20日大会会刊。

创的几所从初中毕业生中招收五年制(三二制)的大专生,保证小学师资质量,受到区、校的欢迎。从高中毕业生招收培养大专学历的小学师资难以保证质量,这是教育界很担心的大事。目前,小学要从三年级起开设外语课,而小学英语师资紧缺,建议在师范办五年制大专外语班(或建议列入今年厦门教育学院招收办外语班),这样也可将厦师或其功能并入教育学院。

第二,不同性质、任务、特点的三所地方高校(教育学院、电大、职大)合并问题值得慎重研究。因为作为师资培训、干训、教研为一体的教育学院,它承担着教育系统队伍建设的重要任务,对口上级教育部门和培训机构,不可能也不应该取消,而且要扩大、发展、加强。而电视大学的远距离教育是中国独特高等办学模式,对口中央电大,也撤销不了,而且上述两校都是由国家计划、国家教委单列批准的权限。因此,为了解决资源问题,建议还是按《厦门日报》发表的"合作办学、资源共享"的原则办学有利,对外仍应保留上述两所学校对外、对内的职能。

第三,普及高中阶段教育既要积极加快步伐,又要实事求是、努力创造条件,不要急于求成,只顾数量不顾质量。首先要明确普及的"标准"。原有《规划》中下的定义是正确的,即"适龄人口入学率"(如 16~18 周岁或 15~17 周岁)为准,而不是"初中毕业生的升学率"。市"十五"计划提出初中毕业生 90% 升学为普及或有关部门提出 2002 年 85% 升学为基本普及都不算普的法定标准。建议重新研究,因为所谓普及高中不仅指在校生还包括在社会上适龄的人口,而以毕业生为依据实际上在初中三年中已有部分流生(特别是农村),对普及会打折扣。

此外,关于普及高中阶段教育中,应当普通高中与职业教育两手抓,即中央提出的扩大普通高中招生又要大力发展职业教育,在注意数量发展的同时,要特别重视质量,否则会贻误一代人。现在不少从事中等职业教育的教师感到头痛的是,学生中有一部分不仅文化基础知识太差(总分一二十分入学)且思想素质差。

四、创办艺术之城要从基础抓起

各级各类学校应当抓好音乐、美术等课程,加强校园文化建设,开展文娱活动,建立艺术社团,从幼儿园、小学抓起,培养艺术幼苗。同时,建议市政府重视投入一定的人力、物力,加强社区文化建设,加强校外教育机构——区少年宫的建设。现虽已有开元、思明、鼓浪屿、湖里、集美五个区有少年宫基地,但普遍宫舍偏小,开展活动场地不足,师资设备、经费缺乏,影响区少儿活动的开展,且同安、杏林两区尚无少年宫。建议按中央关于加强校外教育基地的建设的通知要求,把区少年宫建设列入市、区政府的计划。

五、存在的一些问题

教育事业的改革与发展存在一些亟待解决的问题,上述几点建议仅是其中的部分,关键在于制定《规划》后加强领导、切实落实有效措施。为此,建议市府成立一个仿照国务院成立的"科教"领导小组那样一个领导机构,吸收有关计划、财政、人事、建设、公安、教育、科技、文化等部门领导参加,以保证"三城"规划的落实。

厦门教育概况^①

　　厦门，是祖国东南大门具有重要地位的海滨口岸城市，二三百年前就是闽南的政治、经济、文化和军事中心。1842年，厦门开辟为"五口通商"口岸之一，成为东南沿海的重镇和福建通往海外的主要门户。如今的厦门，不仅是著名的侨乡，风景旅游城市，享有"海上花园"的美名，而且是中国的五个经济特区、十四个计划单列城市之一，可实行自由港的某些政策，它与祖国的宝岛台湾有着地缘、人缘、亲缘的密切关系。

　　厦门占地面积1 516平方公里，总人口117.555万人。辖六个区一个县（同安县）。厦门经济特区有四个区，占地131平方公里，人口44.261 8万人。厦门有着良好的地理条件和丰富的自然、人文资源。它是一个优良的港口，港阔水深，终年不冻，水深一般为10～29米，航道宽度为200～400米。它的自然资源十分丰富，有光热、地热、海洋、水力、矿产等资源。它与海外联系密切，目前旅居海外的厦门籍华侨、华人约有27万人，归侨、侨眷数万人。厦门，文化教育比较发达，人才荟萃，各级各类学校730所，在校生22万多人。

　　自1981年建立经济特区以来，在党的基本路线的指引下，经过广大干部和群众的艰苦努力，随着经济特区的发展，厦门在社会主义物质文明和精神文明建设上取得可喜的令人瞩目的成就。厦门经济特区范围从开始创建时的2.5平方公里扩大到131平方公里。创办了海沧和杏林两个台商投资区。厦门特区城市面积从14平方公里扩大到42平方公里。厦门这座古城发生巨大的变化。通过对外开放，吸引外商和港台客商投资，引进先进技术和管理经验，上千家新企业办起来了，商业贸易繁荣起来了，初步形成了以工业为主、工贸结合，各业综合发展的外向型经济格局。1990年全市国民生产总值50.16亿元，等于1980年6.4亿元的7.8倍；国民收入41.14亿元，等于1980年的7倍；工农业总产值71.18亿元，等于1980年的11.34亿元的6.2倍，已于1988年提前两年超额完成翻两番的目标。1990年预算内财政收入10.3亿元，等于1980年1.83亿元的5.6倍；人均国民收入16 210元，等于1980年631元的25.6倍；职工年人均工资从718元增至3 226元，农民年人均纯收入由210元增至1 035元。

　　随着特区经济的快速发展，各级各类教育得到恢复并与特区建设同步发展，这既为特区建设做出了重要贡献，也为今后的发展奠定了良好的基础。

---

　　①　原载厦门特区教育课题组：《厦门特区教育研究》，鹭江出版社1992年版，第1～7页。

一、基础教育比较扎实，各类学校有不同程度的发展和提高

全市城乡已有五区和两镇、一农场宣布实施九年制义务教育,其他乡(镇)均全部宣布实施六年制义务教育。1990 年全市小学 348 所,在校生 118 052 人,比 1980 年增加 8 414 人,学龄儿童入学率 99.7%。特殊教育有了较大的进展,现有 7 所弱智儿童学校(班),1 所聋哑学校。全市幼儿园 303 所,在园幼儿 35 195 人,比 1980 年增加 13 597 人。初中教育也有明显进步,现办有初中校 50 所,在校生 32 691 人,1990 年小学毕业生有 96.8% 升入中学,十年初中毕业生共 86 701 人,有 4 667 人考入大中专学校。普通高中教育在中等教育结构改革中稳步发展,质量不断提高,现办有普通高中学校 17 所(其中有一中、双十中学、集美中学为省首批办好的重点中学),在校生 8 733 人,占高中阶段各类学校在校生的 53.11%,十年毕业生 30 865 人,其中 14 556 人考进大中专院校。

二、中等教育结构改革获得显著成效，职业技术教育取得突破性进展

1990 年全市中等职业技术学校 17 所,在校生 10 121 人,占高中阶段各类学校在校生的 55%(其中市属学校占 46.89%),而 1980 年仅占 19.4%。十年来,增办工业中专、体育中专、机械技校、烟厂技校、省艺校厦门分校(现改办戏曲舞蹈学校)。仅市属中等职业技术学校,就为特区培养了 20 616 名毕业生,其中职业高中毕业生 10 557 人,地方中专毕业生 5 112 人,技工学校毕业 4 661 人。中等职业技术教育紧密与社会结合,同 20 多个系统、公司(局)实行联合办学,得到了社会各界支持。从专业设置、教学计划、聘用师资、专用设备、实习基地到毕业生分配等密切合作,办学搞得生机勃勃,改变了高中阶段教育走"独木桥"的局面,有力地为特区建设提供了具有良好素质的劳动者。厦门市人民政府也被评为全国职业技术教育先进单位。

三、普通高等学校发展较快

目前全市有厦门大学、厦门水产学院、集美航海学院、福建体育学院 4 所本科院校和集美财专、集美师专、鹭江职业大学、电大普通班和工艺美术学校大专班等 5 所专科学校(班),在校生 14 103 人。其中地方高校 2 所,大专班 1 个,在校生 2 291 人。1981 年与经济特区同岁办的鹭江职业大学,几年来办学有特色,规模千人,8 届毕业生 2 200 多人。厦门大学等省部属院校为厦门特区建设培养了不少专门人才,近几年来,厦大每年毕业生约有 1/3 留在特区参加建设。

四、成人教育有了可喜的发展

现有市属成人高校 3 所,在校生 1 222 人;高等教育自学考试在籍考生 1 万多人;几

年来,成人高校和自学考生共大专毕业 6 191 人。另有成人中专 10 所(班),在校生 1 199 人。成人业余中学 17 所,在校生 2 375 人。职工教育已转入以岗位培训为重点,十年来有 9 万多职工进行文化技术补课,目前 30 万职工中有 7 万多职工在各级各类技术学校或培训中心参加学习和培训。

农村开展以扫盲为重点,实用技术培训为主体的成人教育。1985 年全市基本扫除少青壮年文盲(非文盲率 85％);近三年来又扫除文盲 1.1 万人,农村青壮年的非文盲率已达 90％以上;全市农村乡(镇)都已建立乡(镇)文化技术学校,对广大农民进行广泛的实用技术培训。

五、基本建立了一支能适应教育发展需要的教师队伍

现有师专 1 所,师范 1 所,每年有近百名师大本科生,200 名专科生,200 名普师幼师毕业生补充全市中小学和幼儿园教师队伍,基本保证了教育师资的来源。另有教育学院 1 所,教师进修学校 5 所,对在岗教师、学校行政管理干部分期分批进行培训和业务进修。

通过整顿、培训、调整、充实等有效措施,全市教师队伍的素质有了明显的提高。学历合格率居全国先进水平。十年来,在岗小学教师中,中师、高中毕业以上学历的由 50.3％提高到 86.21％(公办教师 90％以上)。初中专任教师大专以上学历由 72％提高到 91.6％。普通高中的专任教师,本科以上学历由 65％提高到 75％。

几年来,在政府的关怀和社会各界的支持下,广大教师的生活待遇有较大的改善。工资收入水平不断提高,并有 2 000 多户教师的住房困难得到解决。绝大多数教师热心教育事业,安心工作,教师队伍基本稳定。

六、各级政府重视教育工作,努力增加教育投入

市财政年收入从 1980 年的 1.83 亿元增至 1990 年的 10.3 亿元,等于 1985 年的 5.6 倍,而市拨教育事业费从 1980 年的 1 017 万元增至 1990 年的 7 151 万元,等于 1980 年的 7 倍。1988 年、1989 年、1990 年教育事业费做到"三个增长",并高于市财政经常性收入的增长。

(1)1990 年市财政收入比 1989 年增长 17％,教育经费增长 25.33％。1990 年市财政支出 8.224 亿元,教育三项支出 8 079 万元(不含其他系统办的学校和成人教育经费),占财政支出的 9.8％。

(2)1990 年生均教育事业费:中学生 575.5 元,比 1989 年增加 103.01 元;小学生 247.27 元,比 1989 年增加 33.96 元。

(3)1990 年生均公用经费:中学生 146.83 元,比 1989 年增加 28.55 元;小学生 50.38 元,比 1989 年增加 19.36 元。

港澳台同胞,海外华侨和社会各界捐资办学有了新的进展。全市建立 20 多个奖教奖学基金会,基金上千万元。勤工俭学取得可喜的进步,年纯收入 500 万元以上。通过多渠

道增加教育经费,有效地改善了基础教育的办学条件。经过十年努力,全市中小学已基本解决危房,教学仪器得到大量的添置,音像、电脑等现代化教学和办公设备得到更新和充实。

七、十年教育改革成效显著

十年来,还在学校管理、招生、考试、教育结构、教育教学,办有特色的学校和人事制度以及毕业生分配制度等进行了一系列的改革,取得了一定的成效。先后创办了外国语学校、音乐学校;小学创办舞蹈班、美术班、音乐班等。城镇小学从五年级起开设英语课,大专院校和重点中学聘请外籍教师任教。1988年起连续四年的暑期先后聘请40多位外籍教师对全市中小学英语教师进行轮训,中小学的英语教学质量有了明显的提高。

十年来,教育事业的改革和发展使全市人民的思想道德和文化素质大大提高。全市在校生数按十万人口计,职业高中生390人,普通高中生800人,初中生3 060人,小学生10 800人,幼儿园幼儿3 220人。文化程度按十万人口计,大学4 640人(全国平均1 422人,福建省1 217人,天津市4 668人),其中岛内9 600人(北京市9 301人);高中阶段10 600人(全国平均8 039人,福建省平均6 979人)。

经济特区,对全国非经济特区来说,显然有其特点。它既有促进其经济和社会较快发展的有利因素,也有其特殊的复杂性和艰巨性,特区教育是一个新课题,也自有其特点。

教育改革和发展要受客观条件制约。进行教育建设,必须按教育规律办事。十年来,厦门特区力求根据特区的特点,遵循教育的规律,把厦门的教育事业建设得更快更好。至今,厦门特区的教育尽管成就显著,也积累了一定的办学经验,但对如何在经济特区的特殊环境下,把各级各类学校办成高质量的有特色的学校,如何建立与特区相适应的教育体制,如何在特区树立一代新风,培养一代新人⋯⋯都需要继续认真探索和研究。

全国优秀教师夏令营厦门分营全体营员留念

一切为了孩子①

——厦门市少年宫工作会议纪要

厦门市教委体卫艺术处

厦门市教育委员会于 1992 年 10 月 9 日在鼓浪屿区少年宫召开厦门市在新中国成立以来首次少年宫工作会议。市、区、县教委（教育局）领导，城区三个区少年宫主任参加了会议；鼓浪屿区委、区政府，市文化局，市妇联领导出席会议指导。与会同志参观了鼓浪屿少年宫活动场地。

会议内容主要有三个：由鼓浪屿区、开元区、思明区三个少年宫介绍交流了办宫的情况和经验；座谈研讨了关于区级少年宫性质、任务和办宫必须解决的几个问题；通过会议，推动尚未办宫的区、县，努力创造条件，力争在两三年内把少年宫办起来。

与会同志通过参观学习和讨论认为，区（县）级少年宫作为基础教育工作的一个部分，它是全面贯彻党的教育方针的组成部分，是教育部门在校外不可缺少的教育活动阵地，是推动与活跃学校学生课外活动的指导中心，是对学生进行德育的重要场所。

"一切为了孩子、为了一切孩子"，各级和教育部门应当把办好区（县）少年宫列入自己的议事日程，给予重视和大力支持。区（县）少年宫的创办，以教育部门为主，依托在教育部门，争取宣传、文化、共青团、妇联等部门和社会各界的关心、支持和指导，保证场地，增加投入，增添设备，办成 20 世纪 90 年代具有现代化水平的区级少年宫。

与会同志认为，区级少年宫应当完成以下基本任务：

第一，面向全区少年儿童，开展音乐、美术、舞蹈、科技、电教以及体育（配合少体校）等系列活动；

第二，作为学校开展课外活动的研究、培训、指导中心；

第三，发挥优势，办出特色，每宫均有自己特色的艺术团体；

第四，校外、课外少儿图书、阅览的阵地；

第五，成为区少先队的活动阵地之一，配合少先队开展形式多样的教育活动；

第六，开展对内、对外的文化艺术交流，承办市府、市区教育部门委托的演出与活动任务；

第七，利用寒暑假组织冬令营、夏令营活动。

与会同志呼吁，办好区级少年宫必须解决几个迫切需要解决的问题：

第一，少年宫的场地建设，最好是一个学校建制独立办宫，以宫办校。

第二，人员编制要保证。根据少年宫的规模和开展活动的任务、要求，少年宫人员（包括领导，音乐、美术、舞蹈、创作、科技、电教等专业人员和后勤人员）编制一般应在 10 人至

---

① 原载于《厦门教育》1993 年 1 月。

20 人,属教育事业编制。

第三,按规定,少年宫的教工与中小学教职工享受同等待遇。对于专业教师,应给予适当的津贴。

第四,保证正常的活动经费与专项设备、维修费用。经费以区为主负责,市教委每年给予补助,并争取社会的赞助。会议还认为,四个未办宫的区(县),力争两三年内建宫,请市计委给予补助一定的基建费,市财政局适当给予补助开办费。

为了支持办宫,市教委为已办少年宫单位提供了 25 台电脑(中华机),配备 46 个座位的语音室一间,配备 20 把台式电子琴,供一个班练习用。

会议提出,为了进一步办好少年宫,拟在明年初适当时间,由市教委组织部分区教育部门和少年宫领导到办宫先进的地区学习、取经。

参加福建省厦门实验小学少先队活动留影

1992 年 10 月 9 日,厦门市首届少年宫工作会议于鼓浪屿少年宫举行留影

切实抓好学校艺术教育
全面落实党的教育方针^①

厦门市素有艺术教育的优良传统,被人们誉为"艺术之乡"、"钢琴之岛",曾哺育过不少名扬中外的艺术家。改革开放,创办经济特区,使厦门的学校艺术教育得到了前所未有的发展。

一、创建艺术教育基地,加强设施配备

在国家教委和省、市政府、教育行政部门的重视支持下,创办了厦门大学艺术教育学院和集美师专音乐科、美术科,恢复发展了福建工艺美术学校,择址恢复由团市委主管的青少年宫,有 3 个区创办了教育行政部门主管的少年宫。从 1984 年秋季起,市内 3 个区选择 3 所小学,分别创办了音乐、美术(书法)和舞蹈实验班,一年级开始招生。在鼓浪屿区人民小学音乐班试验的基础上,1990 年春季创办了厦门市音乐学校。它是一所九年义务教育阶段侧重于培养音乐人才的市属学校。为了进一步培养提高学生的专业水平,市政府又批准该校发展为十二年制的学校,还创办了中专部。该校得到上海音乐学院等艺术院校和一些艺术团体的支持,聘请著名音乐家担任名誉校长、校长,引进音乐专业人员担任钢琴、小提琴、大提琴专任教师。同时,市政府还批准创办市戏曲舞蹈学校(普通中专)和厦门教育书画院,3 所职艺学校开办音乐和美术专业。

市、区(县)政府和教育行政部门增加艺术教育的投入,增添设施和设备,近几年市教委每年用于学校艺术教育的经费都达七八十万元。同时,也得到港澳台同胞、海外侨胞的大力支持,他们或捐建艺术楼或捐资增添设备,厦门师范学校和厦门一中分别建立了艺术楼,市重点中小学校、多数区县中心校开辟了音乐教室,一些小学还有专用美术教室。在多数学校已分别按Ⅰ、Ⅱ、Ⅲ类配备音乐、美术器材。厦门师范配备 60 台钢琴和两个美术专用教室。3 个市区少年宫分别建立电子琴教室。许多初中、小学推广开展口琴学习活动。

二、加强艺术教育师资队伍的建设

在开展艺术教育活动中,教育行政部门重视加强师资队伍建设,每年定向输送厦大艺

---

① 　原载于《福建教育》1995 年第 7,8 期合刊之"厦门市艺术教育专辑"之一。

术教育学院和集美师专培养 30 名艺术师资,推荐输送一些优秀艺术苗子到艺术院校和福建师大艺术系深造,在厦门师范培养既学语、数又能歌善舞的师资。在职业学校也开办美术、音乐专业,从毕业生中择优录用小学美音教师,特别是定向保证农村小学的需要。现在,厦门市有一支学历较高、素质较好的艺术师资队伍。根据 1993 年统计,在 51 所中学、初中 821 个班级中,中学音乐专任教师 74 人,其中本科毕业以上 23 人,占 31.1%(市属占 46.8%);专科毕业 47 人,占 63.5%;未达大专仅 4 人,且都是老教师。在 355 所小学中,城市小学和农村中心校都配有专任教师。小学音乐教师 85 人,全部学历达标,其中大学本专科 28 人,占 32.9%。小学美术教师 63 人,学历达标 95%,其中大专毕业 13 人,占 20.6%。这些比例都高于其他学科。

认真落实知识分子政策,稳定艺术教师队伍。在分房、评职称、提高生活待遇、提高社会地位方面,与其他"主"学科老师一样,贯彻一视同仁的政策,某些方面有所倾斜。例如应美中文化艺术委员会周文中教授的邀请,我市教育系统第一批到美国考察的就是两位(一老一少)音乐教师;首批出国到日本举办少儿演出的是区少年宫、音乐学校的专任教师。在职评中,直属中学音乐教师中(不少年轻教师)就有中学高级教师 4 位,一级教师 12 位,有些教师担任乡、区人大、政协的职务和省市共青团委员。艺术教师中多人被评为全国、市教育先进工作者。全省首批评选特级教师,厦门中小学 6 位特级教师中就有 1 位小学音乐教师。1994 年初评中学高级教师,市教委提出 2 名艺术指标单列。从 1992 年起,市教委、艺教委还决定单列评选 1986—1992 年学校艺术教育先进集体和表彰艺术教育工作者,今后每两年评选表彰一次。为了提高教师的业务水平,已多次组织教师外出参观学习,聘请全国艺术专家来厦举办讲座、培训班,还组织美术教师到名山古迹考察写生等。我们已筹集 35 万元的艺术教育基金,开展奖教奖学活动,预计 1995 年可争取扩大到上百万元。

三、建立健全艺术教育机构,开展教学科研工作

"三小门"的工作,只有领导重视,从组织上给予保证,才能促进其普及与提高,寓教于乐,全面发展。

(1)市教委主要领导分管艺术教育。

(2)过去在教委中初教处都配有专职艺术干部,1991 年成立体卫处,配有音乐、美术专职干部,督导室配有艺术方面的督学。

(3)多年来分别在市教育学院、市教师进修学校配备音乐、美术教研员,中小学分别建立美术、音乐校际中心教研组,每周开展一次教研活动,区、县也相应建立教研机构。教研工作做到有计划、有布置、有检查。

(4)1992 年下半年,经市府批准成立厦门市艺术教育委员会,作为咨询、协调、指导机构,协助市教委管理学校艺术教育工作,聘请专家、教授担任顾问。

(5)新一届政府组成后,洪永世市长提出要把厦门办成"教育之城"、"艺术之城",把厦门艺术教育提上一个新台阶,将投资兴建现代化的音乐学校校舍。

(6)以区少年宫为骨干,指导推动区属小学艺术教育活动的开展。

（7）多年来在各个学校开展校园文化建设活动,发挥艺术教育的优势和特长,由一个区域或一个中学来承办组织全市性大型艺术比赛活动。

（8）市中小学美术、音乐都成立研究会,开展艺术学科教研,取得一定成效。

四、开展艺术教育活动,培养艺术苗子,加强交流

1978 年以来,我们贯彻"寓教于乐"的原则,在全市开展"班班有歌声"活动和课堂歌咏比赛活动,使校园既有琅琅读书声,又有嘹亮的歌声。1983 年至今,我市已举办过 12 届学校音乐周活动和 4 届中小学艺术节,两年举行一次《鹭岛花朵》小学文艺会演和《鹭岛幼苗》幼儿会演,钢琴、小提琴、民族乐器等各类专项比赛,音乐学校专题钢琴、小提琴汇报演出,以及 12 届美术、书法、摄影展。从 1990 年起,由厦门对外供应总公司赞助设立"友谊萌芽杯",每年举办一次比赛,先后已组织过高层次、规范的两届钢琴和一届小提琴比赛,取得突出的成绩,推动了广大少年儿童学习钢琴、小提琴活动的开展。

在贯彻实施《全国艺术教育总体规划》中,市教委决定从 1991 年起,每年在全市中学举办"艺术节"活动。在市、县(区)、学校广泛深入开展各类艺术活动,包括歌咏、舞蹈、器乐、美术、诗歌、散文、小讲座、师生书画联展、邮展、影展、花展、外语话剧和时装等比赛,举办影视观摩、军民同台联欢演出,还举办教工服装、舞蹈、声乐比赛。市区三个少年宫采取校宫结合的办法,在一个学校既学文化又学艺术,坚持常年课外业余训练,指导推动小学艺术活动和音乐、美术教研活动。不少小学还以校为单位组织童声合唱团、艺术团,厦师二附小的民族乐器队就有上百人,市实验小学建立一个百架古筝的艺术团。

对外交流活动活跃。我们先后接待和邀请美国、日本、菲律宾等国家和中国台湾地区的艺术团和艺术家来访、讲学。在市府、市政协和市友协的关心支持下,分别以思明区少年宫、音乐学校、开元区少年宫、鼓浪屿少年宫为主,于 1992 年 4 月、10 月和 1993 年 10 月先后组成厦门市少年宫歌舞访问团和童谣团,分别参加日本佐世保市庆祝中日邦交 20 周年活动公演和童谣节活动,进行多场演出交流,取得很好效果,增进了友谊。1993 年 8月,由思明区少年宫飞鹭艺术团和泉州市青少年宫民乐队组成 44 人的福建省少儿艺术访问团赴台湾进行为期 23 天的访问演出,共演出 11 场,受到乡亲们的热烈欢迎,促进了两岸少儿的文化艺术交流。不久前,市音乐学校组成 29 人的钢琴、小提琴、大提琴演奏访问团赴香港为厦门香港联谊总会成立一周年的祝贺演出,反映很好。此外,美术、书法不仅在省和全国参赛中取得优异成绩,还多次被选送参加出国展览和作品交流。

由于坚持常年不懈地开展学校艺术教育活动,艺术苗子苗壮成长,培养了一批新秀。每年省内外艺术院校都从厦门中小学选拔一些优秀苗子,在各级的比赛中也取得比较优异的成绩。1993 年在上海市举办的"海内外少年儿童六一献爱心系列活动"中的"海内外少年儿童钢琴邀请赛"邀请厦门市教委作为联办单位,确定厦门作为一个赛区选拔选手参赛,我市赴赛的 4 名选手全部获奖,获一个少儿组一等奖和两个三等奖,一个儿童组优秀奖。市国贸钢琴学校学生吴迪在全国儿童组钢琴比赛中荣获一等奖。1994 年在广州市举行的全国第二届少儿小提琴比赛中,12 个选手有 11 人进入决赛并获奖,少年组 4 人分

别获得二、三、四等奖和优秀奖。

任重道远,厦门市艺术教育虽有很大进展,但与总体规划的要求还有不小差距。我们针对存在问题和薄弱环节,将进一步加强领导,制订艺术教育发展规划,加强师资队伍建设,继续增加艺术教育投入,力争较高水准配备、充实设备,为全面贯彻教育方针,提高教育质量,提高学生的艺术素质,培养输送更多的艺术苗子,为经济特区的两个文明建设和促进对外交流做出新的贡献。

国家教育部体卫总司杨贵仁司长到厦门市音乐学校视察

国家督学、教育部艺术教育委员会副主任杨瑞敏来厦检查学校艺术教育工作留影

特色是厦门市音乐学校的生命力[①]

须　旅

位于鼓浪屿的厦门市音乐学校,在短短的几年中就有几十名学生在全国、省、市级钢琴、小提琴比赛中获奖。在福建省、厦门市与上海市举行的海内外少儿钢琴比赛及中国经济特区少儿钢琴比赛中荣获 12 个第一名,在广州举行的全国第二届少儿小提琴比赛中,选派 10 人参加,9 人获奖。这些突出的成果显示出学校具有强大的生命力,正日益引起人们的注目。

作为一所既有小学、初中,又有高中的十二一贯制音乐学校,为什么有如此的成果和生命力?关键在于学校办出了特色。

特色之一,树立新型的办学思想

学校旨在培养德、智、体、美全面发展的社会主义新型人才。一般音乐学院的附中、附小,重专业课轻文化课,目前我国各专业音乐院校中普遍存在这个弱点,而厦门市音乐学校把文化课学习放在首位,把音乐教育作为开发少儿智力,作为美育,作为培养学生特长来对待。学校要求学生既具备扎实的文化知识,又有音乐的特长。正是由于这一点,许多家长乐意送孩子进这所学校来学习。

特色之二,进行学制方面的改革

厦门市音乐学校是十二年制,在全国首创了从小学一年级开始招收学习音乐的孩子,这一创举符合音乐人才宜早宜小培养的规律。但从小学一年级进入音乐学校的学生并非将来都从事专业音乐工作,因此这个学校从小学一年级到初中三年级仍实行九年义务教育,其间小学毕业及初中毕业后进行两次分流,不再学习音乐的学生因其文化课学业如期完成,可以顺利地进入其他普通学校。一部分有志于从事专业音乐学习的,符合音乐中等专科学校入学条件的学生可进入本校中专。学习毕业后可报考高等音乐院校,有些则作为具备中等音乐专业水平的毕业生服务于社会。这一学制既避免了因过早给孩子定专业方向而带来的不良后果,又能尽早发现音乐的幼苗并进行重点培养。

---

① 原载于《福建教育》1995 年第 7,8 期合刊之"厦门市艺术教育专辑之二"。作者时任厦门市音乐学校音乐教师。

特色之三,推行课程设置的优化

音乐教育是一门专业性很强的学科,包括音乐技术的训练、音乐知识的传授、音乐感及创造意识的培养等。厦门市音乐学校开设钢琴、小提琴、大提琴等专业课(每人选一门),以打好专业技术的基础。学校还开设视唱练耳、齐奏、重奏、合奏、合唱等课,以打好专业知识基础。还定期举行习奏会,让学生参加各种演出活动,以提高学生的音乐素质,培养学生演奏的能力。音乐中专则向专业课倾斜,增加专业个别课的学时,开设民歌、和声、欣赏等共同课。这些多于普通学校的课程的开设产生了一个与文化课争学时的问题。解决这个问题时,学校根据办学的指导思想,坚持文化课与专业课并重的原则,在九年义务教育阶段,文化课程设置及教材的选用完全与普通学校一致,小学毕业考参加市、区文化统考,初中毕业参加市会考,保证文化基础教育按质按量完成。专业课则每周占用两个半天的学时,使音乐教育从初级到中级逐步展开。几年来,在全体师生的共同努力下,音乐学校小学、初中学生在参加市、区级文化课统考中成绩名列前茅。

特色之四,师资形成两个系列人才的结构组合

学校既要配备与普通学校相同的文化课教师,还需要一批音乐专业课教师。要求文化课教师在少于普通学校的课时情况下完成相同的教学量,要求专业教师在有限的授课时间里有步骤地培养音乐人才。由于特区给予一些优惠政策,学校已陆续从全国各地调入了部分具有较高水平的专业课教师,其中高级职称就有 7 名,使该校的音乐师资与福建省及某些省份院校相比具有一定的优势。有了优秀的教师(包括文化课教师),才能培养出社会主义文化需要的能走向全国、走向世界的音乐人才。

特色之五,实行开放性办学模式

为适应厦门经济特区对外开放的需要,厦门市音乐学校应是一个对外音乐文化交流的窗口。几年来学校接待了许多批世界各地不同层次的国际友人,学生们的演奏博得了国内外同行的赞赏。1993 年由上海音乐学院与厦门市音乐学校联名举办的鼓浪屿国际弦乐夏令营获得成功,这是一次承办大规模音乐活动的有益尝试。我们完全可以把这个特色学校作为厦门市对外音乐交流的重要活动基地之一。这种交流活动不仅丰富了特区的艺术生活,也能进一步促进人才的培养。1994 年,音乐学校已组织部分获奖学生出访香港,扩大音乐学校的影响。

思明区少年宫少儿舞蹈实验班

——培养舞蹈人才的摇篮[①]

黄掌珍

厦门市教委于1984年6月委托思明区少年宫创办少儿舞蹈试验班。为了建立具有特色的少儿艺术教育阵地，我们加强了领导，充实了师资力量，从编写教材、创编节目入手，努力探索，勇于创新。试验班迈出坚实的步伐，取得了丰硕的成果。

为了创作具有时代气息、民族风格、儿童特点的舞蹈作品，我们进行了艰辛的舞蹈创作。

一、保持追求活泼的"童心"美

编导们长期植根于儿童生活的沃土，用儿童的眼睛、儿童的心灵，在儿童生活中寻觅童心。我们带领学生走出课堂到大自然和社会中去，让他们也参与愉快的创作。舞蹈《心愿》、《熊猫传友谊》、《童嬉》、《思学》受到好评。同年参加春节电视展播《明天会更好》剧组的演出获全国电视展播二等奖。以"童趣"为核心，在新、奇、美上下工夫，所创作的舞蹈《生日快乐》在1987年市第七届"鹭岛花朵"会演中得到儿童小评委的肯定，现场演出台上台下一片欢腾，以全市最高积分512分荣获最高奖，并获唯一"舞美奖"。

二、用民族民间舞蹈的表现形式体现童趣

发扬民族文化优秀传统，探索闽南民俗之风格，将传统与时代之情、时代之意、儿童的纯真活泼相契合。继儿童民间舞蹈《捕虾》、《珍珠蚌》后，1986年在老舞蹈家尤金满老师的帮助下，创编舞蹈《童嬉》，让孩子们扮演乌龟、螳螂、青蛙为海龙王抬"新娘"进龙宫的游戏，从中教育孩子"要团结才能得胜利"的道理。本节目参加省首届少儿艺术节比赛荣获表演一等奖，创作二等奖。舞蹈《乡音》、《走雨》、《采茶扑蝶》等表演既富有童趣又具有浓郁的传统特色。

三、培养表演能力，发挥表现力和思维创造力

表现力是节目成功的关键，我们视之为教学重点。我们抓住孩子具有强烈的想象力

---

① 原载于《福建教育》1995年第7,8期合刊之"厦门市艺术教育专辑之三"。作者时任思明区少年宫副主任。

和模仿力的特征,用生动的语言、准确的舞姿、优美的韵律,从"情"入手,根据舞蹈表现的角色加以夸大、发挥、诱导。结合手、眼、身、步法的准确表达,哪怕是一个小小的呼吸也不放松。努力寻找孩子最佳的融洽点,捕捉形象,增强趣味性,激发孩子的想象力和创作力。孩子们展开想象的翅膀,产生了巨大的表现力,孩子们的表演令人心醉。通过严格训练,培养了一批批专业或业余的文艺骨干,为国家、省、市艺术专业院校、歌舞团、杂技团输送了不少人才。

近年来,以舞蹈班为骨干的思明区少年宫"飞鹭"艺术团,对推动校园文化建设,对促进经济特区的精神文明建设产生了积极的影响,同时有力地促进对内对外的文化交流。观看过"飞鹭"艺术团演出的有中央领导同志,有来自 20 多个省市的代表,有 56 个国家文化参赞,有港、澳、台同胞和海外侨胞,有来自许多国家的领导人和国际友人。

1992 年 4 月,艺术团的小演员们身负传播友谊、促进交流重任,随市少年宫歌舞团到日本佐世保市访问交流演出。孩子们通过精湛的表演,将一台富有浓郁民族特色的传统舞蹈声乐、器乐节目呈献给日本朋友,表达了厦门市人民对佐世保市人民的深情厚谊,被誉为"友谊的小天使"。

1993 年 8 月,艺术团应邀访问台湾。舞蹈班 18 名小演员成为我市乃至我省对台艺术交流的"先锋"。孩子们足遍台北、台中、高雄、彰化、鹿港等地。他们将最具有浓郁的闽南乡土气息和民族特色的儿童舞蹈表演得令人如痴如醉。

我们在实验取得一定成效的基础上,扩大对全区音乐、美术、舞蹈、科技教师的辅导培训,承担校际教研活动任务。每学期组织参加宫文艺活动的学生达 3 000 多人,培训文艺骨干 300 多名,帮助区属幼儿园、小学开展课外文艺活动。与此同时,我们还深入市、区有关幼儿园辅导舞蹈教学。还举办协办多期舞蹈师资培训班和幼儿舞蹈培训班,参加培训的教师近千名、幼儿达 3 000 多人。从舞蹈理论着手较系统地全面讲授幼儿舞蹈基础知识,重点讲述如何创编幼儿舞蹈的方法,并实际传授幼儿律动、歌表演、集体舞、小歌舞等。为了提高质量,还聘请上海、北京少儿舞蹈专家指导。

2000 年 12 月 27 日,香港舞蹈联会云海艺术团赴思明区开展艺术交流活动留影

舞蹈试验班的十年,既是全体教师勇于改革创新,艰苦探索的十年,又是取得突出成效的十年。

以美育为纽带促进全面发展[①]

厦门市大同小学

为了开展美育专题实验研究,探索小学美育的方法和途径,我校接受了厦门市教委下达的"美术班"教学实验任务,从1984年起,每学年开设一个"美术班",依据实验方案,组织教学活动。

一、实验目标

研究美育在整个小学基础教育中的作用和地位,以美育为实验重点,渗透到德、智、体诸育之中,在全面完善小学各科教学任务的前提下,加强美术基础知识和基本技能的教学,初步培养学生的审美能力和创造能力,促进学生均衡发展,全面打好基础,提高人才素质。

二、实验情况

(一)学生来源

从1984年起到1988年,在每学年区内新生中挑选有美术兴趣的新生编入美术班。1989年起,则按区教育局划片范围招收新生,不经任何挑选直接编入美术班。

(二)教学改革

1. 树立新的美术教学指导思想

(1)把美术课由调剂课转为基础课。(2)树立"大美术"观念,由绘画教学转为美术教学。(3)由传统的绘画技法训练、技巧掌握为中心转为审美能力、观察能力、形象记忆能力、形象思维能力、表现能力和创造能力的培养。(4)由传统的只重视"结果"转为既重视"结果"也重视"过程"。既避免呆板的模仿又防止放任自流,以利于创造力的培养。(5)由灌输式的教学转为调动学生学习积极性的教学。

2. 把握当代美术教育的重点

(1)审美教育。(2)观察能力与表现能力的培养。(3)创造能力的培养。

3. 重视美术课教学的课外延伸

---

① 原载于《福建教育》1995年第7,8期合刊之"厦门市艺术教育专辑之四"。

为了解决美术课时有限的矛盾,美术班每周安排三次课外活动(下午第三节),作为课堂教学的补充、加强和提高,并安排适当的室外写生活动,在学习训练的同时,组织学生参加各种美展活动,以期达到陶冶情操、追求真善美,同时产生知识迁移,形成美术技能之目的。

除上述三个方面外,还应注意学科间的横向联系与互相渗透。

三、实验效果

(1)美术班的实验,推进了教育整体改革的深入进行,减轻了学生过重的课业负担,促进了智力的发展,提高了教学质量。美术班学生的思维比较活跃敏捷,口头表达能力较强,基本功较扎实,各科学习成绩均普遍高于普通班,知识迁移能力也较强。

(2)美术班学生的审美能力较普通班学生有明显地提高。

(3)美术班学生的表现能力和创造能力得到训练与提高。几年来,美术班学生参加有关比赛均获得可喜的成绩:林思涵等同学的 14 幅画被《福建日报》、《厦门日报》选登,李晖、林珊珊等同学的 43 幅作品参加全国和国际交流,潘恩典等同学的 52 幅作品获得省、全国奖,陈缘萍等同学的 63 幅作品获得市一等奖及优秀奖。新西兰惠灵顿维多利亚大学蒂姆·比尔博士于 1989 年和 1990 年连续两次到我校参观听课,他对学生当堂作画的能力倍加赞赏。回国后,他还特地通过外事机构联系我校选送学生作品到惠灵顿进行文化交流。李晖同学的作品也被国家对外交流协选送加拿大渥太华参加中国儿童画展。1994年又有一批学生作品送往日本佐世保市展览。平时,美术班学生还经常创造性地利用各种自己制作的作画工具作画,如用棉花、竹子等制作写生画,用易拉罐等制作栩栩如生的生物造型。美术班学生还经常帮老师画教学挂图,到校外写生,每周作一幅日记画,用独特的形式记下丰富多彩的课余生活。

(4)美术活动促进了学生德智体全面发展。几年来,我校"三六"年段把关及各年级学科的学习成绩都稳步提高,超过全区同年级平均线,有 119 人次获得各种集体、个人奖励。

第一届美术班经过了六年的教学实践,1990 年 4 月通过了厦门市教委、教育科学研究所、教师进修学校和开元区教育局联合组织的质量验收。与会者一致认为美术班的实验是成功的,成绩是显著的。实验表明美术教育在人的发展中起着重要的、不可替代的作用。在小学阶段,它对于促进学生全面发展和个性特征的发挥起着重要的作用。

十三个红领巾活动基地剪影[①]

厦门市教育局初教科

在团市委、市科协的关心、支持下,去年年初,我们在市区和近郊相继创办了 13 个各具特色的红领巾活动基地,并分别举行了隆重的命名仪式。大同小学的第一少年科技站侧重传播科普知识和无线电制作;民立小学的第二少年科技站侧重航模、舰模制作;后江小学的气象站侧重天象记录;康泰小学的信鸽场以饲养信鸽为主兼养肉鸽;何厝小学的种鸡场主要饲养出口肉鸡;实验小学的生物标本馆侧重制作生物标本;锦园小学的农科站侧重培育蘑菇;高殿小学的植物园主要栽培亚热带作物;思明区少年宫小歌舞团演出精彩小歌舞;开元区百灵鸟小乐队演奏管弦乐;鸿山小学百人鼓号队,队伍雄壮、号声嘹亮;人民小学的工艺美术馆学习布扎、雕塑工艺;开元区少年宫书法学会专攻书法。这是全面贯彻党的教育方针,面向全体学生,开发智力,培养人才,适应厦门特区建设需要的一项有效措施。

红领巾活动基地创办至今,受到广大师生和家长的欢迎,在发展过程中逐步建立和健全了各自的管理和辅导制度。辅导员主要来自于本校教师和校外科技人员。根据各自的特点,设立观察、饲养和栽培等活动日记或周记卡,做到定时、定点、定员、定活动内容,纳入学校的工作计划。市教育局、团市委、市科协定期检查计划实施、活动内容和经费筹集等情况,要求各基地校长、总辅导员、各区教育科领导同志都到现场参观和交流经验,以利取长补短,共同提高。

针对少年儿童的心理和生理特点开展活动,让他们在活动中当主人,动手做实验,接触实际,观察思考,接受德智体美的培养、熏陶、训练,发展创造精神,效果显著。康泰小学何志农原是个留级生,参加信鸽饲养活动后,细心观察鸽子的生活习性,按照辅导老师的要求,严谨地记录每天的风向、风力、温度和鸽子的飞行情况,提供了可靠的科学数据,思想和学业也大有长进。科技站的胡蓁同学,几经挫折不气馁,安装好一辆无线电遥控汽车,培养了探索毅力,学到了课堂上不易学到的知识。种鸡场 20 多只种鸡遭瘟,小饲养员不怕脏、不怕臭,细心观察,多方求医,精心护理,治好了病鸡。工艺美术馆庄秀霞等三位女同学,造型工艺的兴趣特长得到充分发展,她们创作的布扎工艺品,栩栩如生,荣获全国少年儿童工艺美术展览作品一等奖。

[①]　原载于《福建教育》1983 年第 2 期。

厦门小学生传统文艺活动——"鹭岛花朵"[①]

厦门市教育局初教科

厦门小学生全市性的"鹭岛花朵"文艺会演,开始于 20 世纪 60 年代初,迄今已有 20 多年的历史了。

今年"六一"举行的市第五届"鹭岛花朵"文艺会演,有 6 场 109 个节目,其中 20 个节目获创作奖,16 个节目获演出奖。思北小学的诗朗诵《献给海迪姐姐的歌》热情赞颂了海迪精神;鹭江小学的《眼睛》以童话形式形象地向孩子们介绍保护视力的科学道理;溪岸小学的《红、黄、蓝》,以生动的艺术形象教育小朋友从小树立集体观念,寓意深刻;向阳小学的《熊猫》,表现了中日两国小朋友的珍贵友谊;思明区少年宫的舞剧《心愿》,深切表达了海峡两岸小朋友盼望早日实现祖国统一的美好愿望;同安县实验小学的《海螺与海蚌的故事》等,都以富有教育意义的内容和生动活泼的形式,赢得了观众的好评。开元区少年宫百灵鸟乐队则以壮观的舞台场面演奏了中外名曲。各区各校的大合唱、独唱,以及钢琴、小提琴、琵琶等演奏,也都显露了小朋友们的音乐才华。

"鹭岛花朵"文艺会演,从内容形式、音乐设计、舞台布景到表演技巧,水平一年比一年提高。它极大地推动了学校音乐教育,活跃了学校生活,有力地促进了社会主义精神文明建设。主要经验是:(1)领导重视。历届会演,市委、市政府的领导同志都到场观看,给孩子们以鼓励和指导。(2)形成制度。区(县)一年举办一次,市两年举办一次,对全市小学音乐教学和文艺活动进行检阅和总结。(3)各方协作。市教育局、团市委和市文化局等部门,对全市小学音乐教育和文艺活动定期研究,拟定实施方案。社会各方面也都关心小学生的健康成长。如市儿童福利基金会上半年拨给各区小学 3 万元,增添音乐教学设备。(4)重视基础训练。各小学十分重视音乐教学研究和平时的文艺活动,以音准、视唱、节奏为重点,从小培养学生的乐感和兴趣。(5)提高师资水平。市教育局和各区、县教育科(局)都举办多种培训班、音乐讲座,组织参观学习和教学观摩活动,不断提高音乐教师的教学业务水平和文艺活动能力。

弦歌雅奏绕云天,鹭岛花朵更鲜艳。

---

① 原载于《福建教育》1983 年第 10 期。

立足督导本职　当好参谋助手^①

陈天球

我们教育督导工作，无论是"督政"还是"督校"，都是为了贯彻落实国家的教育法规，实现国家的教育目标。1994年6月份召开的全国教育工作会议和全国"两基"督导工作会议，再次强调了我国20世纪末实现"两基"的决心，"两基"已经成为教育工作的"重中之重"。因此，当前的督导工作仍须以"督政"为主，"督政"与"督校"结合，促进各级政府不折不扣地贯彻《义务教育法》，把"两基"和"两全"作为一个有机的整体，保质保量地实现《中国教育改革和发展纲要》中的战略目标。

我们在"两基"工作中的一些做法和体会是：

一、立足督导本职，监督、检查、评估、指导区县的"两基"工作

1. 搞好"两基"评估验收试点工作

1993年2月13日，中共中央、国务院联合发布《中国教育改革和发展纲要》，提出20世纪末实现"两基"的宏伟目标。

我市1991年就按实施九年制义务教育的规划，自己制定评估验收指标，对鼓浪屿区、开元区、思明区进行了验收。1993年省督导室确定厦门市岛内4区为全省"两基"评估验收的试点。

与1991年的市验收相比，这次验收的内容不仅有"普九"，而且还增加了扫盲；验收的对象不仅有鼓浪屿等三个区，还增加了城郊结合部的湖里区。我市有关义务教育实施情况的记录从1989年就开始了。因此，在各区，特别是湖里区的全力配合下，岛内4区的"两基"核查于5月顺利进行，为6月省政府的评估验收奠定了基础。

4区验收之所以能达到合格水平，我们认为有三个因素：

一是各级领导对实现"两基"的重大意义比较明确。义务教育的根本目的在于提高全民素质，各级领导认识到了为了贯彻邓小平同志"把经济特区办得更快些更好些"的指示，更需要把教育放在优先发展的战略地位，提高劳动者素质，为外引内联提供良好的投资环境。

二是有关部门，特别是教育行政部门对我市"两基"现状做了充分调查，按国家和省提出的评估验收办法的要求逐条摸底，已经心中有数。

三是坚持实事求是，如实反映情况。由街（镇）、居（村）委会负责组织队伍，学区教师

---

① 该文系1994年10月送全省"两基"督导工作会议的交流材料。作者时任市教育督导室副主任。

全力协助,逐个落实 6～17 周岁学龄人口接受义务教育的情况,一时弄不清楚的,暂列"空挂户",继续与公安等有关部门配合追查。达到什么程度就反映什么程度,存在什么问题就反映什么问题。既然作为试点,就要把各种问题摆清楚,掩盖问题可能导致盲目乐观,影响全省验收标准的客观性,这对全省的验收是不利的。

四是不断改进工作,提高"两基"水平。尽管验收总体合格,但总有一些相对比较薄弱的项目,必须通过整改,不断提高达标水平。

五是省对试点准备工作的指导。从 3 月开始,省督导室经常了解、指导准备工作,4 月下旬原省教育督导室副主任廖焕基同志还带一个小组至厦门直接指导核查工作。

2. 建立每年一度的"两基"工作自评制度

1993 年 6 月试点工作完满结束后,我室根据省颁《实施办法》第 12 条关于"如在验收后连续两年不能保持本办法规定的各项指标时,应撤销其荣誉称号"的规定,提出建立每年一度的"两基"工作自评制度的建议,并就这项要求与市义务教育办公室联合向各区县政府发出通知。这个做法得到市政府和市教委的肯定。市政府在过后下发的有关文件中多次重申了建立自评制度的要求。根据这项制度,要求各区县,无论验收已否,每年 10 月底前都要根据指标进行一次自查并上报自评表,附上"6～17 周岁学龄人口接受义务教育情况统计表"。这样做,可使未经验收的区县了解本区县当时的达标程度,使得他们整改的目标更加明确,这是按期接受验收的必要措施。这样做,也可使已经验收合格的区县了解本区县是否保持合格水平并对薄弱项目采取加强措施,这也是不断提高"两基"水平的必要措施。

目前这项制度执行情况良好,我室还计划于 1994 年年底对此组织一次检查。

3. 指导区县正确掌握"两基"指标要求

"两基"评估验收内容有 6 个部分 24 个指标,除扫盲工作请教委成人教育处具体配合外,其他 5 个部分 17 个指标的测算都由我们督导室具体指导。

由于验收指标及其标准是省政府颁布的,必须正确掌握、承上启下,避免失真而导入歧途。因此,从岛内 4 区试点工作开始,我们就认真查阅有关文件资料,经常向省督导室请示,省督导室总是不厌其烦给予指导。在指导区县测算过程中,我们主要把握两条:

一是统计口径必须统一。许多指标国家教委在 1991 年 4 月颁布的《中国教育评价与监测统计指标解放(试点)》一文中都有明确的界定,但在计算中在不同时期却有不同的处理。如计算初中学龄人口入学率,1995 年以前分子分母可同时扣除还在小学就读的人数。如 17 周岁人口接受九年义务教育完成率,起先只计算达初中毕结业程度的对象,后来调整为受完九年义务教育,其中至少受完一年初中教育的对象。1994 年 5 月杏林区验收时,国家又把统计对象扩大到非正规教育而达到相应程度要求的对象。这些都应让区县清楚,同时要力争高质量达标。

二是要在"导"字上下工夫,与区县共同探讨创造条件争取达标的途径。如岛内 4 区验收时,残疾少儿入学率原仅规定 50%,但是 1994 年 4 月份国家特教检查组来厦时却要求单列市不仅要 80%,同时盲、聋哑、弱智每一类残疾少儿入学率都要达到 80% 以上。我市至今无盲童校,于是必须以组织随班就读为主,有条件的送其他地市盲童学校就读。

4. 对区县"两基"工作进行核查

省颁"两基"评估验收办法第9条指出,县区从自查到申报,必须经过地市的核查确认。这就规定了地市"两基"核查的目的要求。一是核查区县自查数据,看自查数据是否符合事实;二是根据核查结果是否基本达到指标要求做出是否确认的决定。"两基"6个部分关键在于"普及程度"。为了评估验收义务教育进展程度,我市率先制订了一套义务教育表册卡制度,即每个区县必须填报"6~17周岁学龄人口接受义务教育情况统计表"。每个乡镇、街道必须出示"义务教育户口册",每个学龄少儿必须持有一份"接受义务教育登记卡"的查验凭证。"义务教育户口册"是"6~17周岁学龄人口接受义务教育情况统计表"的统计依据,"6~17周岁学龄人口接受义务教育情况统计表"是"普及程度"各个率的计算依据。一环紧扣一环,组成了一条"普及程度"核查验收的验收渠道,提高了"普及程度"验收的信度,从而为保护"普及程度"验收的质量奠定了基础。

5. 重视核查前后的"以查促改"工作

对区县"两基"工作进行核查、确认,是省颁评估验收办法规定的一个程序。但是,从督导工作的目的来说,不应该只为核查而核查,或只为确认而核查。应该充分利用"核查"这个环节,推动区县不断改进工作,提高"两基"水平。如杏林区的"两基"核查工作1993年12月就正正规规地搞过一回,除了初中辍学率偏高、办学条件需进一步改善外,其他指标基本达到要求。为了坚持验收标准,抓住这个机会使全区正视流生问题,落实改善办学条件的一系列措施,反馈时决定4个月后就存在问题再做第二次核查,确认存在问题有明显改进后才向省申报要求验收。5月底省验收合格后,我们又根据省验收组反馈的问题,进一步与该区议定整改日程表,对办学条件的10个具体整改项目,落实所需经费、负责单位、完成时间等等。该区分管教育的林副区长在全市教育工作会议上表态,10个项目一定按期落实。

6. 及时发现典型,总结推广经验

在"两基"检查过程中,我们经常发现基层有许多好的做法,如开元区、思明区发放"接受义务教育登记卡"并加以落实的做法,湖里区对"义务教育户口册"栏目的探讨,鼓浪屿区对"6~17周岁学龄人口接受义务教育情况统计表"设计的研究,都给我们很大的启发,也为后来的杏林区、集美区、同安县提供了宝贵的经验。因此,我市的"普九"建档工作越做越清楚,越做越完善,为全省统一印制的表册卡提供了重要的参考。

7. 抓好义务教育六项督导评估的扫尾工作

义务教育的难点在农村。我市六区一县中除5个区直接接受"两基"评估验收外,其他一区一县原属六项督导对象。其中集美区已于1991年经省复评达到优级,被授予"义务教育工作先进区"称号,仅剩的同安县由于教育基础比较薄弱,办学条件差距较大,经过3年的努力,才于1994年6月通过市初评,7月该县已正式要求省府验收,目前已初定10月份对同安县进行复评。同安县按原规划是1997年接受"普九"验收,后调整为1996年。他们认为,六项督导评估要求全面,目标是为1996年验收"两基"打下良好的基础。因此,县委县府把"迎六督"列入全县工作重要议程,下定决心创优,不拉特区后腿。督导室也把上半年工作重点放在同安县,仅3~6月集体下县就达16次,走遍全县12个镇、23所中学

（全县 25 所）、147 所小学（全县 219 所小学），较好地配合了该县的整改工作。

二、当好参谋助手，为本级和下级政府的"两基"工作出谋献策

1. 宣传教育法规，鼓励区县政府为实现"两基"下定决心，克服困难

我市 5 个区之所以能通过验收，关键在于政府重视，把"两基"视为政府的行为，并予以强化。我们教育督导人员到区县、镇街时，总要抓住一切机会，反复宣传"两基"是政府行为，是县、区政府应负的责任。验收"两基"，就是检查政府的义务教育和扫盲工作是否合格，无论是哪个指标不达标，即使是出现在学校的事，一律找政府及其职能部门。这样，一是责任明确，二是学校容易把真实情况告诉我们。政府的教育工作从规划到实施，从实施到检查，说到底就是政府对教育的管理情况。因此，在"两基"检查中，我们分清主次，凡是学校的重大问题，无论是硬件或软件，我们都不把学校当成责任对象，而是通过检查学校反映区县教育管理中的薄弱环节，通过区县改善内部管理去解决。换句话说，"两基"检查中在处理"督政"与"督校"关系时，要透过学校的工作看政府的教育工作，"微观体现宏观"。"督政"虽要"查校"，"查校"却是为了"督政"；"督政"与"督校"不可分割。

分清责任之后，要与区县共同分析问题，研究解决的办法，增强他们克服困难的信心。如 1993 年核查杏林区"两基"工作时，初中辍学率难以下控，我们多次与该区政府、区文教局及学校共同研究，还约请市义教协、市教委中教处协作。区政府召开镇村会议，发动镇村干部挨户动员、学校积极配合、治安联防组织协助维持校园秩序。学校对三年来的流生进行逐个站队分析，先动员女生和遵守纪律的男生，然后新旧流生一起动员，使出浑身解数，最后下大气力把历史上的流生账进行了一次彻底的清理，把初中辍学率下压到 3% 左右。这些动员回校的学生有的插班，有的集中编班，有的改上职业课程，有的组织到夜校学习。采取正规教育与非正规教育相结合的办法，既解决了当年的辍学率问题，又为后面的完成率打下了基础。

8 月 23 日，我市召开全市教育工作会议。各区县一一表态，要落实教育放在优先发展的战略地位，下定决心，按期实现"两基"，提高"两基"水平。市政府一次性地拨给同安县 2 000 多万元，同安县也表示要加快步伐，在年底、最迟到 1995 年年初，把实现"两基"还需要新建的 6 所中学建好。市政府决定，我市的教育投入要提早于 1996 年达到国内生产总值的 4%，这两年市财政对教育经费的投入平均将每年递增 60%。

2. 与执行部门通力协作，建立义务教育表册卡

我市经过 5 年多的摸索才形成目前义务教育的有关表册卡。由于市义教办力量不足，区县义教办工作多数要督导人员协助。因此，可以说这些表册卡主要是市、区、县督导人员集体劳动的成果。每次修改都离不开区县的实践，此外还有义教办的配合，特别是省督导室的指导。

3. 协助行政决策部门做好"两基"规划的预测工作

"两基"规划离不开校舍、师资和投入，没有校舍学生进不来，没有教师学生留不住。有的认为，只要有钱一切都好办。其实不然，许多工作需要时间。建校舍需要规划布局、

征地、设计、立项筹集资金等等,建在哪里合理,规模多大合适,这都要规划,都要预测。师资的培养也是这样,而且周期更长。由于全国、全省"两基"规划一再提前,按老办法根据在校生数、上级下达的招生计划、学生流动流失情况来安排基建,已经跟不上形势。我市义务教育规划实施比较稳妥,甚至有所提前,这与我们的预测工作密切相关。我们的预测突出依法,讲究科学。首先,各级政府应明确实施义务教育,就必须组织相应年龄段的全部学龄少儿入学。"全部",而不是人为的,这就是依法预测。也就是说,要按各年龄段人口数来测算,而不能按过去的在校生数测算;不能既宣布实施,又没有实施的校舍保证;不能看到招了生未全部报到,流了生未全部复学,就按过去的流失率对需建的校舍面积打折扣。要提供执法的条件保证学龄少儿有足够的学习活动场所,不能少建校舍。同时,要讲究科学,合理布局,减少浪费。高峰期后会不会闲置校舍?我们认为,当前的校舍是"温饱型",要全面贯彻教育方针,培养学生全面发展,还需要许多目前未能具备的活动室、实验室以及劳动、劳技课专用教室等。因此,这些校舍是不会闲置的。

4. 着眼"两基"要求,关键在于依法组织学龄少儿入学

要实现"两基",落实政府行为。首先,也是最关键的是依法组织学龄少儿入学。这关键的一步做不好,普及程度的各个率就难达到。因此,要逐个年龄段摸清情况。其次,从当前现实情况来说,要挖掘潜力,尽一切可能提高小学毕业生升初中的比例:已经宣布实施九年义务教育的区县理应全部升学,未宣布实施九年义务教育的区县也要力争全部升学。根据测算,小学毕业升初中的比例如果低于95%,初中学龄人口入学率和九年义务教育完成率就很难达标。最后,狠抓辍学率。政府、学校、家庭要各负其责。政府、民间都要制定有效措施。流生辍学的时间越长就越难动员回来学习,即使动员回来后也难以巩固,质量也就越难以保证。抓流生要抓苗头,防患于未然,同时要研究不留级的做法及其配套措施。

为了摸清入学情况、升学情况、辍学情况,宜未雨绸缪,毋临渴而掘井。要建立和完善有关制度,特别是做好义务教育表册卡,从政府的角度进行监控、执法。

1995 年 12 月,厦门市第二届教育督导评估班研讨会合影

提高认识　加强领导　高度重视
大力支持　坚持做好语言文字规范化工作①

——传达《汉字简化方案》公布 35 周年座谈会精神

　　《汉字简化方案》公布 35 周年了，它的公布在我国语言文字发展史上翻开了光辉的一页。为此，国家语言文字工作委员会于 1991 年 1 月 26 日在北京人民大会堂举行了座谈会。今天，我在这里传达座谈会的主要精神，和我市从事语言文字工作的同志们一起学习，为做好我市今后的语言文字工作一起努力。

　　语言文字工作，是国家的大事，是关系到民族团结、国家统一、社会进步、子孙万代的一件大事。中华民族的语言文字，为人类文明做出了重大贡献。它的优秀传统源远流长。任何语言文字的进步发展，都是经济社会进步的必然要求。我们提出汉语拼音、汉字简化，也是文字发展史上的一大进步。它的方针、原则是正确的，而且已经取得了很大的成绩，在推进国家富强、民族统一方面起了巨大的作用。今后，我们面临着现代化建设的需要，团结统一的需要，还有大量的语言文字工作要做。所以说，加强语言文字规范化是党中央、国务院的一贯政策。语言文字工作具有广泛的群众性、社会性和很强的政策性，必须高度集中统一，不能各行其是。各级领导部门要进一步提高认识，加强领导，重视和支持语言文字工作，把这项工作列入工作计划。要做到上有领导分管，下有机构和人员。

　　会议还指出，要坚决贯彻党中央、国务院关于语言文字工作的一系列方针政策，重要的是在于推广。在语言、文字、书写、印刷方面必须大力推广，在沿海较发达地区和开放城镇，都应大力推广，列入地方各部门的任务，这是社会文明程度的表现。汉语拼音、简化汉字在学校中要很好地学习和推广。关于整顿问题，特别对滥用繁体字、生造字、错别字都要整顿，这些都是不文明的表现。各级地方政府要发布政令，制订办法加以处理。必须坚持推广普通话，推行简化汉字。所有中小学校、师范学校，必须讲用普通话，使用简化汉字，这是提高教师的基本素质、普及九年义务教育必须具备的。

　　当前，特别必须消化、巩固汉字简化的成果，以《简化字总表》作为社会用字的规范，使简化汉字在社会主义现代化建设中，特别是在电子计算机信息处理技术中更好地发挥作用。

　　与会同志一致认为，国家关于汉字简化工作的方向和所采取的方针、原则是正确的。近年来，在社会用字的某些领域，确实存在着滥用繁体字、生造字，写错别字的现象，已经

---

　　①　原载于《厦门民俗方言》1991 年第 2 期。

给群众的学习、工作、生活带来不便,对外也造成一些不良影响。这种现象不利于社会、经济、文化、教育的发展和安定。因此,必须继续加强宣传,稳定人心,坚定人们对现行的国家语言文字方针、政策稳定性的信念。

回顾汉字简化的三个历程,首先是偏重于笔画的减少;其次侧重于选用按形声结构简化的形体;最后是减少罕用部件,尽量使汉字的部件独立成字,以便于汉字的分解和称说。过去的经验使我们有理由确信,现行的国家语言文字方针、政策将稳定地继续发挥作用,将使汉字简化实际工作水平进一步提高,使理论研究层次进一步深化。

关于汉字的前途问题,周恩来曾留下了重要的教导:"至于汉字的前途,它是不是千秋万代永远不变呢,还是要变呢? 它是向着汉字自己的形体变化呢,还是被拼音文字所代替呢? 它是为拉丁字母式的拼音文字所代替,还是为另一种形式的拼音文字所代替呢? 这个问题我们现在还不忙作出结论。但是文字总是要变化的,拿汉字过去的变化就可以证明。将来总是要变化的……"《汉字简化方案》公布 35 周年的历史,已经证明了这就是一个积极的"变化"。35 年来,全国已有 7 亿多人民学习、使用了简化汉字,成绩是巨大的。当然,尚未臻于完美无缺,还有待完善。但这个"变化"的方向及其采取的方针、原则是正确的。以《简化字总表》作为社会用字的规范,正在发挥越来越大的不可忽视的作用。

展望我市应用语言文字为社会主义现代化建设服务、为厦门经济特区建设发展服务的前景,我们必须就我市当前的简化汉字使用、汉语拼音和普通话推广工作进行总结,找出存在问题,给予有效解决。在巩固汉字简化的成果中,应加强领导,宣传以《简化字总表》作为社会用字的规范,制定措施,坚决落实。要以学校为阵地,率先做好语言文字规范化的各项工作。

1986 年 5 月,厦门市语言学会成立大会合影

学习陶行知先生的人民教育思想①

我对陶行知先生的人民教育思想学习和研究都很不足。然而,我市陶行知研究会的诸位会长和理事们对于学陶师陶却做了卓有成效的工作,为纪念陶行知先生诞辰一百周年做了大量的筹备工作,对此我向他们致以衷心的敬意!

伟大的人民教育家陶行知先生的崇高品德和丰富的教育思想是值得我们学习和发扬的。

一、要学习他把毕生的精力献身于人民教育事业的崇高精神

他扎根于广大工农群众之中,发动平民教育运动;他抛弃优裕的生活条件,与工人、农民和当时社会各阶层的群众交朋友、教识字;他为培养当时师资,创办乡村师范学校,他的平民教育是教书育人,不仅教识字,更重要的教人民爱国、合力救国。他把一切献给人民,而"不带半根草去"。我们大家来纪念他,正是要学习和发扬他这种崇高精神,真正做一个教书育人、为人师表、忠于人民教育事业的教育工作者,为建设有中国特色的社会主义教育奋斗毕生。

二、要学习他丰富而深邃的教育思想

他明确提出教与学是要培育"真人";他主张教育与实践、理论与实际相结合的原则,即使教育与生活、学校与社会结合,教、学、做合一,知与行统一。这一光辉的教育思想,对于我们当前深化教育改革,改革教育结构,加强劳动技术教育,发展职业技术教育,培育"四有"新人有着现实的指导意义。我们应当努力学习,让它发扬光大。

在纪念陶行知先生诞辰一百周年之际,我仅谈这两点学习的感想,与教育界的同志们共勉。

---

① 原载于《福建陶研》1992 年第 12 期。

学习和弘扬李林的爱国主义精神①

黄国富

　　历时半年多的"李林杯"征文比赛今天圆满结束了。我代表厦门市教委向前来出席颁奖大会的各位领导和各地的来宾表示热烈的欢迎,向获奖的各位同学表示热烈的祝贺!

　　李林烈士牺牲已经 51 年了。在中华民族生死存亡之际,为拯救我们的民族于日寇的铁蹄之下,她虽是一名华侨女学生,却毅然投笔从戎,投身于抗日烽火之中。在雁北抗日前线,李林金戈铁马、驰骋疆场,屡建战功。为掩护机关和群众的安全,李林身陷重围,击毙数敌,慷慨就义,堪为巾帼英雄,女中豪杰。

　　李林的英勇和无畏,来自对敌寇无比的恨,对民族对祖国深沉的爱。李林的精神就是伟大的爱国主义精神。

　　为纪念李林烈士,学习和弘扬李林的爱国主义精神,1990 年,在李林烈士殉国 50 周年之际,厦门市政府、厦门市教委在李林烈士的母校——厦门集美中学建立了李林园和李林烈士纪念馆,作为我市进行爱国主义教育的基地之一。1990 年 9 月,厦门市教委决定在全市中学开展"李林杯"征文比赛活动,邀请全省重点中学参加。这次征文活动得到广

国家教委副主任何东昌到集美中学视察留影

---

① 　原载于《烈士与我们同行》,1991 年印行。作者时任原厦门市教委中教处副处长。

泛的响应和支持,共征得参赛文章 270 多篇。最近,我们邀请了厦门大学中文系、集美师专、厦门教育学院、厦门人民广播电台等单位的 8 位同志担任评委,进行评选。共有 50 篇作品获得了奖励。双十中学、集美中学、长汀一中荣获了组织奖。本次征文比赛得到香港集美校友会主席施学概先生的关心和资助。

通过这次征文比赛活动,李林烈士的光荣事迹得到了更加广泛的传颂,李林烈士的英名被越来越多的青少年所崇仰。我们相信,李林烈士的光辉形象和爱国主义精神,必将成为鼓舞千百万青少年勤奋学习、建设特区、报效祖国的伟大精神力量。

李林的爱国主义精神永存!

2004 年 3 月,市人大原主任,时任市关工委主任李秀记(右二)到厦门六中调研

厦门市集美区退休教师协会第四届理事会合影

高考初选揭晓前夕话前途[①]

李永裕

今年高等院校新生入学考试的成绩即将公布,广大考生正以兴奋而紧张的心情,期待着祖国的挑选。无论是初选中选的考生还是落选的考生,都面临严肃的问题,要求他们做出毫不含糊的回答。在此时节,需要教师、家长和社会舆论多多关心他们,指导他们,帮助他们进一步坚定地"树立一颗红心,做好两种准备"。

大多数考生将面临的问题是:落选了怎么办? 根据我国的现实条件,在当前以及今后若干年内,高中毕业生可能升入大学的是少数,不能升入大学的是多数。这是正常现象。今年全国高等院校的招生数,只相当于应届高中毕业生的 4%,至少有 96% 的应届高中毕业生不能升入大学。因此,那种认为没考上大学的考生就是"饭桶"、"不光彩"的看法,是极端片面的。光彩不光彩不在于有否升大学,而是看他有否崇高的革命理想,有否以四化为己任,有否全心全意为人民服务。只要有了这些,就是对社会主义对人民有用的人,就是崇高的人。落选生的老师、同学、家长、亲友、邻居,对于这个问题要有正确的认识,不要不切实际地苛求考生个个中选,更不要轻视、讽刺、责备落选生,而要共同来做好落选生的思想工作。作为考生自己,更应以"一颗红心,两种准备"武装头脑,抵制错误的压力,耐心地做好对家长以及周围群众的解说工作。

个人前途总是和国家民族的命运紧密联在一起的,社会主义四个现代化为青年一代开辟了无限广阔的生活前景。未考上大学的青年,可以参加工业、农业、服务行业,在生产劳动中学习、锻炼成长。行行出状元。即以本市来说,新中国成立以来,就有数以万计的学生高中毕业后在生产劳动中成长为各行各业的骨干。现在,党和国家又为广大青年的业余学习创造了越来越好的条件,例如开办电视大学、广播教学、函授教育、业余大学、专业培训班、科技讲座等等。青年同志一定要充分运用这些条件,坚持业余学习,只要持之以恒,善于学习,就一定能出成绩,能成长为出色的人才。我国世界知名的数学家华罗庚教授不就是自学起家的吗? 古往今来,靠自学而攀登科学文化高峰的例子多不胜举,何况党和国家又给我们创造了优越于前人的自学条件,我们一定也会在自学方面取得超越前人的硕果。

初选中选的考生面临的问题是:填报什么院校什么专业好,各个院校专业的设置和招生人数,都是根据国家的需要和可能而定的,是实现四化整个计划的组成部分,选学任何一个专业都可学到四化建设所需要的知识。填报志愿,要从自己德、智、体的条件出发,既

---

① 原载于《厦门日报》1979 年 8 月 2 日。作者时任厦门双十中学校长。

考虑自己的兴趣爱好,也要考虑国家招生计划的需要,把二者统一起来。从前两届考生填报志愿的情况看,有些偏向要引以为戒,即填报农林、石油、煤炭、地质、军工、师范的少,填报本市、本地区院校的多,表现出一些考生不愿离开本地,留恋城市,怕毕业后工作艰苦。这不但给招生计划的完成造成一定的困难,也影响了部分考生的录取,使国家和个人都受到了损失。

革命青年应该志在四方,到四化最需要的地方去。在我国长期的革命战争和社会主义建设中,多少革命青年远离亲人,为革命转战南北,为建设献身边疆。"大地春如海,男儿国是家;龙灯花鼓夜,长剑是天涯。"这是第一次革命战争时期熊享瀚烈士留下的诗篇。至今读了,犹使我们激情满怀。张志新烈士是发扬这种无产阶级无私无畏的革命精神的典范。她在林彪、"四人帮"的暴政下,为了捍卫真理,捍卫党和社会主义,舍得一身剐,宁死不屈,是无产阶级的钢铁英雄。而在服从社会主义建设需要的方面,张志新烈士也给我们做出了光辉的榜样。她在人民大学俄语专业学习,以优异成绩提前毕业,但被留校做教学资料工作,这是被人认为平凡的后勤工作,但她做出了出色的成绩。以后她又被调去远离家的东北,一直忘我工作,为同志所称道。以革命先辈为榜样,胸怀祖国,放眼世界,以国家四个现代化的需要作为第一志愿,准备为之献出自己的青春,这就是我们选择志愿的立足点。

祝愿青年同志们以满怀信心去迎接未来的战斗生活,服从祖国安排,在各自不同的学习和工作岗位上为社会主义四个现代化充分发挥作用。

福建省委常委、常务副省长张昌平(右三,时任厦门市委副书记、厦门市市长)和
厦门市委常委、宣传部长洪碧玲(右一),厦门市委常委邵华(左三)在双十中学视察

发展教育产业之我见①

许十方

发展教育产业,首先应搞清楚它的内涵和发展条件。否则,思想的混乱将造成实践的混乱,而我国的教育,是再也经不起折腾了。

教育首先要讲公益性,其次才是产业性。

发展教育产业,依我的理解,可包括三个方面:

第一,"产、学、研"结合发展起来的产业。

知识创新、技术创新转化为生产力,也就是我们常说的"知识经济",这以大学为主。

第二,教育的社会化服务,由此拉动的新经济增长点,产生的新职业。

学生公寓、学生营养餐、低幼学生接送、托管,家庭教师、教学辅助读物、课外读物、教具和学具。教育IT产业——教育光盘、软件,教育城域网和校园网、电脑、电教器材、网站和网校等。

第三,吸引外国学生的教育市场和本国国民的"发展性教育"消费。

基础教育,或基础教育中的义务教育和学前教育属于"保障性教育",是国家保障每位公民必须通过的最起码的"保底教育"。对于"保障性教育",我们应强调它的公益性,应强调国家的投入,不少国家在教育上甚至实行"免费教育",而不主张"产业化"。这是因为"保障性教育"的质量和普及程度,决定一个国家物质文明和精神文明的水平,对每个公民来讲则是对其基本人权的保障,保障其受教育权不受社会地位、经济条件、男女性别、宗教信仰、种族地域的影响。这是一种利国利民的教育,是教育公平的体现,是社会进步的体现,投入的主渠道应是国家。

另一部分教育是"发展性教育",即满足公民进一步发展的需要和社会对各层次人才需求的教育。这既包括了基础教育之外的教育,如职业教育、高等教育、职后继续教育等,我想还包括基础教育中的"特色教育"。由于这部分教育,和即将从事的职业以及从业后的地位、收入有关,所以对它实行"优质优价"的教育消费政策是公民可以理解而且愿意投入的。在公民的经济承受能力的限度内,"发展性教育"中有可能培育起教育产业来。

从发达国家的经验看,他们的私立学校多,"发展性教育"的市场化运作机制和环境都很好。但是他们在"保障性教育"这一块国家投入的力度并不因此减小,国家甚至出钱向私立学校"买学位",以保证学龄儿童接受义务教育。不过近几年,发达国家把基础教育推

---

① 原载于《厦门日报》2002年2月5日"政协之声"专题文章汇编。作者时任市教育局副局长、市政协委员。

向国际市场,特别看重我国的中小学生,想方设法吸引我国的"小留学生",发展起赚外国学生的钱的教育产业来。

因此我想,如果我市要在教育消费上发展教育产业的话,首先可把目光投向境外市场。我们应进一步强化我市的教育优势项目,如音乐、美术、舞蹈、武术、华文教育等,面向金门、台湾地区,面向全世界培育教育消费,发展教育产业。

厦门市特殊教育学校落成典礼

厦门市第一幼儿园百年喜庆留影

校校盖了新楼房①

——纪念邓小平同志视察厦门经济特区十周年"厦新杯"征文

我从事教育工作 40 余年,欣喜地看到厦门教育事业的巨大变化,但感受最深的是邓小平同志视察厦门经济特区以来的十年。在这段时间里,厦门教育事业为适应特区建设的需要而取得的长足发展,是任何一个时代不能比拟的。

1984 年,全市中学有 31 所,占地面积 92 万余平方米,校舍面积 22 万余平方米;小学 336 所,占地面积 87 万余平方米,校舍面积 25 万余平方米。当时,全市中小学尚有危房 4.58 万平方米。在最近 10 年中,市政府财政每年投入中小学校舍建设平均在 1 000 万元以上;加上区(县)、乡镇政府和群众集资,港澳台同胞和海外侨胞捐资办学,学校规模不断扩大,校舍也焕然一新。目前,全市中学已达 55 所、小学 357 所,分别比 1984 年增加 24 所和 21 所,学校占地面积也分别增加 27 万余平方米和 72 万余平方米。全市城乡学校已有 85% 以上建有新校舍,基本消除了破旧危险房屋。

十年前,厦门二中校舍破旧不堪,经过近几年的改造,除了保留少数纪念性校舍外,基本上都已重建。校园内花木扶疏、亭榭隐现,令人心旷神怡,犹如置身于公园之中。市区一些历史悠久的老学校也大都旧貌换新颜,教学楼、实验楼、综合楼拔地而起。在农村,群众高兴地说,村庄里最美最好的房子是学校。

十年来,市政府还扩大投资,改善学校的办学条件,市区中小学和农村中心小学的教学仪器都按一类标准配备,农村完小按二三类标准配备。如今,全市多数中学都已建有 250 米的环形跑道,有的学校还建有 400 米跑道和风雨跑道。厦门一中和双十中学建了体育馆,大同小学建有游泳池,厦门师范学校和厦门女子职业学校建有练功房、琴房,全市中小学拥有各种不同型号计算机 2 000 余台。

办学条件的改善,促进了教育事业的发展。十年的春华秋实,硕果喜人。全市各级各类学校培养的毕业生有了大幅度增长:小学培养了 148 045 人,初中 88 060 人,普高和职高共 44 489 人,普通中专和中技 19 227 人,大学毕业生 30 708 人,为厦门经济特区输送了大量的人才。

---

① 原载于《厦门日报》1994 年 5 月 24 日。

参观与学习

美国旧金山市学校教育考察报告[①]

郑炳忠　吴德丰　陈和国

我们一行三人应邀于 1989 年 10 月 8 日至 19 日考察了美国旧金山市的学校教育。现将考察情况报告如下：

一、考察过程

考察是黄淑玲女士邀请的。

黄女士是美籍华人，美国建东银行董事长吴振声先生的夫人。她早年长期在菲律宾、美国担任过中小学校长，具有丰富的教育经验。我国对外开放后，她丈夫到我市开办了建东银行厦门分行，她本人也多次返回家乡，帮助发展家乡的教育事业。她给学校捐赠教学仪器、图书，为全市中小学校长举办学校管理讲座。1988 年和 1989 年暑期两次联络、委派美国教师到我市培训外语教师。为了增进我市与美国旧金山市教育部门之间的联络，1989 年 4 月，她以个人名义向市政府领导提出要求，邀请我们三人赴美考察。

1989 年应邀赴美国旧金山市进行教育考察与黄淑玲女士、建东银行董事长吴振声先生留影

---

① 本文由郑炳忠、吴德丰、陈和国合署，吴德丰时任厦门市教委中教处处长，陈和国时任厦门市外国语学校副校长。

经过省、市有关部门的批准,我们三人于预定的日期乘机离开厦门,8日晚上六时半飞抵旧金山。当天晚上就与黄女士讨论,确定了整个考察活动计划和某些细节安排。9日上午做了些准备工作。下午在黄女士引见下,拜访了旧金山市教育局长科登尼斯先生及其助手,交谈了两个小时。10日到17日这8天里考察了9个单位,即:旧金山大学教育研究院、中西文化研究学院、语言学院3个高等教育机构;洛卫尔高级中学、国际学校、新到者学校3所公办中学和伊格内修斯预科学校、贝尔敏预科学校2所私立中学及包括有小学和初中的私立圣玛丽天主教华人中心。最后这所学校是我们临时提议增加的。另外还浏览了斯丹福大学、旧金山州立大学和克拉拉学院。17日下午五时零五分旧金山发生了七级强地震,原预定18日的最后一所学校考察活动只得取消。19日我们与黄女士共同讨论考察体会。当晚就按预定日程飞离旧金山,21日中午返达厦门。

邀请方与旧金山市有关的教育单位,他们非常重视我们的这次考察。黄女士为此做了长达几个月的联络安排和资料预备工作,活动日程的安排细致到几点几分,使考察工作的每次活动都按计划进行。欢迎宴会上,她发表了热情洋溢的讲话,把我们的考察称为两市教育交流的重大活动。每个单位都给予我们热情的接待,把我们的访问通知到每个教职工,事先把我们所要了解的材料准备好。学校主要领导、校长或董事长为我们介绍情况,带领我们参观,回答我们所提出的问题,中午请我们在教师或学生食堂用餐。加州最好的中学之一的洛卫尔中学校长费比斯先生称我们为"贵宾",陪同我们用餐,向我们赠送校旗。加州最好的私立学校之一的伊格内修斯预科学校的副董事长洛夫蒂先生向我们赠送了学校纪念镜、纪念章。在这些学校工作、读书的中国人,不管从大陆或从台湾港澳去的,更是热情主动地来与我们见面攀谈,合影留念。国际学校安排两批中国学生与我们座谈,语言学院赠送给我市英语中学一些教科书。我们也向所有到过的单位赠送了新近出版的介绍我市风光的精美画册,题写有"学无止境"、"诲人不倦"的书法条幅。在这些学校里,我们感受到了美国人民、教育工作者对中国人民的友谊和对我们教育工作的关切。更令人感动的是黄女士与其丈夫驾车双双到机场迎送我们。黄女士每天亲自为我们的活动驾车引路。吴先生还几次从紧张的商务中抽身陪我们活动,地震发生后几个小时,就主动挂长途电话与厦门联系,对我们在美的生活、工作关心入微。由于他们的热情接待,使我们得以圆满地完成了这次考察任务。

二、考察观感

虽然这次考察时间很短,接触面又极有限,但通过这些学校,我们对美国的基础教育有了些初步了解和印象。

在学校的体制、学制和课程方面,美国与我们有些不同。旧金山三面环海,面积70多平方公里,人口71.5万,是个经济发达的港口城市。全市共有37个儿童中心,对5岁学前儿童进行一年的学前教育;有72所小学,学生6岁入学,学制五年;18所初中,学制二年;23所高中,学制四年。这些学校共有6 300多个学生、196个行政管理人员、2 113个各类职员、1 785个辅助人员和4 753个合格教员。美国是个著名的多民族国家,该市学生中印第安人最少,只占 0.6%,日本人占 1%,朝鲜人占 1.2%。菲律宾人占 8.9%,西班牙人占 18.7%,中国人比例最高,占 23.1%,其他种族占 27.1%。种族多,学校就必须开设多门外语课。洛卫尔中学开设 10 门外语课。而新到者学校则有 30 多种不同民族的学生,开设近 30 门外语课。高级中学里是以学科定教室而不像我们以班级定教室。宽阔的走廊里到处挂满供学生放书的格橱。在换用教室的间隙,很多学生席地而坐。以学科定教室,可以根据学科特点布置教室,充分挖掘和运用教室环境的教育性,学生上课经常调换教室,比较不觉单调疲劳。中国去的学生大都觉得这种教室分配法比国内好。市教育局根据州教育法规,确定达高中毕业必须修完英语、世界史、实验科学(生物、物理)、美国史、公民/政体、经济学、体育/军训、数学、美术、外语、家庭生活教育和驾驶训练等 12 门课程共 155 学分。另选修课有 65 学分,最少得完成这 220 学分。数学、写作运用、阅读、作文、游泳这 5 门课全市举行统一的精通程度测验,其余课目由学校考试,至于年段课程安排,各校并不统一。洛卫尔中学采用让学生自行选修的办法,每门课也同时安排几位教师上,学生还可以选择教师听课,学校还设有十几个资深教师组成的指导学生选课、学习的辅导咨询室,学校教学质量较高,投考者甚多,每年的 720 名新生是 3 500 个竞争者中的优胜者。

美国学校设施本来就比较好,这些学校就更好。每所中学都有足够使用的实验室和较先进的仪器,贝拉敏中学的科学馆投资近 500 万美元。设有卫星接收站,3 间物理室里配有镭射装置;化学室使用的量具不是常见的天平,而是每台值 2 000 美元的 16 台电子量磅。两间化学室中间置有洗涤机,几秒钟里可以洗净不小心洒到皮肤或衣服上的试剂药水。架上还陈列着几十副学生做某些试验时需戴的防毒罩。易燃易爆物品都放在设有防火设备的厨里。生物室里配有值 5 000 美元的镭射机。教师将课本中须配直观图示的 20 多个章节内容录进类似旧式圆形唱片的软件里,上课时播映到电视机银屏上,图像既可定格、重放,还可放大、缩小,供学生清楚地反复观看。还有 3 间电脑课室。每所中学都有室外田径场、篮排足球场、棒球场、停车场。耗资 500 多万元的配有近千个活动座位和空调设备的室内体育馆。图书馆不但地方宽敞,书籍丰富,还都配有数台供学生查找书目索引的电脑,出入门处配有电子检查器,一旦有书被私自带出门,即有鸣叫声报告。校舍都很美观、整洁,除饭厅、厕所外,地上都铺有地毯,室外场地除了运动场所,就是花坛和草地,修剪齐整,色彩绚丽的花草把学校打扮得像一座座花园。

我们原印象中,美国学校对学生的管理是比较松散的,而实际上,学校当局对学生的品德、智力、体育诸方面发展也同样有严格的要求。教育局规定:教师要负的基本责任是学生良好品德的培养和智力、体力的发展。学校、社会、家庭都能配合对学生进行品德教育,爱国主义教育同样是他们所重视的。公园、街头立有很多为民族、国家做出重大贡献的伟人塑像。小学校的每个教室黑板上方挂着国旗。他们特别注重学生的言行文明,教育局制订有《学生品德手册》,发至每个学生和家长,规定了学生应尽的责任有 5 条 37 款,应有的权利 16 条。对其行为规范提出非常明确的要求,如对衣饰仪态规定中提到:"学校严禁不适当及可能导致扰乱学校、影响秩序混乱及安全的衣饰。所谓不适当衣服包括部分身体暴露的半截上衣,如袒肩的短衣、半截的短裙、袒肩露背的胸衣之类。"还规定"穿暴露大腿的衣服如迷你短裙或短裤、剪短的或丝质的、软质的及橡胶质的短裤要受罚"等。我们考察学校时,天气还热,学生穿的衣服不多,但都没见到违反上述规定的。

学校规定教师每学期至少两次与学生家长见面或通电话,讨论孩子教育。各学区设有一个教育中心(类似我国的工读学校),把那些行为不端的学生集中训导。改过的,可以返回学校,否则继续训导或升级处理,对受处理的学生采取"惩戒的转学"。有些学校,特别是教会学校,规定学生每学年要完成 100 小时以上的社会服务工作。学校对服务工作的组织、指导、鉴定有一系列的措施。学校与学生都很重视体育活动,而教育局规定:"学生所修读的学科成绩平均必须在 2.0(C 等)以上,才有资格参加课外活动。参加以后,每阶段测验必须保持各学科成绩不退步。"运动员必须具备的条件则为:"其总成绩必须在 2.0,GPA 稳合条件……参加秋冬运动会资格为 6 月份的总成绩,参加春季运动会的资格为正月的学期总成绩。"学校对学生的要求,特别是行为规范的训练教育,使大多数学生养成了遵守、维护公德,礼貌待人的良好品行,校园里室内外都非常整洁,开饭时的饭厅餐桌上看不到任何丢吐饭菜,厕所地板上从不见湿迹,大街上的公共设施也都保护得很好。校园内外,师生或其他人,待人都彬彬有礼。开门、走路、驾车时让路让道,微笑道歉是我们所常见的。即使是在强地震发生几分钟后,人人心急如焚,处处依然见到他们的友好谦让。当时我们乘车途经十几个路口,没见到一处交通堵塞,甚至没听到抢道争先的吵闹声。在美国学生管理中,虽然其"德育"的内涵与我们有很大的不同,但他们在培养学生的爱国情感和文明言行上的努力和成果是很值得我们借鉴的。

美国教学上的突出特点是重视学生实践能力的培养,尊重、激发学生的创造精神。市教育局大厅正面墙上,在两米见方的格子里挂满一小幅一小幅学生的美工作品,楼梯平台、走廊的墙上也挂着、贴着学生的图画、文章和各式各样的手抄报。这些作品都定期更换,更不用说学校里了。美术室摆满了学生的工艺作品,悬挂着的学生做的大风筝;生物室里,挂满了学生制作的模型标本;走廊立着橱窗,陈列着学校所获的各种奖品。我们在这些学校里听了不少班级的课,感到课堂上气氛最大的不同就是这里的学生很活跃,很善于提出问题、与教师讨论、问答不须教师安排授意。5 所中学中就有 2 所有学生办的报纸。据学校负责人说,学生办报纸与社会办报一样,学生可以撰文评论社会与学校里的一切,为了有利于培养学生的这种创造能力与实践能力,教育局明确提出:他们要的教师是那种"具有创造前人没做过的东西的精神",应该善于问"有什么方法可以做得更好"或"需要做什么我们还没做的事"的这种人。他们注意为学生提供各种社会实践机会和场所,包括具有历史意义的风景点、博物馆、自然科学馆、表演场所等。学校开设驾驶、打字、家庭生活教育等运用性很强的学科,特别要指出的是:社会生活的很多方面,也促进学生创造精神的养成。据介绍,在旧金山市每建筑一幢新楼房,如果设计式样与现有的任何一幢相同,建筑部门就不同意投建。由于注重这方面教育,学生独立性、创造性比较强。据介绍,80%的青年一到 18 岁就离开家庭独自生活,主要依靠自己打工挣钱来维持生活、缴纳学习费用。

旧金山市学校所表现出来的美国教育教学某些方面有较优越的条件和明显的长处。但同样的,他们的教育也存在不少的困难和问题。《教育的危机》一书已经将这些难题和问题摆到了政府和民众的面前。虽然引起了一定的关注,布什总统还为此讲了话。但旧金山大学教育学院主任保罗·瓦尔任(Paul B. Warren)在与我们交谈:认为这本书引起了社会很多方面对教育的关注,在很多课题上引起了有益的争论,实际上对教育有一定的促进。同时,他也批评白宫政府"说得多,做得少"。学校感到政府还没有尽力解决问题。教育经费仍然吃紧。学校都分工一个校长以主要精力抓钱,校长培训课程中就有一门课专门研究如何筹措经费。由于资金不足,教师社会地位、经济地位还较低,难于吸引优秀人才到教师队伍中来。旧金山市就缺理科教师三四百人。教学上比较重视个性培养,重视创新,重视灵活运用,但相当大部分学生基础知识不牢固,近年来国际上重大中学生学科竞赛中,美国学生老是榜上无名。也由于学生知识上缺漏较多,社会各界难于补充合格毕业生。据教育局局长科登尼斯介绍:这两年全国企业及其他部门每年要花 25 亿美元来培训员工,提高其素质。由于社会生活方式及各方面影响,部分学生缺乏明确的学习目的,意志薄弱,辍学率高。据洛卫尔中学介绍,高中生辍学率在 25% 左右,初中也达 10%～15%。公民中文盲比例在增加。部分学校,特别是办得比较差的学校里,产生学生吸毒贩毒、持枪斗殴和极少数女生低龄怀孕等问题更令教师们头痛。有些问题恐怕还难于从根本上得到解决。

三、启发和打算

旧金山市的教育经验和长处很值得我们借鉴,他们的困难和问题虽然部分有其社会制度所带来的固有的特殊性,大量的也是我们正面临的或可能会产生的,我们也必须重视和注意。我们觉得,要改善和提高我们的教育,主要还是要依靠政府和社会的重视、关心。相对来说,美国学校的教育经费比我们宽裕得多,旧金山市的公办中学,政府以每年生均经费 4 000 美元的标准拨款。私立学校每个学生的学费,每年也近 4 000 美元,而社会各界还经常给学校以资助。旧金山市近 120 所中小学就获得 45 个公司经常性的捐款。福特公司、洛克菲勒公司等大公司每年都捐赠大笔教育基金,使学校可以花数百万美元建科学馆、体育馆,添置先进设备。我们的教育经费缺乏,政府必须进一步增加投资并发动各界以改善、提高员工素质的长远考虑来支持教育。

教育内部,我们打算再次认真研究美国学校的学制、课程、教学方法上的利弊,根据我市实际情况和条件,尽可能采用试点的办法来研究,学习其经验,有些不需花大量资金和人力的好做法,就可以结合工作,马上试学。比如,旧金山市教育局和学校都将本单位的基本情况和条令法规,整理归纳,印制成册,以备时需。对上汇报和对外交流时就可以节省下很多时间,加强中小学的德育工作,本来就是我们的当务之急,看到美国都那么重视培养学生的爱国情感和文明言行,我们更深切感到应从思想觉悟和行为规范两方面来狠抓学校德育工作的落实。

这次考察,我们进一步感受到绝大多数华侨深切的爱国精神和美国教育工作者对我们真心实意的友情。在考察过程中,我们同时努力探讨今后如何在华侨帮助促进下,扩大和加深与旧金山教育部门的合作,以取得他们更广泛的帮助。为解决眼下我市外籍教师不足的难题,旧金山市教育局副局长琳达·戴维斯女士和局长助理罗杰·汤先生当即答应根据我们的要求和条件,联络、组织美国教师到我市任教。黄淑玲女士也与我们商定了明年春天派一位美国教师到我市教育学院教书,还就明年她继续邀请美国教师到我市教育干部训练班讲学,举办暑假英语教师培训班等事进行了具体的磋商,并就今后互派所需教师、增进往来等事做了初步探讨。

　　以上是我们的考察报告,因为时间短,考察又局限在一个城市较好的几所学校里,所见所闻所思难免有片面的地方,报告中疏漏错误之处肯定不少,期望和欢迎批评指正。

与美国著名音乐教育艺术家来厦考察学校艺术教育时留影

市教委领导与美籍华裔黄淑珍女士商议邀请外籍教师来厦支持办学事宜合影

寻找差距　增强信心①

——赴广东省三市艺术教育考察报告

李向群

由厦门市教委组织的市艺术教育学习考察团一行 14 人(其中,市教委、艺教委 3 人,区分管局长 3 人,少年宫主任、书记 4 人,艺术教研人员 4 人),于 1995 年 3 月 9 日至 17 日对广东省广州市、珠海市、深圳市进行为期 9 天的学校艺术教育考察。此次考察的主要目的是了解三市贯彻国家教委艺术教育总体规划的情况,以及对艺术教育工作采取的措施,以便推动我市学校艺术教育工作的深入开展。在三市八天的考察中,听取了三市教育行政部门、艺教委领导的介绍,参观了 5 所学校(广州 109 中、珠海七小、深圳新沙中学、莲花小学、实验学校)和珠海、广州两个青少年宫。3 位舞蹈教师还前往广东省舞蹈学校学习取经,考察团的同志同时参观了三市的建设成就。在考察中我们受到 3 市教育局、教委、艺教委和学校领导的热情欢迎和接待,学习了不少宝贵的经验。学习考察达到了预期的目的,参加考察的同志都认为收获不小,学习兄弟地区的长处,找出了自己的差距,增强了搞好艺术教育工作的信心和决心。

从考察学习中了解到,广东省三市对学校艺术教育工作有如下长处和特色,值得学习和借鉴。

第一,对学校艺术教育工作的认识有新的高度

他们认为,没有美育的教育是不完全的教育。他们面对的现实是:有一批办学条件差、生源差的"薄弱学校",而拖了全市教育发展的后腿;受到消极文化现象的影响,游戏机热、追星热、武侠热;加强校园文化建设的需要更加突出;社会主义市场经济体制的建立,需要建立相适应的教育体制,培养相适应的各类人才;由应试教育转为素质教育,美育教育是个不可缺少的重要教育内容。他们特别针对一些薄弱学校(如广州 109 中、深圳新沙中学等),加强艺术教育,"有利提高学生心理素质,进而提高学生思想道德、文化科学、劳动技能和身体素质水平,从而使他们成为合格的社会主义建设者和接班人"。因此,他们以艺术教育为突破口,创建艺术教育特色的办学模式;以艺术教育为纽带,提出"以美促德,以美启智,以美健体,以美育劳"的目标,如广州 109 中,从艺术教育为突破口连续 3 年中考总平均成绩超出全市初中平均成绩的 25 分至 54 分,初中毕业班工作连续三年获市教育局的奖励,艺术、体育竞赛获优异成绩。深圳新沙中学的学生美术作品水平相当高,而学习时间仅一年多。深圳市提出,要使每一位教育工作者,特别是学校领导明确,艺术

---

① 作者时任市教委语委办主任、市艺教委副秘书长。

教育是社会主义精神文明建设的一项重要工程,并站在反渗透、反腐蚀、反演变斗争的高度认识艺术教育的重要性。

第二,艺术教育机构健全,专人负责,制订总体规划,引入督导评估的重要内容

广东 3 市都有一位委、局领导分管艺术教育,广州、深圳建立了艺委会。广州依托在普教处,深圳依托在教研室,珠海由中教科负责。广州市专门在局成立艺术工作组,美术、音乐教研员由艺术组统一领导,统一安排工作,把行政和教研活动结合,有利协调开展工作。深圳放在教研室,教研与活动统一安排,也有利于艺术教学与艺术活动的全面开展。3 市都有艺术教育总体规划,每年年度计划、改革的意见,并以委(局)名义下发。广州市把艺术教育列入整体改革之中,加强管理,加强教材建设,定期召开艺术教育工作会议,组织学习汇报交流;建立课堂教学规范,建立听课制度,健全教研活动制度(每两周一次);制订评估体系,按总分 600 分进行评估、检查,纳入督导,推动区、校更加重视抓紧艺术教育工作。深圳市制订了贯彻《全国学校艺术教育总体规划》的实施计划和市 1992 年至 2000 年的发展规划,并于去年 12 月用一周时间对全市各区、直属学校的艺术教育情况进行了认真的检查,发现典型,推动工作。如南山区教育局将艺术教育作为各学科教学改革的突破口,成立艺术教育中心,实行单列管理,几年来在培养人才方面取得了可喜的成绩。

第三,增加艺术教育的投入,改善艺术教育发展提高的条件

深圳市教育局提出,城镇中小学在 1995 年前艺术学科器材配备达到一类标准,目前已有 97％的中小学音乐器材达一类标准,专用音乐教室 40％达较高标准,规定应有专用艺术教室和活动室。深圳实验学校单美术美工教室就有 3 间,还有管弦乐队、舞蹈形体训练室。新建立 100 多 m² 的音乐室。设有演出站台,配有高档三角钢琴。在农村的新沙中学校舍条件并不好,却有 2 间 100m² 的美术室和美术陈列室,教师的办公工作条件相当好,每人有专用工作间。而新区的莲花小学配置一间木地板 190m² 的舞蹈练功厅,把小学生形体训练列入课程。珠海七小专用艺术教室特别多,单电子琴室就有两大间,配置 110 多架电子琴。广州 109 中配备专用美术教室、美术陈列室。广州市还建立艺术教育促进基金。

第四,着力加强师资队伍建设,培养引进高水平师资

广东 3 市普遍重视提高艺术师资的水平,他们分市、区两级抓培训,要求小学教师达大专学历水平,初中达本科学历水平。深圳特区内 3 个区师资配备率达 95％,学历达标率按国家要求已达 99％,按小学大专、中学本科要求已达 90％。

他们采取多个渠道培养师资。通过市教育学院对全市中小学、幼儿园艺术师资在职培训,1993 年已完成第一批。市、区各级教研员在每学期开学前对艺术教师进行教材教法培训,采取请进来走出去的办法,聘请知名专家讲学,促进教材教法改革。经常组织交流教学经验,提高业务素质。组织艺术教师学习大纲,经考核发给合格证书。

他们采取有力措施稳定教师队伍,在奖励、提职、职称评定、安排住房等方面一视同仁。一些艺术教师被提拔担任教导主任、校长、助理,评优秀教师、特级教师都有艺术教师

一份,深圳市就有一名音乐教师被评为广东省"十佳"教师,他们专门表彰"小五门"(体、美、音、史、地教师)。为教师提供较好的工作、办公条件。工资待遇好,深圳中学一级教师每月从财政分发的工资和补贴有1 400多元、高级教师1 800多元,且每年发16个月工资,即每季度加发一个月工资。

第五,开展生动活泼、多种形式的课外活动,培养艺术苗子

广州市强化每学年的学校艺术节,分别举行合唱节、舞蹈节,市、区少年宫活动阵地比较活跃,少年宫组织各种乐团、合唱团、舞蹈团活动。珠海市每年与有关部门联合举办少儿花会,搞滨海之声活动,评奖书画展,组织与港澳、加拿大的艺术交流活动,与北京少儿舞蹈学院举行联欢活动。他们还把美化绿化校园列为校园文化艺术建设的重要内容。深圳市在各校组织成立合唱团、艺术团、美术兴趣小组,逢单年举行中小学合唱节,逢双年搞全市少儿花会,在小学校每年举办艺术节,市教育局每年举办少儿画展,积极组织参加国家教委举办的少儿艺术活动,并多次获奖。

第六,加强艺术教育科研,促进教研与开展科研结合,提高艺术教育工作的水平

紧密结合教学改革与研究,开展艺术科研是三市一个重要特色。广州市提出三个特色的整体改革,即实验办60所特色学校为突破口,提出特色课题的研究,培养有特色的教师。美术科每年确定一个专题研究,提出"三个一",即每一位教师一堂课、设计一个教案、撰写一篇论文。试验把不同乐器进入课堂。109中校长亲自带领教师进行脑科学的研究,提出开发左脑,1994年荣获广东省教育科研优秀成果特等奖。他们与华南师大音乐系合作,实现从幼儿园、小学、初中、高中到大学的艺术教育"一条龙"的探索与实践,提出"以美立校,以美育人"。他们还用系统科学的原理对学校进行一系列科学管理(包括心理管理、目标管理、层级管理、民主管理)。

厦门市的艺术教育有着良好的基础,加上市府、市教委的重视支持,我们通过学习考察,借鉴广东三市的经验,一定会把我市艺术教育工作推上一个新的台阶,为全面贯彻教育方针,发展学校艺术教育做出新的贡献。

厦门市艺术教育访问团赴广东省考察学习与省教育厅许任之厅长合影

同根同源 血浓于水^①

——致福建省少儿艺术访问团的欢迎辞

中华民族 5 000 年的历史有无数次的分分合合最后总是达到了统一,而任何一个有中国血统的人,不论他生在什么地方,长在什么地方,受的是什么样的教育,在他的血管中内心始终有一份呐喊,这就是中华文化的伟大,不论中国人或是外国人,当他们看见了一件中国的刺绣,一幅中国的画,一首中国的歌,他们的眼睛会睁得很大。为什么?因为他们受到了深刻的呼唤把他们和艺术品融为一体,这就是中国艺术的特质,我们中华民族之所以有今天,他的根就在这艺术文化之中。

海峡两岸分割了 43 年,他们原有同样的一个根,我和台北市艺术文化协会的许多朋友们,觉得我们也应该做一点事,把这个根牵在一起补起来。

海峡两岸的许多位领袖和热心的人士,曾经为了连接起两岸的根,做了不少的工作,我在这里向他们表示至高的敬意,我觉得我们也应该做一点事一件他们还没有做的事。

在台北市演出时全体演职师生合影

---

① 本文作者屠明兰为邀请单位台北市艺术文化协会理事长,该文以欢迎词为序刊登于 1993 年 3 月 5 日《福建省少儿乐器、舞蹈访问团画册》。

由于很多在台湾的中国同胞们是从福建省来的闽南人，这是43年第一次我们邀请了福建省少儿乐器舞蹈访问团来到台湾，来和我们的闽南同胞以及在台湾的各界同胞做一次面对面的交流，我们甚至要举办一次闽南语的艺术文化座谈会，我们还要走到全省各地用家乡话和大家聊乡情，让我们来真正体会一次，血浓于水的感受，这一次陈明伦先生奔走海峡两岸十余次，在千辛万苦中终于促成了这一次的访问团尤其值得感谢。1992年我曾共同带领了爱心文化访问团访问大陆（北京、上海、南京），今年，我刚带了艺术文化团出席在美国举行的世界文化与诗歌会议，所以我知道世界上许多人——包括中国人与外国人都对我们两岸的艺术文化交流予以赞许，对我们未来的成就寄以希望。

今天，我们邀请了40年来，第一个福建省少儿乐器舞蹈访问团访问台湾，只是小小的一步，但是这一小步将是未来中华民族和平统一大步中的一个原动力，让我们共同继续努力吧！谢谢大家。

1983年8月，在台中市演出时接受媒体采访

在台湾台北市欢迎与演出大会上的讲话^①

我们很荣幸地出席这样隆重的欢迎大会,感谢各位的光临、关心和指导。

在海峡两岸各界人士的关心支持下,福建省少儿艺术访问团应邀来到祖国的宝岛——台湾。借此机会,我向邀请我们来访的主办单位台北市艺术文化协会和协办单位、指导单位,为我们此次访问所做的努力和精心安排,以及对关心支持我们这次访问的各界人士、所有的朋友们、同胞们,致以衷心的感谢!

我们是为促进两岸的文化交流,特别为两岸少年儿童的文化艺术交流而来的。正如主办单位所说:"这个团为海峡两岸 40 多年来,首次来台访问之最具闽南特色的少儿艺术访问团,因此意义特别重大。"

福建省少儿艺术访问团,是由厦门市思明区少年宫舞蹈队和泉州市青少年宫民乐队组成的。全团共有 44 人,其中具有优秀文艺特长的少年儿童 30 名,艺术指导教师 10 人,工作人员 4 人。此次访问共带来 20 个节目,其中民乐和独唱 12 个节目,舞蹈 8 个节目。

下面让我介绍一下两个队的情况:

厦门市思明区少年宫地处厦门市繁华的城区,它是福建省成立最早的一个区级综合性的校外教育机构。它通过生动活泼、形式多样的活动,对少年儿童进行品德、艺术、科技教育。少年宫成立一个"飞鹭艺术团",既学文化,又学艺术。1983 年起,厦门市批准举办舞蹈班,从小学一年级起每年招收一个班,学生在校期间得到许多艺术专家和专业老师的精心培训,排练了许多优秀的节目。"飞鹭艺术团"经常为广大小朋友、国内外的朋友、来宾表演,还为歌舞团、艺术学校输送了不少优秀的苗子,曾接待过十几个国家的艺术团,与 50 多个国家的文化参赞联欢。1992 年 4 月应日本佐世保市——厦门市青少年艺术交流协会的邀请,带着一台内容新颖、有民族特色的节目到该市进行友好交流、访问演出,受到好评。这次带来的 8 个舞蹈节目,有些是到日本演出过的,有的是新排练的,《乡音》《孔雀舞》是他们的传统节目,《走雨》《采茶扑蝶》是具有民间特色的节目。这次参加演出的学生年龄都在 12 岁以下。

泉州市青少年宫民乐队是福建省成立较早的业余少儿艺术教育团体,它所创作演出的节目,着重民族民间传统音乐节目,具有闽、台、侨乡特色,多次参加各级比赛,获得优异成绩。他们演出的尺八与南琶奏《情洒侨乡》,琵琶独奏《彝族舞曲》《曾铖演奏》均获华东

---

① 1993 年 8 月 6 日于台湾省台北市中山堂。

区少儿民乐会演一等奖。《情洒侨乡》、古筝独奏曲《侗族舞曲》获创作一等奖。闽南打击乐《灯童乐》是采用被称为宋元南戏活化石的泉州梨园戏和南音所独有的拍板、响盏、小叫、南镗锭锣及打法非常特别的"压脚鼓"等闽南打击乐器演奏的，表演生动，具有相当水平。

此次访问演出的节目各有特色，参加演出的少年儿童也将努力发挥他们的表演水平，但由于他们都是正在艺术园地里成长的幼苗，还不成熟，还请各界人士、各位朋友、同胞们观看后，多给关心、帮助、指导，使他们在艺术上成长得更快些、更好些。

朋友们：我想，我们这次访问演出的最大愿望，就是要增进了解、增进友情，为促进两岸的文化艺术交流，特别是为两岸青少年儿童的文化艺术交流，谱写新的篇章，为两岸高尚的文化艺术的繁荣和发展做出应有的贡献。通过我们此次访问演出，今后还可以建立和发展比较长期经常的联系和交流，不仅在器乐、舞蹈方面，还可以在书画、摄影艺术和其他音乐项目方面进行拓展。

在这次访问演出期间，主办单位还为我们特地安排了丰富多彩的参观游览活动，这对我们领略祖国宝岛的秀丽山河、名胜古迹，加深我们的了解会有很大的帮助和启示。再次感谢各位对我们访问团的关心、爱护、支持。我们相信，在主办单位和各界人士的帮助下，这次访问演出一定会获得成功，我们一定会带着同胞们的深情厚意，满载而归。

1983 年 8 月，福建省少儿艺术团应邀赴台访问受海基会副理事长兼秘书长邱进益先生接见留影

与王升先生、屠明兰女士、范光陵博士合影

2006 年 11 月,厦门市教育学会职业教育访问团与台中市慈明高中举行研讨会留影

厦门市教育学会考察团赴金门考察致辞①

我们厦门市教育界的有关人士、教育工作者77位同事应贵会的邀请,到贵地进行访问考察,十分高兴。仅有距离三四千公尺的厦门和金门的教育工作者能在相别52年后的今天欢聚在一起,我们感到特别高兴。在此,我代表厦门教育学会和到此的我团名誉会长、教师向陈自强会长和金门教育界的同人致以衷心的感谢。

我想,我们这次应邀到贵地访问的目的是,增进与贵地教育工作者的联系,增进了解、增进友谊,交流工作心得,探讨两地教育交流项目,为两地教育事业的改革与发展做出贡献。

乘此机会,我简要地向各位同人介绍一下厦门市暨教育工作的概况:

厦门市现有8个市辖区(同安县已改区),面积1 516平方公里,它是全国5个经济特区之一,又是5个副省级单列市之一。其中,经济特区131平方公里,全市常住人口130多万人。1981年建立经济特区以来,经济和社会各方面得到迅猛发展。城市从14平方公里扩大到70多平方公里,2000年国内生产总值达400多亿元,预计2005年达到1 000亿元。几年来,厦门市先后被评为"国家卫生城市"、"国家园林城市"、"国家环保模范城市"、"全国科教先进市"、"中国优秀旅游城市"、"全国城市环境综合整治特别奖",并荣誉四连冠"双拥模范城市"。52年来,特别是改革开放20多年来,厦门的教育事业也得到长足的进步。曾被全国评为"职业技术教育先进集体"、"环保先进单位"、"德育工作先进集体"等。据2000—2001学年度统计,全市共有各级各类普通学校914所,在校生32万人。其中,普通高校4所,厦门大学(下属15个学院)、集美大学(下属9个学院)、鹭江职业大学、民办华厦学院,今年还增加一所民办南洋学院,在校生近3万人;普通中专12所,12 000多人;普通中学56所,其中普高27所,24 000多人;初中29所,65 000多人,今年又新办初中3所;职业中学、中专16所,8 000多人;小学372所,15 000多人;幼儿园445所,36 000多人;特殊教育学校5所,500多人;技工学校3所,2 500多人。全市已于1996年全面普及九年义务教育、扫除青壮年文盲,目前正努力创造条件普及高中阶段教育,多种形式开办外来工子弟学校。近几年普通高中毕业生升入各类高等学校都在80%左右,职业高中毕业生升入高校的比例逐年增加。成人高等教育和中等教育几年来也有较大发展。成人高校在校生上万人,自学考试每年都有几万人参加。在师资队伍建设方面,加快发展与提高的步伐,现有各类学校教职员工有26 000多人,其中专任教师19 000多人。

---

① 2001年11月20日在金门县教师会欢迎会上的讲话。

几年来师资学历正在按小学大专化、初中本科化、高中本科以上的要求配备,并必须拿到教师资格证书才能上岗,每位教师必须通过计算机和普通话两项测试的考核。厦门市教育事业的发展,特别是得益于改革开放办经济特区这 20 多年来,政府的重视,增加财政的投入,社会各界的支持,以及广大教育工作者努力的成果。当然,比起先进地区、国外发达地区,我们还有差距。我们现在正向创建教育之城所制订并正在修订的新的目标加快前进的步伐。

各位同人、各位朋友:这次应邀访问的时间虽然仅有 4 天,但是通过两地的工作交流,共同促进,可为今后加强联系、共同探索教育事业的改革与发展打下良好的基础。为了今后能够建立来往交流的渠道,我建议今后可以就以下几个方面进行交流:

(1)两会之间的合作。比如每年有一次互访,举办教师夏令营或研习营。

(2)音乐、美术、体育学科师生的交流。每年有一次两地的交流,包括演出、比赛、展览等。

(3)探讨有关合作办学问题。包括职业教育、环保教育、艺术、体育、卫生教育、师资培训、各类教育的就学问题等。

(4)有关基础技能学科教学与实验课教学的观摩交流活动。

2001 年 11 月 20 日

厦门退教协会常务理事和金门县退教协会理事长郑庆利在金门县文化馆前合影

金门教育考察报告①

谭南周

应金门教师会邀请,报经上级批准,厦门市教育学会考察团一行74人,于2001年11月20日乘"鼓浪屿"号轮,由和平码头直航金门,进行了为期4天的教育考察访问活动。参加这次活动的有:厦门市教委和各区教育局的有关负责人;市教育学会负责人;市教育基金会负责人;市属大学,委属中小学、幼儿园,委属单位的校长与教师,其他教育工作者及相关部门的有关人员。

这是52年以来我市教育工作者第一次组团直航金门进行教育考察访问。金门方面给予很高的重视,"副县长"颜达仁、县教育局"局长"卢志辉,县教师会会长陈自强,以及几乎所有的中小学校长都出面给予热情的接待。4天的时间内,我们参观了金门高级中学、金沙中学、烈屿中学、金湖小学、金门高级农工职业学校,与金门县教师会的负责人和许多校长进行恳谈,商讨两地教育交流协作等事宜,对两地共同关心的教育问题进行了探索,厦门市教育学会与金门县教师会还签订了共同协议。《金门日报》、《金门晚报》发表了5篇新闻,对我们这次考察访问做了详细的报道。广泛的接触,热情的交流,认真的协商,相互增进了解,在不少问题上达成了共识。双方在多种场合,共同表达了金门厦门是一家,要为21世纪是中国人的世纪领先抓好教育,推动两地教育交流与协作的顺利发展。现将有关情况综述如下:

一、金门教育的基本情况

金门县在地域上隶属福建省,主要有大金门、小金门(烈屿),面积149平方公里,在籍人口5.8万人,实际人口4万人左右。全县共有幼稚园1所,小学18所,九年一贯制中小学1所、初中4所、高中2所,台湾有3所大学在此设立分校。具体是:

金城地区:金城中学、中正小学、古城小学、贤庵小学;

金宁地区:金宁中小学、金鼎小学、古宁小学、湖埔小学;

金湖地区:金湖中学、金湖小学、开宣小学、正义小学、柏村小学、多年小学;

金沙地区:金沙中学、金沙小学、何埔小学、安澜小学、述美小学;

烈屿地区:烈屿中学、卓环小学、上歧小学、西口小学、金城幼稚园;

高中教育:金门高级中学、金门高级农工职业学校;

---

① 作者时任厦门市教育科学研究所所长。

大学分校:铭传大学金门硕士班、高雄应用科技大学金门分部、空中大学金门学习中心。

二、金门教育的主要特点

由于人人皆知的原因和台湾当局对离岛的重视程度,金门长期以来没有得到建设,发展缓慢。农业因为水蒸发量过分,干旱严重,只种植高粱、甘薯、花生、玉米之类的农作物;没有大型企业,知名产品只有高粱酒、菜刀、贡糖、面线之类;商业亦不发达,市政建设更是落后,旅游业这几年才有兴旺的势头。金门教育从总体上看比不上台湾,但也有着自己的特点。

1. 重视教育,重视学校建设

金门在 20 世纪 60 年代中期试行九年义务教育。现在的幼稚园、小学、初中教育是免费教育,幼儿和小学生、初中学生不仅不交纳学杂费,而且免费享用午餐。金门的中小学校均为公立,没有私立,各级"政府"承担不同层次学校的经费,经费比较充足,如金门高中,每年教育经费近 2 亿新台币(约折合人民币 4 500 万元);由于金门闲置地甚多,学校用地面积普遍偏大,如金门高中学生只有 1 000 名,而学校占地 165 亩;金湖小学学生 865人,占地近 70 亩;高级农工职校学生 1 570 人,而占地 330 余亩,其中校区 122 亩,实习农场 208 亩。学校校舍建设齐全,一般都具备教学楼、办公楼、科技楼、艺文馆、图书馆、体育馆、网球场、田径场。图书仪器设备充足,如金门高中有图书 4.5 万册,教学仪器近 600 种达 6 000 件,有的相当先进。

2. 办学较有特色

金门各中小学都提出发展"五育"——德育、智育、体育、群育(团队意识和协作精神)、美育,并根据本校自身优势办出自己的特色。比如金门高中:强化联课活动,培养学生多方面兴趣;重视生活教育,在生活中培养学生爱整洁、有礼貌、重节约、守纪律的习惯;贯彻教学正常化,依照课程标准进行教学,经常实施查课;积极辅导升学,依据学生的能力、性向、兴趣予以辅导,发挥其潜能。又如高级农工职校,把握职业教育与地区经济建设相结合原则,加强实习环节;培养敬业精神,建立学生人人有荣誉心与责任感;办理技能检定及各类学艺竞赛,提高学生专业技能水平。又如烈屿中学,推进"小班化教育",运用环境培养学生身心发展。又如金沙中学,在电视辅助教学、补助教学、发挥电化教学功能,运用录音录像使教学活泼化等方面很为突出。又如金湖小学,体育文娱活动开展得很活跃,我们来访时,全校载歌载舞,舞狮吹号打鼓热情欢迎。

3. 注重乡土教材的开发和运用

金门与台湾岛内一样,中小学尤其是小学使用多本教材。教材的确定,先由"教育部"制订教学大纲和教材编写指南,然后由出版商委托有关专家学者编写,编写各种版本的各科教材交教材审定中心审定,合格者再推向学校,学校自行选择订购。由于学校(包括各科教师)对教材有很大的选择权,这样,乡土教材成为地方课程和校本课程的主要内容。我们在金湖小学阅读过的几册《金门县乡土教材图画故事书》《小学户外教学活动设计》,都以金门的历史、地理、自然景观和人文景观为题材,图文并茂,颇有启发。

4. 更新教育理念和教学手段

一是逐步改变"只让学生读书,没有注意到学生如何正直做人做事贡献社会"的升学主义倾向。

二是加强动手能力培养,各校都开设生活技能课程,比如参观金门高中时看到高二年一个班学生,男男女女都在学做缝纫活。指导老师告诉我们,这是为了帮助学生学会动手,培养生活自理能力。

三是小班化教学,在金湖小学设立了金门县政府主办的县小班教学辅导咨询中心,出版《金门县小班教学辅导专刊》,指导全县正在逐步推开的小班化教学实验。

四是学校向艺术性人性化发展,即学校规划艺术化,为校园的美化与绿化,为校舍的实用与美观;教学活动多元化,实行因材施教,发挥学生适应性发展;辅训配合人性化,对学生以人性化、同情化的教育理念协助其成长;学校总务制度化,保证学校教学功能的发挥。

五是发展社区教育,小学与初中分属不同社区,学校参与社区活动,社区关心学校发展;学校都设有家长会,两年一届,不得连任。家长会可以参与学校管理,还成为联系学校与社会的纽带,发挥教育家长支持学校工作的作用。我们参观几所中小学,都有家长会的代表参与接待。

三、金门教育的弊端和问题

由于历史、地理因素和经济、社会的原因,以及儒家大文化圈的影响,金门教育存在着一些弊端和亟待解决的问题。我们认为:

1. 学生偏少,大大影响教育效率

金门县的地域面积比厦门岛还大,但人口还不到厦门岛常住人口的 1/10,而金门人口还有着继续减少的可能,厦门的外来人口则有继续增多的趋势。学生少,造成学校宽敞的校园、校舍及先进的教学仪器设施发挥不了更大的作用。生源不足,台湾的学生一般又不来金门读书,致使高级农工职校办学困难,有的专业面临停办的危险。另外,由于人口向城镇集中,造成城镇学生剧增,而乡村学校生源锐减,如何调整学校布局既十分重要又颇为棘手。

2. 升学主义(在大陆称作"片面追求升学率")没有得到根本克服

金门的工业、商业、金融业落后,高效农业尚未大发展,旅游观光业正在开发,学生高中毕业后在当地就业困难,加剧了学生及其家长的疑虑,也导致学校只有升学才有出路的竞争心理。加上金门自身没有大学,只有台湾的大学分校,金门学生只有考高分到台湾高等学府深造,因此竞争更加激烈,金门的同行丝毫也不忌讳这一点。

3. 教育理念比较落后

现代教育理念与实际教育教学存在相当的距离,有的包装得好,但内容较空,比如学习外国先进教育理念如何与利用乡土资源结合起来给学生以教育还待进一步探讨。一些教育教学改革步履维艰,比如金湖中小学、金城中小学曾经实行过小学与初中九年一贯制,然而形式一贯,而真正课程未能一贯,造成管理困难,便又分开办学。又如小班化教学,由于师资专业、课程教材与教法、教学设备与经费、家长的参与愿望、学校行政运作等因素准备不足,最重要的是小班化教学改革的理念宣传教育不到位,造成参与学校太少,推展起来颇为困难。

四、加强厦门与金门教育交流与协作

这次金门考察,厦门市教育学会与金门县教师会签订了共同协议。根据协议,每年举办教师互访活动,互派教师、学生从事音乐、美术、体育、工艺、自然科学、社会科学及数学方面的比赛、展览、观摩活动,举办中学生科学、语文竞赛活动,协助办理职业训练、环保课题、生活科技、卫生保健、教师在职培训、特殊教育等相关活动。

1992 年 4 月,参加厦门市外办应邀到友城日本佐世保市访问留影

与新加坡原驻厦总领事黄友江先生留影

除此,我们认为,随着形势的发展,还可以从以下几个方面拓宽教育交流和协作渠道:一是利用厦门市四大块教育,尤其是高等教育发达的优势,吸引金门的学生前来接受高学历、高品位、高质量的教育。在金门的4天中,接触到一些教育界和其他方面的人士,向我们仔细了解了厦门教育的情况,表达送子女到厦门就学的愿望。这是做台湾人民工作的重要渠道,也是厦门的优势。二是对两地关心,又共同面临的教育改革问题,如九年一贯制、普及十二年教育、小班化教学、校本课程建设、中华优秀传统文化教育、教育教学科学化管理、教育投入与产出的关系等等,进行学术研讨,相互推动。三是借助厦金个案直航的有利条件,以两地为桥梁,扩大海峡两岸的教育交流与协作,为争取祖国和平统一做出应有的贡献。

2013年,省、市社科联年会举办"海峡两岸家庭教育合作论坛"留影

厦门市教育国际交流协会成立大会

市政府召开学习贯彻《教师法》座谈会[①]

1993 年 12 月 23 日下午,厦门市政府召集市宣传、教育、财政、计划、房管、人事等部门的负责同志和中小学校长共 50 人,在市政府十楼会议厅举行学习贯彻《教师法》座谈会。座谈会由王榕副市长主持。刚从外地开会回来的洪永世市长,一下飞机,立即赶到会场,亲自听取社会各方面对实施《教师法》的意见,并作了重要讲话。

座谈会上,市教委党委副书记王军能、鹭大校长王建立、外国语学校校长胡立钲、市教科所副所长谭南周、集美中学党支部书记洪诗农、工业学校校长范骏义、华侨中学校长陈达才、双十中学党支部书记汤秀奎、电子职业学校校长钟友国、厦师附属幼儿园园长黄恒、厦师二附小校长尤颖超、实验小学校长苏晚霞、开元区区长杨玲、市教委副书记张亚梅、房管局副局长王生才等同志先后发了言。这些同志的发言一致认为,厦门要建成"教育之城",必须首抓教师队伍建设,而厦门目前教师队伍不够稳定,必须拿出强有力的措施来稳定教师队伍,因此要从改善教师工资待遇,优先、优惠建设、租赁、出售教师住房,保障教师合法权益等方面入手。明年 1 月 1 日即将来临,希望市政府把贯彻《教师法》真正落实为政府行为,发动全社会都来依照《教师法》来办事。洪永世市长、王榕副市长认真听取、详细记录了大家的意见,洪永世市长提出了学习贯彻《教师法》的四条意见。

——加强宣传的力度,让全社会都要了解、维护、执行《教师法》。洪永世说:明年一月定为《教师法》的宣传月;结合宣传,解剖几个侵犯教师权利的典型事例以教育群众;酝酿明年为教师做几件实事的具体意见;把《教师法》列为"二五"普法重要内容。

——当好教师的"后勤部长"。洪永世认为,市政府的各个部门都要认真学习邓小平教育思想,确实解决教师的实际问题。各地贯彻《教师法》的好的做法可以吸收,并根据厦门地区的具体情况加以运用;继续加大对教育的投入,财政收入的增长部分多投向教育;对教师住房的建设、租赁、出售一定要优先优惠,今年 200 套给教师的统建房要优惠出售,让他们春节前搬进新居,明年还要从全市 5000 套统建房中拿出相当部分给教师;要深入学校、深入群众,多关心教师的疾苦,正确的意见要接受并加以改正,不正确或片面的意见要加以解释。这样做的目的是让广大教师能安下心来搞好教育教学工作。

——深化教育改革。洪市长说,市政府的有关部门要支持教育改革,为深化教育改革创造良好条件;市教委要解放思想,实事求是地来加大厦门教育改革的力度。改革的重点应放在教育结构上,目前厦门最需要中级人才,因此必须加强职业技术教育和成人教育,

---

[①] 原载于《厦门教育》1994 年第 1 期。

这些教育一定要紧紧瞄准市场需要,既加强基础知识的传授,又要加大技能的训练的实践的环节。

——珍惜教师的光荣称号。洪市长语重心长地说:《教师法》颁布的一个目的,是希望广大教师成为两个文明建设的师表,因此教师一定要珍惜名誉,使用好权利,履行好义务。社会尊重教师,教师要自爱自尊自重,共同贯彻《教师法》,把厦门教育工作搞好,为建设"教育之城"打下良好的基础。

(本报记者)

全国人大常委会副委员长田纪云视察厦门教育工作留影

原厦门师范学校普五幼六届毕业卅周年纪念会

发言与序跋

在庆祝 1990 年教师节大会上的讲话^①

各位老师、各位领导：

我们以极其兴奋的心情迎来了 90 年代的第一个教师的盛大节日——全国第六个教师节。我代表市教委、市教育基金会、市教育工会向今天出席大会的老师代表，并通过你们向全市，包括省部属大专院校在内的 18 000 多位教职员工，致以节日的亲切慰问和崇高敬意！向荣获 1990 年度优秀教师、优秀教育工作者奖励证书和奖金的 150 多位老师致以热烈的祝贺！向前来关心我们的市党政领导、各界人士致以衷心感谢！

邓小平同志强调指出："一个学校能不能为社会主义建设培养合格人才，培养德智体全面发展、有社会主义觉悟的有文化的劳动者，关键在教师。"教师从事创造性劳动，是神圣的崇高的事业，他们像辛勤耕耘的园丁，担负着培育全国两亿多青少年儿童的重任。他们的工作牵动着全国 11 亿人民的心。我市的广大教师几十年如一日，默默无闻地、清淡艰苦地为人民共和国的教育事业，为发展厦门市的教育事业进行辛勤劳动和卓有成效的工作，其贡献是巨大的、不可磨灭的。1980—1990 年，培养各级各类毕业生（未含省部属院校），从小学到地方大中专院校，共 315 000 多人，其中小学 160 000 人，初中 870 000 多人，普通高中 3 600 008 人，职业高中近 11 000 人，技工学校 4 500 多人，中专 5 000 多人，地方大专 4 000 多人，成人高校（自考、电大）5 000 多人，还培训了数以万计的在岗职工。从 1977 年恢复高考制度至 1990 年，我市输送升入各类高等院校学生 14 000 多人，中专 12 000 多人。其中一部分毕业生正在经济特区建设的各行各业中奋斗、成长、贡献。我们之所以能够取得这样的成就，除了各级党政领导的重视、支持和抓紧工作外，与我市有一支学历水平较高、业务能力较好、素质较好的教师队伍密不可分。在这方面，省市党政领导都给我们广大教师很高的评价。前年教师节，省委书记陈光毅同志到我市大中小学看望教师时说过：广大教师不计报酬，不计得失，勤勤恳恳从事教育的献身精神是最可贵的，全党全社会都应该尊师重教。今年 2 月 13 日，国家教委副主任、党组书记何东昌同志在视察厦门大中小学时说："动乱期间，同志们非常辛苦，厦门特区之所以能够稳定是与学校领导、同志们的努力工作分不开的。"他又说："厦门的基础教育从办学和师资水平，在全国是比较先进的一个地方，如果搞得好，这个地区到本世纪末或下个世纪初，做到高中阶段的教育包括职业技术教育能够普及的话，再加上高等教育，有可能在智力结构上接近日本的水平。"刚到厦门的市委书记在 7 月 20 日市教育工作会议上说："可以讲，特区各项建设

---

① 1990 年 9 月 10 日在全市庆祝教师节大会的讲语。

事业取得的每一个进步和发展都凝聚着我市教育战线(包括在我市的省部属大中专学校)的同志的心血和智慧。"邹尔均市长在今年《瞭望》周刊第 35 期发表题为"踏踏实实地建设厦门特区"的文章中区别于其他特区写的文章的特点时明确指出,"开发智力,提高人们的文化技术水准,也是特区基础建设重点之一","有了这支文化技术素质较好的劳动大军,大大增强教育的投资信心"。他还引用美国前总统尼克松访谈的留言:"厦门作为一个经济特区,肯定会取得成功。这不仅因为它有吸引投资者的优惠条件,更主要的是它拥有勤劳智慧,受到良好教育的人民。"以上,是对我市广大教师辛勤劳动的充分肯定,也使我们从中得到鼓舞、激励和鞭策,更加努力奋发工作。

我这里还要说的,为了建设一支较高水平、合格又稳定的教师队伍,我市党政各级领导、各部门、社会各界非常关心、重视、支持教育,为教师队伍建设办了大量实事,做了卓有成效的工作。可以讲,大量的卓有成效地落实知识分子政策,从各方面提高教师的政治地位和社会地位,积极在中小学教师中首次建立职务评聘制度,建立尊师重教的表彰制度,建立教师和干部的培训进修制度,积极重视在教师中发展党员,努力改善教师的工作条件和生活条件,提高教师生活待遇,解决不少教师的住房困难,在全市建立 20 多个教育奖励基金会,市财政单独拨 100 万元建立市教育基金会,港澳台同胞和海外侨胞、内联企业、三资企业在区、县、学校建立教师奖励基金。这一切为稳定和提高教师队伍打下良好的基础,调动了广大教师教书育人的积极性。今天,我们在这里隆重庆祝教师节,市党政各方面领导亲临关心,就是一个明证。在此,我们代表教育系统广大教职员工向各级党政领导、各界人士对教育的支持、关心表示衷心的感谢!

同志们,今天我们在这里将奖励 150 多位教师,这些教师都是我市各级各类学校推选出来的、在过去一年的工作中做出显著成绩和贡献的优秀教师和优秀教育工作者,他们绝大多数是在教育教学第一线工作的教师、班主任和学校干部,不少是边远地区、农村、海岛艰苦工作的优秀教师,我们不仅应当表彰他们,同时应当总结推广他们的经验,弘扬他们的优秀事迹,我们将举办一次《槐台弦歌》的征文活动,书写教师中优秀人物的先进事迹,汇编成册,广为传颂,进一步形成尊师重教的社会风尚,进一步深入开展教书育人、为人师表的活动。

同志们、老师们,党的十三大指出:从根本上说科技的发展、经济的振兴,乃至整个社会的进步都取决于劳动者素质的提高和大量合格人才的培养,百年大计教育为本,必须坚持把发展教育事业放在首要的战略地位,加强智力开发。这也是党和人民赋予我们广大教育工作者培养社会主义事业接班人的崇高历史使命。我们广大教师和教育工作者一定不要辜负党和人民的殷切期望,充分发挥我们的聪明才智,做到无愧于人民教师这个光荣称号。为此,我想首先要做到,教育者必先受教育,要首先努力提高自己的政治思想水平,只有这样才能做到教书育人、言传身教、为人师表。从去年北京出现的动乱政治斗争中,使我们更加深刻认识到这一点,争夺青少年一代的复杂斗争形势,对广大教育工作者的政治思想素质提出更高的要求,要培养学生具有坚定正确的政治方向,首先教师应具有这种思想品格。教师的一言一行对学生起着潜移默化的影响。教师是工人阶级的一个组成部分,因此就必须具有坚定的工人阶级的立场,高尚的道德情操,认真负责的工作态度和艰苦奋斗的工作作风,当前特别要加强我们教师队伍的坚持四项基本原则的教育,马列主义、毛泽东思想基本观点教育和职业道德教育。其次,我们要努力提高自己的业务能力,在工作岗位上钻研业务,就要更新自己的知识,努力改进教学,努力改革教育思想、教育内容和教育方法,做到精益求精。还要爱护学生,面向全体同学,努力转变差生,使教育方针在学校中得到全面落实。总之,做到以身作则,改进教学,爱护学生,努力学习四条基本要求。

老师们,我们厦门经济特区建设进入一个新的历史发展时期,这个时期赋予我们更加繁重的培养合格人才、提高劳动者素质的任务,任重而道远,让我们在市委、市府领导下,以第六个教师节为新的起点,在新的学年里意气风发,开拓前进,在教育改革上取得新的更大的成绩,为特区两个文明建设做出新的贡献。

祝同志们节日愉快,工作顺利,身体健康!

1990 年 9 月 10 日

庆祝厦门市退教协会成立三十周年留影

在厦门市退（离）休教育工作者协会
成立 20 周年大会上的讲话

尊敬的各位领导、各位老同志：

在举国上下深入学习贯彻党的十六大精神和"三个代表"的重要思想，厦门市与时俱进推进海湾城市建设之际，我们教育系统 4 000 多位离退休老同志迎来了厦门市退（离）休教育工作者协会成立 20 周年。20 年来，在市各级党政领导和涉老部门的关心支持领导下，市退教协组织不断发展壮大，会员从 1983 年 7 月创办时的 402 人发展到 4 247 人（原同安县独立成立），基层组织（分会）由 9 个发展到 48 个，还先后建立职工业余学校、鹭岛健美操队（后改为退休教师健美操队）、老教师艺术团、亨通行服装有限公司、厦门思中业余外语学校等 5 个直属组织。2001 年经市民政局社团办批准成为具有法人代表的社团组织。

20 年来，市退教协经历六届理事会，设立大专、中专、中学、小学、幼儿园五个片开展工作，在探索和发展老年人工作的新领域方面不断取得经验和成果，实现了组织网络健全、制度日臻完善、工作目标明确、两项待遇逐步落实的局面。倡导有自己特色的"三化"建设，突出"共建共享"，开展党政工退教协齐抓共建"退（离）休教师之家"活动。特别是学习贯彻《中华人民共和国老年人权益保障法》，推动落实老龄工作的政府行为。教育系统各级党政领导能把在职和退休教师两支队伍一起抓，两项工作一道安排，两种待遇一并兼顾，使退教协工作更上一层楼，为实现"六个老有"打下坚实的基础，使退管服务工作取得一定的成绩。协会先后荣获全国"老有所为先进集体创新奖"，多次获得省、市"老年工作先进集体"、"退管服务工作先进集体"、"老有所为先进集体"等荣誉称号。有 41 个分会获市"合格退休职工之家"，其中 23 个分会获"市先进退休职工之家"，3 个分会获"省模范退休职工之家"。

多年来，我们抓了以下四项主要工作：

一、切实为离退休教工办实事，维护他们的合法权益

多年来，退教协会经常协同市教委、教育局、教育工会走访基层退管组和退教分会，召开各种离退休教师代表座谈会，倾听他们对共享、住房、医疗等方面的意见，并写成"退管工作调查报告"、"医改调查报告"，呈送市有关部门参阅。为广大离退休教工的合法权益

大声疾呼,及时为他们解决工资、住房、医疗、共享等实际问题。

协会从"六个老有"的角度,不仅在"养"、"医"上努力,还在"教"、"学"、"乐"上下工夫。多年来,协会建立会员政治时事学习制度,组织"香港问题"、"澳门问题"、"两岸关系"、"加入世贸组织问题"、"三个代表"等专题讲座;举办声讨北约轰炸我驻南使馆的罪行,批判法轮功的歪理邪说,以及为他们上老年大学学习提供补贴与服务等等,提高老同志的政治思想觉悟,同时经常开展老同志参加的文体活动,举办自行车环湖环岛、登山、各项文体单项比赛活动与全系统离退休教工运动会,以及文艺会演和书画展览,最大限度地满足广大会员"安度晚年"的要求,增强协会的凝聚力。

二、推行"三化"建设,保证协会工作顺利开展

所谓"三化",即退教工作规范化,老年权益合法化和活动经费基金化。"规范化"就是要求基层分会做到机构健全、人员到位、职责明确、制度完善、场所落实。"合法化"就是要求分会认真督促贯彻《老年法》,做到凡涉及离退休教工权益的事,不论涉及政治、经济、医疗、住房、家庭、婚姻等问题,只要是合法的都要尽力为他们说话办事,排忧解难。"基金化"就是要求各分会根据自己的实际和可能,争取多方支持,尽力筹集建立和发展活动基金,以弥补活动经费之不足,丰富活动内容。根据 1999 年"三化"调查表明:在规范化方面各分会都按照改进和健全分会理事会,配备合适人员担任分会正副会长、组织、宣传、文体和财务委员。建立例会、学习、活动、慰问、表彰、祝寿以及换届选举和财务等制度。绝大多数分会有固定的办公和活动场所,建立了文书档案。有 21 个单位建立离退休教工党支部,在分会工作中起核心作用。在"合法化"方面据 22 个分会上报材料,仅 1999 年一年中为会员办实事 366 件共 981 人(次)。在"基金化"方面,1999 年前已建立基金的分会有 30个,基金总额约 500 多万元,加上市协会基金 100 万元,共计 600 多万元。以上说明几年来,由于"三化"建设取得成绩使协会工作开展得更为顺利、更有质量。

三、开展"老有所为",构建"共融、共建、共享"的社会氛围

现在,我市绝大多数离退休教师都认为"养"的问题基本上解决了,需要的是社会的尊重、关心和爱护。更渴望能继续为社会做出力所能及的奉献,参与社会的发展,以显示自身的价值。老教师队伍是社会宝贵的人才库,从科技兴国的需要和老龄事业发展的前景来考虑,充分发挥他们在社会和学校的作用,才能赢得社会和学校对老同志更多的支持和帮助,从而达到"共融、共建、共享"的社会。

为此,我们极力为老教师的"老有所为"创设条件,广开门路。协会建立的 5 个直属组织和关心下一代工作是老同志大有作为的天地。如职工业余学校从创办至今,已培训各类专业学员近两万人,输送近 2 000 人升入大专院校。该校业绩载入全国《社会力量办学大词典》,出席北京百名优秀校长研讨会;老教师艺术团自创办以来,多次在全国、省、市合唱比赛获奖。其中,荣获全国晚霞老年合唱《翠竹杯》大奖,两次荣获全国《夕阳红》合唱比

赛银奖,被全国合唱协会吸收为集体会员;舞蹈节目参加省文艺会演获一等奖。亨通行服装有限公司是协会的经济实体,"秀才"经商,更多艰辛。但在市教委、教育局的大力支持下,几年来小公司办大事,创税 300 多万元,还建立老教师和学生两个济困基金,为社会福利事业和协会经费提供很大资助;鹭岛健美操队和思中外语业余学校也为培养体育骨干和英语教学改革做出很大贡献,获得许多荣誉。

协会有 1/3 以上会员参加各级各类学校和社会工作。有的在学校教育教学中当骨干带头人,做好中青年教师传帮带的工作;有的协助举办党校、团校、夏令营,入党积极分子培训班和教师上岗前培训班;有的应聘在各条战线上为特区二次创业继续发挥了重要的作用。20 年来,全市离退休教师有 468 人(次)被市人民政府和市教委、教育局评为市先进教育工作者和"老骥奖",有 870 人(次)被评为市教育系统退管工作积极分子,有 4 位老同志被评为文明市民和文明市民标兵。以老同志为主体的市教育系统关工委多次被评为全国、省、市先进单位,仅一年中就有 147 人(次)获市以上表彰奖励,其中,获省表彰 11人,获全国表彰 3 人。他们赢得了荣誉,也赢得了社会的尊重和赞誉。

四、开展党政工和退教协会共建"退休教师之家"活动,促使退教工作更上一个新台阶

以前,我们总认为建家是协会自己的业务,做好老同志工作是协会的责任。学习《老年法》,我们深刻认识到,由于党和政府对老年人的高度关爱,《老年法》充分体现了"六个老有"的全部内涵,而且明确规定贯彻《老年法》是全社会共同的责任,是各级政府行为。也只有党政领导和政府的职能部门才能解决离退休教师面临的越来越多的问题。市教委(教育局)党政领导十分关爱老同志,早就将退管工作列入自己的议事日程,认真贯彻《老年法》。如举办教育系统离退休教师体育运动会、自行车环岛活动、离退休工作骨干夏令营、全市敬老节系列活动等都是由市教育行政部门下发红头文件,要求各级党政领导认真执行的。有的活动还邀请电视台、交警部门帮助和支持,取得了良好的效果和成绩。在此基础上,结合学习上海、南京、北京等市的先进经验,市教委下发厦教委办〔2000〕189 号文件,批转我会制订的开展创建合格的退离休教师之家的活动方案,在全教育系统开展党政工和退教协会齐抓共建退(离)休教师之家活动。文件明确规定建家工作由各级党政领导负责,教育工会配合,退教协会协助。建家活动的开展,促使各级党政领导做到在职与退休两支队伍一起抓,两项工作一道安排,两种待遇一并兼顾;做到对退管工作认识到位,组织建设到位,经费到位,解决实际问题到位,并确立检查督促制度。通过下发红头文件,召开建家现场会,夏令营的学习宣传活动,建家工作不但得到了广大离退休教师的热烈欢迎,也得到了各校党政工领导的积极响应。通过 2001—2002 年 2 批 32 个单位建家工作的验收,各校建家工作成绩显著。把退管工作列入学校领导的议事日程,当成政府行为已成为绝大多数党政领导的共识。退(离)休教师之家让退(离)休教工在学校里精神上得到依托、物质上得到关心、生活上得到照顾、老有所为上得到支持,成为离退休教师的温馨之家。

20 年来,市退教协及各分会工作之所以能够得到健康顺利地开展,老龄工作的政策能得以贯彻落实,主要有以下两方面的原因:

第一,党政领导重视,各项政策得以贯彻实施,这是搞好退教协工作的基本保证。

我市党政领导一向重视老龄工作,在《老年法》和《教师法》的实施细则中明确规定老年人和离退休教师的权益。特别是明文规定调升离退休金和与在职人员共享经济发展的成果,多次对离休干部的特需费、公务费、交通补贴及十几个行业的优待服务;对退休人员的特区补贴、防暑降温费及粮油、住房等各项补贴,做了明确的规定和调整。还发放教龄补贴和终生教育荣誉津贴。

每年,市教育工委都依据实际情况发文强调做好离退休干部管理服务工作的重要性。每年都有专门会议,听取离退休工作汇报。每两年会同教育工会和退教协下校检查退管工作,并做出决策,督促基层贯彻实施。市教委(教育局)、教育基金会等领导每年都对协会的专项活动经费和基金给予大力支持。市教育工委、教委(局)与退教协会每年以老年节为中心,开展敬老系列活动。表彰支持退管工作的好领导、先进个人和退教协先进单位、积极分子,为 70 岁的老教师祝寿。多年来,在市教育工委的领导下,形成市教委老龄委、教育工会、退教协会齐抓共管退管工作的好局面。各基层单位党政领导多年来为离退休教工排忧解难,创设老有所为的环境条件。对退教工作在人、财、物各方面给予大力支持和帮助,退教工作年年有长足的进步。

第二,建设一支献身于老龄事业的骨干队伍是团结全体老同志搞好退教工作的关键。

实践证明,协会取得的每项成绩,都离不开历届一大批退管工作骨干的努力。在协会历届会长、副会长、常务理事以及各分会的会长、理事中,有着大批原市、区局、学校的领导同志。他们对各方面情况熟悉,有较大的影响力,离退休后仍然兢兢业业,在协会工作中起着"带头羊"、领路人的作用,为协会的建立和发展做出了贡献。此外,还有一大群在协会、基层默默奉献的骨干分子。他们是讲奉献、不计报酬,热心退教工作的老同志,是搞好

厦门市退(离)休教师协会第七届理事会留影

协会工作最为主要的力量。市教育工委、市教委（局）党政领导对他们十分敬重,经常组织他们外出参观学习,或组织夏令营活动,举办学习、讲座和交流经验会,宣扬他们的先进经验和典型事迹。每年评选先进或积极分子给予表彰和奖励,充分调动他们的积极性和创造性。

成绩只能说明过去,我们的工作还有许多薄弱环节,距离《老年法》"六个老有"的要求还有不少差距,我们应当以回顾总结我们20周年的工作为新的起点,在各级党政的领导下,进一步深入学习贯彻党的十六大精神和"三个代表"的重要思想,与时俱进,以满腔热情继续探索老龄工作的新领域,努力实践《老年法》,提高实施"六个老有"的力度和水平,为厦门市海湾城市建设,为创建"厦门教育之城",为使老同志过着"第二个春天"具有新时代意义的晚年生活做出新的贡献。这里我想引老革命家、教育家吴玉章的诗句:"春蚕到死丝方尽,人至期颐亦不休。一息尚存须努力,留作青年好范畴。"与大家共勉!

2007年,市退教协会应金门县退休教师协会邀请赴金门访问留影

福建省厦门实验小学老教师留影

在厦门市教育界纪念
陶行知诞辰 100 周年大会上的讲话①

李永裕

陶行知认为,要拯救中国,就要普及平民教育。不仅识字,而且要教育人们具有爱国精神,唤起民众,合力救国。从 1923 年开始,他积极开展平民教育运动,组织中华平民教育促进会。为了和群众打成一片,他毅然辞去大学校长职务,谢绝了高薪,告别了小汽车,脱下西装皮鞋,穿上粗布衣裳,深入工厂、农村教工人农民识字读书。为了开展乡村教育,1927 年,他在极端困难的条件下创办南京晓庄师范,为学校拟定一系列办学信条:如生活即教育,社会即学校,以教人者教己,在劳力上劳心;捧着一颗心来,不带半根草去;千教万教,教人求真,千学万学,学做真人……1931 年,他发起了"科学下嫁"运动,提倡把科学普及到大众、儿童,创办"自然学园"、"儿童科学通讯学校",编辑出版《儿童科学丛书》。1932年,他在上海创办了"山海工学团"半月刊。"七七"事变后,他将国难教育运动改为战时教育运动,将《生活教育》杂志改为《战时教育》,开展全面的抗战教育。1939 年,为培养特殊才能的儿童,为难童创办了育才学校。1946 年,他在重庆创办社会大学,推行民主教育。陶行知把毕生精力献身于人民教育事业,为人民教育事业创立了具有中国特色的和随时代进步的教育理论,为革命和国家培养了大量人才。他的教育思想和实践为我们留下极其宝贵的财富,对于我国当前教育改革有着重要的借鉴意义。我市学习陶行知活动,在市陶研会的推动下已取得一定成绩。它对于推动师徒建设,促进教育改革,加强技术教育起了一定作用。

我们认为,良好的环境对于精神文明建设,对于人的教育和熏陶有着十分重要的意义。江泽民总书记在回答外国记者问他怎样走上革命道路时曾经说过,年轻时代的他生活在扬州,当时中华民族正处于危难之际。扬州的梅花岭有民族英雄史可法的衣冠,中有一副对联这样写道:"诗句。"正是这样的环境,培养了他的爱国主义思想。我市有着较好的育人环境。改革开放以来,陆续建立的郑成功、孙中山、陈嘉庚、鲁迅、林巧稚等座雕像,曾给全市人民,特别是青少年以很大教育。前年由市教委倡建的民族女英雄李林塑像和李林园同样起了很好的教育效果。这次由教育界集资建造的陶行知塑像和师陶园在厦门师范学校的落成,也将成为我市精神文明建设的一个重要阵地。激发广大教育工作者和有志献身教育的青年学生,以陶为师,发扬陶行知的革命精神,学习陶行知的高尚品德,研究陶行知的教育思想、理论和实践,促进我市的教育改革,建设有中国特色的社会主义教育体系,为我国的社会主义现代化建设做出贡献。

---

① 原载于《福建陶研》1994 年。作者系原厦门市教委党组书记,厦门市陶研会会长。

感悟工会工作^①

——在市教育工会 1986 年举行迎春茶话会上的讲话

李永裕

　　去年,市教育工会做了大量工作,起了党的助手作用。我代表局党委向全市工会干部及积极参与工会工作的积极分子表示亲切的慰问,对他们一年来积极为教工群众说话、办事的辛勤劳动表示衷心的感谢!

　　市教育工会的 1986 年工作计划,党委已讨论过,希各级工会认真落实贯彻。局党委还准备在开学后召开一次学校党支部书记会议,专题研究各级党委如何加强对各级工会的领导。怎么加强领导呢? 工会是工人阶级最广泛的群众性组织,是党联系广大职工群众的纽带,是党的得力助手,是国家政权的支柱。我们党是工人阶级的先锋队,所以党和工会组织的关系是很密切的。党委如果不加强对工会的领导,不注意发挥工会组织的作用,就会脱离群众,就不可能把工作搞好。党委对工会工作的领导要贯穿到各项工作之中,要有一套措施和制度。第一,要确确实实地把工会工作摆到党的议事日程上来,对每学年的工会工作计划,要进行认真的审核,要明确地给工会指出各时期的工作重点;第二,应该吸收工会主席参加校一级的行政会,党政领导会议讨论有关全校教职工切身利益大事如评房、调资等问题时,必须有工会主席参加;第三,要给工会开展工作的时间保证和物质支持,每学期要规定两三个下午的时间为工会的活动时间,每年拨出一定的经费给工会组织作为活动费。有的学校把行政福利金拨给工会统一管理使用的做法,效果不错,各校可以采用。我的意思就是说,我们要求工会组织能全面独立地开展工作,不给工会一定的时间和物质保证是不行的。

　　工会是党的得力助手,各级党委要真心诚意依靠工会,要把工会作用充分发挥出来,把它看作改善党委领导的重要方面。

　　当前工会应该做些什么呢? 着眼点放在哪里? 这是各级工会组织必须认真考虑的。根据目前形势的特点,工会如何组织全体教职工自觉地投入教改,为教改立新功,是工会工作的着眼点。因为我们党的中心任务是一心一意搞四化建设。四化建设需要人才,人才靠学校,学校靠教师,如果一个学校一个教师不能为祖国的四化建设培育好人才,那么,我们所做的一切工作也就等于零。我们为教工群众说话、办事,帮助他们排忧解难的目的是什么呢? 我想其目的就是让他们能安心于教学工作,能扎扎实实地提高教育质量。离开这,工会就是做了再多的好事,价值也不大,所以我们一定要加强福利工作中的思想性。

---

　　① 原载于厦门市教育工会编:《厦门教工报》1986 年 12 月。作者时任市教育局党委书记。

教改工作中的另一个重大事情,就是如何搞好教学工作上的新老接替问题。当前各校的青年教师是大量的,他们有热情,有干劲,肯学习,有事业心,但比较缺乏教学的实际经验,需要通过各种渠道给予帮助。以往工会组织新老教师订立教学上的互帮互教的师徒合同,一帮一,一对红的做法,很受群众欢迎,应该继续提倡。但要抓紧时机,大家要明确,过去那些名师,各科的教学骨干,陆续都要退出来了。怎么办?希望工会要用各种办法,把这一大批青年教师推上去,接上班。怎么推法呢?一是帮助行政领导发现人才,推荐人才;二是支持鼓励他们刻苦学习,认真学习,走自学成才的道路;三是经常总结表彰他们在教育工作上的先进事迹,鼓舞他们的斗志,树立他们的信心。

关于在学校中推行教职工代表大会制,对我市来说,就是如何使它更加完善起来。我们党历来坚持走群众路线,推行教代会就是要发动群众,集中群众的智慧来提高学校的工作效率,这也是领导走群众路线的工作方法。我们的国家是人民民主专政的社会主义国家,我们的重要职责是如何保证人民当家做主。教代会制这个形式,就是让教工当家做主,参与学校管理。因此,所有的学校都要推行,实行校长负责制的学校,更需要推行。只有这样,才能够发挥教职工群众的监督作用,否则会走向一切个人说了算的另一个极端。

教代会要讨论和决定什么问题,这是关系到如何发挥教代会的威力问题,必须很好考虑。我认为有两条必须坚持做到:(1)审议讨论学校的重大决策。每学年的学校工作计划,重大的设施和行政管理工作改革,教职工福利事业如分房、评薪、晋级等都须交教代会讨论决定。(2)推行一年一次评议推荐、监督党政领导干部的制度。这两条做到了,教代会的作用就突出了。

工会如何加强对教工进行政治思想教育,如何发挥共产主义学校的作用,这也是当前工会工作的重点。我们的教师队伍素质是不错的,在完成教学任务、为四化培育人才方面,有很大的贡献,但是问题也不少。在思想意识上,主要存在着许多非无产阶级的思想。如有的是"一切向钱看",动不动就计较钱,似乎没有钱就干不成任何事一样,有的在外面兼课是多多益善,校内分配课程却斤斤计较;有的是公开提出不兼班主任;有的不改学生作业;有的备课不认真,课堂教学质量不高。显然,这是一种不健康的现象,是不符合当前形势要求的。作为共产主义学校的工会组织,必须通过各种活动,积极向广大教职工宣传党的全心全意为人民服务的宗旨,宣传教育改革的目的意义,宣传党的路线、方针和政策,教育职工群众发挥工人阶级的优良传统,以主人翁的姿态投入教改活动,为保证改革的顺利进行而发挥主力军作用。要大力加强对青年教职工的思想政治教育,向他们进行爱国主义、集体主义、社会主义、共产主义思想教育,进一步深入开展"五讲四美三热爱",开展建设文明城市,文明学校的活动。

在学校教工中开展读书演讲活动,组织教工系统地学习马列主义著作,定期举办形势讲座教育学讲座,师德讲座,都是对教师进行比较实际的思想教育,应该大搞。工会在对职工群众进行政治思想教育工作中,必须坚持从关心群众、爱护群众,以身作则,密切联系群众入手,用民主的、说服教育的方法,进行谈心、启发和疏导的方法,寓思想教育于各项活动之中,把思想政治工作做得生动活泼,扎实有效。

最后谈一点就是工会干部怎样做职工之友的问题。工会干部要成为职工之友,首要的是工会干部自身素质的提高。工会干部必须是多才艺的、善于联系群众的能人,能够以自己的智慧和觉悟带领职工改革的强人。所谓良友,贵在知心。在这要求工会干部和职工打成一生、融成一体,息息相通、心心相印,深切了解职工的愿望和要求,并且以科学的、灵活的、民主的方法来引导职工去完成自己的使命。总之,工会干部要解放思想,不当家长,要当良友,把工会工作当作一门艺术来抓,抓出鲜明的特色来,才能把工会真正建设成为"职工之家"。

市教育局领导与工会老干部及在职干部合影

时任市教育工委副书记陈爱京与市老教师艺术团参加全国电视合唱比赛荣获银奖留影

"闽南厦漳泉三角地区教育发展战略研究"
成果鉴定会上的讲话[①]

教育要摆在突出的战略地位,必须为社会主义现代化建设服务;经济建设必须转到依靠科技进步和提高劳动者素质轨道上来,这不仅要求教育思想有一个重大的转变,而且要求我们要从战略高度探索与社会主义现代化建设相适应的,并适当超前的教育发展和改革新路子。

闽南厦漳泉三市相邻,在经济、文化、教育等方面有着密切的联系,已基本形成特区、开放区两个层次的整体格局。三市作为一个整体进行教育发展战略研究,具有十分重要的意义。厦门市近几年来对经济社会发展战略、人才需求预测进行专门研究,这对促进经济特区建设的发展起了推动作用。我们相信,三市联合组织教育发展战略研究,也必然进一步促进我市教育事业的发展。

一、对研究报告的评价

厦漳泉三市市委市政府重视教育发展战略研究,抓了大事,抓了根本。这项工作经过100多位研究工作者的三年多共同努力,最后形成了战略研究报告和 5 个分报告。研究成果是可喜的,应当充分肯定。

(一)指导思想明确。在整个研究过程中,能坚持"一个中心两个基本点",体现"三个面向"的总要求。本着改革开放、开拓创新的精神,面向 21 世纪,探索闽南三角区教育发展的战略目标和战略对策,为三角区两个文明建设培养人才在"适应"和"超前"上进行了深入的研究。

(二)紧密结合实际,具有闽南特色。研究工作从实际出发,在全面调查与分析闽南三角区政治、经济、文化与社会环境的基础上,阐述教育的发展目标和对策。同时具有鲜明的闽南特色,特别是"侨"、"台"特色得到充分体现。

(三)具有较强的可操作性。研究报告不仅可以起到宏观指导的作用,而且提出的战略目标和措施等,都比较明确,可操作性较强。报告中提出的 10 条战略对策,或具体可行,便于贯彻实施;或做原则性方向性的提示,各市可结合本市实际进行操作。

诚然,研究报告具有一定的深度和广度,具有较大的参考价值。但也存在不足之处,

---

① 原载于吴端阳:《闽南厦漳泉三角地区教育发展战略研究》,厦门大学出版社 1992 版,第 15～17 页。

如学校思想政治工作中反"和平演变"的针对性论述得不够,三市如何加强协作阐述得不具体等。

二、关于加强三市协作问题

"闽南厦漳泉三角地区教育发展战略研究"是三市协作的成果,也为三市进一步

(一)建议由三市分管教育的副市长牵头,成立非常设协调机构,采取秘书长制的做法,由三市教育行政部门的负责人轮流担任秘书长。每年至少召开一次会议,交流三市教育改革的经验及商讨共同性的教育科研新课题。三市的教育科研机构、教育学会、研究会可定期召开研讨会,加强协作和交流。

(二)建立相互委培的协作关系。三市的职业技术教育各有特色,地方高校、中专开设的专业也有所侧重,应该发挥三市各自的优势,建立相对固定的委培模式,培养各市需要的各类专门人才。

(三)要共同扶持华侨、华文教育。华侨、华文教育是闽南教育的特色之一,办好华侨、华文教育,对密切闽南与海外华侨的联系具有重大意义。华侨大学、集美中学、集美华侨补习学校要积极创造欢迎华侨子女回国学习的条件,三市要制定鼓励华侨子女回国学习的有关政策,宣传动员华侨、侨眷子女报考这几所学校。

三、关于实施的意见

厦门创办特区以来,教育与经济建设同步发展,取得令人瞩目的成绩。厦门的教育已成为经济特区软环境建设和特区建设成就的重要组成部分。基础教育健康发展,九年制义务教育开始有计划、分步骤地实施。中等教育结构改革取得可喜的成绩,厦门市人民政府被国家计委、国家教委等5单位评为全国职业技术教育先进单位。地方高等教育和成人教育也有长足的发展。但是,特区建设的迅猛发展对教育也提出新的要求,对教育工作来说,始终都有一个适应经济发展的问题。

闽南三角区教育发展战略研究成果具有较大参考价值。我们要参考"研究报告"所提出的战略目标、重点、对策,进一步修订教育发展十年规划和"八五"计划。根据我市实际,重点抓好基础教育和城市教育综合改革。按规划要求,我市将于1997年全面实施九年制义务教育,前几年实施工作进展顺利,但任务仍然十分艰巨。今后几年,要进一步贯彻《义务教育法》,依法治教、依法促教。要努力改善办学条件,教育经费投入继续做到"三个增长",要加强师资队伍建设,通过培养、培训提高教师的政治思想素质、学历层次和教学水平要加强政治思想工作,切实把德育摆在首位;要完善教育管理体制,建立健全督导评估制度。城市教育综合改革我市已进行了大胆的探索和试验,积累了一些经验。今后,我们要立足于为特区建设服务,立足于提高劳动者素质,立足于加强社会参与,立足于全市统筹抓好城市教育综合改革,建立适应特区建设发展需要的运行机制,提高办学效益。要继续在办有厦门特色的教育上下力气,扶持和发展具有特色

的学校。同时,要充分发挥在厦门的省部属大中专学校的潜力,为特区建设培养急需的人才,发挥教育的整体功能。

2000 年,厦门市经济社会发展战略论证会全体代表合影

在厦门市社会科学界第二届学术年会"厦门经济特区 30 年基础教育改革的回顾与展望"论坛上发言

在厦门市各界纪念郑成功
收复台湾 330 周年大会上的发言

各位领导、同志们、朋友们：

我很荣幸地应邀参加这个大会。由于我的祖籍是福建南安石井,也就是民族英雄郑成功的故里,我的感受特别亲切。我小的时候听长辈们介绍郑成功的英雄事迹。那时,我家中的厅堂正中就悬挂着郑成功两耳垂肩、庄严肃穆的画像,至今仍深刻地留在我的脑海里。

郑成功不愧是一位伟大的爱国者,中华民族的伟大英雄,是一位永远值得我国人民包括日本同胞引为光荣和骄傲的伟大历史人物。在今年南安县和石井镇纪念郑成功收复台湾 330 周年的庆典活动时,许多台湾同胞带着对郑成功的崇敬,前来参加隆重的纪念活动。他们撰文曰:"民族英雄郑成功一生宏勋伟业,最大的成就就是自荷夷手中收复了被占据三十八年之久的台湾,为我中华民族开拓了一片新的领域。论其事功贻惠后人,万世流芳。舍其志节,宁违父志,不负祖国,忠义彪炳,气贯日月。"这也充分表达了我们的心声。

郑成功不仅是我中华民族的伟人,也是日本人民崇敬和怀念的伟大英雄人物。今年 4 月份,应日本佐世保—厦门青少年协会和佐世保市的邀请,中国厦门市少年宫歌舞团到日本佐世保市等地进行友好访问和演出。我作为厦门市教育部门的负责人,以顾问的身份随团前往访问。有一场演出是在长崎平户市的生月町进行的,日本平户市是郑成功的诞生地,是日本人民心目中的圣地。承蒙平户市官员的精心安排,我们参观了郑成功"儿诞石"圣地,瞻仰了郑成功和他的母亲田川氏的铜像,拜谒了延平郡王庙,并在"浩然正气"的横匾下摄影留念。300 年前的日本就十分尊崇中国,对威名中外的郑成功诞生在日本,其母亲又是日本人,更是钦仰和引以为荣。传说郑成功就出生在日本平户市千里滨海地的一块较为平坦的大石上,现在列为历史文物保护地。石碑前竖立"郑成功儿诞石"一碑,载入日本文献。前不久,日本平户市市长访问中国时,就将象征日中友谊的"儿诞石"作为文化交流的信物,分别赠送南安石井郑成功纪念馆和厦门鼓浪屿郑成功纪念馆,永作馆藏文物。我们在拜谒延平郡王庙时,庙内挂在正中和右边的有"浩然正气"、"忠义正气"、"忠君爱国"横匾,还有一副对联"平户圣迹怀孤忠　延平遗烈照青史"。这些匾、联深刻地概括了伟大民族英雄郑成功表率百代的一生,表彰郑成功最崇高的正气和节操。郑成功写的《七绝》"缟素临江誓灭胡,雄师十万气吞吴;试看天堑投鞭渡,不信中原不姓朱"一诗正是英雄铁身热泪的迸发,正是英雄丹心孤胆的长歌。因而,平户市市长油屋亮太郎先生在参加纪念时亲贺题词"日中之英雄国姓爷郑成功"。郑成功在日本的弟弟七左卫门的第十一代侄孙福住邦夫先生来中国访问时,纪念题词曰"血浓于水",既表达了对郑成功的崇敬,也深刻地反映了中日人民的友谊万古长青。

今天我之所以介绍这次访日中有关郑成功的见闻和感想,是因为觉得应当将这些感受同大家交流,更重要的是,正如陶潜《咏荆轲》所颂唱的名言"其人虽已没,千古有余情"。郑成功是一位深为人们敬慕的世界伟人,我们应当怀念和歌颂他,将他的伟大的爱国主义精神和光辉业绩发扬光大。南安石井郑成功纪念馆边侧开辟了一地,竖立了颂扬郑成功的碑林,许多中央领导和书法家挥笔题字为之竖碑。厦门市郑成功纪念馆和塑像已成为对青少年学生进行爱国主义教育的德育基地。在隆重纪念郑成功收复台湾330周年的日子里,作为教育工作者,我们有责任引导教育广大青少年学生更好地学习和发扬郑成功崇高的民族气节和爱国爱乡的伟大精神,沿着党的十四大所指引的光辉大道,为促进祖国的统一,海峡两岸同胞的往来与交流;为加快厦门经济特区建设的步伐,努力建设有中国特色的社会主义事业,培养德智体美全面发展的建设者和接班人做出更大的贡献。

在台北参加纪念郑成功诞辰,与时任台北福建同乡会会长颜伯岑先生台北闽南同会长吴雪山先生合影

孙炳炎先生《独木成林》首发式讲话

　　我很荣幸地应邀参加这个具有重要意义的会议。更为荣幸的是,我提早拜读了《独木成林》这份华侨博物院华侨华人文献的第一集资料。因此,我首先应当祝贺《独木成林》这本珍贵集子的出版!拜读后,我深受感动,得到不少教益,因为它是孙炳炎先生及其生活年代的深刻写照。这些珍贵资料、照片以及孙先生的活动,深刻地反映孙先生从事的事业的光辉历程,特别是他那热爱祖国、热爱家乡、关心祖国和家乡的建设、关心支持教育事业的精神,给我们留下了不可磨灭的印象,给我们提供一份珍贵的精神财富。他所说的勤奋、言而有信的人生处世哲学是不可多得的,充分体现孙炳炎先生的高尚品格。

　　我是长期从事教育工作的,能够同孙先生这样一位有影响的实业家认识、交朋友实在是莫大的荣幸。究其原因,是他关心家乡教育事业的发展,使我们走到一起。正如文集中所反映的:童年时代的孙先生是在陈嘉庚先生创办的乐安小学学习是一个很好的启示。这里我应当代表市教委对孙先生关心支持我市教育事业的崇高精神致以衷心的感谢!我们愿意在孙先生的继续关心支持下,把我市和乐安中小学的办学推上一个新的台阶。

　　愿《独木成林》这份精神财富源远流长!

1993 年 1 月 28 日

新加坡孙炳炎先生倡导并捐款创办集美区乐安中学,
图为市教育局领导与孙炳炎先生在乐安中学合影

并肩携手　接受挑战　为老龄事业做贡献

——在全国部分城市教育系统离退休教育工作者联谊会的发言

各位领导、各位嘉宾、各位同志：

今天是 9 月 18 日，一个月前的今天是我们党十五大闭幕之日，江泽民总书记在十五大的政治报告中，向全国、全世界人民庄严宣告：高举邓小平理论伟大旗帜不动摇，中国人民的明天一定比今天更加美好。国泰民安，暮年逢盛世，这是我们老同志最大的幸福。今天，我们欢聚在厦门举行"全国部分城市教育系统离退工作研讨会"很有意义，请让我代表厦门市退教协会全体同志预祝研讨会圆满成功，并热烈欢迎大家的光临。

本次研讨会是依照"全国部分城市教育系统离退休教育工作者联谊会"1994 年青岛年会的安排而举办的，承办单位有：厦门市教育委员会、厦门市退离休教育工作者协会、厦门市教育工会、市教委关工委。赞助和支持的单位有：厦门市教育基金会、本协会直属单位亨通服装公司、外资企业宏泰电器公司，还有市老人活动中心、厦门六中、集美轻工业学校、集美校委会、鼓浪屿区、实验小学。

厦门市退教协会成立于 1983 年 7 月，经历 4 届理事会。组织网络比较健全，规章制度日臻完善，工作目标比较明确，"两项待遇"落实得较好，不仅为实现"五个老有"打下坚实的基础，而且已取得阶段性的成果。14 年来，曾获得全国"老有所为先进集体创新奖"；5 次获得"老年工作先进集体"、"退管工作先进集体"、"老有所为先进集体"等光荣称号。在组织各项参赛活动上，多次获得全国、省、市奖励。为了发扬老教师的群体优势，开拓"老有所为"的广阔天地，本会先后组建 5 个直属单位：1983 年组建市职工业余学校，1987 年组建鹭岛健美操队，1989 年组建老教师艺术团，1993 年开办亨通贸易公司，1995 年创办思忠外语学校厦门分校。如今会员已超过 3 000 人，基层分会有 42 个。

通过 14 年的实践，我们摸索了发展老龄事业的一些规律，同时也取得了一些经验。今天向大家汇报，供研讨并请指正。

一、党政领导的关心与照顾是发展老龄事业的根本保证

我市党政领导一向关心和重视老龄事业，凡属维护照顾离退教工权益的举措，都是在听取市教委党委意见的基础上，而做出决定。比如在制定"实施《教师法》细则"中明文规定教龄补贴，男教师 30 年，女教师 25 年的终身荣誉津贴，以及住房分配"同等条件优先"等条款。又比如适时调整离退休教工有关待遇，包括特需费、特区补贴、岗位津贴、考勤

奖、防暑降温、粮食、住房补贴等款额。特别是 1995 年将调整离退休金纳入机关、事业单位工资改革范畴。据海沧中小学统计数据,1990 年中学离退教工人均月收入为 223 元,1997 年人均月收入为 1 362 元,增长 6 倍;1990 年小学离退教工人均月收入为 209 元,1997 年人均月收入为 1 190 元,增长 5.7 倍。充分体现共享特区经济发展成果,从根本上解决"老有所养"问题,老同志无不额手称庆。市委、市府的敬老表率影响和教育了本系统各级党政领导增强尊老敬老意识,提高做好退管服务工作的责任感,不仅较好地落实"两项待遇",而且促使安置单位认真解决多年困惑我们的离退休人员的"共享"问题。据 1996 年调查,解决比较好的有电大、鹭大、厦门师范、实小、市教育学院等 10 多个单位,其中电大最受称赞。电大实行"结构工资"以来,与在职人员比较,离休享受 100%、退休享受 80%;至于节假日慰问、工会福利,离退与在职一个样。按 1995 年的统计,该校离休干部每月享受补贴达 300 多元,为在职人均数的 109%;退休教师月补贴为 200 多元,为在职人员人均数的 92%。考虑到安置单位解决"共享"问题,一些在职同志的认识水平与各单位"创收"存在诸多差异,难以一蹴而就,因此在这一方面工作,我们不强求一致,着力点在于积极引导。

二、面向基层,加强基层建设

为了贯彻市委领导关于老龄工作要面向基层的指示,为了落实市退休职工联合会的建家要求,我们于 1994 年推出以"三化"推进基层建设。所谓"三化",即组织制度规范化,要求各分会做到机构健全、人员到位、职责明确、制度完善、场所落实;老年权益合法化,要求各分会做到凡属涉及离退人员合法权益之事,不论是政治、经济、医疗、住房以及婚姻家庭等问题,都要挺身而出,为老同志排忧解难;活动经费基金化,要求从实际出发,"八仙过海,各显神通"筹募基金,以弥补划拨经费之不足,丰富活动内容。经过 4 年的努力,已逐步形成共识,许多基层知难而进,初见成效。

首先,在组织制度规范化方面,各基层都建立退管领导小组与退教协分会,人员到位,有例会、学习、活动、慰问、表彰、祝寿、财务档案及换届选举等制度,会议、活动有固定场所。有 21 个基层建立离退教工党支部,在工作中发挥核心作用。水产学校制订一份经校教代会通过、校党委审批的《老年工作暂行办法》,明文规定贯彻党关于老年工作的方针政策,是学校党政工团义不容辞的职责;规定了校退管组、退离休教工党支部、退教协 3 个组织的职责与有关制度,以及会员的权利与义务。《办法》切实可行,对该校退管工作规范化发挥了较大的推进作用。多年来协会坚持一年一度走访基层制度,由市协会、市教育工会、市教委老干处三家组成调查访问组,运用对话谈心方式,在沟通在职同志与离退同志思想感情的基础上,检查工作,解决矛盾,处理问题,荐举经验,有力地促进基层的建设,深受在职同志与离退同志的欢迎。

其次,在维护老人合法权益方面,我们着眼于增强单位在职领导维护老人合法权益的责任感,增强老同志自我维权意识,辅以必要的检查督促。维护老人合法权益,涉及方方面面,是全社会系统工程之一,但实践证明,增强在职领导的责任感是至关重要的。比如医改前原属近郊退休教师的医疗费支付方式是个人包干,看病成为老同志的共同难题。湖里、杏林两区的有关领导认为解决老同志看病难是自己责任之所在,随而将支付方式改为实报实销,而且对于久病、重病的老同志还给予必要的生活护理补助费。特区发展过程中曾经出现过基础设施跟不上经济文化发展的需要,教师住房一度较为紧张。集美轻工学校是省属中专,在经费包干缺口较大的情况下,学校领导不仅要筹款按特区标准补足离退人员各项费用,而且还以较高标准解决该校 58 位离退教工的住房问题。离休干部按规定标准分配,退休人员分配面积不少于 80 平方米的三房一厅套房。由于市政府发布的"实施《教师法》细则"中关于住房分配有明文规定,因而全系统离退人员的住房问题到 1996 年年底已基本上得到解决。

最后,在筹募基金方面,我们坚持实事求是,不强加于人,不强求一致,着眼于因校而异,各显神通。据 1996 年年底统计,市协会拥有基金 75 万元,其中 45 万元是市教育基金会为老同志争取的专项基金,其余是行政划拨补助。基层建立基金的有实小、双十、开元区、思明区、集美轻工等 30 个单位,总金额为 389.78 万元,是 1994 年的 2.8 倍。由于基金筹募与增值取得一定成效,既改善了老人福利、更好地照顾了孤苦老人,又促进老人活动丰富多彩。实验小学离退人员不但与在职同志一样参与国内旅游,1985 年有 11 位老同志出国旅游,饱览新、马、泰、东南亚风光,他们为此深感欣慰自豪地说:"我们也潇洒走一回。"

三、充分发挥老教师群体优势，创造良好的氛围

如前所述,为了充分发挥老教师群体优势,致力于营造良好的氛围,14 年来我们先后组建 5 个直属单位,吸引几百名老同志参与活动,直接、间接服务于社会。比如职工业余学校,14 年来培训各类专业学员达 16 067 名,除普遍提高科学文化水平外,还有 1634 人升入各类大专院校。该校因陋就简,坚持勤俭办学方针,名闻全国,受到省委、中组部的表彰,中央广播电台还做了专题报道。如今办学业绩已载入全国《社会力量办学大词典》。又比如"老教师艺术团"追求艺术精益求精,如今已成为本市一支十分活跃的文艺骨干队伍,在市、省、全国参赛中多次获大奖。近两三年来,我们注意到关心下一代工作是充分发挥老教师优势的一个主要途径。因此,积极配合市教委关工委以分会会员为主干,组建基层的"关协"组织,遵循"拾遗补缺"的原则,努力开展关心下一代工作。由于充分发扬群体优势,又有一个较好的社会氛围,本会会员参与活动,服务社会人数逐年增多,据统计已有 500 多名老同志成为老龄事业各个方面的骨干力量,直接间接参与服务社会的已超会员总数的一半。

四、造就献身老龄事业的骨干队伍

事业是依靠人去做,人是最宝贵的因素,老龄事业更需要有个骨干队伍。14 年的实践,我们深刻认识到造就骨干队伍是关系到群体凝聚力的增强,关系到事业的继承与发

展,不可等闲视之。我们协会的前身是联谊会,是本市最早组建的老人团体之一。14 年前,协会初创阶段,老年问题尚未引起社会关注,政府关于老年政策出台也不多,步履维艰,全靠几位有远见、有影响力、有献身精神的老同志,艰苦创业。5 个直属单位,业有精专,分工不同,42 个分会更需要具有"老黄牛"精神的领头人。我们协会能有今天的业绩,一个重要的因素是得力于 14 年来建就一支献身于事业的骨干队伍。但是随着岁月的流逝,我们骨干队伍中年迈体弱的同志逐年增多。因此,摆在我们面前的一个紧迫又重要的任务是:不仅要解决"后继有人",而且要做到"青出于蓝而胜于蓝",一届更比一届强。

同志们:江泽民总书记在党的十五大报告中特别关心离退休同志,提出"要完善干部离退休制度,更好地从政治上关心,生活上照顾老干部,发挥他们的作用",这充分体现了党中央对老同志的关心照顾,对老年工作的支持,对我们从事老同志工作是个很大支持和鼓舞。出席"代际间团结"日内瓦会议的中国老年学会名誉会长王照华在开幕式上发言也指出,亚洲正面临人口老龄化的挑战,预计从 1990 年到 2025 年,全球新增 7 亿老年人将有 25% 来自中国,中国社会面临挑战将更加剧烈。老龄事业任重道远。乘这次研讨会的机会,兄弟地区的同志都有不少好的经验,希望多给我们传经送宝。最后,让我们并肩携手,共同探讨理论,勇于在实践中接受挑战,为我国老龄事业做出更大的贡献。

1997 年 9 月 18 日

市老教师艺术团庆祝党的十六大召开演出留影

在厦门市教育学会少儿校外教育专委会
成立会上的讲话

各位领导、来宾、专家,各位老师:

首先,对厦门市教育学会少年儿童校外教育专业委员会的成立致以热烈的祝贺!

我们这个专业委员会是全市青少年儿童校外教育工作者的群众性的学术团体,是市教育学会和全国校外教育专委会的团体会员。

青少年儿童校外教育,现在已引起从中央到地方各级领导的重视。《中华人民共和国教育法》的第三章专门讲了"学校与其他教育机构,包括青少年宫、少年宫、少体校、儿童图书馆、科技馆等"。中央"两办"还发出关于加强校外教育场所建设的通知。因此,关于校外少儿教育及其活动的学术研究也逐步开展起来。在实践中我们认识到,校外教育是学校教育的发展、深化,是学校教育和家庭教育的重要补充,它在配合学校教育在培养少年儿童的行为习惯、塑造他们的个性、增长他们的兴趣爱好方面有着家庭和学校不可替代的作用。我多年接触过少年宫和学校艺术教育,实践证明,它已是社会主义精神文明建设的一个重要阵地,在促进少儿全面健康成长方面起着明显的作用。有不少的孩子就是在这个阵地里打下科技、艺术以及行为习惯等的基础,幼苗在此得到了成长。有的校外教育科研工作者在探索校外教育活动中提出应当遵循的几个原则:即思想性、自主性、趣味性、实践性、创造性、个性发展的原则,提出以学习者为中心的教育。比如校外教育机构如何进行改革,真的发挥它的功能、作用等,应当共同探讨、研究。

我们专委会成立的宗旨就要在马列主义、毛泽东思想、邓小平理论和"三个代表"重要思想的指导下,团结和组织有志于青少年儿童校外教育理论研究的同志,结合实践加强理论研究,加强校外教育机构之间的联系、交流,为推进素质教育,全面贯彻教育方针,提高校外教育工作的水平和质量,为发展我市少儿校外教育事业做出一定的贡献。

因此,我建议:第一,参加专委会的同志要热心参与专委会的工作,共同努力完成每一个工作和研究任务;第二,每年能够拿出一点撰写的学术文章,举办一些研讨会,交流研究成果;第三,经常交流校外教育的信息、资料和工作经验,参与办好市刊;第四,通过一定形式,搜集资料向有关部门反映校外教育工作上的问题、要求、建议等。

最后,祝我市的青少年儿童校外教育事业在大家的共同努力下发展得更快更好,为我市的两个文明建设和"三城"建设做出新的贡献。

2002 年 5 月 11 日上午于厦门市少年宫

在市教委、市教育学会、市教育基金会教育科研论文颁奖大会上的讲话

首先,对获奖的老师表示祝贺,对领导和广大老师的支持表示衷心的感谢。

我们举行两年一次的群众性教育科研论文评选活动。本届有以下特点:

第一,群众性学术研究的水平有了新的提高,基本改变了以往传统单纯总结工作经验替代学术研究的模式,真正进入教育科学研究的轨道,尽管还是低层次,但却有很大提高。

第二,具有改革与创新精神。许多文章探讨当前教育或教学工作面临的宏观与微观问题,逐步体现与时俱进的精神。

第三,学术研究质量有了明显的提高。有七个课题列入中国教育学会和省教育学会"十五"科研规划的课题。

第四,涌现出一批热心教育科研、积极参与撰写论文的中青年教师,这是当前课改一项很重要的核心问题。要抓住课改,要提高教学教育质量,培养全面发展人才,关键在于教师,在于教师的政治思想、学术、教育水平。

第五,进一步推动群众性教育科研的发展。

过去 20 年来,我们搞过 5 届教育科研评选,对推动群众性的教育科研,促进教育科学化,推动教育改革与发展,提高教育质量和教师的素质发挥积极的作用。这是领导的支持,大家努力的成果。

我想,进入 21 世纪,国务院发布了关于基础教育改革与发展的决定,教育部提出关于基础教育课程改革的试行纲要,国家"科教兴国"的战略以及"科研兴教、兴校"的思想已成为广大教育工作者的共识。在此指导下,"十五"期间,基础教育面临的任务是:巩固"两基"成果,提高"两普"水平(即高水平、高质量),积极发展高中阶段教育(含大力发展职业教育,深化教育改革,全面推进素质教育的历史性任务)。作为教育学会应以马列主义、毛泽东思想、邓小平理论为指导,落实江泽民总书记关于"三个代表"的重要思想,落实全教会和国务院对教育工作的要求和决定,围绕深化教育改革,全面推进素质教育这个主题,开展科研活动,在科研活动中要处理好理论与实践、基础教育与应用研究、宏观研究与微观研究、继承与创新的关系,老中青结合,使群众性教育科研活动再上一个新的台阶。除了抓紧全国学会、省学会批准的立项课题的管理与推动外,争取在"十五"期间,我市能够产生一批较高水平的科研成果,形成一支较高素质的科研队伍,建立一批带示范性的基地。

《人民教育》2002 年第 5 期,国家教育发展研究中心专题组提出发展"实施基础教育

均衡发展的现状分析及对策选择"一文。这个课题涉及一系列问题：招生制度改革问题，改变课改学校措施与政策、创办五年一贯制学校、普高与初中挂钩问题，规范示范高中与扩大优质高中问题，未来十二年制学校问题，都值得结合改革与实践去研究。

2002 年 6 月 20 日上午

在教书育人先进集体、个人表彰会，百龄奖教金颁奖会上发言

2004 年 2 月 22 日，厦门市语文教育研究院成立大会，与会代表留影

在海沧区教育学会成立大会上的讲话

首先代表市教育学会对海沧区教育学会的成立致以热烈的祝贺!

教育学会是一个群众性的教育学会团体,是一个以基础教育,包括中等职业教育、中等成人教育的学术团体。区教育学会的成立将团结和组织区内有志从事教育学术研究的广大教育工作者,开展教育学术活动,为促进海沧区教育改革与发展起着积极的推动作用。

为了共同办好教育学会,我想谈几点认识和建议。

第一,学会的学术研究工作,应以马列主义、毛泽东思想、邓小平理论和"三个代表"为重要指导思想,认真贯彻党的十六大和十六届三中全会精神,以贯彻科学发展观、坚持以人为本这个科学发展的本质和核心来指导我们的科研工作。十六届三中全会提出"五个统筹"协调发展,就是促进经济社会和人的全面发展。落实到教育工作就要按党的十六大指示的:

(1)如何坚持弘扬和培养民族精神。党中央最近特别强调关于对青少年进行思想道德教育、中小学行为规范和学生守则的教育与实施。

(2)以培养学生创新精神和实践能力为重点,全面推进素质教育,培养德智体美全面发展的新人。

(3)"造就数以亿计的高素质的劳动者,造就千万计的专门人才和一大批拔尖创新人才"三者的关系是密切的,但作为基础教育应以前者为重要任务,并努力为后两者打下高质量、高水平的扎实基础,推动教育全面协调可持续发展。比如巩固提高九年义务教育的质量,办成高质量、高水平的现代教育,办人民满意的基础教育(从幼儿、小学、初中、高中、职业教育等)。

温家宝总理最近指出:"建设现代国民教育体系,优化教育结构和教育资源配置,特别是发展义务教育、农村教育、职业教育与培训。"

第二,加强学会本身的建设与活动。发动广大会员、理事加强学习中央的重要指示,特别是邓小平理论、"三个代表"重要思想,深入贯彻科学发展观,运用理论联系实际的学风,结合教育教学课程的实际,开展本地实际课题的研究,组织、沟通、交流等活动,推动与国内外教育学术团体的交流,包括论文的评选、推广工作,把学会工作搞得生动有声有色,以利于提高本区教育学术水平。根据时任教育部门领导的陈至立同志在全国教育工作会议上的讲话精神,学会积极投入教育行政部门交办的有关诸如调研、评价、培训、咨询等任务。我想,办了学会,就要开展活动,就要有一定成果。相信在区教育局主管的领导的重视关怀下,一定会办好。

第三,国家教育部提出 2003—2007 年教育振兴的行动计划,对这五年提出教育工作的全面部署,围绕海沧区从农村转城区、转为工业区的特点,学会如何发挥作用,为实施行动计划出谋划策,特别是计划中提出实施"新世纪素质教育工程"、"教育信息化建设工程"、"高素质教师和管理建设工程",建议进行学习、探讨本区如何启动这三项工程。

2004 年 5 月 25 日上午

国家教委柳斌副主任到厦门外国语学校海沧校区视察

厦门市教育学会小学校长工作委员会在海沧区开会并参观育才学校

在外国语学校 18 周岁学生
宣誓大会上的讲话

同学们：

大家好！

今天是厦门解放 54 周年的纪念日，也是"厦门市十八岁成人的宣誓日"。这几天，祖国大地喜事频传。14 日，具有重大现实意义和深远历史意义的党的十六届三次会议胜利闭幕。15 日，迎来了举国上下欢庆振国威的中国自己制造的第一艘载人神舟飞船上天，在太空飞行 21 小时后，于昨天清晨载人胜利返回。今天我们又迎来了全国同贺的同学们 18 岁成人的美好节日。我衷心祝贺同学们成人，这预示着你们已经进入青年这个美好又富有青春活力的黄金时代。毛泽东主席说过，你们像八九点钟的太阳，希望在你们身上。

同学们，"成人"还要"成才"。我国首位航天员杨利伟作为代表的英雄的宇航员们和为飞船载人升空的专家、研究设计人员和工作人员是大家学习的榜样。在这宣誓的庄严时刻，我衷心祝愿你们：为了建设社会主义现代化的伟大祖国，为了建设厦门海湾型美好幸福的城市，为了中华民族屹立于世界民族之林，大家应当与时俱进，努力刻苦学习，勇于开拓创新，积极投入社会实践，把自己锻炼成为有理想、有道德、有文化、有纪律的社会主义建设者和接班人，把自己的聪明才智献给伟大的祖国。

同学们，祖国在召唤你们，"无限风光在险峰"，让我们共同攀登吧！

2003 年 10 月 17 日

2006 年 7 月 5 日，省委常委、省纪委书记张昌平（左三，时任厦门市长）到厦门外国语学校海沧校区视察

在厦门市大同小学
100周年校庆大会上的发言

尊敬的市、区各位领导,各位校友、老师、同学们:

我以兴奋、激动的心情参加母校的百年华诞,我为母校在百年的长河中所取得的成就祝贺、祝福!为这么多的领导、社会人士、校友参加今天的庆典,向长期以来关心支持学校的建设与发展的领导致以深深的敬意。

记得我在1995年主持编写的《厦门教育》中关于当时的开元区章节中有这样一段话:"解放前,许多爱国华侨和社会知名人士热心家乡教育,相继在学区内开办了17所私立小学,其中以黄连元、洪晓春、杨景文等人士发起创办了'大同西岸小学',时间最早(1906年),规模最大。"当时,大同学校就有师生员工达近千人。

我是在1937年跟着全家从香港住两年后返厦进入母校学习的,当时为能就读这样知名的学校感到很幸运,一直读到四年级。年纪虽小,但母校宽敞的校舍和老师的教学教导给我留下了深刻的印象。那"奋进"、"爱国"的校训,"向上、求实"的校风培养着一代一代的年幼学子。当时的厦门尽管在日寇的统治下,校园里仍充满着活力。在伍远资校长(南安乡亲)和老师们的教导下,校园里却是散发出一股奋发向上的气氛,洋溢着莘莘学子爱读书、认真求学、相互激励的气氛,经常举行学习竞赛,形成良好的学风,让我们一辈子受益匪浅。长期以来养成读书的习惯,总想刻苦学习努力向上,以准备今后做一个有益于社会的人。再一点,爱国精神牢牢地印在我们的脑海里。在那日寇统治的环境下,老师讲述了许多民族英雄爱国志士的事迹教育学子,深深打动了我们幼小的心灵,我们初步懂得了远古尧舜、夏禹治水、屈原、岳飞、四大发明,懂得了孙中山先生的"总理遗嘱"并背诵"余致力国民革命凡四十年"的奋斗目标,至今仍记忆尤深,得到启蒙教育。记得1942年,当时台湾公社创办的子弟学校(旭瀛书院)被日军入侵占领,强令通知凡台籍子弟必须到该校读书(日语课程),限制讲汉语和地方语言,接受奴化教育。记得有一次在外借分校上课后,我和一位同学并肩回家途中边讲闽南话,被后面的日本教师听到了,便扭着我们两个人的耳朵到总校礼堂(现公安局早期会议厅)下跪处罚。还有1944年,我父亲由于与内地乡亲通过海上渠道联系被发现,父母都被抓,父亲受到残酷的刑罚,这些都给我留下烙印,让我逐步懂得爱与恨。母校的老师们却不畏强敌,坚持办学,传播中华文化,为我们的成长打下做人做事的基础。我们有几位同学在小学、初中、工作后几十年后至今仍保持着友情并经常联络。抗战胜利后,伍远资校长继续回母校办学。

解放后,在中央政府关于教育"调整、巩固、充实、提高"的方针和"全日制小学暂行条例"的指导下,学校进入稳步发展、不断前进的重要办学阶段,从私立改为公办,逐步办成为一所名校。特别是党的十一届三中全会后，母校成为市重点小学、省第二批重点办好的小学。学校在贯彻落实邓小平同志倡导的"三个面向"、全面贯彻国家的教育方针，改革创新，推进素质教育，取得数量与质量的突出成效，获得了省、全国的许多荣誉称号，赢得了社会的赞誉。这里有一点特别要讲的，市领导和市教育局老书记、局长李永裕同志关心学校，经常与区领导交换意见、关注学校的发展；历届区委、区政府、区教育局对于这所学校的建设与发展也提供了人力、物力、财力上的支持，使得校园发生巨大的变化。我作为老校友，也作为市教育行政部门工作过的人员，对市、区领导以及社会人士对母校的发展和大力支持致以衷心的感谢！感谢母校、老师对我的教诲与培养！

最后，祝愿百年母校，在科学发展观的指引下，在创新育人的征途上，百尺竿头更进一步，创造辉煌！

祝大家健康快乐，事业有成，祝同学们天天向上！

2006 年 12 月 6 日

大同小学教职员工在百年校庆典礼合影

市人大常委会教科文卫委主任
杨益坚与区领导参加百年校庆合影

抗日战争时期入学的老校友郑炳忠、
钟友国回校参加百年华诞留影

在厦门市海峡两岸学前教育学术论坛
开幕式上的致辞

各位领导、来宾、老师们：

大家好！

为进一步构建海峡两岸学前教育研究桥梁，展现两岸幼教理论与实践研究的最新成果，探讨两岸幼儿教育的文化特征及其发展趋势，为海峡两岸的幼教工作者提供可资借鉴的经验和资讯，促进两岸幼儿教育的共同发展，由厦门市教育学会和台湾中华华夏文化交流协会共同举办的，并由厦门市陈鹤琴教育思想研究会承办的"海峡两岸学前教育学术论坛"在厦门这座风景如画的城市开幕了。让我代表主办单位厦门市教育学会对莅临我市的两岸三地的学前教育专家和老师们致以热烈的欢迎；对厦门市教育局、市台办、市社科联和协办单位的领导、专家们的大力支持和尽心指导致以衷心的感谢！

本次学术论坛活动历时四天，形式多样、内容丰富，既有南京师范大学虞永平教授、台湾明日婴幼儿教育发展研究中心教务长董青华先生、华东师范大学朱家雄教授等 3 位专家的主题报告，又有两岸三地十余位专家、学者、骨干教师的教学展示与专题研讨，还有分组、分线路地下园参观学习。可以说，这是一次生动、实际的交流会、研讨会，也是相互学习、共同发展的促进会，相信通过这次活动一定能够为海峡两岸的学前教育事业的交流、发展建立一个比较宽广的互动平台。

学前教育是基础教育的重要组成部分，是我国学校教育和终身教育的起始阶段、奠基阶段。现代幼儿教育应当尊重幼儿的人格与权利，尊重幼儿的身心发展规律和学习特点，以先进的教育观念来教育孩子、影响孩子，促进每个孩子富有个性、主动、健康地成长。应当说，我们两岸的广大幼教工作者正在为此付出艰辛的劳动，许多学者也为加快学前教育事业的改革与发展做出了许多积极而有意义的研究。在此，向你们致以深深的敬意。这几年，在大家的共同努力下，厦门市学前教育事业得到了快速地发展，大量兴办的民办幼儿园缓解了因城市不断扩容、人口迅猛增长而带来的孩子入园难问题，满足了广大民众入园的需求。同时我市学前教育课程改革也迈出了可喜的步伐，正走在全省的前列，也正努力步入全国先进的行列。当然，在事业改革与发展的过程中，我们也存在着一些需要认真思考、努力研究和逐步解决的关键问题。诸如如何按 21 世纪的教育目标、要求办好、规范好民办幼儿教育，促进城乡和谐发展；如何建立学前教育与家庭、社区密切合作的有效机制；如何有效开发与合理利用资源，如何加强学前教育自身建设等问题。这些问题都需要海峡两岸的幼教同人共同去实践、探索，去研究、交流，希望本次学术论坛活动能够真正拉开海峡两岸学前教育互通往来的序幕。

这里我还要讲的是,今年正逢我国现代著名儿童教育家、心理学家陈鹤琴先生诞辰115周年。陈鹤琴先生为创建中国化、科学化、民主化、大众化的现代幼儿教育奋斗了一生。他的教育思想对于指导当前的课程改革和幼儿教育事业发展有着重要的意义,我们后人理应纪念他、怀念他,应当珍惜他的精神与实践财富,应当学习他的献身精神和创新精神,继往开来,继续为建设具有中国特色的学前教育做出更多、更大的贡献。

最后,祝海峡两岸三地的专家、学者、教师代表们,在这几天短暂的交流、研讨活动中能够相互切磋、取长补短,有所收获,有所成效。也希望大家能够对如何进一步促进海峡两岸学前教育学术交流提出宝贵意见。祝各位同人、各位领导身体健康、事业有成,再次感谢大家,祝大会圆满成功。

2007 年 10 月 27 日于厦门一中

2006 年赴台湾访问时与地震所在地的幼儿园师生留影

全国劳模、正高级教师、第九幼儿园园长葛晓英与专家探讨如何实施闽南幼儿文化教育

在市教育学会职业教育专业委员会
成立会上的发言

　　党中央、国务院十分重视把大力发展职业教育作为今后教育工作的三大任务之一。市教育局新班子成立后重视恢复启动成立市职业教育专委会,开展职教学术研究活动。改革开放 26 年来,在我任职期间,有一半时间参与了这项工作,而对市教育学会来说,支持、参与这项学术研究工程更有现实意义。为此,我代表市学会致以热烈的祝贺!利用这个机会,占用一点时间,谈一点认识和建议。

一、简要的回顾

　　厦门市职业教育历来有良好的基础。早在清末,厦门已有怀德幼师、女子师范,后还有商校、民用航校、女子职校、省立职中、美术学校等。1918 年,陈嘉庚先生在集美先后创办师范、水产、航海、财经、农林、轻工学校等。全国解放 30 多年来,共培养 3 463 名毕业生,集美航校学子遍布港澳、东南亚各国。解放后,厦门职业教育有了新的发展,除集美学村各类普通中专外,还新办商业、卫生、工艺、化工学校、技工、农职校学校。1950 年至 1978 年的 29 年间,各类专业毕业生达 16 500 多人。

　　1980 年,国务院批准厦门创办经济特区。为适应特区经济与社会发展的需要,首先在四中、七中试办 4 个中等职业班。当时,吴星峰市长亲自到四中向师生做动员报告,阐明职业教育为特区建设培养人才的重要意义,勉励学生在职校学好专业,成为有文化、有技术的特区建设者。1981 年 10 月 15 日,随着特区在湖里区的首先启动,同时创办厦门鹭江职业大学,其后市府还批准创办工业中专、鹭江中学(体育学校)、音乐学校(高中部普教与职教并存)、艺术学校。十几年来,职业教育发展很快,到 1995 年,形成我市职业教育网络,有职业大学 2 所(含民办华厦职业学院),中专 11 所(其中市属 6 所),中技 4 所、职高、职业中专 14 所,还有普高兼办职高班、职业培训中心 12 个,在校学生达 21 000 多人,涉及 130 个专业。从 1980 年至 1995 年的 16 年中,培养中职毕业生 53 800 人、职大毕业生 3 600 多人。而从 1996 年至 2006 年 11 年中毕业生 74 260 人,招生 10 2571 人。改革开放 26 年来,共培养毕业生 13 万人,为特区输送可观的建设生力军。

　　应当说,为经济特区发展的需要,历届市领导都重视职业教育的发展。开办初期,党政一把手亲自抓职教的发展,吴星峰市长到校宣传动员办学,市委书记陆自奋指示改造旅游学校校舍,盖综合大楼。市政府根据经济发展需要除办好普通中专外,同时整合职业中专,形成电子、旅游、交通(港口)、财经、农副业等带有集团性专业职校,从不少普通中学剥离出来,这是非常正确的举措。鹭大还升格办理工学院、卫校中专升格大专学校。但前些年,一些有关部门认为有需要向职业大专发展而不需要中职学生培养技工的片面看法。对此,市领导和教育主管部门坚持认为发展中等职业教育这个方向不能变,这是解决高中阶段走独木桥的问题,是经济特区发展和普及高中阶段教育的迫切需要。实际上这几届的毕业生是供不应求的,90%以上得到安排就业。近两年来,市领导加大投入着力解决职教、技工学校基地发展。据报道,厦门将缺 100 万工人,包括吸收外来工的职业培训的需要。去年可喜的是招生普职比达到 53∶47。

改革开放以来,领导的重视,各校的努力办学,事业的发展,使我们更有信心改革与发展职业教育,更好地为经济特区和海西建设的发展服务。

二、几点建议

第一,加强职教的宣传舆论工作。目前,包括社会、家长、学生对职教的需要与前途仍不十分清楚,而且家长、学生还不能适应根据自己的情况考虑今后的发展。可通过多渠道的宣传,每年市局、学会(专委会)与报社合作办个展示推介会,介绍全市的发展情况,各校的特色、社会的需要与出路,职教毕业生的优秀学生、生产能手。及时向市领导和有关部门汇报情况,争取支持,落实政策,加大人力、财力、物力的投入。

第二,根据经济特区发展的需要,适时调整改革专业及其结构,不断有所创新、有所发展。深化联合办学机构,拓展联合办学内容,走厂校、产校结合的路子,争取定向培养。

第三,根据专业与产业的需要,正确处理文化基础课与专业课的关系,改革教学内容,增加实践、应用、实用的分量,以产业的需要办学。

第四,继续办好一批重点职校,起骨干、示范、辐射作用。招生中继续争取全国、省重点学校列入中考招生一、二批学校,提高职校的知信度、知名度。

第五,强化职校学生职业道德教育。继续编写一部分职业道德教材,加强师资队伍的建设,让专业教师走与产业需要实践培训路子,提高师资的水平与质量。

第六,加强两岸的协作交流。台湾在职教办学方面有许多可供借鉴之处,特别是办学理念、视野、先进技术,包括学生的学习交流、合作办学,应重视继续启动这方面的工作。

第七,开展经常性的学术研究活动。可分类(职业学院、普通中专和中等职校)对口交流,定期举办职教论文评选活动。建议今年办一期论文评选活动,把这几年的办学成果进行交流。建议今后也可与市学会两年一届论文评选结合进行。

2007 年 3 月 12 日下午于轻工业学校

在厦门六中艺术教育十五周年展示活动大会上的讲话

尊敬的各位领导,尊敬的艺术界的各位老师:

今天我荣幸地应邀参加厦门六中艺术教育十五周年的展示活动,展示 15 年来创办艺术班的成果,同大家进行交流。在此,我以爱好艺术教育的老教育工作者,也是艺教委成员,同时受林守章书记的委托,在这里表示热烈的祝贺。

大家知道,厦门市素有艺术教育的优良传统,被人们誉为"艺术之乡"、"钢琴之岛",曾哺育了不少名扬中外的艺术家。改革开放厦门创办经济特区以来,我们在全面发展教育事业的同时,使厦门市学校艺术教育和校外艺术教育,得到了前所未有的发展。

1992 年 12 月,在市领导的重视下,市局领导的支持下,市政府批准成立了厦门市艺术教育委员会,并在市教育局设立体委艺术处,大力推进建立艺术教育的培训基地。在这之前,我们在 20 世纪 80 年代,在三个岛内市区建立了小学音乐、美术、舞蹈试验班,以后又陆续发展了几个小学建立艺术培训中心,在不少中学成立了学生艺术团,如六中就与思明区少年宫共同创办鹭岛中小学艺术团。我们还正式成立了市音乐学校,支持独立创办厦门戏曲舞蹈学校,推动发展了区少年宫,还与市广播电视局合办成立市少儿广播合唱团。成立了市教育书画院,强化了三小门的教育工作,加强音乐美术舞蹈教师的培训,中小学分别成立了音乐、美术校际教研组,还委托厦大、师大培训艺术师资。我们还建立了常年的艺术节,开展多种形式的评选活动,建立了三年一评的评选绩效的艺术教育先进单位和先进个人。20 多年来,我们在全面贯彻教育方针,推动素质教育当中,全市设立了每年的"三节",即体育节、艺术节、科技节,创造依据各校的传统和优势创办特色教育。15 年前,厦门六中就是在重视传统、发扬优势,发展了具有本校特色的科技教育创新活动和艺术特色教育,创办了市初中艺术班,每年招收 2 个班,每班 30—35 位学生。在市教育局和相关部门的指导下,提前招生,严格选拔,保证生源质量(文化和专业的质量)。从而使初中阶段的有效办学发展到申请延续办了一个高中艺术班。在招生过程中,得到了区少年宫的支持和许多小学领导和老师的积极配合,输送了一些有培养基础学生。而六中领导重视把这项工作列上重要议事日程,取得老师们的支持。他们在办班中坚持配备师资,加强投入,充实设备,使艺术教育 15 年来得到巩固和发展,取得了丰硕的成果。不仅推动了校园文化建设,活跃了学校艺术教育的阵地,创编了不少优秀的节目,加强了对外交流,更重要的是培养、输送了不少既全面发展又有艺术特长的优秀学生到高校进行深造。

今天,在这里有一些校友专门为我们演出,从中大家可以看到办艺术班的成果。六中与我市不少学校艺术教育的发展、提高,为我市的社会主义精神文明建设做出积极的贡献。在此,我应当向你们及大力支持这项事业的领导、老师致以衷心的感谢。

厦门六中这次的交流展示活动,还有一个重要的任务和目的,就是要给大家带一个好头,为迎接2013年全国第四届中小学艺术展示会在我市举办,进一步促进全市学生艺术水平的提高,为负责办好展示盛会起到一个有力的推动作用,我想这是一个光荣而又值得庆贺的任务。能争取到我市举办第四届是非常不容易的,所以市领导特别重视,刘市长亲自到上海迎接这项重大活动任务,市局赖菡等领导还组织力量多次到上海了解、考察、学习。但是这次任务是非常艰巨的,接下去我们要进入近3年的筹备工作,今天各校领导、艺术的老师相聚在这里,我想不仅是为了展示交流,也是一次学习和动员,我建议和希望大家都动起来,在我们教育教学的百忙当中,挤出时间和组织一定力量做好参与全国的展示工作。

最近市教育局公布的今年的招生任务当中,不仅在六中,而且决定在厦门一中、双十中学、同安一中增办初中艺术班,从某种意义上说就是为了迎接这次盛会在厦门举办而做的一项筹备工作。最近我们在开展艺术节活动,相信通过办第20届的中小学艺术节和第28届学校艺术周活动,有了办好这项任务的传统和良好基础,我们完全有信心、有能力,在市和局的领导下,办好全国第四届百花艺术节的展示盛会。

祝六中的这次展示交流成功,祝六中在全面贯彻教育方针中,艺术特色教育百花盛放,更上一层楼。

祝各校在教育论坛上,艺术教育和校本特色教育上做出新的贡献!

2010 年 5 月 30 日于厦门六中

国家督学、教育部艺术教育委员会副主任杨瑞敏来厦举行全国学校艺术教育检查工作会议留影

《厦门教育》序一^①

李永裕

厦门的历史是中国近代史发展的缩影,厦门也是中国社会主义革命和建设,特别是改革开放伟大时期的一个具有典型意义的城市。这不仅体现在经济建设和社会发展,而且表现在教育事业上。

回顾 150 多年厦门教育发展的历史,我认为它具有四个方面的特点:

一、发端早

这是从现代教育的含义而言的。早在 19 世纪中叶,厦门就有教会兴办学校;20 世纪初,本地政府与士绅开办公私立中小学;厦门在全省最早创办职业学校。1980 年在全省率先开办职业高中班,而后办成职业中学和职业中专,1981 年创建福建省第一所职业高校鹭江大学;它还创建全省最早的民办大学厦门大学,这所学校现在成为福建省,也是经济特区唯一的全国重点大学。

二、体制多样,结构完整,门类齐全

作为中小城市的厦门,这也是难得的。言其体制,在解放前,有公办(国立、省立、市立),有私立,私立有华侨办学、教会办学、行业、校友会、同乡会、宗教等社团办学;改革开放以来,各种办学体制(如公办、民办、私立、公办民助、民办公助,公办中尚有共建、联办、集团办等形式),十分活跃,促进本市教育的繁荣。观其结构,从幼儿园到小学、初中、高中、大专、大学,从普通教育到职业教育、成人教育、社会教育,沧桑变迁,大半世纪以来未曾中断。论其门类,高等教育中,文、理、工、商、艺术、航海、水产、农业、航空、师范、体育、医疗等专业不一而足,洋洋大观。职业教育以应用专业为主,蓬勃发展,尤其是这 10 多年,我市经济发展的四大支柱产业、七个骨干行业及特区急需人才的行业,均在职业学校开办专业,方兴未艾。

三、华侨办学在厦门教育史上具有重要地位

厦门素有华侨捐资办学的优良传统,陈嘉庚先生就是光荣的代表,他在 1913 年创办

---

① 原载于郑炳忠主编:《厦门教育》,鹭江出版社 1998 年版,作者时任原市教委党组书记。

集美学校和 1921 年创办厦门大学,名斐海内外。据了解,解放前近一半的私立学校,与华侨有着千丝万缕的联系,相当一批公立学校,也得到华侨的大力资助。改革开放以来,华侨在参与祖国经济建设的同时,大力扶持桑梓教育事业,以捐办学校、捐建校舍、捐赠仪器设备、捐设教育基金、捐建教育基地为主要内容的华侨捐资办学,在厦门出现新的热潮。

四、教育紧紧围绕着经济社会发展的需要而进行改革

当年陈嘉庚兴办教育,特别是兴办职业教育和高等教育,其专业设置都是为了造就救国人才,济世之才,不愧为教育改革之前驱。新中国成立近 50 年,我市教育为了适应经济社会的发展而不断调整、改革、发展,尤其是改革开放以来,四大块教育的协调发展,教育现代化工程的建设,使之成为特区经济建设和社会进步的重要支柱。不少外商选择厦门为投资场所,其中重要的是厦门具有良好的教育基础,教育改革功不可没。

厦门教育之所以形成这几方面的特点,有其历史原因和地理环境的影响,更有其人文因素和社会发展的作用。教育与经济是依靠与服务的关系,厦门教育为经济和社会的发展培养了数十万的各类专门人才和数百万的有文化素质的劳动大军。厦门经济社会之所以如此大发展,其中重要的是得益于教育。初次创业如此,二次创业也将如此,因此,厦门市委、市政府高度重视教育,把教育放在优先发展的地位,1993 年提出把厦门办成“教育之城”的构想,并正在按蓝图逐步进行建设。厦门教育改革和发展,将会对特区经济社会可持续性发展发挥更大的作用,将在福建省,以至全国教育事业中展示出自己独特风貌。

应该指出,多少年来,不少学者对厦门教育史和教育特点以及教育改革的经验教训进行了卓有成效的研究,成果喜人。然而,有系统地对其进行研究并介绍给广大读者,在我的认识范围内,《厦门文化丛书》中的《厦门教育》当属首次,因此是一件很有意义的好事。研史修志的目的,归结为“资政、教化、存史”,对广大的学校、校长、教师和教育工作者进一步搞好教育、教学工作也有教育意义,是以为序。

2001 年 8 月 6 日,参加海峡两岸教育文化与经济发展研讨会合影

《厦门教育》序二[①]

黄守忠

教育,作为一种社会形态,随社会沿革的变迁而盛衰。厦门教育,据记载,也有几百年历史,几经兴起,几经衰退,但人民需要教育,教育属于人民,它终究没有消亡。共和国成立以后,尤其是改革开放以来,厦门的教育伴随经济和社会的进步得到长足的发展。现在,在我们这座 120 多万人口的城市,有普通高校 4 所(其中,集美大学包括 6 所本专科院校)、成人高校 3 所、中专 11 所、普通中学(含职专、职高)54 所、小学 360 所、特殊教育学校 4 所、幼儿园 433 所。在校学生 30.63 万人,教职工 23 801 人。而且,初步形成各类教育协调发展的格局。

厦门市委市政府高度重视教育,特别是五年来,为推进厦门教育的发展,采取许多硬措施。

1993 年,决定把厦门建设成"教育之城",制定《厦门教育之城规划》并按规划有效实施。

1996 年 6 月,经省政府验收,全市城乡普及九年义务教育、扫除青壮年文盲,盲、聋、哑、弱智儿童少年入学率均达 85% 以上,本岛普及高中教育。为实施这项宏大工程,新建中学 17 所,小学 25 所,扩建上百所学校。

为推进高校的发展,市政府与国家教委共建厦门大学,与交通部、农业部、省政府联办集美大学,与厦门大学联办工学院、医学院,与陈嘉庚国际学会联办集美大学工商管理学院,为厦门经济和社会发展造就大量人才。

职业技术教育培养了大批实用型人才,初步建立包括职业大学、普通中专、职业中专、职业高中、中技的职教体系,初步形成政府、社会、企业举办职业教育的格局。

注重职业岗位培训和农民文化技术教育,高等教育自学考试成为我市一大热门。

推进教育改革。几年来,我市的办学体制、学校管理体制、招生考试制度、教材与课程结构、办特色学校及实施教育现代化工程等方面进行了全方位的改革,并取得明显成效。

大力营造尊师重教的社会风气,采取许多有力措施提高教师的社会地位和生活待遇,出现了社会上许多人想当教师的可喜现象。

投入是发展的重要保证。五年来,各级政府对教育的投入保持"三个增长",给以优先保证。单是 1997 年,全市教育经费的支出总额高达 10 亿元。

厦门的教育有发展,但只能说是阶段性的发展,因为教育的责任是不间断地为经济和社会发展提供高素质人才。为此,我们应该站在历史的高度,前瞻未来教育的模式,继续

[①] 原载于郑炳忠主编:《厦门教育》,鹭江出版社出版 1998 年版。作者时任市教委主任。

把教育推向新境界。

进行教育指导思想的更新。教育一定要改革单纯传授知识的定位观念,培养具有中国心和创造力的高素质人才。有中国心才能报效祖国,有创造力才能推动科技发展,投身现代化建设。对教育、教学质量的评估就要放在这个定位上。

继续深化教育体制改革。在办学体制方面,继续提倡鼓励团体办学,实行公办、民办和境外人士依法办学;办学形式可以多种多样,既可以独立办学、联合办学,也可以承办公立学校;可以办全日制学校,也可以办各种职业技术培训班。而且,对公办学校要根据厦门经济和社会发展的需要,进行布局和专业的结构调整,形成规模效益。在管理体制方面,要搞活学校内部管理机制,进一步扩大学校办学自主权,使学校具有较大的人事使用权和经费支配权。在投入体制方面,进一步完善以财政投入为主,多方筹措教育经费的机制。

尽力提高教育、教学质量。在提高九年义务教育水平的同时,分步普及全市高中教育;扶持薄弱学校建设,把所有学校都办成规范化学校;进行课程结构改革,培养学生的自立能力和动手操作能力;改革陈旧的教学手段,进一步实施教育现代化工程强化科技意识,突出外语和计算机能力的培养。而提高质量的关键是提高教师的素质,要以提高教师师德水准为核心,继续提高教师的教育教学能力和学历层次,运用现代科学的思想和手段从事教育教学活动。

教育历来是人们关注和议论的热点,说明办好教育已经不仅仅是教育部门和学校的事,教育社会化、社会教育化,这是未来教育的特征之一。为此,要营造全社会尊重教育、参与教育的良好氛围,让教育在这氛围中继续健康发展。

教育为国民经济和社会发展提供人才,经济和社会发展为教育提供条件。良性的循环将创造更美好的未来,这也是厦门教育的方向,是以为序。

2012 年,市政协主席、教育工委书记
陈修茂参加大同中学教师节活动留影

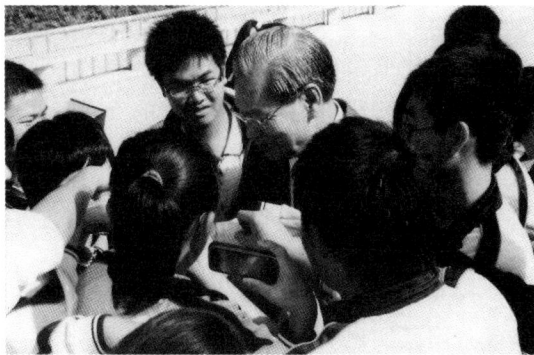

校友陈远泰院士回大同
母校与师生交流留影

《献给中国教育工会成立 40 周年》序①

厦门市教育工会建立至今已有 40 周年了,我致以衷心的祝贺!

四十年来,特别是党的十一届三中全会以来,我市教育工会在各级党委和政府的领导和关心支持下,做了大量出色的工作,特别是在提高广大教师的政治思想素质和教书育人的工作,推动学校民主管理,促进教育教学改革,推动改善教师的政治地位和生活、工作条件,加强自身建设方面。这些成绩和进步,为今后工会工作的发展和改革打下了良好的基础。

回顾总结这四十年来,特别是这十年来,教育工会的工作经验和教训,我以为有几点是值得我们借鉴、发扬的。

第一,必须坚持党对教育工会的绝对领导,工会工作才能有坚定正确的政治方向。几十年的实践证明,我市的教育工会工作基本能保持正确的政治方向。去年的动乱中,各级工会和教师队伍能保持稳定。这和我们紧紧地依靠各级党委的领导,按照党的要求、指导工会工作是分不开的。

第二,必须充分发挥工会这个共产主义学校的作用。他们在工会工作中,能够抓住思想政治教育这个根本,深入开展教书育人,为人师表的教育活动,提高广大教师对师德规范的认识,培养献身教育事业的精神。这应当是我们工会工作的目标。

第三,必须在建设社会主义精神文明和推动社会主义民主的进程中,充分发挥工会民主参与民主监督的作用,积极推行教代会这种行之有效的民主管理形式,以更好调动广大教工的办学积极性,树立主人翁的光荣感和责任感。

第四,在广大教师献身教育事业的过程中,必然会遇到工作生活上的困难和种种疾苦,教育工会应当成为广大教工的贴心人,时刻关心他们的疾苦,协助各级党政领导为他们办实事,排忧解难。

我完全相信,在今后岁月里,教育工会应当会成为各级党委的得力助手,把各类学校办成名副其实的共产主义学校,为我市教育事业的发展和改革做出新的更大的贡献。

---

① 原载于厦门市教育工会:《献给中国教育工会成立 40 周年》,1990 年印行,序。

《春蚕集一》序^①

李永裕

  这是一本分量不多、朴实无华的小册子。它是我市 10 多位退（离）休教育工作者数十年间从事教育、教学工作的经验结晶。他们都是大家熟悉的知名教师，许多还是现职教师的师长或同事。他们以其丰富的经验，从学校管理、思想教育、教学工作等各个方面来"浅谈"、"略论"，读来倍感亲切。

  诚然，我国教育事业还比较落后，但无可否认，新中国成立以来我国的教育事业是历史上最兴盛时期。它在马列主义、毛泽东思想的指导下，探索和建立有中国特色的社会主义教育体系，各级各类教育事业得到空前的发展，为祖国的社会主义建设事业培养出千百万不同层次的人才，其中的许多人已成为当今我国社会主义建设的中坚。事实证明，这一时期的教育事业，不仅发展规模远非旧中国所可比拟，教育、教学质量也取得举世瞩目的成就。这中间，在党的关怀培养下，造就了一支宏大的又红又专的教师队伍，他们为我国教育工作呕心沥血，做出不可磨灭的贡献。

  在这支宏大的教师队伍中，最富有经验的是 20 世纪 40 年代、50 年代以及 60 年代前期参加工作的老教师，他们参与开创新中国成立以来教育工作的全过程，积累了正反两方面的丰富经验与教训。由于年龄的原因，这些人大部分已退（离）休。而"文化大革命"十年的破坏，师范院校停办，给教师队伍建设带来严重的断层，造成当前教师队伍不仅在数量上、年龄分布上的缺漏，而且在学术的赓续、传统的发扬、经验的继承等方面也青黄不接。这是无可讳言的事实，绝不是"九斤老太"的唠叨与非议。

  另一方面，我国社会主义建设正面临着世界科学技术日新月异发展的挑战，面临着国际资本主义和帝国主义的渗透、颠覆与搞和平演变的挑战。对教育工作者提出了更高的要求，不仅要求培养的人才要有较好的文化基础和科学水平，而且要有较高的政治觉悟和道德水准。只有这样才能实现我国四个现代化的宏伟目标，建设有中国特色的社会主义。这是历史赋予当代教育工作者的伟大而又艰巨的任务，我们在职的教师任重而道远。

  正是由于这种情况，本书作者怀着对教育事业的无限忠诚，在他们退（离）休后，还继续发挥"人梯"精神，认真总结自己的点滴经验、体会，希望能给我们的在职教师钻研教学、提高质量中有所借鉴，有助于青年教师迅速成长、脱颖而出。这点诚意，读者是会理解的。

  值得一提的是本书由市退（离）休教育工作者协会编辑出版，协会是一个穷团体，要出这小册子，经济上确是勉为其难。但一种对老教师宝贵经验的无限珍惜之情以及迫切希

  ① 原载于市退教协主编：《春蚕集之一》，1991 年印行。作者系原市教委党组书记、市退协名誉会长。

望中青年教师一代能胜过老一代的使命感,驱使他们还是把这本小册子付诸问世。倘若它能对提高我市教育、教学质量有所裨益,就是再穷,他们还愿意再编辑出版第二集、第三集。对于协会这种精神,我是十分赞同的。故写了这些话,对这本小册子的出版,表示衷心的希望。

2004 年元旦,市教育局机关离退休老干部迎新年合影留念

2013 年 3 月,市老教师艺术团下乡到翔安区马巷镇联观演出留影

《春蚕集二》序^①

李永裕

　　1991年出版的《春蚕集》第一集序言中,我曾经写过这么一段话:"倘若它能对提高我市教育、教学质量有所裨益,就是再穷,他们还愿意再编辑出版第二集、第三集。对于协会这种精神,我是十分赞同的。"时隔不足两年,在市退(离)休教育工作者协会的努力下,《春蚕集》第二集又行将付梓。这本小册子主要反映我市基础教育的一些退(离)休优秀教师、名牌教师的从教之道和成功经验。

　　基础教育作为教育大厦的奠基工程,对于培养社会主义事业的可靠接班人和合格建设者,起着极其重要的启蒙、培苗、育才的作用,在"教育摆在优先发展的战略地位"中占有主要的地位。不管是新中国成立40多年,还是厦门创建经济特区10多年来,基础教育对各级各类人才的基础培养和广大劳动者素质的提高,都做出了突出贡献。"饮水不忘挖井人",教育园地之所以繁花似锦,广大园丁功不可灭。幼苗成长需要土壤、雨露、阳光、养料;哺育学生成材,不只辛勤耕耘,谆谆善诱,还须有广博的知识和有素的辩题解惑之道。我有幸在小学、中学和教育行政部门服务40余年,耳濡目染广大教师与教育工作者传薪有方、育才有道、风范可钦、功勋证誉。这本小册子的作者们的亲身所为正充分说明了这一点。

　　社会主义市场经济的确立,使教育也使基础教育面临前所未有的经济挑战。在一片"下海"声中,有的中青年教师"跳了槽",还有的"身在曹营心在汉",从教无心,更谈不上教育教学精益求精。如果让他们面对着这批退(离)休老同志在职时的执着追求和退居后的奉献余热,应该有所触动。因此,我认为这本小册子应该发给仍在职的,尤其是青年的教师和教育工作者认真阅读,以为师表,从中得到人生的启迪和教育教学经验的启发。这大概也是它问世的重要意义的一个方面吧!故仅掇数言以为序。

---

　　① 　原载于市退教协主编:《春蚕集二》,1993年印行。作者系原市教委党组书记、市退教协名誉会长。

《厦门教育》前言①

近百多年来,厦门的教育事业,在整个福建省来说,素称发达。新中国成立后,厦门教育事业走过了 40 多年艰苦办学的曲折道路。改革开放以来,作为 5 个经济特区之一的厦门,教育改革的深化和教育事业的发展,紧紧围绕"为当地社会主义现代化建设服务"的方针,采取一系列的重大举措,取得了显著的成绩。目前,厦门教育正依据"科教兴市"方针的指引进入新的发展时期。

回顾旧中国厦门教育的由来和发展,主要表现在以下几个方面:

一、官府办学

早在明代,官府与地方士绅合办玉屏书院。清代康熙至乾隆年间,玉屏、紫阳等书院颇具规模,盛极一时。光绪年间,又开办禾山、衡文、鹭津等书院,后逐渐衰落。清末,废科举,办学堂。1906 年,官府利用原玉屏书院旧址,改办厦门第一所中学——厦门中学堂;福建省政府还在厦门创办省立厦门高级职业学校;思明县、厦门市政府还先后创办或改私立,开办了大同、玉紫、竞存等小学。

二、外国教会办学

资本主义列强在对中国进行军事侵略的同时,还伴之经济掠夺和文化渗透。从教会的传经布道到开办学校,均具有文化渗透的性质。从 1870 年开始,外国教会先后开办毓德女中、英华中学、怀仁女中、怀德幼稚师范学校,毓德、怀仁、养元、维正、福民等小学,还有全国开办最早的幼稚园——1898 年创办的怀德幼师附属幼稚园。1925 年,各教会学校立案成立校董会,以华人长校,如英华中学较早地与外国教会断绝了经济关系。有的则将经济关系维持到 1950 年。

三、私人办学

私人办学数量较多,为当时厦门教育事业的主要组成部分。私人办学的形式和类型

---

① 原载于郑炳忠主编:《厦门教育》,鹭江出版社 1998 年版,前言第 1~12 页。

也较多。从办学单位来看,有同乡会办学、有宗教团体办学、有商业行会办学、有校友会办学。从类型看,有大学、大专、中专、中学、小学、职业学校、女子学校、平民学校、义务学校等,还有社会教育图书馆等。

尤其突出的是:华侨办学是厦门教育的重要特色。1913 年,陈嘉庚创办集美小学,以后逐步发展为包括各级各类学校的集美学村,并于 1924 年被政府批准为永久性和平学村。1921 年,又办起厦门大学。两所学校的规模和设备条件,在当时厦门以至整个福建均为首屈一指,饮誉海内外。据统计,厦门市近一半的私立学校或系华侨亲自创办的,或其发展得到了海外华侨的资助。如 1906 年由玉屏书院转办为厦门中学堂,得到缅甸华侨玉霭堂的重资捐助。华侨在厦门办学、助学,以陈嘉庚宏开先声外,还有黄奕柱、庄希泉、胡文虎、林珠光等侨界巨子以及许多不知名的华侨、侨眷和侨属。福建华侨办学发端于厦门,厦门成为华侨兴学报国的摇篮。

在抗日战争时期,厦门岛和鼓浪屿分别于 1938 年 5 月和 1941 年 12 月沦陷。除了已经改为国立的厦门大学内迁长汀、私立双十中学内迁平和、私立大同中学内迁海澄和南靖、私立集美各校内迁安溪等地外,其余留岛的公私立学校全部停办。敌伪政府在两岛另行开办厦门第一、第二中学,第一、第二女子中学,以及小学和其他类型的学校 25 所,实施奴化教育。

抗日战争胜利后,内迁的学校,先后迁回厦门,继续办学。岛内在战时停办的中小学,或用原名,或改名,或由私立改为公立,陆续复办。截至 1949 年年末,全市学校除集美高农、国立侨师停办外,计有大学 1 所、中学 12 所、幼稚师范 1 所、中专学校 3 所、小学 67 所、幼稚园 4 所,合计 88 所。后来,还有划归厦门管理的同安县以及成为厦门郊区的农村学校加入。

1944 年 10 月以前,市政府设教育局(科),主管市立中、小学的人事和经费,私立学校的立案及经费补助,全市教师的甄别和登记,教学、会考等工作。当时教育经费严重不足,市立学校多依赖地方杂捐收入,教师待遇低薄。由于战乱动荡,市场很不景气,地方杂捐往往不足,商人们有时拒交教育捐税,因而造成教师薪水常常拖欠三四个月,教师家庭嗷嗷待哺,多次发生索薪罢教斗争。至于私立学校,除少数侨办、教会办以外,大多数因教育经费不足或学费高昂或质量太差而时时处在风雨飘摇之中,因而停办者屡见。总之,解放前的厦门教育,为提高当地和闽南、闽西的文化教育水平,为国家为社会培育一批英才而做出一定的贡献,但发展缓慢,远远不能满足人民大众和经济社会发展的需要。

1949 年 10 月 17 日,厦门解放,从此新厦门的教育得到了稳步发展,发生了根本性的变化。新中国成立初期,人民政府一边鼓励、支持原有学校继续办学;一边根据形势的发展和各个学校不同的情况,采取接管、维持、改造的方针,边整顿边发展,同时在学校普遍建立共产党组织,对教职工进行政治思想教育,提高学校的教育、教学水平。这段时间内,接管了厦门大学,由中央人民政府直接委派校长;合并原省立厦门中学和市立中学为厦门一中,并迁往新校址;逐步接办并合并厦大校友、英华、毓德、怀仁等中学为厦门第二中学;接办禾山中学为厦门第三中学;接办并合并大同、粤侨等中学为厦门第四中学(今大同中学);在第一中学原地办厦门第五中学;接办思明中学为厦门第六中学;在原同文书院的校址创办第七中学(今同文中学);充实扩大双十中学的办学规模,转为公办;将已停办的国立侨师复办为厦门师范学校,并将怀德幼师并入;合并护士学校和卫生学校为厦门卫生学校;将私立鹭潮工艺美术学校改为福建工艺美术学校;改原国立侨师附属小学和幼稚园为厦门实验小学和厦门第一幼儿园;改办厦门弘农小学为渔民小学,新办大中小学、侯卿小学等学校,接办大同、颖川、主光等14所小学……截至1956年年底,除集美学校和岛内少数小学、幼儿园外,本市所有中小学校都办成公立学校。

　　社会主义建设时期,厦门地区范围扩大。除了1953年集美镇从同安县划归厦门外,1957年5月,同安县划出东孚以东12个乡(镇),与当时禾山区、集美镇合在一起,设置厦门市郊区。1958年10月,原属海澄县的海沧区3个乡划归厦门,并入厦门市郊区。此时,同安县也从晋江地区改隶属厦门市(现在同安县又撤县立区——同安区),这些地区的学校也逐步纳入厦门教育的范围。在当时经济还不发达,财政比较困难的情况下,人民政府仍对教育事业投入大量资金。除了中学、小学、幼儿园等基础教育在学校数量、办学规模、经费、设备、校舍、师资、图书等方面不断扩大外,厦门的高等教育和中等专业教育也有了新的发展。厦门大学发展为全国重点的综合性大学;原集美水产航海学校分为集美航海学校、集美水产学校;新办福建化工学校、集美轻工业学校;还创办过集美水产商船学校、集美水产专科学校、厦门工学院、厦门医学院、厦门纺织学校等,这几所新办大、中专学校,除集美水专与集美水校合办外,其他不具备充足的办学条件,不久即宣告停办。业余教育也在发展,成立了工农教育委员会,开办机关干部业余文化学校、工人业余大学、厦大附属工农速成中学等校,以提高工农干部的文化水平。同时开设众多的民校、夜校(冬校),其后又成立扫盲委员会,在全市范围内长期坚持开展扫盲工作。在这段时期内,华侨办学、助学的积极性进一步得到了调动,1953年创办了集美华侨学生补习学校;集美中学一度成为全国最大的中学,侨生数占在校生数的近半数。另外,海外华侨以及在国内的侨眷、侨属捐资、集资创办的还有厦门华侨中学、郊区灌口中学、厦门华侨幼儿园等。1965年全市有普通高校2所,在校生3 132人,当年招生701人,毕业生715人,教职工1 619人;普通中专7所,在校生2 816人,当年招生数987人,毕业生405人,教职工536人;普通中学19所,在校生19 767人,当年招生7 479人,毕业生4 475人,教职工1 519人;职业中学(主要是半工半读、半农半读学校)57所,在校生2 879人,当年招生1 896人,毕业生69人,教职工219人;小学947所(含大量耕读小学、简易小学),在校生110 394人,当年招生32 282人,毕业生8 511人,教职工4 736人;幼儿园134所(包括大量的厂办、队办简易幼儿园),在校生12 046人,当年招生4 977人,教职工515人。当时,全市有普通学校1 166所,是1950年的5.54倍;在校生151 036人,是1950年的4.4倍;当年招生48 322人,是1950年的3.38倍;毕业生14 175人,是1950年的6倍;教职工9 144人,是1950年的4.71倍。

　　"文化大革命"的十年动乱期间,从总体上来看,厦门教育事业受到极其严重的摧残和破坏。教师下放或他调,校舍被外单位占用,大中专的仪器设备报废后部分统配给中学,只有集美航海学校于1969年并入厦门大学为海洋系,1972年陆续复办,招收"工农兵学员"。集美华侨学生补习学校停办,技工学校和农职业学校全部停办。各中、小学大搞

"斗、批、改",教育、教学处于无政府状态。在那一段时间里,广大干部和教师横遭迫害,各级各类教育面临困境,广大青少年学生的思想品德教育和科学文化知识学习,基本荒废。中小学复课后,也新办了一些小学和中学,如厦门九中、厦门十中、东孚中学、后溪中学等,弥补城市与农村的某些地方学校的空白,在一定程度上解决了就近入学的问题。

粉碎"四人帮"后,尤其是党的十一届三中全会以来,大力拨乱反正。首先,落实知识分子政策,使一批有丰富经验和较高水平的老校长、老书记、老教师重新走上领导岗位和教育、教学岗位;着手整顿教育结构,理顺学校体制,恢复和稳定了学校的教育、教学秩序,使整个教育工作回到正常轨道上来,进而继续大力发展各类教育,尤其是加强基础教育,使基础教育、职业技术教育、高等教育、成人教育逐步形成较完善的网络,走上良性发展的道路。

1981年,厦门正式设立经济特区。1984年,特区范围扩大到全岛。十多年来,厦门的学校、教师和教育工作者,坚持党的基本路线,正确处理教育和经济的"依靠"与"服务"的关系,加快教育改革与教育发展的步伐,不断适应特区经济建设和社会发展的需要,培养了数十万具有一定文化素质的劳动大军和一大批各类较高素质的人才,为特区的两个文明建设做出了突出贡献。这十多年来,可以说是厦门教育历史上的最好时期之一。

十多年改革开放的新历史时期,厦门教育事业的成就主要表现在以下几个方面:

一、政府重视教育,加大教育投入

面对着新历史时期,厦门市委市政府始终把教育摆在优先发展的战略地位,加强对教育工作的领导,不仅从方针、政策、体制改革、学校布局、学生全面发展等方面,宏观地确立厦门教育发展的战略规划,而且从经费上给予较大的保证。1995年的预算内教育经费支出3.89亿元,43.54%,占财政支出15.4%,高于市财政经常性收入的增长,为1981年教育经费1 287.4万元的30多倍,为1989年5 624万元的近7倍。近5年来,普通教育经费做到"三个增长"。1995年,中学生人均教育事业费1 551.87元,为1981年111.6元的近14倍,1989年472元的3.3倍。办学规模不断扩大,学校不断增加,校舍不断更新,办学条件不断改善,新办或复办了鹭江职业大学、集美师范专科高等学校,厦门教育学院、厦门广播电视大学、厦门工人业余大学等高等学校,厦门商业学校、厦门工业学校、厦门教师进修学校、厦门干部学校、厦门工艺美术学校、厦门戏曲舞蹈学校等中专学校,还创办了外国语学校、音乐学校、第十中学、第十一中学、湖滨中学、莲花中学、湖里中学、槟榔中学、杏南中学、孙厝中学等20多所中学。原同安县从13所中学发展到31所中学。1995年,全市校舍面积中学达到650 160平方米,小学达到582 240平方米,幼儿园达到104 470平方米。在政府的号召和鼓励下,厦门出现多渠道募集教育经费的可喜现象:1986年7月至1995年,征收城市教育费附加颇见成效,全市8 740.5万元,农村教育费附加6 144.8万元;社会、群众集资和海外"三胞"发扬捐资办学、助学的热情高涨,十多年来共集资、捐资1.5亿多元。全市各级纷纷建立教育基金会,基金有9 000多万元,市教育基金会拥有基金1 900多万元。

二、深化教育改革，适应特区需要

厦门在 1980 年率先在全省改革中等教育结构，创办职业高中，至 1995 年，职业高中、职业中专、普通中专招生总数已经占高中各类学校招生数的 60% 左右，成为发展特区经济的一大支柱。市属高校重视对旧专业的改造，增设特区急需的专业。鹭江职业大学成为全省办得最早、办得最好的职业大学，成人教育走上了多种途径、多种力量、多种形式办学的新路子。社会各界参与办学，有力地推动了职业教育、农民教育的发展，成人各类业余学校已达 631 所。逐步推行招生制度的改革：幼儿园实行公办、民办划片统一招生，并改革收费标准；取消重点小学的大面积择优招生，市区小学实行划片招生；1987 年秋开始，市区初中实行划区划片招生就近入学；各类高中按学生志愿顺序择优招生，初中毕业生升学考体育并列入升学总分，厦门师范、部分重点高中实行提前招生；师范、师专重点面向农村招生；福建师大代培厦门本科生，每年 20 名；鹭大对口专业试招部分职高毕业生；厦门电大普通班招收应届毕业生，还初步推行毕业生分配制度的改革。1987 年开始，集美师专对特优生和优秀生实行自选分配和一次性派遣到校的办法，鹭大 10% 左右的品学兼优毕业生可优先挑选分配（推荐）单位，对少数品学较差的毕业生不予推荐。1988 年开始，师专、师范毕业生实行"供需见面"、"双向选择"，即用人单位择优录用与统一调配相结合的分配原则。实行管理制度的改革。1986 年成立厦门教育委员会，树立大教育观念，统筹全市的基础教育、职业教育、高等教育、成人教育和社会教育的发展；区、县教育局树立"三教"（基础、职业、成人教育）一起抓的观念，农村小学的管理权下放给乡、镇直接领导和管理；在全市中、小学试行校长负责制，将一部分人事调配、调动、任免、奖励权限下放给区、县教育局和学校，在中、小学内部实行师资、干部的流动聘用；将教育经费按学生人头和教职工工资总额下达基数，实行包干；在部分校办企业试行经营承包责任制。创办了一批有特色的学校，如外国语学校以英语教学实验为重点，鹭江中学侧重于体育教学和训练，音乐学校突出钢琴和手提琴人才培养，科技中学重在强化学生的科技意识，在大同小学、人民小学、群惠小学分别开办了美术、音乐、舞蹈试验班，在厦门六中创办初中艺术特长班，在小学建立 10 个实施素质教育的实验基地和课题。

三、建立一支具有较高思想与业务素质的师资队伍

1995 年，全市各级各类学校（含省、部属学校）的教职工 21 660 人，其中专任教师 15 114 人，自 1978 年以来，有 7 000 多名新生力量充实到本市师资队伍。目前，市属学校的校级干部中，有 90% 以上是这十多年来提拔的，且具有合格的学历和丰富的教育、教学经验。数以百计的教师当选为全国、省、市、区县的人大代表、政协委员，推荐担任各级党、政领导干部。每年都有一批教职工评为全国、省、市的劳动模范、优秀教师、优秀教育工作者，以及其他光荣称号。仅 1989—1995 年，获得上述光荣称号的达 4 000 多人次。业务素质也不断提高，据 1995 年统计，全市普通小学 5 619 名专任教师中，学历达标率为

90.23％;初中 3 399 名专任教师中,学历达标率为 95.91％,高中 686 名专任教师中,学历达标率为 79.15％。全市全日制普通高校教职工 5 255 人,在专任教师 2 186 人中,具有高级职称 897 人,占 41％;中级职称 949 人,占 47％。全市全日制中专 656 名专任教师中,具有高级职称与中级职称的有 358 人;全市中学(含职业高中)3 910 名专任教师中,具有高级、中级职称的有 1 288 人;全市小学(含幼儿园)5 619 名专任教师中,评为小学高级教师的有 924 人,中学高级教师 16 人。市属中小学、幼儿园有 27 名教师于 1987 年、1988 年、1994 年三年被省政府授予福建省特级教师的称号。

四、全面贯彻教育方针,坚持德智体等方面全面发展

德育方面,围绕着祖国建设、特区建设和本系统本单位的实际情况,开展"一个中心,两个基本点"的爱国主义、社会主义教育,进行行为规范、艰苦奋斗、职业道德、尊师爱生等行为规范教育和学雷锋、创"三好"活动,努力做到制度化、经常化、科学化、艺术化,把思想政治工作落到实处,激发学生自觉为祖国奋发学习的积极性,把自己的命运同祖国的命运、民族的前途结合在一起。智育方面,进行教材、教法的改革,面向全体学生,大面积提高教学质量,还广泛开展"第二课堂"活动,给学生打下比较扎实的知识基础和一定的分析、解决问题的能力。体育方面,坚持体育课教学,开展群众性体育活动,提高学生的身体健康素质。美育方面,开展音乐、美术的课堂教学和课外以艺术教育为主的美育活动,提高学生审美、研究美、创造美的能力。多年来,每年都创办三节(即体育节、美术节、科技节)。劳动教育方面,近几年来,广泛组织学生参加劳动、军训和社会实践,逐步使之正常化和课程化。总之,厦门各级各类学校在坚持社会主义办学方向的前提下,以生动活泼的教育、教学形式,努力为国家培养一批又一批的"四有"学生。据统计,新中国成立后,厦门市共培养全日制学校各类毕业生 132 万人,其中 1979—1995 年培养 96 万人;1995 年有各级各类毕业生 71 080 人,是 1950 年的 30 倍、1978 年的 1.9 倍。

1996 年 5 月《厦门市教育统计年鉴》公布:厦门市各级各类全日制学校 843 所,在校生 278 827 人、教职工 20 978 人(专任教师 14 726 人);各级成人学校 631 所,参加学习的 37 540 人。厦门市已经形成了多品格、多形式、多渠道、多层次的办学趋势,呈现了基础教育、职业技术教育、高等教育、成人教育的各自的较完备网络和共同发展的格局,为厦门新历史时期教育事业的进一步发展奠定基础。

厦门已成为福建教育事业的发达地区。据 1989 年统计,厦门在全省所占的比例是:普通高校校数为 22.9％,生数为 23.1％,教职工数为 27.4％;中专校数为 7.7％,生数为 7.9％,教职工数为 9.1％;中学校数为 3.2％,生数为 4.2％,教职工数为 4.31％;职业中学数为 1.8％,生数为 6.3％,教职工数为 7％;小学校数为 1.4％,生数为 3％,教职工数为 3.22％;幼儿园数为 4.9％,生数为 5.2％,教职工数为 5.7％。又据 1995 年统计,厦门在全省所占的比例是:中学校数为 3.16％,生数为 4.2％,教职工数为 4.59％;职业中学校数为 4.41％,生数为 5.09％,教职工数为 6.72％;小学校数为 2.28％,生数为 3.55％,教职工数为 3.38％;幼儿园数为 2.93％,生数为 3.82％,教职工数为 4.7％。

从平均万人口在校生数看,1988 年,全国、全省、厦门分别是,普通高校为 19.2 人、20.3 人、122.3 人;中专为 255 人、25.7 人、39.3 人;高中为 69.5 人、64.1 人、101.2 人;初中为 373.9 人、318.8 人、314.2 人;小学为 1 167.3 人、1 190.3 人、912.7 人;职业中学为 26.0 人、25.8 人、42.3 人。1995 年,厦门人口占全省人口总数的 3.8%,万人口生数情况,全省、厦门分别是:普通高校 38 人、253.26 人;中专 30.97 人、53.83 人;初中为 433.68 人、477.51 人;高中为 52.83 人、68.12 人;职业高中为 49.71 人、69.62 人;小学为 1 215.16人、1 128.04人;幼儿园为 330.17 人、330.16 人。数字表明,厦门 1995 年每万人口中的除幼儿园持平,小学生数低于全省的平均水平外,其余均超过全国、全省的水平。其中以普通高校、中专、普通高中、初中职业高中尤为突出,高校竟超过全国、全省水平的 5 倍多,名列为全国大、中城市前茅。

回顾近现代史的 150 年,厦门教育走过艰苦、曲折、发展、繁荣的历程。从某种意义上说,它是从半封建半殖民地的中国到新中国教育事业的缩影。厦门,它不是大城市,也不是文化古城,但由于历史的原因和地理位置的特殊,却有着颇为显著的地位。在旧中国,闽南以至整个福建的华侨教育,发端于厦门,并受其巨大影响。在这块东南僻壤上,有着从幼儿园到大学,设置着许多专业的各级各类学校,更是难以想象!难怪它能成为闽南三角区的教育中心,成为福建省的教育发达地区!新中国成立以来,由于人人皆知的原因,它一度列为海防最前线,教育事业因而未能得到迅速的发展。改革开放以来,厦门市始终把教育摆在优先发展的地位,取得了举国瞩目的成绩。厦门教育,无论是整个教育的投入、教育改革成果和教育发展速度,还是师资队伍建设、各级各类人才的培养和劳动者素质的提高等各个方面,都在福建省处于领先地位,对全国教育也有一定的影响,为厦门特区的经济繁荣,社会进步,科技发展,为祖国的社会主义现代化建设做出了应有的贡献。

展望厦门教育的未来,令人振奋。厦门的经济正处在一个发展新时期,经济的发展将对教育的发展提供雄厚的财力和物质基础,也赋予教育改革与发展以更新的课题。1993 年 3 月,厦门市政府提出把厦门办成"教育之城",制定出《厦门教育之城规划》。《规划》指出:总体目标是以《中国教育改革和发展纲要》为指导方针,从现在起至 2020 年逐步建立适应厦门经济特区经济和社会发展需要,具有中国特区和厦门地域特色,社会办教育,人人受教育,每个年龄段都可接受教育的结构优化,布局合理,形式多样,设备先进的现代化、国际化教育体系,使人口总体文化素质达到国际先进水平,各级各类学校又有若干代表国际、国内先进水平的"窗口"学校。厦门人民确信,在市委市政府的领导下,厦门教育事业一定要实现《纲要》提出的要求,让我们为实现《厦门教育之城规划》而努力奋斗吧!

1998 年 4 月 27 日

《槐台弦歌》第二集序①

黄守忠

教师,是个神圣而崇高的职业。昔日,被誉为人类灵魂的工程师,而今,赞美更佳,是托起明天太阳的人们。然而,只有置身其中的人,才能真正品出这一职业的酸甜苦辣:它是一种默默的燃烧,燃尽青春甚至生命,照亮他人的生活道路或锦绣前程。这种奉献和牺牲,并非尽如日出那样辉煌,也不尽然如印度著名诗人泰戈尔所吟唱的"生如夏花之绚烂,死如秋叶之静美"那样的韵致。他们都是些平凡的人,普通的人,备课、上课、改作业、教育尚不谙世事的孩子,千篇一律的执教生涯,使他们几乎无缘领略和享受大千世界的许多乐趣。学生,是他们唯一的最宝贵的财富,甚至,是他们生命的全部寄托。当他们真正潜心并衷情献身于这一职业的时候,便创造了人们所不甚了解的一个崭新而又不平凡的世界。因此,这不是一本普通的报告文学,而是一个比较全面地向人们展示教师生涯的文学长廊。老师们用信念和心血塑造而成的恢宏大厦,为海上花园增添了无穷的魅力和异彩。

我们的时代是一个改革、创新、开拓的时代,本书所写的29位厦门优秀教师的模范事迹,其中不少是久负盛名的特级教师,他们在教育战线谱写爱的诗篇,同样是一笔极其宝贵的精神财富。他们的风范连同他们创造的经验,为厦门乃至整个教育事业,提供了光辉的榜样。

本书的作者,几乎全是教师,正因为如此,他们审视的角度就和一般的作家不同,严谨且一丝不苟的教学工作——培养了他们可贵的文风——朴实。这些可敬的人们,用他们拿惯了粉笔的手,操起文学这一武器,为他们熟悉的同行画像,或者立传,尽管尚不够娴熟,但只要细细地读下去,你就会发现一个奇迹——这些朴实无华的文字,似乎都是汩汩地从心灵流出的心声!它歌唱教师不平凡的创造,也活现教师的苦恼、惆怅甚至不幸,正因为如此,它显得如此的真实、动人,仿佛你可以触摸到一个个活生生的灵魂。

一个人,就是一个世界,一个特级教师,更是一部形象生动的历史。他们每一个人的经历,几乎都可以写成一部小说。择其精华,写成的报告文学,形象、生动而且集中地展示了他们创造的瑰丽和生命阳光的灿烂!我相信,这部教师的创业史,不仅会受到读者的喜爱,而且是可以作为时代的见证而具有永存价值的。

---

① 原载于市教育工委、市教育基金、市教育工会主编:《槐台弦歌(二)》,1995年印行。作者时任厦门市教委主任。

《槐台弦歌》第三集序①

黄守忠

十分高兴地向读者推荐这本书。

本书的作者全是教师。他们以自己从教多年的感悟,以别开生面的独特视角洞察着自己的同行。俗话说:"外行看热闹,内行看门道。"因此,他们的作品没有奢华浮艳之风,而是清清爽爽地将我市教育战线上一群可敬可佩的人物——特级教师、优秀教师及优秀教育工作者的风貌和盘托出。其中的深厚、绵长、瑰丽,不仅耐人品味,而且值得所有从事教育或关心、热爱教育事业的人们去学习、研究。本书所提供的经验、启示,是一笔极其宝贵的精神财富。它是一部鲜活的、形象生动的教材,也是厦门教师队伍开拓奋进的真实记录。

科教兴国,是我们的基本国策。当时代把教育再一次庄严地列入神圣的议题,教师这一群昔日曾被誉为托起明天太阳的人们,便再也不是停留在口头上的光荣,而是真正肩负着沉甸甸的重任了。社会急剧变革时期的教育,正经历着从应试教育向素质教育的重大战略转变,其中最关键的问题,便是提高教师的自身素质。写入本书的 21 位教育战线上的先进人物,他们用自己的青春甚至毕其一生宝贵年华的奋斗写就的辉煌,为所有教师尤其是青年教师,树立了光辉的榜样。榜样的力量是无穷的。本书的出版,值得庆贺,原因就在于此。

从一定意义上说来,社会的进步和文明程度,在相当程度上取决于教育的普及和层次的提高。国家的繁荣,在于科技,而科技的基础,却在于教育。教师,用自己的肩膀,托起民族振兴的希望,也托起世纪之光。然而,理解人不容易,理解教师更不容易。他们的喜怒哀乐、悲欢离合,他们的含辛茹苦、奉献创造,编织着一个七彩斑斓的特殊世界,汇成独树一帜的时代风云录。读一读这本书,不仅可以从感性和理性的角度认识教师,而且,可以认识人生,认识社会。

奔涌而来的商品经济大潮,已无情地将金钱的异化和守护精神家园的命题,不可回避地置于人们的面前。教师的崇高,便在于世风世俗的包围之中,坚守地守护着一方净土。教育,当然有其固有的规律和方法,但作为人类灵魂工程师的教师,更重要的是人格和生命的质量。人们固然可以从本书中借鉴他们创造的成功的教学经验和方法,但真正照耀人们前行的,是这些兢兢业业人们的生命之火。他们义无反顾地点燃了自己,照亮了钟爱的学生,也同样照亮了我们这个时代。师其法必先师其道,我想,这是值得人们思考的。

应当感谢本书的作者和编者的辛勤劳作,愿槐台上的这首弦歌的主旋律,如春风化雨,滋润每一个敬爱读者的心田。

---

① 原载于市教育工委、市教育基金会教育工会主编:《槐台弦歌》,1998 年印行。作者时任厦门市教委主任。

《槐台弦歌》第四集序①

邓渊源

　　拜读收在本书中的全部作品,我油然想起唐代诗人李中的咏夕阳诗:"影未沉江水面红,遥天雨过促征鸿。"夕阳西下,壮心不已,它那生命不息依然光照天下万物,激起远征的鸿雁奋战前行的崇高意境,不正是我们教育战线上那些离退休的领导和教师们的形象的写照吗!

　　这本以厦门市教坛离退休领导和教师为对象的报告文学集的正式出版,有着特殊的意义。他们大多数是和我们的祖国同步的,有些人还曾为民族的解放祖国的新生浴血奋战,是呼唤黎明最早迎接太阳的人们。因此,完全可以无愧地说,他们是时代的缩影、历史的见证,是厦门教坛巨变的参与者和创造者。细细品味,浓郁的史诗感扑面而来。书中主人公用毕生的精力乃至生命谱写的教育诗,是留给后人们最为宝贵的精神财富。感谢本书作者和编者的辛勤劳动,他们为厦门教坛以至教育界做了一件功德无量的好事。

　　人是要有一点精神的。尤其是为人师表的学校领导和教师,他们的品德、人格、气节、胸襟都应当是学生乃至社会的典范和楷模。长期以来,兢兢业业地耕耘于教苑的人们,就是以这一基本的信念为座右铭,严于律己,忠于职守,他们那种平凡中见伟大,质朴中见峥嵘的气质和风范,在本书中得到了形象、生动、感人的艺术表现。从广义上来说,本书是一本对教师以及学校的领导进行素质教育的好教材。每一个读者都可以从字里行间,聆听生活之海的涛声、日月之河的絮语,以及那启开心扉的深情的倾诉。

　　本书中有不少篇章是写离退休干部的。管理是科学,现代的管理更是我们年轻干部必须刻苦钻研的学问。然而,在教坛为官,并非容易,在掌握基本的领导艺术之后,根本的是思想、人格的力量。我们的时代呼唤着更多的名校长,希翼他们能如群星灿烂,装点科教兴国的蓝图。本书中记叙的那些可敬可爱可亲的人们,很值得我们反复地回味、思考。传统,不乏是一种伟大的力量之源。继承我们优秀的传统,在新的形势下,发扬光大,并且和学习现代的教育理论、技术相结合,我们便如有了鸟之双翼,一定可以飞出一片灿烂的艳阳天。

　　至此,《槐台弦歌》已经出版了四集。我欣喜地看到,当初拿起笔来的教师们,而今大多已经成为老作者了。他们运笔的娴熟,手法的更新,文字的摇曳多姿,大有让人别开生面之感。这是一个极为可喜的收获。教育界"述而不作"的旧模式被打破了。实践中,厦

---

　　① 原载于市教育局、市教育基金会、市退教协主编:《槐台弦歌》,2000年印行。作者时任厦门市教育委员会主任。

门教坛涌现了一支颇有战斗力的写作队伍,且每集都有新人入伍,成果不凡。这是完全超乎作品之外的让人倍感欣慰的美事。培养学生的创新能力,关键是培养教师的创新能力,而写作尤其是报告文学的创作,是教师们一试身手的天地。培养学者兼作者型的教师,一直是我们的企盼,现在,我们已经可以遥望到那迷人的曙光了。

本书出版,正是 21 世纪的阳光沐浴大地的黄金时节。借此,我衷心地为我们祖国的教育事业而深深地祝福,为厦门教坛的同行们而深深祝福,祝福大家谱写出更为壮美的创世纪的华章。

市教育工委副书记、市教育局副局长林守章为五中百岁寿星叶永年敬送贺礼

市教育工委副书记郭庆俊参加厦门市第九届普及周活动并指导学会咨询活动留影

在国旗下谈教育①

1949 年 10 月 1 日，伟大领袖毛泽东主席在天安门城楼上庄严宣告：中华人民共和国成立了，中国人民从此站起来了！伴随着国歌《义勇军进行曲》，鲜艳夺目的五星红旗在天安门广场上冉冉升起。从此，庄严的国旗屹立在中国 960 万平方公里的大地上。广大劳动人民当家做主，走向新时代。在中国共产党的领导下，中国人民团结奋进，战胜了前进中的艰难险阻，不断取得了社会主义革命和社会主义建设的新胜利。中国的第一颗"人造卫星"上天，"东方红乐曲"唱响云霄，北京的十大建筑《人民大会堂》、《历史博物馆》、《军事博物馆》、《民族文化宫》等，标志着中国人民有志气、有能力、史无前例地进行社会主义现代化建设。

党的十一届三中全会的胜利召开，标志着中国人民进入建设有中国特色的社会主义道路的新征途，进入了改革开放的伟大历史进程。改革开放 30 年，中国发生了翻天覆地的变化，取得了"两弹一星"、"载人航天"、杂交水稻、陆相成油理论和应用、高性能计算机、人工合成牛胰岛素、基因组研究等为标志性的重大科技成就。2008 年是不平凡的一年，又是震撼世界的一年，严重雪灾、四川汶川大地震，令人永生难忘，成功举办百年梦想的"奥运会"和"残奥会"、航天员首次太空行走、"五星红旗"首次在太空中飘扬等伟大胜利。

1980 年 10 月 7 日，国务院正式批准厦门市设立经济特区，1984 年 2 月邓小平视察厦门经济特区，亲笔题写"把经济特区办得更快更好些"，并在他的推动下，特区从湖里 2.5 平方公里扩大到厦门全岛 131 平方公里。改革开放以来，随着厦门经济特区的发展与繁荣，也迎来了厦门教育"白鹭腾飞"的大好时光。以 1982—1983 学年度与 2007—2008 学年度比较，大专院校从 6 所 6 602 人发展到 15 所 94 275 人；各类中专从 9 所 3 015 人发展到 15 所 35 962 人；普通中学（含高初中）从 34 所 36 743 人发展到 88 所 124 203 人；小学经过整合后 306 所在校生从 96 770 人发展到 170 353 人；幼儿园从 172 所 14 775 人发展到 511 所 64 554 人。此外，现有普通高校举办成人学校学生 16 911 人，成人中等技术培训学校 133 所，学生 101 205 人。我市在全省还率先通过"双高普九"、普及高中阶段教育，并经教育部批准创办本科的厦门理工学院。而我们的厦门三中也正是在改革开放与特区建设中成长壮大的，该校原来是一所城郊的农村中学，地处海防前线，过去一段时间是一面坚持办学，一面组织支持前线，曾立下不少战功，受到中央和海军总部的嘉奖。"英雄小八路"就是在这里诞生的，被团中央定为全国少年先锋队的主题歌《我们是共产主义

---

①　原载于陈闽杰主编：《〈国旗下讲话〉汇编》，厦门三中 2008 年印行，代序。

接班人》。1962年,全国人大原副委员长郭沫若为这所学校题写校名。"文革"前,三中是一所市属中学,培养出不少优秀学生,但由于地方财力限制,办学条件比较简陋,办学规模小,仅有十几个班600多位学生。20多年来,在各级领导的重视支持下,加大投入建设,学校规模不断扩大,改造建设了规范的400米田径运动场,新建图书楼、正在建设校内体育馆,一个拥有65班3 200多学生面貌全新、生气勃勃的三中即将成为福建省批准的规范的一级达标学校。

回顾过去,展望未来,任重道远。我们对"90后"青少年一代充满信心和寄托。正如胡锦涛总书记在同团中央新一届领导班子成员和团十六大部分代表座谈会上说的:"实践充分证明,在改革开放伟大进程中成长起来的当代中国青年是值得信赖的,是能担当重任的。"他还对全国广大青年提出四点希望:第一,要坚定理想信念;第二,要勤奋刻苦学习;第三,要勇于艰苦创业;第四,要培养高尚品德。希望大家在国旗下牢记总书记的教导,一起共勉,携手投入到科学发展观的实践活动中,为办好有光荣传统且奋力向上的厦门三中,为培养造就"四有新人",共同谱写新的篇章,加油!

原厦门三中老教师回校参观见证一个"旧貌换新颜"的新三中

厦门市教育基金创会会长李永裕向优秀教师颁发证书

无愧于后代　无愧于民族①

——《家庭教育常识》序言

李永裕

　　家庭是社会最基本的组织细胞。家庭教育是整个社会教育、学校教育的重要组成部分。搞好家庭教育，是新的历史时期物质文明和精神文明建设的需要，有利于"四化"人才的健康成长，有利于中华民族素质的提高。因此，必须引起所有家长的高度重视。

　　中国人民从来就有重视家庭教育的优良传统，所谓"子不教，父之过"讲的就是这个道理。新中国成立后，党和政府教育广大干部、职工用崭新的思想和科学的方法来进行家庭教育，配合学校教育和社会教育，造就了一代又一代的青年。现在，时代的进步，社会的发展，又给家庭教育带来了新的课题：新形势下的家庭教育有哪些新内容；十年动乱中出现的伦理道理混乱、真善美和假恶丑颠倒的后遗症如何解决；当前国家出现改革、开放、搞活的形势，如何看待孩子们身上的变化；家庭成员之间、家庭教育观念上有哪些陈旧的东西需要摒弃；传统的教育方法哪些值得继承，哪些需要改进；必须学习哪些科学的教育方法……这些问题是不是每位家长都搞清楚了呢？当然，社会上出现了许多教子有方的好家长，但毋庸讳言，也有些做父母的对家庭教育尚不够重视，不明确家庭教育的意义和作用，对不进行家庭教育的严重后果估计不足，以至存在爱而不当、养而无道、管而无法、教而无方的现象。他们对教育规律、教育原则、教育方法以及青少年不同年龄阶段的生理和心理特点等方面的知识了解不多或全然不知，往往以棍棒代替疏导，训斥代替教育。这样，要担负起教育好子女的责任，自然有些困难。

　　然而，祖国现代化建设和厦门经济特区建设的形势，当前青少年中出现种种问题的现实，又需要广大家长担负起教育好子女的责任，与学校、社会一起教育下一代成为"有理想、有道德、有文化、有纪律"的新人。《家庭教育常识》正是适应这一需要而问世。它坚持四项基本原则，针对许多现实问题，说出一番道理和方法，将使家长从中得到启迪和教育，运用到本家庭的教育中去。因为每一位干部、职工、农民、知识分子都有子女，所以这本教材应该成为全社会的读物。我们将高兴地看到，通过广泛的言传身教，家长与子女们都会提高道德素质和文化素质，以无愧于我们的后代，无愧于我们伟大的民族。

---

① 原载于厦门市教委、市妇联主编：《家庭教育常识》，1986 年印行。作者时任市教委党组书记。

人至期颐亦不休[①]

——让生命更充实，让生活更多彩

人是要有一点精神的。思明区退休协会在区、局党政领导的重视支持下，在创建社会主义精神文明、为实现"六个老有"的工作中，突出"老有所学"、"老有所教"，组织广大教师开展提高生活品位的读书活动值得提倡和推广。

读书活动的意义深远。正如他们倡导的"读书要读出真相，读出智慧，读出作为"。我想，读书是老年人的精神文化生活，是老年人提升自我的需要，是紧跟时代步伐前进的需要，是老年人融入和谐社会的需要，也是为发挥余热、奉献社会的需要。

他们创设了很好的读书活动的平台。倡议每人每天读一两小时书报和选学一些人文或科技书籍；提倡个人写点读书心得笔记、文章；举行主题报告会和读书心得交流会；将"师魂"这样有高尚师德内容等文章汇编成册，激励大家，以展示读书的成果。我想，这些读书活动的形式很好，但贵在坚持，贵在创新，常年累月坚持下去必然使我们的晚年生活更丰富更有质量。

我们提倡活到老，学到老，且老有所为。中央有一位老同志勉励老年人："老年人学习更应主动，知识有限；老年人思想更须洒脱，精力有限；老年人工作更要抓紧，时间有限。"伟大的革命家、教育家吴玉章作诗："春蚕到死丝方尽，人至期颐亦不休。一息尚存须努力，留作青年好范畴。"

让我们以此共勉，珍惜美好时光，爱书、读书，让生命更充实，生活更多彩，齐心迎来老龄事业的春天！

厦门市教工第二届声乐舞蹈比赛留影

---

① 原载于思明区教育局编：《思明区退休教师读书心得文集》，2006年印代，代序。

与时俱进　创建老年人和谐温馨之家①

　　与时俱进,这是厦门市退(离)休教育工作者协会第七届理事会做出的卓有成效的回答。短暂的三年,在党中央科学发展观的指引下,依靠各级党政领导的关怀支持和全体老同志的努力,他们为构建一个老年人和谐温馨之家打下更加坚实的基础。

　　中共厦门市教育工委、市教育局在市教委办〔2000〕189号文件"创建合格的退(离)休教师之家"的基础上,又颁发了市教局办〔2005〕204号文件,提出"创建先进退(离)休教工之家"的重大举措,使得我市教育系统退教组织的"六个老有"工作呈现一派勇于创新、生气勃勃的局面。

　　本次汇编,既传达了党中央领导对老龄工作的重要指示与决定,提出了对各级党政领导的要求;又凝聚了市退教协和许多学校开展老龄工作有所创新、有所发展的经验、体会。主要有:从实践中深刻阐述老龄工作的重要意义及其不可替代的作用;认真贯彻204号文件,深入调研,以点带面,推动创建"先进之家"活动生动活泼地开展;加强退管工作的领导及其机构的建设,从人力、物力、财力以及时间、空间上关心老同志的学习、健康和活动,为提高老年人的生活质量服务;切实维护老年人的合法权益,为共享经济社会的发展成果,努力关心与推动两项待遇的落实与提升;加强老年人组织自身的建设,提高政治、文化和身心素养;交流老有所为、健康长寿的心得;借鉴兄弟地区建家活动的成功经验。

　　总之,这本集子内容充实,具体生动,提供了一个很好的学习交流、互相促进的平台,值得大家阅读,充实自己,虚心求教。"发奋忘食,乐以忘忧,不知老之将至"、"养怡之福,可得永年",愿我们的老同志们在建设社会主义和谐社会、和谐之家的前进道路上都有这样老当益壮的精神风貌,为老年人事业做出新的贡献。

---

　　①　原载于厦门市退(离)休教育工作者协会:《霞映苑》,2007年印行,代序。

敬礼,市退(离)休教育工作者协会[①]

李永裕

厦门市退(离)休教育工作者协会在党政的领导下,创建 20 周年了。作为教育战线退休的一名老兵,我谨向她致以最崇高的敬礼。20 年来,我们祖国经历惊涛骇浪,在改革开放的道路上迎来了辉煌的发展。协会伴随我们度过了日日夜夜,和我们共同分担忧虑,分享喜悦,让我们安度晚年。

往事历历,多少时日,协会组织大家学习时事政策,参观各地建设,提高大家认识,扩大大家视野。使我们不至于老而昏庸,落后于时代。

在协会的鼓励和指导下,众多鬓发霜白的教师继续发挥余热,拾遗补缺,在各自岗位上再做贡献,实现自己的人生价值。

协会组织的文体活动,注满青春活力,让人们忘记老之将至,增进身心健康,重展当年风华。

协会同志走门串户,访贫问老,探望病人,嘘寒问暖,帮助排忧解难,让人们感到协会就是自己温馨的家。

每当人们看到我们离退休教师队伍,神采奕奕,举止翩翩,笑语欢声,秩序井然地参加各种活动,心里都无不称赞道:"啊,幸福的老人。"饮水思源,我们不能不感谢各级退教协的历届工作人员,他们无私奉献,辛劳工作,创造出可圈可点的业绩,赢得了社会的同声赞誉,他们和我们同样都是退休的老人。如果问我,他们成功的经验是什么? 回答是:他们真心实意地为离退休教师服务;他们实践的是党的"三个代表"的重要思想。

时代的巨轮在飞速前进,在纪念协会创建 20 周年之际,我们祝愿她,发扬优良传统,在党的十六大精神鼓舞下,与时俱进,把协会工作推向新的台阶,为离退休教师工作做出更大贡献。

---

① 原载于厦门市退(离)休教育工作者协会成立 20 周年会刊,代序,作者系原市教委党组书记,市退教协会名誉会长。

祝贺与希望[①]

——祝贺厦门市教育基金会成立十周年(1988—1998)

邓渊源

厦门市教育基金会伴随着特区经济建设和教育发展步伐,走过了十年光辉历程。

厦门市教育基金会的贡献,不仅在于它奔走发动,竭力劝募,筹措了 2 000 多万元教育基金,奖励优秀教师 28 000 余名和优秀学生 8 700 余人,颁发奖励金额超过 1 100 万元;带动全市各区、镇、村、校,广泛建立教育基金组织,基金总额超过亿元。更重要的在于它有效地带动了全社会形成尊师重教的良好风气,有力地推动了我市教育的改革和发展。

无论从投资体制的改革而言,还是从"人民教育人民办"的教育观来谈,建立和筹募教育基金,发挥其作用,是"功在当代,泽被后世"的大事,因此,我们感谢本市社会各界和海外"三胞"对发展壮大教育基金所做的慷慨义举,感谢基金会的全体同人为办好这件大事,有效地开展工作所做的不懈努力。

我坚信,教育基金会的贡献,永存于厦门教育的发展史上;一切为厦门教育事业的发展,为教育基金的筹措做出奉献的人,我们的广大教师以及广大人民,永远记住他们的名字。

我真诚地希望,在市委和市政府的关心支持下,教育基金会将有新的发展和壮大,为建设"厦门教育之城"做出新的功业。

厦门市原副市长,首届厦门市教育基金会理市长张可同在厦门人民会堂与常务理事留影

---

① 原载于厦门市教育基金会成立十周年(1988—1998)的纪念特刊《功在千秋》。作者时任市教委主任。

厦门教育基金会赴港访问留影

时任市政协主席蔡望怀(左)向省捐资模范黄怡文授匾

2005年8月市教育基金会民办教育代表团赴马来西亚等地考察留影

媒体视野

舍得在办教育上花钱^①

——厦门经济特区普通教育见闻(一)

陈建洲

　　1980 年 5 月,党中央和国务院决定,把厦门市 2.5 平方公里的湖里区划为经济特区。特区从 1980 年 10 月开始筹建,到 1984 年 6 月,仅三年多时间,已吸收外资项目 82 项,投资总额达到 3.85 亿美元。1984 年 3 月,党中央又决定把经济特区扩大到厦门全岛,即从 2.5 平方公里扩展到 131 平方公里;对外实行更加开放、更加优惠、更加灵活的政策。于是,厦门特区的经济以更快的速度起飞。仅仅 7 个月时间,与外资、港商合资、合作或外商独资签订的合同就有 127 项,总投资额达到 6.5 亿多美元。厦门吸引了世界上发达国家和地区的银行家、企业家,海外华侨、外籍华人以及港澳同胞们,包括像美国的柯达和雷诺士那样的大公司;引进了电子、微电脑、精密机械、仪器、仪表、新型建筑材料、精细化工等先进技术和科学管理方法。厦门市将较快地成为我国技术的窗口、管理的窗口、知识的窗口和对外政策的窗口。

　　飞速发展的经济形势,迫使人们打破常规,开辟新路。厦门市委市政府的领导同志们清醒地看到,光引进先进技术,而没有人掌握,其效益只能是零。今后要发展技术密集和知识密集型的产业,就必须以智取胜,即靠知识、靠人才取胜。然而,他们数了数厦门市的专业技术人员,总共才一万挂零,仅占总人口的 2.18%,占职工总数的 4.1%。机械工业本应是技术密集型产业,科技人员也只占 4.8%;6 000 名 35 岁以下的青年职工中,文化水平不到初中毕业程度的人占 80%,还有 5% 的人是文盲。

　　各行各业要人才,要知识,如饥似渴。但人才从何出? 知识从哪儿来? 很明显,只能靠教育,尤其是基础教育。副市长王金水同志讲:“一切人才的培养,都离不开基础教育,普通教育事业兴旺发达,科学技术进步才能持续,才有后劲。”那么,厦门普通教育的现状如何呢? 应该说,厦门的教育事业,有优良的传统和坚实的基础,但是面临迅速发展的经济形势的需求,就显然有个如何适应的问题。例如,思想政治教育工作如何适应培养经济特区人才的要求;师资队伍的素质和学校的管理水平如何适应培养创造型人才的要求;单一化的中等教育结构如何改革以适应与特区建设的需要;办学条件、教学设备和手段如何适应特区教育大发展的要求等等。

　　问题看得清,关键抓得准,尤为可贵的是起步快,突出地表现在,厦门市委市政府舍得在开发智力上花钱,尽量多挤出一些钱来办教育。

---

　　① 原载于《人民教育》1985 年第 3,4 期合刊。作者为《人民日报》记者。

　　以往,厦门市普通教育的经费是靠上级拨给的。开办经济特区以后,从 1982 年开始,市里把 30 多所中学、300 多所小学的教育经费全部包揽下来。在百业待兴、处处用钱的情况下,当年就拿出 1 460 多万元(其中基建费 193 万元),比 1981 年增加 300 多万元,增长了 32%。此后,以平均每年 17% 的幅度递增:1983 年为 1 880 多万元,1984 年为 2 230 万元。

　　由于地处海防前线,新中国成立 30 多年来,厦门教育事业中基本建设的速度是极为缓慢的,许多校舍年久失修,1981 年统计,全市中小学危房有 7 万多平方米。光解决"一无两有"问题,就得一大笔钱。何况,教育要现代化,只修修补补不行,要建造新型的教学楼、实验楼,要添置现代化的仪器、设备,更需要大量资金:1982 年为 193.6 万元,1983 年为 396 万元,1984 年上升到 553.7 万元。平均每年递增 69%。三年时间,建房 7 万平方米。一幢幢崭新的教学楼、实验楼和教职员工宿舍楼拔地而起,微电脑、体育器械、美术模型、钢琴、风琴、语言、理、化、生仪器设备和图书资料等,源源不断地涌进中小学校园。

　　厦门市教职工住房十分困难,全市中小学教职工 4 500 多人,从 1979 年到 1983 年 4 年中,只有 4 户分到住房;连同利用各种关系分到的房子,也不过 20 套。问题反映到市里,原市长吴星峰同志深入学校调查了解,最后提出,教师住房与干部同样对待,从市政建设中"切块分配",单立户头。这样,建造教师宿舍楼的速度就大大加快了。

　　市委市政府舍得在教育上花钱,大大激发了区、县、乡政府和广大群众投资办学的积极性。1979—1983 年,农村社队投资 147 多万元,1984 年上升到 264 万元。同安县,近一年多来,社队集资和华侨捐款达 173 万元,添置课桌椅 3 000 多套。郊区的集资额,逐年翻番,1984 年达到 170 多万元,人均 11.2 元,还从地方财政超收部分提取 20% 增加教育经费;全区 74 所小学中,新建、扩建、维修改建的校舍有 50 所。后溪乡前进大队有 6 个村,为东边小学集资建校舍,大队支部书记亲自挂帅,特意把外出包工的施工队伍撤回,很快盖起一栋教学楼。市里在那里召开现场会,以示表彰。

　　一天,记者采访教育局局长郑炳忠同志,被他办公桌上的一个大楼模型所吸引。郑局长介绍说:这是厦门市教育大厦的模型,预计 1987 年上半年交付使用。这座大厦将是厦门市进行教育交流、开展教育研究、培训教师和贮存图书资料的中心。

　　物质变精神。记者在厦门采访期间,接触到市、局和学校的许多领导和教师,看到他们人人精神振奋,个个干劲十足,虽然在他们面前还有许多问题有待解决,还有不少难关需要攻克,但是大家看到了希望。这希望是实实在在的,它就像站在鼓浪屿的日光岩上看日出一样,一片灿灿金光。

中等教育结构改革道路宽广

——厦门经济特区普通教育见闻（二）

陈建洲

厦门市有初中和完全中学 35 所。为适应经济发展的需要,1980 年在建设特区的同时,市里第一个,也是福建省第一个职业高中班在鹭江之滨的七中诞生了。同年,又在双十中学、六中和集美中学办了三个班。4 个班级,174 名学生,开设财会、电子、服装 3 个专业。这年职业高中班招生人数占高中招生人数的 0.66%。然而,经过几年的发展,到 1984 年,全市 25 所完全中学中,有 16 所办起了职业教育,班级发展到 78 个,在校学生 3 166 人,这一年全市职业高中(班)招生人数占高中招生人数的 35.7%,其中市区招生占 40%,开设了面向三个产业的 31 个专业。

四年来,厦门市职业高中(班)已经培养出毕业生 2 100 多人。对职业学校毕业生的就业,厦门市采取的是不包分配,由用人单位择优录用的原则。当年就业率一般都在 80%甚至 90%以上,许多专业毕业生供不应求。至此,厦门市的中等教育,实现了从单一的结构向有普通教育和职业教育并行的体系结构的转变。

厦门市中等教育的改革步伐为什么这样快? 厦门市职业教育的发展为什么这样健康而迅速? 他们的经验概括起来是:雪中送炭、争取联办、以质取胜、政策兑现。

何谓雪中送炭? 即社会需要什么人才,教育部门就办什么学校,学校就开设什么专业。

厦门是我国东南海运中心,又是著名的"海上花园"。开放以来,外商游客源源涌入,随之引进一批先进或比较先进的技术,如微电脑、人造卫星地面接收仪器、航海用雷达、硅太阳能电池等;先后改建和新建鹭江宾馆、观海园、金桥酒店、金融大厦、海上乐园、湖里山酒家等一批旅游业项目。在已与外资签订的近 200 项合同中,电子工业居首位,旅游业居第二位。这两个行业的迅猛发展,使厦门原来就不厚实的技术基础愈发显得薄弱了。电子行业中受过专门训练的技术人才不足 5%;旅游业更是乏人。由于经济发展的紧迫需要,厦门的职业教育确定了主攻方向:一是电子,二是旅游。于是电子职业中学、旅游职业中学、交通职业中学等相继应运而生。电子职业中学已有 400 多名毕业生,旅游职业中学已有 300 多名毕业生。这些毕业生一进企业,大都能顶上工作岗位,受到用人单位的普遍欢迎。中周厂是厦门与港商合资的企业,建厂招工时,电子职业中学毕业生前往应试,企业负责人亲自考试,他们称赞说:"很好! 我们需要的正是这样的工人。"中央和省委领导到该厂视察时,香港资方厂长对他们说:"你们办了电子学校,培养的工人比香港的好,我愿意把工厂搬过来。"这个厂有 5 条生产线,线长和总线长都是电子职业中学的毕业生。

何谓争取联办？就是一所职业中学与企业、事业单位联合办学。联办为厦门职业教育创造办学条件，提供毕业生就业门路，起到了保证作用。目前，全市 31 个专业班与 23 个业务局、公司挂钩联办，签订合同或协议书。这样一个专业对一个口、一个局成一个系统的联办，既可保证职业教育的长期相对稳定，又可在系统内部进行调整，专业设置也不重复。联办单位认识到和学校共同办学是为本部门培养人才的捷径，投资少、效益高，质量有保证，因而都把学校当成自己的事业，有人出人，有力出力，有钱出钱，如选配最好的专业教师，提供实习场地、器具，补贴实习经费，参与毕业考核等。六中与服装厂联办的服装设计班，工厂为之提供了 3 个实习车间，52 台脚踏缝纫机，12 台电动缝纫机。旅游中学烹饪班的学生实习时，饮食业公司提供 10 家最好的宾馆做实习场地和 8 000 元的实习经费，由公司领导和高级厨师亲自指导。该班学生在举行毕业考试时，学生盼就业，企业急用人，彼此心心相连，情投意合。所有这些，如果不借助企事业单位的力量，光凭学校自己，是无法办到的。为了更好的协作，全市学校承担了全市 50％职工"双补"的任务。

何谓以质取胜？就是保证职业教育的质量。他们认为，职业教育没有质量就没有生命。

为了保证质量，他们十分重视对学生进行思想教育，尤其是专业思想教育；在课程设置和教学内容的安排上，做到文化课与专业课并重；积极争取联办单位的合作，选配高水平的专业课教师；尽量采用现代化的教学设备和教学手段。厦门职业教育的专业中，属于第三产业的比较多。但社会上重升学轻工匠、轻服务业的旧观念影响很深，家长和学生开始都不重视这类学校。七中首届理发班，计划招 22 人，报此志愿者只有 1 人；首届烹饪班的 47 名学生中，第一志愿者只有 6 人。结果，两个班都降低标准录取，生源质量可想而知。然而，三年过去，经过老师们言传身教带做大量思想工作，经过联办单位和家长的配合，通过老工人的现身说法，两个班的学生发生了巨大变化，毕业考核的结果，理发班全部合格，烹饪班有 93％的学生达到优良。烹饪班学生到厦门宾馆实习，在老师傅的指导下，为国际友人烹制了一席价值 400 元的酒宴，客人十分赞赏，特意进厨房道谢，这时才发现高级菜肴的制作者们，原来只是十七八岁的"小师傅"，惊奇不已。

20 世纪 80 年代的职业教育，尤其是经济特区的职业教育，直接面向世界，面向现代化，对世界上最新的科技知识，最新的先进技术，要有强烈的跟踪热情。厦门的职业教育正是在这种意识支配下，添置现代化的教学设备和最新教学手段的。近几年来，全市较大建设项目就有微电脑机房、广播实验室、三人一架钢琴的琴房、模拟客房、烹饪演示室、语音室等10 项。这些项目有的已经装配完工，交付使用，有的正在建设之中。记者看到，模拟客房中，家具、灯具等设备样样齐全，都是比较现代化的；语音室里，教师的总操作台和每个学生用的分操作台上，安装着密密麻麻的按钮和指示灯。所见所闻，令人感到新奇、振奋。

何谓政策兑现？就是坚决执行有关投资、办学和招工等政策。

厦门市的职业教育，由市委市政府直接领导，设立了专门机构，由一位副市长主管，负责制订有关条例并保证贯彻、实施。

职业教育的诸项政策中，解决好办学经费和毕业生的出路是关键。厦门市是怎样做的呢？

　　厦门市把职业教育列为重点投资项目,其经费来源有四:开班费,每班 10 000 元,一次性拨发;维持费,每班每年 5 000 元;补助费,除市里某些特殊专业增拨经费外,从 1985 年开始,职业高中(班)实行有偿培养,争取企事业单位,尤其是中外合资或外资独营企业来投资;开展勤工俭学,面向社会办培训中心,收培训费。开班费和维持费是职业教育经费的主要来源,列为专款,纳入市财政预算,由教育局统一安排分配。

　　厦门市的职业高中(班),对毕业生采取不包分配、择优录用的政策,一般实行定向招生、定向培养、定向分配的方针;优先保证联办单位用人。这充分体现在招工制度的改革中,如规定:职业高中(班)毕业生参加当年招工,不同社会青年一样按年限排队;企业单位招工加试专业,专业分数占 50％等。

　　厦门市职业教育系统,为各条战线输送了新型的劳动后备军,加快了职工队伍年轻化、专业化的进程;同时,克服了中等教育结构单一化的弊端,扭转"千军万马过独木桥"的局面。但他们并不满足已有的成绩,他们正在拟订新的蓝图,决心进一步把职业教育办好、办活,把中等教育的路子开拓得更加宽广。

1993 年,福建省职业技术教育学会年会全体代表合影

探索思想教育的新路子

——厦门经济特区普通教育见闻(三)

陈建洲

厦门市辟为经济特区以后,从壁垒森严的前沿变成对外开放的窗口;厦门人之间的交往,厦门人的经济生活和文化生活,都在发生日新月异的变化。这变化像风,无缝不钻;像水,无孔不入。它渗透到工厂、机关,也渗透进家庭、校园。

校园里的广大教师,面对开放后的形势,保持着冷静的头脑,积极开展工作。他们深入地进行调查研究,全面分析各种影响在学生身上的表现,从中得出正确的估计:开放,在学生中产生先进科学的吸引力,奋发学习的促进力,对祖国对共产主义的向心力,对资产阶级思想及其腐朽生活方式的辨别和抵御能力,积极影响是主流;开放,使台视、台播及港台武侠、言情小说等流入,对个别学生产生腐蚀、毒害作用,这是支流,工作得法,可以消除。重要的是,形势变了,思想教育工作也要随之而变。

(一)由封闭转为开放

调查中看到,许多中学的学生摄取外界信息日渐增多,感受世界气息日益频繁。因此他们认为,思想教育工作不能在人为的封闭环境中进行,实际也封不住;与其强行封闭,不如痛快开放。为此,不少学校积极创造条件,帮助学生多与外界接触。有的请外籍华人到学校做报告,有的请在香港工作的校友回校开座谈会,有的组织学生与外国留学生交往,有的邀请香港学生到厦门参加夏令营活动,有的组织学生访问团、参观团,开展旅游活动。开放不是放任自流,而是通过开放,从中加以引导。

开放教育的效果如何呢?诚然,个别学生出了一些问题(当然,那不是开放本身造成的),但是,由开放所得到的积极成果却有着深远的意义。

厦门一中发动学生访问去过香港和国外的亲友、邻居,然后让他们写调查报告,从中受教育。有一份调查报告中举出这样的事实:在香港,一位老太太死了,无人过问,过了四个月才被发现。而本校学生刘鸣荇姐妹俩,父母双亡成了孤女以后,市委书记以及老师同学和左邻右舍,都伸出支援的手,送去温暖,使得孤女不孤。这份调查报告的结论是:"资本主义社会虽然高楼林立,却人情比纸薄;社会主义祖国虽然还不富裕,人们却友爱互助。如今,党的各项政策得人心,我们国家的前程似锦。"在讨论中,学生们激昂地说:"我们不要为祖国的暂时落后而叹息。祖国需要我们,祖国在期待着我们,我们要为振兴中华而学好本领!"

开放,使得学生眼界开阔,思想活跃、斗志激增。有的学生趁亲友去香港的机会,要求给自己带回科技读物;有的与外国友人联系,以便学好外语;有的立下宏愿,摘取诺贝尔大奖。

至于对台湾的电视、广播,经过一段教育以后,绝大多数学生都有正确的评价。他们说:看得、听得多了,感到台湾电视节目不真实,虚构多;一些系列片情节松散,为赚钱而拖长几集,格调不高。他们觉得,牺牲宝贵的青春时间看些无聊的东西不值得。

老师们感到,开放教育使思想教育工作有的放矢,由死变活,也为思想教育工作开辟了新的途径。

(二)由训导变为引导

厦门许多中学的老师认为,学生正确人生观的确立,不能靠加强、硬灌;改变学生的错误思想,也不能靠简单生硬的批评和训斥。他们把训导式的教育方法改为家访谈心、教学渗透和师生共同活动等方式,积极加以引导。

这个道理是许多老师从正、反两方面的经验中悟出的。

十中有一位同志,既是老师又是家长,他的孩子弃家出走。孩子在留言条上写了两句话:第一句是"妈妈多保重",第二句还是"妈妈多保重"。这位父亲伤心了:为啥不写爸爸多保重呢?痛定思痛,终于悟出了个究竟:我的教育方法不对头。从此,他把训斥改为交心,父子谈心时,有时他是眼含热泪讲道理的。这么一改,情形大变:过去他讲道理,孩子是冷漠相对;如今讲道理,孩子是洗耳恭听。

为什么学生听不进板着面孔的训斥,而易于接受朋友式的规劝呢?他们发现,随着年龄的增长,随着开放以后见识的增多,中学生更倾向于自强,自信心强,喜欢独立思考,要求受到敬重。当然,他们看问题不免偏激或片面,影响他们对人对事进行全面、正确地思考。而正确的认识,恰恰在于教师的科学的思想工作。六中的一个学生迷上了武侠小说,光租书的钱就花了300多元,耽误了学业。家长干预,他不听;老师没收他的书,他怒而出走。他在社会上"独立"、"自由"了一段时间,吃了不少苦头,最后被公安人员遣送回校。他以为这次要遭到更为严厉的痛斥,还得背上个处分。殊不知,老师已从他出走的事件中吸取教训,结果,不但没有训斥他、处分他,还专门为他召开了欢迎会。原先老师把他当作无知的顽童训他,他偏梗着脖子同你争高低;现在老师同他谈心,推心置腹,他反而自愧、懊悔。他悔过自新,立志上进,果然入了团,还被选为班干部。

一位老师讲得好,所谓"刀枪不入",主要的不是学生"硬",而是我们老师的思想教育的方式方法不对头。方法对了头,没有做不通的思想工作。

(三)由管理变为自理

厦门的中学生中,不少人对发达国家青年学生的生活心向神往,羡慕他们自由,没有拘束,认为这才符合青年人的愿望和要求,能调动积极性。这种看法固然有其片面性和盲目性,但包含着希望自理的合理因素。厦门许多老师注意到学生的这种心理变化,就此进行了探索和改革。

双十中学担任初中班主任工作的黄友供老师认为,新一代的建设者,应是有个性、创造性、多才多艺、有应变能力的人才。已往那种监管式的思想工作方法,只会压抑学生个性的发展,捆住学生的手脚,助长被动性、依赖性、惰性与自卑感,缺乏自信,根本谈不上什么创造性。必须把监管式的教育改为启发自理自觉的教育。这个改变,关键是去掉一个"怕"字(怕"乱",怕学生"出格"),摆脱一个"罚"字(体罚、罚钱、罚多写作业等)。基于这种认识,黄老师向学生提出"自理自觉"的要求,他把"自理自觉"作为治班口号。工作中,老师尽量少管这管那,让学生有更多机会自理。例如由学生自己讲评学习、纪律,自己组织活动,甚至班长也让学生自由"竞选",由班长自由"组阁"。两年的试验表明,启发学生"自理自觉"的思想工作方法是成功的,黄老师带出一个具有崭新风貌的班集体。

为培养创造型的人才,改管理为自理,思想工作不是轻松而更繁重了,它要求不断充实新的思想教育内容,不断开拓新的思想教育的路子。一些中学,针对开放后学生审美观的变化,开设了美学讲座,为培养学生"自理自觉"提供精神食粮。东孚中学一个女生,追求时髦,采用饿肚子、少睡觉的办法减肥,使自己的身材苗条。要解决这个女生的问题,靠"管理"、"约束",肯定无济于事;讲大道理,收效也不会大。但她听了"美与时髦"、"美与心灵"的讲座以后,主动给老师写信,说:"正当我追求外表美而摧残自己身心健康的时候,您的讲座把我解救出来。现在我明白了,外貌的美只能美一时,心灵的美才能长久美。我要追求自然、和谐、清新、纯朴的美。"同安一中一个男生,留起长发,听老师讲过"邯郸学步"和"东施效颦"的寓言以后,无须别人代劳,自己就把头发剪短了。

头发由短变长,由长变短,只是形式的变化吗?不,它提示我们,当今的青年学生有一股强烈的求新意识,不甘心做东施效颦丑女和那没有创新意识的寿陵小子;而这,是正需要教育工作者在前头为他们引路的。

厦门市教育关工委讲师团合影

扶持和发展有特色的学校

——厦门经济特区普通教育见闻(四)

陈建洲

改变普通教育中所有的学校都按一个模式办学的局面,在贯彻党的教育方针、完成规定教学内容的前提下,让学校发挥其特长,办出自己的特色,这是许多教育工作者的夙愿。厦门市在这方面开始起步,采取实际步骤,扶持和发展有特色的学校,办了几个培养专门人才的试验班或学校。

考虑一所学校的传统、基础、条件和特长,是厦门市开设试验班(校)的主要依据。

演武小学在厦门大学附近,不少学生是厦大教职工的子女。厦大有电子计算机专业,演武小学在厦大的支持下,办起微电脑试验班。音乐班由鼓浪屿上的人民小学试办。鼓浪屿又称琴岛,有悠久的音乐传统。全岛仅有两万多人口,钢琴却曾多达 500 架,钢琴密度居全国首位,历来享有"钢琴之岛"、"音乐之乡"的盛名。鼓浪屿上音乐人才层出不穷,著名的钢琴家殷承宗、许斐平,声乐指挥家周淑安,上海声乐研究所所长林俊卿等都是鼓浪屿人。这个小岛上,有为数颇多的"音乐之家"和"音乐教育之家",在人民小学任教的谢嘉陵老师,她一家就有 5 位在师范和中小学任音乐课的教师。

开设舞蹈班的群惠小学,是因为该校有开展舞蹈活动的传统,一些教师在舞蹈方面训练有素。现任舞蹈班的专业教师,是一位年方 16 岁的洪恩蓉,她还在群惠小学读书时,就被挑走,在福州艺校受过 6 年的专门训练,成了一名品学兼优的舞蹈演员,毕业时,已被一家艺术团体录用。这时,群惠小学办起舞蹈班,校长叶秀英请小洪回母校任舞蹈教师。寸草春晖,小洪想到母校黄掌珍老师在舞蹈方面对自己的启蒙教育,看到原先教舞蹈的老师年岁都过中年,不宜再教舞蹈,她毅然回到母校当了小学老师,决心把学到的知识和本领贡献给培养后代的教育事业。

总之,主观、客观上都具备了一定的条件,试验班才能办起来。那么,厦门市培养专门人才的试验班(校),具体是怎么搞的呢?

先看一所小学的做法。大同小学于 1984 年暑假以后开设了一个美术书法班。办班的原则是:围绕全面发展打基础,寓美育于德、智、体三育之中;提前起步,加速发展,探索在小学阶段发展个性、培养专门人才的途径。其目的是为培养美术专门人才打基础,毕业以后,使学生具备一定程度的审美能力、鉴赏能力和形象思维能力,能够认识物质世界的形态特征、结构特点,有立体感,并有一定的绘画能力。

美术班首届招生 40 名,年龄在 6 岁半到 9 岁之间。招收学生的条件,主要看儿童本身的审美素质,不着重考虑家庭因素。对这些学生的前景,学校对家长有言在先,无培养前途者中途淘汰,放在普通班学习。

美术班的教学工作,学校制定了为期 6 年的计划,除按质按量完成部颁各科教学大纲外,美术教学要完成初中的教学内容。美术教学,6 年分为三个阶段:第一阶段 3 年,完成部颁小学 6 年的美术和语文教材中的书法内容;第二阶段两年,完成初中或稍高于初中的美术和语文课中书法的教学内容;最后一年拔尖。美术课的教学时间,是通过教学改革,挤出一节语文课和课外活动,每周可安排 3 节。

记者到美术班采访时,儿童们已在美术班学习了两个多月,教学方面已初见成效。教室里有几十幅孩子们的画,其中有 10 几幅画是同一个主题,根据一支儿歌画的。儿歌的内容是:"树上鸟儿,喳喳叫,河里鱼儿蹦蹦跳,牛羊山上山下吃青草,我背书包唱着歌儿上学校。"画的是想象画,把抽象的语言符号变成具体的形象,学生们都较好地用色彩、形体和构图表现了主题。

再看一所中学的做法。鹭江中学是一所侧重培养体育人才的普通中学,规模不大,有 3 个体育职业高中班,6 个普通初中班,每班 30 名学生。鹭江中学的办学目的是,为专业运动队和体育院校输送人才,为全市各行各业基层单位培养体育骨干和小学体育教师。

鹭江中学的领导班子和教师队伍,由教育局和体委协商调配。校长负责统一领导,全面管理。下设教导处、训练处和总务处。教职员 27 人,教员由教育局派;教练员 41 人,由体委派。

该校学生来源,初时采取统考统招与转读寄学"双重学籍"办法,即学习、训练在鹭江中学,体育方面无培养前途者,退原校学习;从 1983 年起,有所改变,即由"双重学籍"过渡到单独招生与寄读寄训的"单双并举"。学生除了集中学习、集中训练处,学校正在创造条件,还将实行集中食宿。

鹭江中学的文化课教学,采用部颁教材,基本按省教育厅关于全日制中学的教学计划安排,但有部分调整,保证语文、数学、英语、政治、物理和化学的授课时数,减少了地理、历史、生物和音乐的课时,去掉了普通中学的体育和劳动课。每天 5 节文化课,2~2.5 小时训练。这种安排,不是一成不变的,还要随时调整。平时,互不占用;期中、期末考试之前,减少训练时间,考试时停止训练;遇有大型比赛或集训,则减少作业量或停课,但要利用赛后休整时间进行各种形式的补课,以保证文化课的授课时数和教学质量。

鹭江中学试办几年来,学生的文化成绩和体育成绩都比较好;历届初中毕业生参加全市高中入学考试,上线率都在 80% 以上;1980—1984 年参加全国性比赛所得名次逐年增多,累计达 71 个。

为了鼓励学校都办出特色,市政府和教育局尽力支持,对试办试验班的学校,在经费、人员和设备方面给予适当照顾。

目前,厦门市中小学的试验班(校)还不算多,但是由于各级领导的提倡和鼓励以及先行单位的示范作用,有更多的学校跃跃欲试。看样子,厦门市中小学争相办出自己特色的趋势,会有较快、较大的发展,内容和方式也将日趋多样化。

闽海雄风　勿媚外人[①]

郑保生

在芙蓉争艳、桂果飘香的季节,我来到福建,访问了厦门的几所中学。这几所学校十分重视向学生进行爱国主义教育,他们深入细致的思想政治工作,给我留下了极为深刻的印象。

福建地处祖国东南沿海,厦门则已开辟为经济特区。随着特区的建立,港口的对外开放,福建省的党政领导、教育部门清醒地估计到,西方资产阶级的意识形态和腐朽的生活方式必将趁机而入,腐蚀学生的思想,污染孩子们的心灵。面临的现实,将是一场争夺青少年一代的严重斗争。为此,中共福建省委及时指出:要在青少年中深入开展以爱国主义为中心的四项基本原则教育;特别要在"社会主义好还是资本主义好"这一根本问题上,切实提高学生的政治觉悟。教育他们热爱党、热爱社会主义,热爱我们伟大的祖国!

一、寓思想教育于课外活动之中

我来到厦门一中,访问了具有丰富的少先队工作经验的大队辅导员何成锹和团委书记陈玉东同志。早在 1979 年,他们就把共青团和少先队员组织起来,开展了"伟大祖国考察团"的爱国主义教育活动。全校 40 个团支部和少先队中队,分别就 40 个专题进行了既富有思想意义又饶有趣味的考察。高二(7)班团支部的选题是考察"祖国最先进的科学事业",重点了解我国著名科学家童第周在生物遗传工程的科学研究中所取得的重大成就。同学们人人动手剪报纸,找资料,走访科学家,最后写出考察报告,交流感想。这样,不但使学生们认识到祖国的科学事业在世界上并非样样落后、不如外国,而且还有相当一批像童第周那样的科学家奋力攀登科学高峰,为人类做出贡献。同学们怀着美好的理想,表示要学习童第周的科学精神,继承他的科学事业。他们展开想象的翅膀,描绘出一幅美丽、诱人的画卷:"用人工方法培育出来的高产作物、优质林木、繁多的鱼类、良种的牲畜和家禽,将遍布祖国的田野、山川和村庄;让制造病魔的毒菌,改变遗传性状,为造福人类服务;让可怕的癌症彻底消除……利用遗传工程科学驾驭生物界,按照人类的意志改造生物性状的时日,已经为期不远了!"从而有力地激发了学生为祖国四化而学习的革命热情和民族自豪感。

少先队根据少年儿童的年龄特点,组织孩子们重点考察"祖国的壮丽山河"。他们借

---

① 　原载于《人民教育》1982 年第 1 期。作者为《人民教育》记者。

图书,剪画报,收集大量资料,有目的地向全国某些地方发出调查信。哈尔滨市一中初一(1)班全体同学应约寄来6篇有关哈尔滨的调查报告,其中一封热情洋溢的回信中说:"你们这次考察活动,不仅可以使你们更加了解祖国北疆的美丽城市哈尔滨,也使我们更热爱自己的家乡;同时,通过对家乡变化的了解,也更加热爱我们的党了。"

厦门一中开展爱国主义教育活动是与坚持四项基本原则的教育紧密结合起来进行的。在党的六中全会以后,厦门一中及时地组织青少年学生了解在党的正确路线、方针、政策指引下,我国工农业生产欣欣向荣的大好形势。他们到厦门橡胶厂参观访问,了解到该厂实行企业自主权以后,年产值翻了8倍,职工的收入逐步增加,生活有很大提高。高二文科班还到郊区菜场大队参观访问,亲眼目睹农村的喜人形势,碧绿的豆田里没有一根杂草,大队长一合电闸,几百亩土地全部自动喷灌。过去,这是个外村姑娘不愿嫁来的穷队,如今富裕起来了。仅以第五生产队为例,1979年平均每人收入330元。1980年达到370元,1981年年终可达450元。社员建的新房一幢连一幢。走进屋里去看,平均每三户就有一台电视机,四家就有一架三用录音机。社员眉开眼笑,喜气洋洋地告诉同学说:"党的三中全会暖了我们社员的心,党的政策好,我们走上了社会主义的康庄路。"通过考察工农业生产的发展,同学们深有感触地说:"过去经济没搞好,不是社会主义制度不优越,而恰恰是有些做法违反了社会主义的经济规律。我们相信只要按着正确的方针、政策办,人民是可以过上好日子的。"另一位同学在调查报告中深情地写道:"兴了春风,才得春意。"对三中全会以来的方针政策,由衷地发出赞叹。通过"伟大的祖国考察团"、"可爱的家乡考察团"、"访问三老"、"沿着解放厦门的道路前进"等一系列的爱国主义教育活动,厦门一中的学生勤奋学习的多了,遵守纪律的多了,热爱集体的多了。奖学金获得者吴向阳同学主动用自己的奖学金为班集体购置了必要的用具。这虽是件小事,但在单纯"向钱看"的浊气中,却像金子闪闪光亮。学校领导介绍说,为祖国而学习,服从祖国需要,让祖国来挑选,已成为广大同学的共同誓言。1981年高考前夕,有人劝张作义同学就近报考厦门大学,不要报清华大学核物理系,免得分配到天涯海角,蹲大山沟。他回答说:"为了使祖国强大起来,我愿蹲一辈子大山沟!"

厦门八中也是开展思想政治教育较好的一所学校。在开展爱国主义教育活动中,被厦门市誉为"红花集体"。1981年5月以来,他们开展了"学习鲁迅爱祖国"、"方志敏和《可爱的中国》"等教育活动,均收到良好的效果。

二、学习光辉的榜样

榜样的力量是无穷的。厦门四中十分重视用先进人物的事迹教育学生。全国青联委员、新长征突击手杨希聪,是该校1968届的高中毕业生。现在在厦门环境卫生处做一名清洁工。当一些世俗庸人嘲笑她从事这个职业的时候,她自豪地回答:"给祖国扫马路是我的确良职责,做社会主义的清洁工,我感到光荣!"有人想把她介绍给自己在香港的一位表哥,动员说:"如果你同意,就可以去香港!"杨希聪坚定地说:"我甘愿在国内做一名清洁工,也绝不去香港当什么太太、小姐。"

　　全国著名运动员、乒乓球单打世界冠军郭跃华、女子跳高亚洲之星郑达真也是厦门四中的校友，他们都为祖国争得了荣誉。学校便组织全校同学学习他们的先进事迹和革命精神，大大激发了同学们的民族自尊心和爱国热情。

　　此外，陈嘉庚先生创办的有63年历史的集美中学，爱国主义教育工作也很有特色。他们不仅用陈嘉庚先生倾产兴学的爱国精神教育学生，组织新生参观陈嘉庚故居、归来堂、鳌园等处，详细介绍陈先生的爱国事迹，领悟毛主席赞扬他是"华侨旗帜，民族光辉"的重要意义。集美村是我国历史上杰出的民族英雄郑成功为"开辟荆榛逐荷夷"向台湾进军的地方，教育学生树立"虫沙猿鹤有时尽，正气觥觥不可淘"的民族正气，为统一祖国，振兴中华而努力学习。

　　福建是具有民族爱国传统的地方，鼓浪屿上郑成功纪念馆正日益频繁地接待学生前来参观访问；19世纪末，福建人民反对帝国主义侵略"保卫国土，勿媚外人"的响亮口号，如今仍在同学们的心中激荡。广大中学生在党的六中全会精神鼓舞下，振奋革命精神，在抵制资产阶级思想侵蚀的斗争中，依然保持着浩然的民族正气，正像郑成功水操台下镌刻的四个雄浑大字"闽海雄风"一样，在风摇海啸中，岿然不动，日月经天！

2006年7月15日国务委员陈至立在中央有关部委和省市领导的陪同下到厦门一中考察与教师合影

2013年，厦门第一中学春节校友联谊活动

厦门一中周君力校长与陈培德校友合影

让一代新人的理想闪光①

——厦门市中学思想政治教育巡礼

吴德丰

厦门被确定为对外开放港口和经济建设特区后,伴随着经济建设的发展,资本主义世界的香风毒雾也趁机而入,污染着人们,特别是青少年学生的灵魂。这就为学校思想政治教育工作提出新的严峻课题——如何在新形势下把青年一代培养成为共产主义接班人。

厦门市的广大教育工作者,面对着复杂的社会环境,清醒地意识到解决这一课题的重要性和迫切性。他们及时采取措施,在中学里充分发挥政教处、团委会等思想教育机构的作用,通过"学雷锋、创三好"等活动,狠抓班风、校风的建设,努力把学校建成社会主义精神文明的重要基地。经过几年努力,全市各校教学秩序普遍稳定、良好,中小学学生犯罪率下降到万分之一以下。一大批有理想、有道德、有文化、守纪律的青少年学生正在健康成长。

给学生插上理想的金翅

美丽整洁的厦门一中校园,新枝吐翠、盆花溢香,着装朴素整洁的学生们在认真地学习、锻炼、劳动。几年前一度时髦的喇叭裤、大包头已不见踪影。从学生们的眼神里可以看出,热情代替了冷漠,坚定代替了迷惘。学校靠什么给青少年以信心和力量去战胜资产阶级思想的侵蚀?一中领导和老师们的回答是:"靠旗帜鲜明、理直气壮地进行共产主义理想前途教育。"

社会主义制度与资本主义制度孰优孰劣,是个新形势下的老问题。"厦门不如香港"这六个字形象地反映出一中某些同学头脑中对这一问题的错误认识。对此,一中开展了"今日香港与今日祖国"的对比活动。党支部领导团、队组织组成"我爱社会主义精神文明"调查团,引导学生查阅多种报刊书籍,访亲问友,了解香港和资本主义国家的现状。高一学生刘鸣苈与香港弗兰克老太太截然不同的遭遇,在学生中引起强烈反响。刘鸣苈同学父母双亡,是个孤女。极度的悲痛,曾使她想投身基督教的怀抱,以求摆脱不幸运的精神缠扰。她母亲原来的一些教友也用"教义"来"安抚"她,劝她入教。党最了解这个孤女的苦衷,妥善地安排了她和妹妹的生活。一双双温暖的手从四面八方伸来。学校、邻里无微不至地关怀她们,同学们纷纷送来慰问品和慰问信。初三(3)班同学在慰问信中诚恳地写道:"生活在社会主义大家庭里,我们都是亲爱的弟兄姐妹,你有什么困难,需要什么,只

---

① 原载于《人民教育》1982年第11期。作者时任市教育局中教科视导员。

要说一声,我们就会帮上手!"孤女不孤的刘鸣荐同学,再也不想加入基督教了。相反,经过努力进取,成为一名共青团员。而那位香港弗兰克老太太呢?年事已高,行动不便,无人照顾,以至在家病死四年后,方才被人发现。一中党支部注意及时地帮助青少年把这些感性认识提高到理性认识,引导学生认识社会主义制度与资本主义制度的本质区别,从而树立为共产主义事业奋斗终身的远大理想,收到了很好的效果。冲击了世界男子跳高纪录的倪志钦、保持亚洲女子跳高纪录的郑达真、几次获得世界乒乓球男子单打冠军的郭跃华都曾经是厦门一中的学生。每当这些校友载誉归来时,一中全体师生都举行隆重的欢迎活动。校友们诚恳地说,我们的成绩归功于党和人民,归功于母校老师的辛勤培养。在校同学也激动地说,我们一定向老校友学习,为国争光,为人民贡献力量。

以爱国主义教育成绩突出而闻名的厦门八中,前不久在鼓浪屿举行一次新团员入团宣誓仪式。青年们列队肃立在为解放鼓浪屿而牺牲的烈士墓前。团干部指点着民族英雄郑成功当年操练水师的日光岩;指点着浸淌过华工血泪的大德记海滩和各国列强曾据为"国中之国"的领事馆、租界;指点着隐约于海上国民党盘踞着的大、小金门和大担、二担等岛,把一部民族兴衰史、人民革命史展现于学生面前,把"振兴中华"的决心融注于共青团员的誓言中。这使每个学生心中激荡起强烈的爱国主义感情,深深意识到作为一名光荣的共产主义青年团团员,决不能辜负自己所肩负的历史重任。

厦门八中注意把共产主义理想前途教育从思想上的务虚,落到行动上的务实。这个学校的"学雷锋服务队"每逢星期日清晨,都到厦门长途汽车站去做好事。他们扶老携幼,打扫卫生,维持秩序,已坚持了三年。在校内,服务队的同学也是把帮助别人解决困难当作分内的事。有位同学的祖母、母亲短期内相继去世,服务队的同学们除集资 40 余元帮助他解决困难外,还经常利用课余时间到他家干家务事,帮助他温习功课,使他生活有条理,学习有保障。面对社会上泛起的"共产主义渺茫"论,同学们联系服务队几年来的活动说:"共产主义就在我们身边。我们的同学在校为人民做好事,毕业后为祖国贡献力量,不都是为了实现共产主义远大目标的具体实践吗?"当第一批参加服务队的同学即将毕业时,他们提出:"要使学雷锋服务队的旗帜一届一届、十年二十年地传下去。"目前,新入学的初一170多名少先队员接过了这面光荣的旗帜,加入了"学雷锋服务队"。

清除心灵深处的污泥浊水

厦门所处的地理位置,大大增加了学校思想政治工作的难度。港、台电视、黄色歌曲、淫秽书刊这些精神鸦片从各种渠道侵蚀着青少年的心灵,其危害之大是触目惊心的。在厦门四中政教处,我们看到一些收缴来的黄色书籍的手抄本。校领导心情沉重地告诉我们,这些手抄本在学生中流传颇广,严重地损害了青少年的身心健康。在学习上,使一些学生的成绩普遍下降。严酷的现实使四中领导干部和老师们认识到,反腐蚀教育势在必行。

经过充分准备后,四中全校上下齐动员,开展了收缴淫秽书刊的总体战,收到很大效果。但是学校干部和教师清楚地知道,消极的收缴不能代替积极的教育,最根本的办法还是要用共产主义的阳光照亮学生心灵,用远大的革命理想战胜腐朽没落的思想。学校针

对学生的思想实际,确定了思想政治工作的三项基本任务:

(1)学习和贯彻《中学生守则》,整顿学生中的不良习气和作风;

(2)开展文明礼貌活动,培养学生的社会主义道德风尚;

(3)大力开展爱国主义教育。

他们请校内外教师开设多种讲座,激发学生奋发向上的热情;开展学习、工作评比活动,大力宣扬好人好事,树立他们的光荣感。在这个基础上,他们注意引导学生读政治修养方面的书籍。本学期一开学,他们组织指导学生阅读《先驱者之歌》,用书中革命先驱向往、追求、捍卫真理的高尚情操和斗争精神来教育学生。在普遍阅读的基础上,他们准备在班级、年段开展《先驱者之歌》故事演讲比赛,成立演讲团到各年段宣讲,并组织讨论"我们向先驱们学习什么?"人人谈心得,谈理想。

有情、有法、有趣

厦门六中在大面积地转变差生的工作方面,有显著成绩。我们怀着极大的兴趣走访了这所学校。那天进校门后,正赶上做课间操。我们看到,在大操场上,有一个班的同学集合最迅速,到队最整齐,秩序最好。当我们得知,这个班当初是一群留级生组成的时候,心中既感到惊讶,又充满喜悦。

六中地处闹市区,社会上一些不良风气对这些孩子影响很大。到1980年,双差生还占学生总数的10%左右,面对这种情况,不少老师产生畏难情绪。有的说:"转变十个差生不如培养一个尖子。"

六中党支部经过讨论认识到,转变差生同培养尖子学生,同样都是我们教育者的崇高责任。"不使一个学生掉队",应该是全校领导干部和老师们的共同目标。为此,学校明确提出,凡是不想做或不会做差生工作的,就不能算一个合格的教师,明确要求每个教师都要负责转变一个差生。这样,一个人人动手转化差生工作新局面打开了。

就说那个留级生班吧,开学初,学生们是怀着惴惴不安的心情来试一试的。可是,班主任一开始就对他们给予极大的信任和尊重,第一次主题班会,主题就是"回忆自己成长过程",老师用那些孩子们自己最值得珍惜的美好的过去,点燃他们的心灵里向上的火苗,以此同不光彩的东西告别。接着,从集队、做操、出板报、歌咏、爬山、游泳等活动入手,培养他们的集体荣誉感。在此之后,各科老师认真帮助差生补文化课,使他们增强学习信心。现在这个班学生不仅思想精神面貌发生了根本转变,语、数两科文化课的成绩也达到全年级的中等水平。

当问到六中领导同志有何经验时,他们讲了六个字"有情、有法、有趣"。就是,教育者要有爱生之情,要有有效的工作方法,要寓教育于学生们感兴趣的活动之中。

这里只介绍了四所学校。厦门市广大教育工作者在进行学生思想政治工作中,都做出了自己的贡献。他们的精神是崇高的,他们的劳动是有成果的。目前他们正在认真学习党的十二大文件。在新形势下,经过广大教育工作者的努力,厦门市各学校一定会以崭新的面貌出现于祖国的东海之滨。

厦门职业教育办得好[①]

王炜中

在厦门经济特区,人们只重视普通中等教育,轻视职业教育的观念正在改变。初中毕业生争着报考职业中学,家长们大力支持子女上职业中学。1980年以来,全市已有2 000多名职业中学毕业生走上工作岗位,在特区经济建设中大显身手。

厦门鹭江上有艘"海上乐园"游船,原来聘用三位香港厨师,每年得支付40万港元。后来有四名市旅游学校烹饪专业毕业的小青年上船,接着香港厨师的工作,很快适应了船上要求,每年为国家节省了一笔可观的外汇。

厦门市食品糕点厂西点车间主任王建兴,是1982年的职业高中毕业生。进厂后,他认真钻研业务,很快创出"白兰地蛋糕"等8个深受顾客喜欢的新产品,他被评为市商业系统的先进生产者。人们从职业中学毕业生身上,看到了职业教育的成效。大量事实也使那些认为只有考普通高中,上大学才算"有出息",轻视、怀疑职业教育的人改变了看法,代之而起的是职业教育的兴起。去年,厦门市28所完全中学,有20所办起33个专业,97个职业高中班,招生人数达1 800人,占当年高中招生数的36.7%,其中又有3所正式挂出职业中学的牌子。去年,市里只有4所中学办了4个职业高中班,招生人数只占当年高中招生数的0.66%。

厦门市教育局同志告诉记者,1980年以前,厦门市中等教育结构单一,普通高中盲目发展,造成中等教育的畸形发展。高中教材内容、教学计划及课程,基本上是为了学生们走"独木桥"——考大学而设置的。结果出现这样一种矛盾现象:一方面每年有几千名普通高中毕业生,其中只有5%~10%能上大学;另一方面,各行各业迫切需要的有文化知识、有专业的技术工人严重缺乏。工厂企业招收没有接受职业教育训练的高中生,不得不耗费相当的人力财力,进行专业技术培训与"补课"。

市委领导从中看到畸形的中等教育带来的不良后果。因此,当中央决定在厦门设立经济特区时,当时的市委主要领导同志就提出,要适应经济特区的发展,改变教育与生产需要脱节的中等教育结构,发展职业教育。市委当即做出决议,由市政府成立有计委、文教办、劳动局等有关部门参加的中等教育改革领导小组,负责具体抓职教工作。1980年,市里第一个职业高中班开学后,市领导特地赶去看望师生,并明确表示:市里决心像办好重点中学那样来办好职业高中。以后,市政府又决定用地方财政拨款扶持职业教育,每新办一个职业高中班,给予补助款千元以上,用于购置职业班教学设备和资料。几年来,电

---

① 原载于《半月谈》1986年第13期,作者系《半月谈》记者。

子、交通、幼师、旅游等职业高中班,先后添置了微电脑、汽车、模拟客房和钢琴、风琴等设备,规模相当可观。

　　厦门中等职业教育能够迅速发展,除了领导重视外,就是办学方向对头。职业班面向社会,明确办学目的是为特区建设培养急需人才。大多数职业班采取与对口单位联合办学方式。做到"产销对路"。去年,厦门市区有 800 名职业高中毕业生,当年的录用率达到 95％,现在开办的 33 个专业,就与 36 个对口单位挂钩。如交通职业中学、旅游职业中学,分别与市交通局、旅游局联办。这就便于资金、设备、实习等问题。职业高中班的专业,也是根据经济特区发展的需要设置的。如旅游、交通、园艺、服装、建筑,都是特区急需的专业,职业高中被人们誉为人才培养中的"短、平、快"项目。

　　由于职业高中毕业生素质比较好,输送到社会后,许多单位觉得使用起来得心应手,相当满意。厦门声乐电子厂录用 30 多名电子职业高中 1984 届毕业生,他们很快成为生产骨干。在全厂三条生产线上的 6 名正副线长中,有 5 名由这些毕业生担任。去年,职业高中财会班的学生参加有关部门主持的珠算测试。按国家规定,达到五级水平的就能获得会计证书,结果,达到四五级水平的就有 20 人。这个班的杨丽婉还获得全国二级珠算能手的称号。

集美职业中等学校举行课题第三次会议暨成果展览及专家评审会

集美职业中等学校实习生产车间

先行，让白鹭扶摇直上九重天^①

——我市教育事业 10 年发展回顾

吴奕纯

厦门经济特区创办十年来，我市各级各类教育得到恢复和发展。广大教育工作者加快教育改革步伐，使我市的教育事业适应经济特区发展的需要，为经济特区建设服务。

厦门建立经济特区之后，我市各级各类学校根据对外开放和厦门侨乡的特点，以爱国主义教育为重点，运用两个文明建设成就和英模、侨胞等爱国爱乡的事迹，开展系列教育活动，向学生进行振兴中华、建设特区的教育，激发学生的爱国之情，树立报效祖国之志。如，以"六像"（郑成功、孙中山、鲁迅、陈嘉庚、林巧稚、李林）及其"六馆"为德育基地，把学校教育和校外活动结合起来，逐步形成我市德育工作的特色。市教委还组织编写教材《经济特区常识》对学生进行教育，加强学生行为规范教育和训练，增强法制观念、劳动观念和反腐蚀意识。近年来，各个学校打破过去单一的学校教育框框，举办体育、艺术、科技"三节"活动，丰富校园文化生活。学校还着力建立家庭、学校、社会联合的立体型教育网络，调动学校、家庭、社会力量，共同培养特区"四有"新人。

十年来，我市广大教育工作者不断更新教育思想观念，调整教育结构，大胆探索教育改革的新路子。自 1980 年我市创办 4 个职业高中班以来，经过试办、发展和调整，全市已形成初级、中级、高级并行发展的职业技术教育体系，改变了"千军万马过独木桥"的单一办学形式。近两年，我市中等职业技术学校招生人数已超过普通高中招生数，现有在校生已达 8 500 人，比 1980 年增加约 8.5 倍。职高毕业生当年就业率均在 85% 以上，去年达到 90%，职业技术教育已成为发展特区经济的一大支柱。

为了大面积提高教育质量，广大教育工作者在招生、考试、教育、教学和创办有特色的学校方面进行了一系列改革，取得丰硕的成果。现在，全市小学学制已由五年制改为六年制，在校生 12 万余人，比 1980 年增加 1 万余人。目前，全市已有五区和两镇一农场宣布实施九年制义务教育，13 个乡镇宣布实施六年制义务教育。全市在园幼儿 35 000 余人，比 1980 年增加 13 000 余人，已有 4 个县（区）办起弱智儿童学校（班）。1987 年，我市取消初中招生统考制度，市区实行中小学划片挂钩的招生改革。1989 年，我市又进一步改革初中毕业、升学考试制度，采取自行命题、自行组织考试，实行初中毕业与升学两考合一办法。这一改革着眼于面向初中教学实际，为办好所有初中，大面积提高教育质量打基础。我市还根据一些学校的条件和特长，调整课程结构，举办培养专门人才的学校和试验班。

---

① 原载于《厦门日报》1991 年 11 月 4 日，作者为《厦门日报》记者。

如创办鹭江中学、外国语学校、音乐学校、奥林匹克学校,在一些学校开设各学科的试验班。十年来,全市每年约有名中小学生在省级以上各类竞赛中获奖,一批有特长的优秀学生脱颖而出。

深化教育体制改革,促进我市教育事业健康发展。目前,全市已理顺幼儿教育、特殊教育管理体制。农村基础教育、成人教育由县(区)乡(镇)政府负责,分级管理;郊县的中学由所在的县区政府领导和管理。在理顺管理体制的同时,我市进一步深化学校内部管理体制改革,部分中小学实行校长负责制和学校内部工资结构改革。此外,成人教育已形成多渠道、多形式、多规格的办学模式,逐步做到规范化、制度化。十年来已有 9 万余名职工参加文化科技知识的补习,城乡青壮年非文盲率已达 90% 以上。

十年来,我市教育事业与经济特区同步发展,为特区培养各级各类毕业生 29 万余人,超过了过去 30 年毕业生总数,成为厦门教育史上最兴盛时期。据统计,我市在每 10 万人口中,有大学文化程度以上者 4 640 人,占 4.64%(市区占 9.6%),高于全国和全省的平均水平。全市小学入学率、巩固率、普及率、升学率和初中综合比率均居全省前列。市教委、电子职业学校和实验小学被评为全国德育教育先进单位。今年,市政府被评为全国职业技术教育先进单位。

厦门市政协主席、市教育工委书记陈修茂
祝贺厦门十一中成立 30 周年

市政协原主席蔡望怀题词

厦门交通职业中专成立揭牌

普职联合办学十五周年荣获省重点职业学校

加快改革步伐　提高办学效益^①

——我市教育战线喜奏"步步高"

郑炳忠　吴奕纯

过去的一年,我市教育系统认真贯彻邓小平同志南方谈话和党的十四大精神,加快教育改革步伐,提高教育质量和办学效益,教育工作取得了新的进展。

九年制义务教育有计划、有步骤地实施

全市已有 5 个区 6 个镇 1 个农场宣布实施九年制义务教育,占全市总人口覆盖率的 59.7％。东孚、灌口、西柯、大嶝 4 个镇提前一年宣布实施九年制义务教育。小学在校生辍学率 0.08％,初中在校生辍学率 2.42％,分别比全国单列市平均少 0.37 和 1.85 个百分点;城乡小学毕业生升初中,初中毕业生升高中分别达 93.83％和 76.97％,高于单列市的平均水平。这一年,各级政府重视教育工作,增加教育投入,全市教育事业费超过 1 个亿,比上年增加近 2 000 万元,等于 1980 年的 10 倍,学生人均教育事业费和公用经费都在全国和单列市的前列。

职业技术教育稳步发展,进一步适应了改革开放的需要

去年,我市新创办厦门工业学校和厦门戏曲舞蹈学校。职业技术教育招生数占高中阶段招生数的 57.3％,在校生已达 59.36％(含省属中专),万人口在校生高于全国单列市平均水平。我市联合办学有了新的发展。世界银行贷款的电子教育培训中心大楼已在厦门电子职业学校落成,全面开展培训工作。厦门电子职业学校与宏泰电子发展公司联合办学,引进电话机组装生产线;厦门旅游职业学校接受厦门航空公司委托培训任务,新创办"飞机乘务员班";厦门六中职业学校承担生产服装出口任务,还创办北京蒙尼坦美发美容学院厦门分院,开办美发美容培训班;厦门十中与华纶化纤公司联合创办华纶职业学校;交通职业学校承担了培养水手到境外工作的任务等。

高等教育和成人教育不断巩固和发展

去年,市属普通高校招生 1 034 人,市属成人高校招生 602 人,分别比上一年增加 32

---

①　原载于《厦门日报》1993 年 2 月 5 日,署名"郑文 吴奕纯"。郑文即郑炳忠,时任市教委主任。吴奕纯为《厦门日报》主任记者。

和 22 个百分点,在校生已达 2 523 人,提前达到"八五"计划的招生规模。市属高校的治理整顿工作也取得阶段性成效,办学条件得到完善,师资队伍进一步加强,学生人均校舍面积已达国家教委颁布的基本标准。全市 6 区 1 县都办了成人中专,有 96 个办学单位,参加各级各类培训的学员达 41 328 人。农村青壮年文盲率从 1990 年的 8.6% 降到 5%。同安大同镇、马巷镇、新店镇都投资办了文化技术学校。

师资队伍建设和督导评估工作取得初步成效

为扩大师资来源,去年在厦门一中、集美中学、同安一中创办招收高师预备班,在集美师专和厦门师范创办小学师资大专班。通过各种渠道培训,去年各类学校师资学历合格率有了明显提高。市教委督导室经市政府批准更名为厦门市督导室,认真组织中小学德育工作督导检查,按时完成中小学"文明学校"评估任务,受到国家教委督导检查组的充分肯定。

厦门电子职业中专学校新一轮发展工作会议

职业学校学生参加 2011 年全国职业院校技能大赛取得优异成绩合影

振兴教育　谱写特区建设新篇章[①]

——厦门教育成果展览巡礼

吴奕纯

随着参观的人流,走进厦门教育成果展览厅。全市教育界 43 个单位开辟 83 个制作精美、引人注目的版面,荟萃了我市各级各类办学成果。那一帧帧照片,一幅幅图表,展示了 40 年来我市教育事业发展的风貌,记录了厦门教育发展的进程。

这次展览侧重于党的十一届三中全会以来,我市教育事业的发展。现在,我市已初步形成了具有各级普通教育、成人业余教育的较完整的教育网。在展厅的第一部分,厦门地区全日制各级各类教育情况图表吸引了不少观众:全市现有 701 所学校,在校生数 20 余万人。解放后我市共培养普通教育各类毕业生 88.73 万人,平均每年 2.28 万人。1978年后,共培养 42.22 万人,接近于前 29 年培养人数的总和。市人大教科文卫委员会主任丘章开边看边对记者说,几年来,我市教育工作主动适应特区建设发展的需要,为特区培养了大批合格人才,这是我市教育事业近年来最重要的成果。

"百年大计,教育为本",厦门辟为经济特区后,市委市政府高度重视教育工作,把教育投资视为战略性生产投资,确保教育经费和学生人均经费"两个增长"。市教委计处处长指着教育经费增长情况图表向记者做了详细的介绍。他说:十年来,市政府对教育经费的投资逐年增长。1981 年为 1 111 万元,去年达到 3 944.4 万元,1988 年比 1987 年增长29.9%。中小学生人均经费 1981 年中学为 111.6 元,小学 48.2 元,去年分别达到 330 元和 149.1 元。即使在 1987 年国民经济调整压缩的情况下,市政府对教育经费的投资还是比 1986 年增长了 4.9%,高于当年全国教育经费增长的平均值。1981 年至 1988 年,全市校舍基建投资 5 742.3 万元,其中 1 211 万元建教工宿舍 34 幢 1 106 套 7.02 万平方米。特别是 1979 年以来,全市新建中小学校舍 24.7 万平方米,新办了英语中学、厦门十一中、湖滨、莲花、湖里、孙厝、杏侨、马巷、莲河、彭厝、沃溪、美林、祥桥等 13 所中学。

听了介绍,我们观看了新办学校的参展版面,那一幢幢风格各异的新校舍,给人一种整洁、美观的感觉。在各校展出的版面中,我们还看到一大批历史悠久的老校,旧貌换新颜。昔日的一些旧房、危房,已为一幢幢拔地而起的实验楼、教学楼所取代。是啊,十年来,市委、市政府在兴办教育上是花了大力气的,一些老教育工作者在观看展览后,由衷地说,这些年厦门市的教育事业确实发展很快,校校有新房便是一个有力证明。

重视教育,支持教育已被全社会各界人士所重视。1980 年至 1988 年,我市社会集资

---

①　原载于《厦门日报》1989 年 9 月 22 日。作者为《厦门日报》记者。

办学达 1 667.8 万元;侨胞、港澳台同胞捐资达多 900 万元;全市成立了 9 个教育基金会,基金 500 万元。在同安、集美、杏林区的展品中,记者还看到一些偏远山区的乡村干部、群众为振兴教育事业扛木料、挑石块、建造学校的照片。正由于有一大批教育的热心人,农村集资办学热潮才经久不衰。在不少村庄,人们高兴地说:"如今,村子里最好的、最美的房子要数学校。"

振兴民族的希望在教育,振兴教育的希望在教师。我市已经建立了一支素质较高的比较稳定的师资队伍。各单位参展的版面上,都反映了这方面的内容。1988 年全市普通学校教育方面专任教师 1.19 万人,比 1950 年增加 4.59 倍。我市中小学教师学历达标率居全省前列。十年来,全市有 234 名教师荣获省级以上劳模、优秀教师、先进工作者称号,有 16 名中小学幼儿园教师被评为特级教师。

展品中,有关反映学校认真贯彻党的教育方针,坚持社会主义办学方向,努力使学生德智体美劳全面发展,成为四有新人的照片琳琅满目、绚丽多彩。有开展生动活泼的爱国主义教育的照片,还有举办各种文艺、体育、社会实践活动的图片和各种报刊报道的剪报。在课堂,在运动场,在实验室……师生们那奋力拼搏、不畏艰苦的形象,展现了我市教育事业的兴旺与发达。

走出展览厅,记者采访了市教委主任郑炳忠。他说:"40 年的实践,使我们深深感到,没有共产党就没有新中国,没有党的领导和走社会主义道路,就没有厦门教育的今天。我们要珍惜取得的成果,要发扬光荣传统,共同努力,在新的起点上,谱写出厦门教育的新篇章。"

华侨中学董事李礼阁先生捐建的教学楼落成,有关领导及部分校董参加落成典礼合影
(前排右七、右八为李礼阁及夫人)

取消统考　划片招生　就近入学[①]

——改革初中招生考试制度

厦门市教育局

　　去年,为了促进学校贯彻"三个面向",加快教育改革步伐,切实减轻小学生过重的课业负担,我局在积极进行教育结构改革的同时,对小学升入初中的招生考试制度也进行了一些改革。主要是在已经普及初中的城区和集美镇,取消初中招生统考制度,只举行小学毕业考试,各中学按地区划片就近招收小学毕业生入学。为了搞好这一考试改革,我们注意做好三项工作。

　　一是注意做好改革考试制度的思想工作,使中小学都能积极实行招生新办法。鉴于有些家长对划片招生有思想顾虑,我们还注意做好家长的思想工作。

　　二是注意做好按地区划片就近招生的分配工作。学校布点不太合理的地区,尤应注意合理分配。做到既使各小学的毕业生能就近升入中学,又使各中学招生负担量相差不多。

　　三是注意办好一般中学,使学生和家长放心。为此,我局对各中学的领导班子和师资队伍都做了调整充实,增拨基建费扩建教学楼或实验楼,给市区中学配备电脑和增添教学设备,给一些中学添置语音教学设备等,使一般中学改善了办学条件。

　　多数中小学和学生家长欢迎考试改革。认为这在一定程度上"解放"了小学生,较好地解决了小学生课业负担过重的问题,使学生学得比较生动活泼。划片招生就近入学,使各中学都能收到一定数量的较好的新生,有利于调动一般中学的办学积极性;尤其是促进了中小学的挂钩联系,有的中学已主动找小学开座谈会,交换办好学校、提高质量的意见,加强中小学衔接问题的研究。取消统考、划片招生后的毕业生合格率是92%,比前年实行统考的合格率84%提高了8%,因此,多数家长比较放心,中学也不担心。但也有少数学校和学生校长认为,划片招生不能选择中学;担心取消统考后小学不把质量关。小学教师提出,毕业考试由区组织会考和统一评卷,不能彻底"解放"小学生,师生仍有负担。我们在听取各方面意见和总结去年考试改革经验的基础上,进一步提出今年改革考试制度的意见如下:

　　第一,在已经普及初中的市区和集美镇,取消初中招生的统考制度,由各小学自行组织毕业考试,市和区不组织毕业会考。

　　第二,为了更好地贯彻"三个面向"的要求,既有利于学生打好语文、数学、英语等工具

科的基础,又有利于扩大学生的知识面,发展学生的智力,加快培养特区建设人才,今年小学毕业考试的科目定为语文、数学、英语三科。自然、地理、历史常识在课业授完后组织一次考查,作为毕业成绩记载入学生升学报名表。考试时间可叉开安排,避免学生过分紧张。

第三,毕业考题由学校按照教学大纲和教材要求命题,难易要适度,分量要适当,不出偏题或怪题。毕业考试由校长主考,年段教师统一评卷。考试不及格的,应组织一次补考。学校根据学生毕业考试成绩和平时的德智体诸方面情况,做出是否毕业的鉴定。准予毕业的按区划片就近升入中学;不能毕业的,可留校再读一年。学校要适当控制留级等。

第四,分区划片,基本上按去年所划的学校进行招生,个别学校划得不够合理的要适当调整,做到小学毕业生能就近升入中学,各中学能收到质量相差不大的新生。划片招生和输送生源的学校必须加强联系,互通教学情报,加强中小学衔接研究,互学互帮,共同努力提高中学和小学的教育质量。

第五,重点中学仍划区招生,试行保送和推荐加口试的办法。保送生应是区以上的"三好生"或有特长的学习表现好的学生。推荐生应是学业成绩优良,德智体比较全面发展的毕业生保送生由区教育局和招生的中学共同审定、免行口试。推荐生由小学按条件和志愿提出名单报区审定,由招生的中学进行口试,全面衡量,择优录取。鹭江中学招生应加试体育。未被录取的推荐生,仍按划片的学校就近升入中学。

第六,为了搞好考试改革,各区、县仍应成立招生办公室,加强招生工作的领导。市、区教师进修院校要成立命题指导小组,对各校毕业考试题进行审查、指导。重点中学要加强同区招生办及直属小学的联系,协商研究提出推荐名额、做好招生工作。各中小学要注意总结考试改革的经验,注意做好学生和家长的思想工作。

尚未普及初中的郊区(县),也应按教育部有关指示的精神,提出切合本地实际的改革初中招生考试的办法。

原厦师一附小开展全方位教育教学改革合影

这个突破口选得好①

厦门特区传出了改革初中招生考试制度的消息，令人振奋。它克服了片面追求升学率的错误倾向，从根本上解决了小学生过重课业负担问题，找到了一个突破口。这个突破口选得好！

多年来，人们对现行"初考"制度的种种弊端多有议论：一张考卷决定学生的前途命运，不管智力和能力如何，不管思想品德和身体素质如何，只凭考分高低论学生优劣，其局限性显而易见；一根升学"指挥棒"拨得师生团团转，无休止的"题海战术"，名目繁多的统考测验，夜以继日地加班加点，压得师生喘不过气来。这样的"初考"制度，不利于少年儿童德、智、体全面发展，不利于培养富有开拓与创造精神的新一代，非改不可。

厦门率先闯出一条新路，在全省带了个好头。这一改革，必将大大减轻小学生的课业负担和教师、家长的精神负担，使学校能更好地在日常教学工作中全面贯彻教育方针，促进学生德智体美诸方面和谐发展。这一改革，也使一般中学由于能有较好的生源而调动起办学积极性，有利于发展初中考试；同时也加强了中小学联系，有利于进一步搞好中小学教育的衔接。但愿各中小城市以及已基本普及初中的县镇，都能像厦门那样，解放思想，积极创造条件，有步骤地改革初中招生考试制度，使学校领导和教师从片面追求升学率的沉重压力下解放出来，使小学生从繁重的课业负担下解放出来。只有这样，才能更好地落实邓小平同志关于教育要"三个面向"的指示精神，培养有理想、有道德、有文化、守纪律、体魄健壮、富有开拓和创造精神的一代新人。

阜康市厦门实验小学

① 原载于《福建教育》1985年4月号。

改革普通中小学"千校一面"的办学模式^①

——厦门努力创办和发展特色学校
促进了由应试教育向素质教育的转轨

王大龙　黄菊美

厦门市近年来在全面贯彻教育方针的基础上,改革普通中小学"千校一面"的旧办学模式,努力创办和发展特色学校,有效地促进了由应试教育向素质教育的转轨,产生了良好的社会效应。

厦门市教委把学校的办学特色列入办学水平的评估体系中,鼓励普通中小学办出自己的特色,这就使愈来愈多的中小学显示出自己的个性风貌,形成了自己的个性特征。鼓浪屿是中外闻名的"琴岛",鼓浪屿人民小学于 1984 年开办音乐实验班,经过 6 年的实验,创办了厦门市音乐学校。与此同时,大同小学开办了美术书法实验班,群惠小学开办了舞蹈班,由此形成艺术教育改革实验的格局。厦门曾是体育人才辈出的地方,倪志钦、郭跃华、郑达真等一批世界体坛名将都是从这里"起飞"的。厦门市创办了侧重培养体育人才的鹭江中学,恢复了厦门二中的足球传统,组成了"英华校友足球俱乐部"。这所中学的足球队已多次参加了"东南亚华裔长青杯足球邀请赛"。

为适应特区改革开放的需要,厦门市还在鼓浪屿创办了普通中学性质的英语中学。该校文理并重,加强外语,注重听说能力的培养。特区高科技产业的发展要求加强青少年计算机教育,厦门的一些中学已将电脑列为必修课。在 1989 年全国青少年计算机竞赛中,厦门市代表队获总分第一名,被称之为"厦门旋风"。

许多学校从自己的实际出发,寻找改革的突破口,力争办出特色。演武小学利用毗邻高校和科研单位的优势,以电化教育为突破口,把电教手段引入各科教学。厦门九中发挥美术教学的优势,通过开展"美在九中"等活动,将美育与德、智、体、劳等几育结合起来,促进了学校的全面发展。此外许多学校还举办各种富有特色的活动,如鹭江小学的"小民警中队"、鼓浪屿小学的"少先队义务导游"、师范一附小的"安全小卫士"等等,展示了特区小主人的风采。这些有特色的社会实践活动多次受到团中央的表彰。

学校办有特色,学生的个性也就不再是"平均发展"了,一位外国记者参观了人民小学,听了学生的演奏后说:"我到过许多国家,这是我看过的最有天才的演奏。"大同小学学生的美术作品被选送到美国、日本等许多国家展出。最近还有以群惠小学为主体的访日歌舞团赴日本演出。

---

① 原载于《光明日报》1992 年 5 月 14 日。王大龙为《光明日报》记者,黄菊美为厦门教育科学研究所副研究员。

编者按：今年5月14日，《光明日报》于头版头条报道我市努力创办和发展特区学校的改革举措，誉之为"普教改革中一项创举"；同时刊发短评《让普通中小学园地百花齐放》。诚如短评所指出的："把普通中小学办出特色，是改变片面追求升学率的一条希望之路。"实践证明，扬各校之长，办出各自的特色，确实是按规律办教育的一个方面。按规律办事，学校教育的社会效益显著。本刊特予转载，愿互相砥砺，深入探索，让教改之花开得更加鲜艳夺目。

1982年10月，厦门市荣获省八届足球冠军（厦门二中代表队）留影

厦门市萌芽杯第五届少儿小提琴比赛合影

让普通中小学园地百花竞放[①]

王大龙

厦门市办特色学校,这是普教改革中的一项创举,也是对"千校一面"的陈旧办学模式的一个突破。

长期以来,片面的应试教育像一根无形的魔棍,驱使所有的学校用一种模式办学,用一个模子塑造学生,教育方针得不到全面贯彻,教育事业也难免受到损害,造成许多学校无特色、教师无特点、学生无特长的局面。

近年来,在反对片面追求升学率的舆论中,一些地方醒悟了,他们根据教育方针和当地建设的需要,鼓励普通中小学办出特色,引导中小学从自己的校情出发,结合当地的历史文化传统、社会环境和自然条件,发挥自己的优势,形成学校相对稳定的个性特色。这特色或表现在某一学科上,或表现在校风建设上,或表现在独特的办学思想上,总之是将社会需求与学校的实际相结合,把学校办得多姿多彩。厦门市的中小学在追求办学特色时,就兼收了优秀传统文化与特区现代化气息,因此学校愈办愈有生机。

省有省情,校有校情,人有个性;如果只是按分数取人,按升学率排名,那必然会压抑绝大多数学校的积极性与创造性,挫伤绝大多数学子的心。最新的智力研究理论表明,文理课程的成绩只反映一小部分智能的水平,更多的智能在传统的学校教育中是难以充分发展的。

厦门市艺术学校暨小白鹭业余艺术学校
与新加坡万慈学校举办舞蹈之旅教学汇报合影

把普通中小学办出特色,是改变片面追求升学率的一条希望之路,愿这股清新的改革之风能吹到全国各地。

[①] 原载于《光明日报》1992 年 5 月 4 日。作者为《光明日报》记者。

交往一时事 流芳数百春^①

——福建省少儿艺术访问团赴台演出追记

陈惠琼

参加福建省少儿艺术访问团的厦门小演员,访台演出归来已有好些日子了,但在宝岛的日日夜夜,那番融融情谊,仍然萦绕于心怀。

访问团受台北市艺术文化协会邀请,于8月6日至28日在台湾各地演出,9月1日返抵厦门。30名小演员参加的艺术访问团,以思明区少年宫飞鹭少儿艺术团18名小学生的汉、傣、藏民族民间舞蹈和泉州市少儿具有闽南特色的民乐联合演出为节目内容。据悉,这是台湾40多年来邀请的第一支说闽南语的福建艺术文化团体。访问团莅临台湾后,台北市艺术文化协会理事长屠名兰在欢迎词中道出初衷,她说:"分割多年的海峡两岸原有同样的一个根,我们邀请这个艺术团来台,就是要把两岸的根连接起来,让我们大家体会到血浓于水的感受。虽说这是两岸交流的一小步,将也是中华民族未来和平统一的一大步的原动力。"

艺术访问团的孩子们足遍台北、台中、高雄、彰化、鹿港等地演出,应邀到华视摄影棚参加《综艺万花筒》的节目演播。观众们包括政界和社会知名人士、普通平民百姓、父老乡亲及小朋友。他们为精彩的表演赞叹不已,特别是那一曲曲最具闽南风味的乡音和舞姿,令人如痴如醉,勾起浓浓的思乡之情。一位教授说,浓厚的闽南家乡风情的乐艺表演,给我留下最美好的印象。厦门小朋友表演的《采茶扑蝶》、《包粽子》、《走雨》等福建民间民俗舞蹈,是少年宫老师为这次台湾之行特意编排的,孩子们花了半年的课余时间刻苦训练。9岁的阮小燕在《采茶扑蝶》中扮演小蝴蝶那活灵活现的神情,真是人见人爱。当小演员在高雄演出结束时,一对夫妇领着小女儿到后台找到"小蝴蝶"照相留影。小娃娃的母亲对舞蹈艺术指导老师说:"你们这儿演出两场,每场我们都看,大家都佩服你们这些老师的训练水平,待我女儿长大,送她去大陆让你们栽培。"

在街道上,当地人看见这一群操着同一种乡音,长得水灵可爱的艺术团的孩子,有如久别重逢的亲人倍觉亲切。在台北演出之余,台北市艺术文化协会名誉理事长范光陵,邀请访问团全体小演员和老师到他家作客。他让自己的孩子做小主人,把自己心爱的玩具分成30份,送给这些海峡对岸的小伙伴。范先生还为访问团访台赋诗:"少儿福建来,儿童第一声,交往一时事,流芳数百春。"

访问团每到一地,就有各地闽南、福建同乡会等民间社团的热心人自愿前来协助帮

---

① 原载于《厦门日报》1993年9月22日。作者为《厦门日报》记者。

忙,热情服务。8月24日,访问团到彰化演出,巧逢台湾一个艺术团体已预订当日在县礼堂演出,当地热心人士多方协调妥善安排,让访问团如期在县礼堂演出。这日演出,能容纳 2 000 多人的礼堂观众爆满,不少人是站着观看哩。一天,访问团到阿里山游览后,到彰化富宾园游览车休息站已是深夜,休息站的苏董事长全家老少都出来当接待员,并特意为孩子和老师买来宵夜。23 天来一直为访问团当驾驶员的张伯伯,事事都为孩子想得周到。他见孩子们演出很辛苦,便利用一次空隙时间,开车赶夜路回家,拉来一个个清甜大西瓜,送给孩子和老师品尝。

在台湾不少人的祖辈多来自闽南,那么,闽南和台湾的"小字辈"接触交流又会是怎样的情景? 8月26日,访问团和台湾各有 30 名孩子参加在台大校友会馆举行的两岸少儿闽南语文化艺术研讨会,就是十分有趣的一幕。在场上腔调各异的闽南语夹杂着普通话,纯真、率直的儿童言谈,不时引发出满堂笑声。孩子们共同讨论了几个热点问题,被当地几家报纸大做文章。次日,台湾"中央日报"就以"异口同声抱怨平日作业繁重"为标题做报道。看来,两岸孩子都有这个共同困扰的难题,但他们都有共同的心愿,希望有一个健康、快乐而能求得新知识的童年。一致认为音乐、舞蹈不仅可以陶冶、沟通心灵,还可以交流新观念。在充满真情的发言中,两岸孩子都表示愿意为未来富强统一的中国而积极奉献。

欢迎福建省少儿乐器舞蹈访问团联欢会合影

教育为了孩子①

——书缘书友会读书沙龙话题之一

厦门日报《鹭岛周末》

编者按：从"教育救国"的梦想到"教育兴邦"的现实，是 20 世纪中国现代教育发展历程的缩影。世纪之交，科教兴国战略使得教育事业的发展又面临新的机遇和挑战。如何面对机遇和挑战，如何让我们的下一代有能力实现中华民族的伟大复兴，我们特在教师节的月份举行"教育为了孩子"的读书沙龙话题。主持人为厦门青年旅行社林志民，主讲人为市教委原主任郑炳忠、厦门二中教师朱丽冰、厦门书缘书友会会员张齐铃。

林志民：教育不仅和在座的每一个人有关系，教育和中华民族的生存与发展，也有着重大的甚至是生死攸关的关系。今天我们讨论的主题是教育为了孩子，或者换一个说法，可以说教育是为了中国的未来。从历史的角度来比较，50 年来特别是 20 年来，不管是厦门还是全国的教育工作，都取得了有目共睹的成就；但如果从现实的需要，从不断开放中的中国所面对的世界的竞争与挑战来看，我们的教育是不是还存在着不足呢？肯定成绩的同时，发现问题，并寻找对策，这是我们本次话题所关心的。

郑炳忠：近百年来，厦门的教育事业在福建省是比较发达的，陈嘉庚先生倾资办学的崇高精神产生了深远的影响。旧中国的厦门教育有政府办学、外国教会办学和数量较多的私人办学等，私人办学是当时厦门教育事业的主要组成部分，而华侨办学是厦门的重要特色。应当说，旧中国的厦门教育，为提高当地文化水平、培养一批英才做出了贡献，但满足不了社会发展的需要。

1949 年以后，政府对各类学校采取了接管、维持、改造的方针，加强了党的领导。市政府对教育十分重视，投入大量资金。除了中学、小学、幼儿园等基础教育在数量、规模、校舍、设备、师资、图书、经费等方面不断扩大外，高等、中等教育也有新的发展。厦门大学成为全国重点综合大学，在我市还新办了不少大中专学校。成人教育也发展起来，开办了机关干部业余文化学校、工人业余大学等成人学校，并长期开展了扫盲工作。

粉碎"四人帮"后，特别是 1981 年设立经济特区以来，厦门教育进入了历史上最好的时期。首先是政府加大了投入，每年预算内的投入比上年都有较大的增长。如 1998 年的预算内支出为 5.44 亿元，比上年增长 18.22％，是 1981 年的 42 倍。办学规模不断扩大，学校不断增多，办学条件不断改善，新建了多所地区高等学校和中专学校，还新创办了几十所中学。社会和海外"三胞"捐资办学助学的热情也很高，十几年来集资、捐资共达 2 亿

---

① 原载于《厦门日报》1999 年 9 月 25 日。

多元。其次是深化了教育改革，以适应特区需要。厦门市于1980年在全省率先改革中等教育结构，创办职业高中，接着创办了全省最早的职业大学鹭江大学。还逐步推行招生制度、毕业分配制度的改革。1986年成立厦门市教育委员会，树立大教育观念，统筹全市的基础教育、职业教育、高等教育、成人教育和社会教育的发展。厦门市20年来教育工作的另一项成就是，建立了一支具有较高思想与业务素质的师资队伍。现在市属的校级干部中，90％以上是这十多年来提拔的，具有合格的学历和丰富的教育经验。全市高中专任教师，学历达标率达82.01％，初中、小学教师的学历达标率都在95％以上。中级、高级以上职称的教师，占据了相当大的比例。厦门市20年来的教育实践，是全面贯彻教育方针，坚持德智体全面发展的一个历程。各级各类学校，在坚持社会主义办学方向的前提下，以生动活泼的教育、教学形式，努力为国家培养一批又一批的"四有"学生。

1993年，厦门市政府提出把厦门办成"教育之城"，制定《厦门教育之城规划》，规划指出：从现在起至2020年，厦门市的教育体系要适应特区发展需要，具有厦门地域特色，社会办教育，人人受教育，每个年龄段都可接受教育，形成布局合理、形式多样、设备先进的现代化、国际化体系。

朱丽冰：教育的进步与发展是明显的。近几年来，关于教育的改革，成了朝野共议的话题。如果说1977年面临的是要不要教育的问题，那么现在面临的，是怎么办教育的问题。在这场讨论中，比较少听到老师的声音。

在高中生中，出现过学生读书太累，走路打瞌睡，撞到电线杆才醒来的事情。我的学生写过一篇日记，叫"愚蠢的中国教育"，对历史、语文、政治课教材提出很多质疑，文中当然有许多偏激之辞，但也提出一些值得重视的问题。这篇文章我在班上讲述时，引起了普遍的共鸣。

我想以古希腊的雅典和斯巴达两个城邦不同的教育模式为例，来说明一个问题。斯巴达是个尚武的城邦，城邦中的每一个人从小就要进行体质检查，7岁从军，要服兵役到60岁。这使得斯巴达城邦十分强悍。雅典城邦实行的是民主共和制，重视对每个人进行音乐、体育、诗歌、美术、建筑、哲学、自然科学等各方面的培养。比较两个城邦，我们会发现，雅典给历史留下了照耀人类几千年的思想和文化艺术、自然科学成就，斯巴达留下了什么呢？什么也没有。

两种教育模式的区别在于，斯巴达过于重视现实功利，把人当作直接的工具，轻视人的天性；雅典则实行人性、人道教育，发挥人的天性，尊重人的精神追求。从长远的、根本的角度看，哪一种模式，更符合国家、民族和每一个公民的利益呢？

中国目前的教育状况也面临着这样的选择。应该说，教育的成就是明显的，但有些情况在恶化。1977年恢复高考时的千万学子拼命读书的热情不见了。据《审视中学语文教材》的调查统计数据，有40％的学生对学习的态度是冷漠的。不少孩子上学心情黯淡、步履沉重，在高中生中尤其严重。我们的教育太注重成绩，轻视对孩子天性的培养，孩子自由发展的空间太小。

现在国家提出素质教育，但与升学、就业的关系怎么解决？家长和老师处于两难状态。学校应该以教师为本，以学生为中心来开展教育。无论如何，教育观念的更新势在必行。

张齐铃:教育改革和经济是联系在一起的。十五大提出多种经济成分并存的思想,使我们看到了经济改革的希望,也看到了教育改革的某种思路。邓小平提出教育的"三个面向",其中有"面向现代化"。现代化是指社会的开放、价值的多元,全民有多种多样选择的自由,强调思想解放。多种经济成分并存的思想,为办学多元化提供了依据。宪法规定每个人都有受教育的权利,每个人也应该有办学的权利。最近看到报道,教育将走产业化的道路,可以办私立学校等等。全国批准了 25 家民办高校,有发放受国家承认的学历证书的资格,其中福建有两家,一家是仰恩大学,一家是华南女子职业学院。但在 1 300 多所民办大学中,这是极小的比例。民办学校一是审批很难;二是受社会歧视,学生也不愿意上。全民办学是国际社会的大趋势。特别是中国,由于国家财力有限,教育投入严重不足,只有借助社会、民间的力量,教育才可能与社会发展相适应。现在的教育改革是雷声大、雨点小,口号多,行动少。能不能学习市场经济,由市场规律来调整教育与社会的供求关系,解决供不应求,或者说,能不能采取经济上的多元主义?

林志民:说实在,提起教育,我是忧心忡忡的,我们喊了多年的重视教育的口号,但教育投入严重不足的问题总是不能解决。国家穷,财力不足,是说得通的理由,它导致教育绝对投入的不足。1996 年,国家财政性教育支出仅占国内生产总值的 2.44%,而在 1994 年,世界的平均水平就达到了 5.2%,即使是发展中国家和最不发达国家也达到了 3.9% 和 3.0%。

在投资捉襟见肘的尴尬情形下,我们在社会上还看到了非常普遍的一个现象,就是学非所用。四年大学甚至研究生读完,耗费了多少宝贵钱财,一走上社会,所用不多,这种巨大的浪费,说明教育资源的配置不甚合理。还有一点令我担忧,就是学生的基本素质。现在的大学毕业生,不管是文科理科,汉语文字表达能力令人不满意。

林添丁(柯达公司):我们的教育,应该思考向传统汲取什么,向西方借鉴什么的问题。我看过美国的一篇文章《我们孩子的发展方向》,文章调查了 1 300 多位 16~18 岁的学生。美国学生强调的是自主意识,信心、职业选择多元化,不单纯局限于课堂,而是通过获得信息和实际工作来获得知识,对自己的人生采取负责的态度。美国学生每周只有 6 小时的家庭作业,而有 9 小时在打工。

吕丽委(槟榔小学老师):我们的教育应该回到传统。学生如果对本民族的文化有深刻的了解,就会有民族尊严感,有自信心,这样才会有健康的心态,去面对各种文化。

余红胜(市科委):技术创新和技术产业化,关键的是人的问题。所以,学习应该和市场结合,教育应和社会结合。现在教育面临素质教育和升学体制的两难选择。我们有迫切的人才需求,需要的是能提问题的人,而不是老实、听话的人。

周鸿(绍南文化传播公司):我主张全民来读中国古代的典籍,读四书五经。中国古代典籍的传授工作,要从小学做起。

张浩(嵩海公司):这涉及学什么的问题。经典可以有一点,要适当。我们应该相信下一代,他们比上一代有优越性,有挑战性。

赵治安(白鹭宾馆):教育孩子靠老师也靠家长。我想谈谈家庭教育的体会。家长自身的充实是家庭教育的前提。我每天晚上读书给孩子听,同时通过家居装修、工艺品摆设来提高孩子的智力,为孩子创造良好的学习氛围。同时注重培养孩子的综合能力、处理问题的能力。

许文秀(工艺美校学生):现在的教学模式是老师讲、学生听。这个问题,学生有多种理解和看法,但只能接受老师的答案。能不能尝试一种做法,让学生也上讲台讲课,学生要备课,就会准备很多资料,就会知道备课过程很辛苦,这样更能学会尊重教师。

高丽敏(读者):现行考试制度淘汰下来的人,有很多在某些方面是很优秀的。吴晗报考大学时,数学考零分,现在一定考不上。现在的考试选拔制度,注重通才,不重视专才。

郑炳忠:第三次全国教育工作会议,把素质教育当作重点,要培养学生的创新精神和实践能力。现实的考试制度还是以分数第一,知识第一,怎么解决这是个大问题。可以从解放小学生做起。

吕丽委:要推行素质教育,教师首先也有一个如何提高自己素质和技能的问题。

林志民:今天的讨论非常热烈。教育是中国的头等大事。杨东平提议,应该发动全民对教育来一场大讨论,我十分赞成。今天也可以说是对这一提议的一个回应。

市教育工委副书记、局长赖菡等局领导与厦门五中教师一起为莲前校区扩建工程奠基

古稀话旧年①

李永裕

说起厦门这 50 年的发展变化,用日新月异来形容毫不为过。我算是一个老厦门了,自 1947 年起就一直住在这里,但现在有时和老友去莲花、槟榔等新区转转时,甚至会有一种到了异地他乡的感觉,变化实在太快太大了。解放前的厦门几乎没有工业基础,只有一些规模不过几十人的烟厂、火柴厂、酒厂,一些简单加工性质的机械行业,生产水平低,靠的都是人力。因为需要大量廉价劳动力,有的厂家甚至低价雇佣盲人。

那时厦门基础设施也很薄弱,夏天经常缺水。这导致一个很普遍的现象:厦大的学生推着水车沿街叫卖。时局动荡,学生生活没有保障,所以利用厦大校园里的几口水井来补贴一下生活费。电厂也只有四五百千瓦的发电量,解放初还被国民党炸毁了。当时,我在厦门日报社工作,报社有一台 20 马力的发电机,发的电除满足本社需要外,还供给中山路,用电非常紧张。

现在厦门公交车四通八达,的士满街跑。解放前厦门的小车充其量不超过 10 部,只有一家私人的出租汽车行出租结婚彩车。交通主要依靠黄包车。车夫的生活很苦,特别是夏天,天气热,吃不饱,卫生条件很差,很多车夫染上霍乱,经常有车夫在街上跑着跑着就倒下了。直至 20 世纪 50 年代中期,厦门才出现了三路在市区行驶的公交车,火车也通车了。

在厦门待了这么久,我可以欣慰地说:"厦门的社会风气一直很好。即使是建立特区后,大家比较重视物质利益了,仍然有许多外地游客夸奖厦门人素质高。公共汽车上让座蔚然成风,问路的人会得到热情有礼的指引。"

旧社会,厦门曾上演过一出啼笑皆非的闹剧。抗日战争时,日本把厦门的许多房子拆了当柴火。1945—1949 年国民党统治下,厦门几乎没有一寸公共设施动土,因此导致住房紧张。1948 年,政府忽然在报纸上大造舆论声势,说要发行房屋彩票,用大家买彩票的钱集资盖房,中彩的即可获得住房。"轰轰烈烈"地售完彩票后,当局只在斗西路盖了一幢不足 100 平方米的两层小楼。

厦门的教育事业一直比较兴盛,培养出大批优秀人才。这也是厦门 50 年来发展迅速的重要原因之一。解放前厦门的学校数量不少,小学 67 所,中学 12 所,但容量都很小。小学中将近 70% 是子弟学校,一个年级只有一个班,一个学校不过百人。规模大的中学也才 500 多人,小的只有几个初中班。加上不少内地的有钱人将小孩寄在厦门上学,占了入学指标,所以,当时尽管厦门在全国教育事业走在前列但仍有大量儿童失学。

解放前教师的待遇也很低,小学老师每月只能拿到 120~150 斤糙米折价的工资,好

---

① 　原载于《厦门日报》1998 年 10 月 17 日,作者时任市教委党组书记,厦门日报实习记者汪丹飞整理。

一点的中学老师也才只有 300 多斤大米的待遇。物价却飞涨。记得那时我为了买一张电影票,提了一捆钞票排队,好不容易轮到了,哪知票价随着我在队伍中的前进也水涨船高了,带的钱不够,只好作罢。因为抢购成风,许多商店纷纷关门。有一次我去百货商店转了转,实在没什么好买的,就像家庭主妇一样,"抢"了半斤毛线回家。

"文革"时,厦门的教育遭到了极大破坏。我那时任双十中学校长。双十中学是全国教育先进单位,所以厦门"文革"首先从这里打开突破口,将双十中学打成黑样板,大多数老师被关进了牛棚,造成"文革"后许多人才的断层。1980 年厦门成为特区后,教育重新跟上了时代的步伐,又走在全国教育工作的前列。

在城市环境上,以我的感觉,厦门并不比国外差,甚至可与"花园城市"新加坡媲美。特别是 1995 年后,厦门的环境得到更大的改观,市区的面积也在扩展。改革开放前,厦门市区只有 12 平方公里,公路只到文灶。文灶树底下有个木牌,上面写着:厦门。木牌里面叫厦门市,外面就叫郊区了。

我作为一名在教育系统工作了几十年的"老厦门",最大的心愿是希望祖国能早日统一。祖国的统一离不开祖国的强大,祖国的强大又离不开发达的教育。所以每当有学生对我说"想做陈嘉庚第二"时,我就感到特别欣慰。相信有强有力的教育事业为依托,厦门这只美丽的"鹭鸟"会更快地飞起来。

厦门市委副书记、市长刘赐贵(前排右二)和市委常委、副市长詹沧洲(前排左一)到双十中学指导工作

国务院侨务办公室顾问,全国侨联原主席、老校友庄炎林(左五)与夫人(左四)回母校双十中学

改革开放春风催生厦门职业教育发展①

——厦门市教育发展的回顾与启示之一

吴奕纯

在厦门教育"十二五规划"正在描绘之际,厦门教育界的老领导蔡望怀、郑炳忠、黄守忠、邓渊源等怀着特殊的感情,站在历史的高度,回顾了改革开放以来厦门教育体制改革和教育事业发展走过的不平凡历程,对教育的重要性、紧迫性和特殊性有了更深刻的认识,为今日厦门的教育事业的发展,为海峡西岸建设培育更多合格人才,提供了一些有益的参考与启示。

创办特区　厦门职业技术教育应运而生

厦门市政协原主席、原副市长、第一任教委主任蔡望怀认为,在改革开放的大潮中,有几股主流,其中之一就是教育体制的改革和教育事业的发展。振兴厦门,建设厦门经济特区,教育必须先行,教育是厦门经济特区发展的基石。教育的绩效总是滞后的,经常年之日积月累、细水长流之后,方能显示出来。所以,如果追求的主要是短期的政绩,教育就容易被忽视。待到出现教育事业的发展不能和经济、社会发展相适应的情况,那就不是几年的工夫能够从根本上加以解决的,家国大业也将被耽误了。他说,改革开放初期的厦门教育,遇到的几大问题之一是教育与特区经济建设脱节。厦门经济特区正高速地发展,但建设人才却跟不上需求。因此,厦门职业技术教育应运而生。

话匣子一打开,大家回顾了改革开放以来,厦门市教育工作者不断更新教育理念,调整教育结构,大胆探索教育改革的新路子,迎来了新的发展机遇。他们认为,若从历史的角度来观察,厦门职业技术教育大致经历了"试办"、"发展"和"调整"三个时期。

20世纪五六十年代,厦门虽然也创办了一些中等专业学校和技工学校,发展了部分农业中学和职业学校。但是,"文革"期间,这些学校被摧残殆尽。特区创办之初,厦门面临的最大困难之一是人才不足,特区亟需大量有一定的文化和专业知识技能的技术工人和一批掌握现代科学技术的人才。厦门市委市政府高瞻远瞩,把兴办职业技术教育作为特区建设的重要措施之一,列入市政府的工作计划。强调在培养人才上要做"明白人"。而后,历届的市委市政府主要领导都把发展职业技术教育作为自己任期内改善投资环境的重要职责,提出要像办重点中学那样办好职业中学。

---

① 原载于《厦门教育》2009年第6期。作者为《厦门日报》高级记者。

原市教委主任郑炳忠同志激动地谈到:在市领导的重视与支持下,厦门市职业教育发展较快,走在了全省的前列。1980年12月,厦门七中、厦门四中在全省率先创办职业高中班,突破厦门市普通教育的单一模式,迈出中等教育结构改革的第一步。紧接着,1981年,厦门市政府拨出巨款创办鹭江职业大学,这是全省第一所职业高校,也是全国最早出现的职业大学之一。鹭江职业大学突出市属地方性、职业技术高校的特点,旨在培养特区需要的大专水平的职业技术人才。至此,厦门市一个贯穿初等到高等的多层次、多渠道、多种类的职业教育框架开始形成。

在职业技术教育的试办、推行期间,厦门市成立了中等教育结构改革领导小组,在市人代会上的政府工作报告中,明确提出"把职业教育作为大事来抓,大力培养人才",并作为建设特区工作中的指导思想之一。在市长办公室会议上,多次专题研究"中等教育结构改革"问题。厦门市党政领导还参与研究,诸如办学方案、招生计划、专业设置和培养目标,以及解决办学经费、毕业生安排等问题。

郑炳忠说,当时,市领导亲自做有关部门的思想工作,发动各部门支持配合中等教育结构的改革。开学第一天,市委书记陆自奋、市长吴星峰还到学校看望职业学校的学生,鼓励他们学好文化知识和专业知识,毕业后成为合格的特区建设者。市政府通过市财政拨给职业技术教育的经费逐年增加,基本解决了职业学校的经费问题。全市的职业学校逐步配齐较为先进的教学设备,实习基地也从无到有,建立了校内外的实习场所,以配合教学和实习的需要,为学生的专业技术技能训练创造了良好的条件。

市领导的重视,增强了教育部门的办学信心;机构的建立与健全,保证了中等教育结构改革顺利进行,并在实践中巩固和发展。由此,厦门的职业技术教育进入了前所未有的迅速发展时期。

职业教育 适应经济特区发展而发展

职业教育的改革与发展,需要不断适应社会发展过程中的新变化、新情况和新问题,不断调整职业教育方式与方法,才能步入"快车道"。对此,原教委主任邓渊源有一生动的说法:改革开放的经济策略是摸着石头过河,办好职业技术教育也是一样,是在探索的过程中行进的。我们是像办重点中学那样,费尽心机办好职业技术学校。

多年来,厦门的职业技术教育的方略与厦门经济特区建设的需求同步进行,呈现出其勃勃生机。20世纪90年代,随着厦门特区外向型经济的发展,产业结构和劳动力结构都在发生深刻的变化,特别是一批劳动密集型企业,对生产、服务第一线的劳动者数量、质量和能力结构都提出了新的要求。为此,厦门市加强对职业技术教育的统筹、协调和管理,逐步建立职业技术教育质量评估和督导制度。确立职业技术教育大家办的方针,走多渠道办学、联合办学的路子;并有计划、有目的地进行超前规划、设置新的专业,为外向型生产企业培养预备人才。市教育主管部门还根据企业及各个行业对人才的需求不同,确立与之相适应的学制和教学内容;采取与集团、财团、公司联办的形式,培养对口需要的人才。

以就业为导向,面向社会、面向市场、面向企业、面向农村办学,采取联合办学的形式,是厦门市的职业教育能够办出特色的成功经验之一。走出学校,与社会、用人单位、企业结合,是促进职业技术发展教育的途径,也是厦门职业技术教育的主要形式。蔡望怀回忆了政府职能部门充分发挥作用,关心和支持职业技术教育的情况:

20世纪90年代初期,全市各级各类职业学校分别与电子、化工、商业、财政、交通、旅游、港务、金融等20多个部门联合办学。每个学校的联合办学与专业设置都由市计委、教委、人事局、劳动局、特区劳务公司等协同研究,统筹规划和安排。联办双方还就领导体制、培养目标、学制、课程设置、毕业生安排、经费等10多个方面签订合同,做到联办不重复、不交叉,分工明确,职责清楚。经过几年的摸索,联合办学又从与部门联办逐步发展为直接同生产集团、外商、中外合资企业联办,成立了十几所培训中心等,既为企业培养了适用人才,也给毕业生就业提供了大量的空间。在这期间,厦门办出了一批有特色的重点职业学校,很受企业的欢迎。如电子、旅游、交通等国家和省的重点职校。1988年,创办了厦门市工业中专,开设机械、工民建等专业,为同安农村培养中级人才。这所学校走多形式、多层次、多功能和产教结合的路子,办学成效显著,设计制造出全市第一台数控机床,在全国影响很大,是十分值得珍惜的一个职业教育的优质资源。

随着优先发展教育战略地位的确立,厦门市的职业教育发展越来越受到人们的重视。1985年至1996年,厦门市的职业教育经历了一个蓬勃发展期。由于改革招生制度,全国、省重点中专可以参与提前批择优录取,高中阶段职教与普教招生数比例首次超过1∶1。跨入21世纪,职教处于更加突出、更加重要的战略位置,这一时期成为改革开放30年来中国职业教育改革与发展的最好时期。从统计数字中可以看到厦门职业技术教育在发展:"六五"厦门市的职业高中班由4个职高班发展到20所学校开办职高班,培养5届毕业生3 000人;"十五"期间共培养了50 000名毕业生。

进入21世纪,厦门的职业技术教育发展更为迅速,不少学校扩建了新校区,办学条件、基础设施都得到较大改善。各校实行学分制、分层教学等不同的教学模式,以提高教学质量。除了不断优化完善办学布局、改善学校的硬件设施、提高软件水平外,各校还采取多种措施加强学生的管理,实行职业生涯规划,培养学生的自主创业意识等。这样,不仅培养了学生的职业技能,还增强了职业道德教育与理想教育。前不久,厦门中职学校学生在全国职业院校技能大赛中夺得了3个一等奖和1个二等奖。福建省获得5个一等奖,厦门就占了3个。这一赛事是中国大陆中等职业和高职院校最高层次的技能比赛,从获奖的意义上看,厦门的职业教育仍位居全省乃至全国的前茅。

1993年年初,在邓小平南方谈话精神的启示和感召下,激发了新一轮的改革开放大潮。蔡望怀同志倡导兴办鹭岛大学(后更名为华厦职业技术学院),先后得到市、省人民政府的批准,2001年纳入全国统一招生,是厦门市第一所获得教育部承认大专学历的民办高校,也是首家通过高职高专人才评估的民办学校。16年来,华厦学院毕业生总数近9 000人。从首届设置专业3个、学生150名到今年设置专业28个、学生5 183名,从创办之初的"零资产"到现在拥有可观的有形和无形资产,无疑是厦门市民办教育的一大亮点。

谈到创办华厦学院的目的和办学理念,蔡望怀同志说,就是要进行民办教育的探索和试验。一是挖掘社会潜力,开发民间投入,培育新的教育资源,作为公办教育的辅助,满足社会日益增长的教育需求;二是寄希望于新兴之民办教育这一宽阔空间,来探求发展之新思路、新模式。

经过近30年的发展,厦门市已基本建立起与市场需求和劳动就业紧密结合的格局。职业教育服务经济社会的能力不断增强,规模不断扩大,新办了华夏职业学院等一批民办职业院校,形成了结构合理的初级、中级、高级并行发展的职业技术教育体系和公办、民办的职业技术教育新格局,改变了"千军万马过独木桥"的单一办学形式,成为经济特区建设的一大支柱。原教委主任黄守忠高兴地说:就全国职业教育发展趋势来说,人们是这样评价的——北有大连,南有厦门。这说明,厦门的职业技术教育即使在全国范围来看,也是处在领先的位置。1991年,厦门市政府被国家教委等5个部门联合授予全国职业技术教育先进单位的光荣称号,全国获此殊荣的仅厦门和大连两个城市。

在回顾职业技术教育发展的历程中,老领导认为,近年来,厦门职业技术教育已有了新的发展趋势,走上了集团化整合办学道路,职业教育的集团化、社会化,标志着厦门的职业技术教育走向了更为现代、更为成熟的阶段。

职业教育 促进和谐社会构成的措施之一

厦门职业学校学生的就业率逐年上升,与当前普通高校大学毕业生就业越来越困难,形成鲜明的对比。于是,社会上的人们把更多关注的目光投向了职业教育。据媒体报道,近几年,许多初中毕业生主动选择上职业学校,一些外出打工的孩子也纷纷重返校园。这一现象是近年来厦门教育发展的新动向,应该引起重视。从另一角度来看,加大职业技术教育的比重,提高学生的就业率,可以在一定程度上稳定社会结构,促进和谐社会的形成。

蔡望怀同志说,建立经济特区以来,厦门职业教育的发展,对提高劳动者素质,改善从业人员结构,促进经济建设等方面,发挥了重要的作用。而且从提高劳动者就业率方面来看,也起着稳定社会的重要作用。对此,厦门市政府自始至终采取一系列政策措施予以保证。例如,为了保证职业技术学校学生的就业问题,当时市政府就明确下文规定"劳动制度改革要与教育制度改革相适应","先培训、后就业",保证职业技术学校合格毕业生在专业对口的招生中优录用先。由于职业高中毕业生学有专长,加上政策上的倾斜,20世纪90年代以来,厦门市的职业高中毕业生当年毕业对口录(聘)用率,一直位居全国的职高毕业生就业率前茅。学生在学习结束之后,顺利地走上工作岗位,减轻社会负担,增强国家生产实力,对于社会稳定起着很大的作用。人们看到,在国家经济高速发展的今天,各行各业急需具有较高专业技能的人才,特别是高级技师和技工,一直是国家所需要的,而市场上却出现"技工荒"的现象。另一方面,普通高校毕业生的就业难已成为不容忽视的社会问题,成为一个不稳定的因素。一方面,大学生毕业后找不到工作;另一方面,市场上远不能满足技工人才的需求。因此,职业技术教育更凸显出其重要性。寻找新途径,抓住新机遇,使管理体制、运行机制和办学模式更好地适应形势发展的要求,这是摆在厦门职业教育面前新的问题。

　　还有,历史遗留下来的陈腐观念仍根深蒂固,不少人鄙视职业技术教育,认为"职业技术教育"是"二等教育",报考职业技术学校的学生是"二等学生"。有的职业教育学校甚至千方百计想拿掉"职业"二字,而一些领导对职业技术教育仍视之为可有可无的,不予支持。这些都说明转变旧有的教育观念是十分迫切而重要的。因此,必须在全社会树立起"行行光荣、行行出状元"的新观念。

　　教育界的老领导们也同时指出,我市职业技术教育在办学上还存在一些不能完全适应产业发展的问题。如,产学研结合的方式还不够灵活,专业设置与产业结构发展还不相适应,教学体系与生产实际的结合还不够紧密,"双师型"专业教师的数量还不足,职业教育的办学条件还不完善,企业支持教育的氛围还不够浓厚等。另外,厦门大部分职校毕业生多数从事的是劳动力密集型、技术含量低的工作,随着产业结构的不断升级换代,高技能人才需求大增,竞争将是十分激烈的。因此,进一步提高职业技术教育服务产业发展的能力,主动对接,为经济社会发展提供人才保证和智力支持,已成为一项紧迫任务。

　　他们强调,当前厦门职业技术教育的发展,仍应坚持以服务为宗旨,以就业为导向,主动呼应、主动融入、主动对接产业发展;同时,创新体制机制,优化产业结构,进一步明确职业技术教育的办学定位和发展方向,努力面向生产与建设,服务与管理,为第一线培养高技能人才和高素质劳动者,更好地为我市产业发展提供全面、科学、有效的服务。

　　他们认为,联合办学是厦门职业教育的最大特色,要继续完善这一办学模式,走"工学结合,校企合作"、"产、学、研"之路,以拓宽厦门职业教育空间。要努力提高教育质量和办学效益,创新人才培养模式,提高职校学生的技能,做到学校与企业零距离以培养适销对路、"一专多能"的全方位人才。如果学生一毕业,走上工作岗位,就能顶岗上班,那将大大缩短培训时间,岂不两全其美?

　　同时要坚持对外开放,加强职业教育的国际合作与交流,学习和借鉴其他国家发展职业教育的有益经验,引进国外优质职业教育资源,扩大职业教育规模,在职业教育的管理体制、运行机制以及人才培养的规模、结构、质量等方面创出一条新路,更好地适应厦门经济特区快速发展的需要。

　　改革开放的春风,催生了厦门职业教育发展。30年来,厦门职业技术教育的发展,为经济特区的建设输送了大量的人才,写下了不可磨灭的一章;在今后的30年,它将为厦门在"两个先行区"建设中发挥示范榜样和先行先试作用,做出更大贡献!

举全市之力提前实现普及九年义务教育^①

——厦门市教育发展回顾与启示之二

吴奕纯

经济特区创办以来,厦门的基础教育和职业技术教育并驾齐驱,同步发展,促进了厦门教育观念大转变、教育制度大创新、教育水平大提升。义务教育是基础教育的重要阶段,提起当年普及九年义务教育的艰难进程,厦门教育部门的老领导蔡望怀、郑炳忠、黄守忠、邓渊源等同志深有感受。

一、实施普及九年义务教育的现状

20 世纪 80 年代初,基础教育提得最多的话语是"两基"。何谓"两基",就是基本普及九年义务教育,基本消灭文盲。原市教委主任郑炳忠同志说,厦门市实施"两基"在今天看来,似乎很简单,可是,要走出这一步,确实很不容易。因为据 1982 年普查,厦门市文盲、半文盲率竟达 24.04%,高于全国水平;初中文化程度的职工占到 69%;1982 年初中入学的生数,在两年半之后,农村学生巩固率还不到 60%,城市也有一些学校不到 80%。郑炳忠同志说,改革开放之前,地处海防前线的厦门教育的基础建设速度是缓慢的,许多校舍年久失修,农村简易小学的危房、破房的比例居高;教学设备差,师资欠缺,学生的失学、辍学率高;农村的文盲、半文盲多。据 1981 年统计,全市中小学危房有 7 万平方米。仅改造、维修所需的资金缺口就较大,更谈不上建造新型的教学大楼、实验室,添置现代化的仪器和设备。

校舍的改造和维修的数字容易调查,而全面摸清全市 0 岁到 17 周岁的义务教育对象的准确数据,则难度甚大。郑炳忠同志回顾起当年组织人员调查全市义务教育对象的情景,感触很深。当时,厦门市教委组织了数百人,深入到派出所查户口,登记义务教育对象的受教育情况,并分别按年龄、入学率、辍学、文盲率逐一登记造册,建立义务教育情况统计表、户口册和适龄儿童少年接受义务教育情况登记卡,连残疾儿童少年等特殊人群也不遗漏,全都登记入册。全市六区一县的适龄入学情况,仅摸底登记工作,就整整用了 8 个月时间。厦门市政协原主席、原副市长、市教委第一任主任蔡望怀说,正因为摸清了全市义务教育对象的情况,为我们制定"两基"规划奠定了基础,提供了准确的数据。当年市教委初教处苏锦联同志负责这项调查工作尽职尽力、呕心沥血,我们不能忘记他,不能忘记

---

① 原载于《厦门教育》2010 年第 1 期,作者为《厦门日报》高级记者。

为普及九年义务教育做出贡献的同志。

1986 年国家颁布了《中华人民共和国义务教育法》，提出 2000 年实现九年义务教育。这是一项关系到国家强盛、民族素质的战略性任务，是一项跨世纪的基础工程。它牵涉到千家万户。但在组织实施过程中存在着有法不依、依法不严、违法不究的现象，造成《义务教育法》缺乏权威性。还有一些学校内部的教育思想和教育管理也存在问题，给实施义务教育带来了一定的障碍。厦门市各级政府、教育部门以积极进取、实事求是的精神，以旺盛的创造力，克服了重重困难，在宣传、实施《义务教育法》上取得了成效。市政府以"普九"为专题，召开教育工作会议。分管教育的副市长蔡望怀就"普九"的意义、有利条件、存在的问题和今后采取的措施答记者问，并在电视上发表讲话，阐述"普九"的重大意义和深远影响，号召各级政府、政府部门、全社会和广大群众履行自己的职责和义务，齐心协力推动"普九"工作的进展，确保全市如期全面完成普及九年义务教育。

厦门"普九"的重点、难点在同安，只要攻克这个难关，厦门市的"普九"就能全面实现。1992 年，市政府和同安县（现为区）单独签订责任状，明确两级政府担负的责任，规定了奖罚要求，保证"普九"目标的切实落实。1994 年，厦门市七届人大常委会通过了《重点扶持同安县实施九年义务教育》议案。厦门市人民政府高度重视，多次召开有关部门领导研究落实同安县实施九年义务教育工作，主要解决经费投入、校舍基建和师资配备问题。当时，老教育局长李永裕同志虽然从岗位上退下来，仍担任福建省教育厅督导、厦门市教育基金会常务副理事长，他一直牵挂着同安的"普九"工作，把同安的"普九"工作作为份内的事。他深入基层，寻找对策和突破口，说服乡镇领导支持学校办学；帮忙学校协调、解决各种关系和困难。

经过多方面力量的合力攻坚，1996 年，同安跨越实现普及九年义务教育，确保了厦门市全面普及九年义务教育的顺利实施。

二、领导重视教育，把教育投资视为战略投资

"百年大计，教育为本"，厦门辟为经济特区后，厦门市委市政府重视教育，把教育投资视为战略性投资。在百业待兴、处处用钱的情况下，舍得在开发智力上花钱，提高义务教育水平。各区政府也尽量多挤出钱来办教育，义务教育经费逐年增加；同时，还多渠道筹集教育资金，确保教育经费和学生人均经费"两个增长"。"八五"期间，全市教育基建投资 2 亿元，全市学校消灭危房，新建中学 16 所，小学 4 所，扩建中小学 59 所，维修校舍、添置教学仪器和设备，改善了办学条件。做到农村"村村有小学，人人有书读"。全市中小学普教仪器设备基本达到了国家规定的 I 类标准。中小学建立语音实验室，农村初中教室也都安装了计算机，市区学校的教学方式实现了网络化，厦门的基础教育开始进入了信息化、多媒体的教学时代。

人民教育人民办，普及教育靠人民大众。蔡望怀同志回忆 20 世纪 80 年代末，他在任副市长时，全市掀起集资办学热潮的情景。他说，1988 年，市直机关干部响应市政府号召，为厦门市教育基金成立，开展"一人一月一元钱"捐资助学活动，以支持"普九"。他说，

一元钱虽然是小事,但是,办教育是大事,积少成多、集腋成裘,对全体干部教育意义重大。许多侨胞、港澳台同胞也纷纷解囊捐资办学,全市成立了近 10 个教育基金会。与此同时,郊区农民也掀起集资办学热潮。各乡、村出现了人人关心教育,积极改善办学条件的新气象。在当时,走进还不富裕的农村,村里最好的、最美的房子要数学校。20 世纪 90 年代初,市区一大批历史悠久的老校,旧貌换新颜。昔日旧房、危房,已为一幢幢拔地而起的实验楼、教学楼所取代。

原市教委主任邓渊源对提高教师队伍质量体会深刻,他说:"振兴民族的希望在教育,普及九年义务教育的希望在教师。"20 世纪 80 年代中期,厦门虽然有一支文化素质较好的教师队伍,但是从普及九年义务教育的角度看,数量和质量都远远不够。因此,加强师资队伍建设迫在眉睫。教育部门坚持两条腿走路,一方面大力发展师范教育,增强师资培养力度;另一方面办好教育学院和各级进修学校,通过脱产、函授和在职进修等多种形式,进行知识更新,提高教师的学历水平。与此同时,还鼓励高、初中毕业生报考师范院校,确保各类师范院校的招生质量。厦门市委市政府连续几年坚持为教师办实事,提高在职中小学教师的待遇。在全市住房紧缺的情况下,每年都给教育系统分配一批住房。各区、镇也积极筹集资金解决教师住房困难的问题,为教师办实事、排忧解难,尊师重教的风尚逐步形成。

郑炳忠同志说,在管理上,各级教育部门建立健全了教育督导制度。改革开放之前,厦门的教育督导制度几乎为零,随着《义务教育法》的颁布,教育部门都相应成立了督导室,挑选德高望重的教育工作者担任督学。厦门教育部门退居二线的几任领导,也亲自担任督导。他们既监督各级政府是否按照《义务教育法》的规定,做到了教育经费的不断增长;又监督学校是不是按照党的政策方针实施教育。教育督导制度的建立对厦门义务教育的普及发挥了很大作用,也是改革开放以来的重要成果。

在实施义务教育的过程中,厦门市政府和教育部门还重视特殊教育,每个区都举办弱智儿童学校(班),巩固和发展聋哑学校,让每一个残疾儿童都能入学接受教育。城区做到满足所有适龄幼儿接受学前教育,农村发展学前两年教育。自 1986 年《义务教育法》的颁布实施,到 1996 年实现"两基",经过 10 年奋斗,1996 年,厦门市率先实现普及九年义务教育,提前一年率先在福建省达到"两基"。1984 年,全市城乡普及初等教育,比中央提出 1990 年和省提出 1985 年完成普及小学教育任务分别提前 6 年和 1 年。2007 年,全市 6 个区又率先通过省政府"双高普九"的评估,成为全省第一个实现"双高普九"的设区市。

三、创造义务教育人人都有接受教育权利的均衡发展

进入 21 世纪,国家把普及和巩固义务教育作为教育事业发展的一项战略任务,九年义务教育从基本普及转向全面普及和巩固提高阶段。据了解,近几年市政府每年安排 1 亿元,用于扶持农村薄弱学校,集中建设一批农村义务教育和公共卫生项目,其中教育占 70%。2008 年,再设立扶持农村学校专项资金,用于农村义务教育学校设施建设。通过几轮的扶持建设和教育资源整合,农村中小学办学条件得到极大改善,基本赶上城市中

小学。

随着科技进步的发展,现代化进程的加快,教育手段、方法也在发生变化。原市教委主任、现为厦门市教育基金会副理事长黄守忠说,近几年,厦门市进城务工的农民工子女逐年增加,据了解,目前,在厦门接受义务教育的进城务工的农民工子女达 10.8 万人。将农民工子女义务教育纳入辖区教育发展规划,逐年增加公办学校的数量,扩大招生规模,有效地解决进城务工农民工子女入学难问题,也是深入贯彻《义务教育法》,切实提高教育质量,做到教育公平,巩固九年义务教育的一项重要措施。

市教育部门的老领导高兴地谈到,为办好教育,厦门市委、市政府在岛内设立 38 个义务教育建设项目,以破解就学难的问题。义务教育建设项目的启动,在一定程度上缓解了厦门市现有的基础教育规模的矛盾,满足了百姓对基础教育的需求。但是,增设足够的学位以满足基础教育的需求是远远不够的,广大人民需要能享受到更多的优质教育资源。因此,落实各级政府对教育工作的责任,加大学校的管理力度,切实控制中小学学生辍学,实现高水平、高质量普及九年义务教育的目标,依然任重道远。

蔡望怀同志认为,实现普及九年义务教育,创造义务教育阶段人人享有同样接受教育的权利,促进均衡发展,也是提高厦门市人民的科学文化素质,为培养社会主义现代化建设所需要的各种层次、各种专业的人才奠定宽厚而坚实的基础,才能有力地促进厦门两个文明建设。他说:"事实证明接受过九年义务教育的新一代农村青年,已经成为 21 世纪我市城镇化建设的主力军,今后,他们将为海峡西岸建设发挥更大作用!"

国家教育部基础教育司马力司长、市教委许十方副主任参加在科技中学举办的"2002 全国教师教育工作会",并视察学校教学环境留影

厦门市科技中学成立大会　　第 23 届全国青少年科技创新大赛福建代表队合影

均衡发展,办好每一所学校^①

——厦门市教育发展的回顾与启示之三

吴奕纯

义务教育是基础教育的重要阶段,厦门市全面普及九年义务教育,深化教育改革,使教育观念产生了极大的变化。这体现在面向全体、均衡发展,办好每一所学校;改革中小学招生考试制度;基础教育转向素质教育等方面,并取得了标志性成果。这些成果为今天厦门的教育,为更好地培育海峡西岸建设人才的目标,提供了有益的参考与启示。

厦门教育界的老领导蔡望怀、郑炳忠、黄守忠、邓渊源等同志是厦门基础教育改革的亲历者和实践者,在回顾改革开放以来厦门的基础教育,特别是"均衡发展,办好每一所学校"这一不平凡的历程,记忆犹新。

一、推进基础教育均衡发展,以促进教育水平

厦门市政协原主席、原副市长、第一任市教委主任蔡望怀认为,普及九年义务教育还有着一个深层含义,就是合理配置教育资源,推进基础教育的均衡发展,以促进教育公平。这就是说,在办好重点中学的同时,也要办好一般中学,特别是要提升"弱势中学"、农村中学的办学水平。他说:"若忽视了一般中学的办学,那将是一个很大的缺失,乃至可以说是违背了'普九'的精神。"

"面向全体,办好每一所中学"这是"普九"的重要内涵,是义务教育阶段人人享有同等接受教育权利的一种体现,这是实现社会公平的基础。他认为,要均衡发展,就应该缩小学校之间的硬件软件建设,以及教学质量上的差距,而让所有的中小学在不同起点上都有所进步。20 世纪 80 年代末,蔡望怀在担任厦门市副市长期间,把眼光盯住普通中学,在教育资源匮乏的情况下,尽力给农村中学和普通中学更多的支持。据资料,20 世纪 90 年代初期,厦门市政府以转移支付方式,每年向同安县划拨 2 000 万元以上的教育专项经费;进入 21 世纪,继续实行转移支付政策。通过几轮的扶持建设和教育资源整合,同安县农村中小学办学条件得到了较大的改善,基本赶上了市区的中小学。

厦门创建经济特区以来,基础教育观念逐步实现了理性回归,教育模式已从强调分数的"题海战术"转向素质教育,转向重视学生的全面发展。在不断深化素质教育改革中,"德育为先"的素质教育理念逐渐深入人心。原市教委主任邓渊源同志说:"随着经济特区

① 原载于《厦门教育》2010 年第 1,2 期合刊,作者为《厦门日报》高级记者。

的建立和港口的对外开放,德育教育尤显重要。基础教育中的德育范畴要不断扩大,德育方式要更加多样化和注重实效。"20 世纪 80 年代末,厦门市运用独特的人文地理优势和英雄人物塑像,建立了 10 多个德育教育基地;中学生政治夏令营办得有声有色;学校以热爱党、热爱社会主义、热爱祖国的"三爱"教育为重点,开展系列活动颇有成效。当年上海教育系统曾组织了一个 200 多人的考察团,专程到厦门学习德育教育。在鹭江职业大学(今厦门理工学院)的梯形教室,集美中学、厦门一中等学校介绍的开展德育教育的经验,反响很大。他说,厦门的德育教育名声在外,全国曾组织德育专家,连续 5 次到厦门检查督导,对厦门的德育教育评价很高。1987 年,厦门被评上全国德育教育先进单位。当时全省评上 5 个单位,而厦门就占了市教委、大同中学、实验小学 3 个单位。

二、基础教育应由应试教育向素质教育转轨

厦门基础教育由应试教育向素质教育转轨,取得有效的成果。其方法是:办好所有的学校,办好有特色的学校。原市教委主任郑炳忠同志说:"当时,我们的做法是既要办好重点学校,又要办好一般学校。从各自的传统和优势出发,办好所有学校。面向全体学生,力求均衡发展,根据学生的天赋差异和爱好特长,给每一个学生提供最合适的教育,让每一个学生都活泼健康地成长。"早在 20 世纪 80 年代初,市教育局领导就鼓励各中学、小学在全面贯彻教育方针的基础上,注重"合格+特色"建设,在"厦门二中高中部创办英语中学",然后,经过多年的教育资源的培育、积累,1990 年终于从二中分离出来,成为一所完全独立的"厦门外国语学校"。记得 1982 年,时任教育局局长的李永裕同志到福州开会,正值当时的市委书记陆自奋同志也在福州开会,他便直接去找陆书记汇报创办外国语学校之事。陆书记听完汇报,觉得是件好事,给予大力支持,并让李永裕去找省教育厅等有关领导,取得教育厅的同意。厦门音乐学校也是借重鼓浪屿的音乐文化底蕴,引进一批音乐专业师资后,依托二中"孵化"发展成长的。除了提倡办特色学校外,不少学校也在班级和课外活动内容上,创造出各自的特色。厦门六中的创造发明活动,厦门二中的足球队、OP 帆船队活动,大同小学美术书法实验班,群惠小学的舞蹈班都办出特色、办出成效。普通学校因办出特色而增强办学信心;一些有特长,但非考试成绩好的学生,也在学校特色中找到用武之地。

原市教委主任、现为厦门市教育基金会副理事长黄守忠说:"素质教育着眼于学生的发展,把促进每个学生的发展当作基础教育的宗旨,强调学生的全面发展、多样性发展、主体性发展。"改革开放 30 多年来,厦门教育工作者在实践中,对提高学生的素质这一认识不断深化,学生在德、智、体、美和知、情、意、行诸要素上得到全面培养和塑造。他说,厦门办学境界高,从 1990 年起,全市中学推行"校园三节",即 5 月的艺术节、10 月的体育节、12 月的科技节。实践证明,以素质教育为目的的"三节"活动,开阔了学生视野,陶冶了学生情操,深受学生的欢迎。"三节"活动给学生提供了展示才华的平台,成为校园文化活动的一项重要内容;"三节"活动让更多的科技、艺术、体育等各方面人才脱颖而出,这正是我们的基础教育所期待的。

基础教育转向素质教育,是时代发展的需要,是社会发展的需要,也是教育自身发展的需要。蔡望怀同志对厦门市"面向全体学生",开展素质教育的方针深有体会。他说:"20世纪80年代初,邓小平同志高瞻远瞩地提出'教育要面向世界、面向未来、面向现代化',极为符合教育发展所面临的现实问题。"沿着这一条科学的、发展的思路,厦门市在全省率先开展电脑普及教育,建立电脑教育中心,成立市中小学计算机教育领导小组,制定全市中小学计算机教育发展计划。90年代初,全市所有中学率先展开电脑的普及教育,中小学逐步建立了语音实验室,农村初中教室也逐步安装了计算机,市区学校在课堂教学上逐步实现了网络化。

三、改革中小学招生考试制度是基础教育的一项重大举措

中小学招生制度的改革是厦门市基础教育的一项重大举措。郑炳忠同志说:"改革中小学招生考试制度,既是遵循教育的特点和规律,减轻学生负担,提高教学质量,也是推进教育均衡发展、办好每一所学校的重要措施。"20世纪80年代后期,厦门市在全省率先取消小学毕业生升学考试,采取毕业考与升学考"两考合一"的办法;将初招的全面择优,改为初中对口小学的"划片招生、就近入学"。并以此为突破口,推进了义务教育均衡发展,改善了一般中学的初中生源质量。1994年,进一步改革了初招考试制度。岛内采取电脑"随机派位",免试就近入学。紧接着,在全省率先实行初中升高中的自主命题,进一步落实教学大纲的要求,教师可以根据本市的实际,教好学生。1998年,市委市政府发出《关于扶持一般学校办好所有初中的若干措施的决定》。文件一共有23条规定,明确提出改善一般学校办学条件,提高办学水平,缩小校际差距,把全市所有初中办成让家长放心的学校等。中小学招生制度的重大改革涉及千家万户,曾在社会上引起很大的争议,但实践证明这项改革是正确的。它保障了教育的公平公正,为促进义务教育的均衡发展,提供了制度保障。"划片招生,电脑派位"一直坚持到现在,并为社会所认可,这是与市政府的支持分不开的。

黄守忠同志接着说:"中小学招生制度的改革,推进了基础教育均衡发展、促进了教育公平。教育的本能就是为人的发展服务的,是以人为本的。"厦门经济特区建立30年来,我们对教育功能的认识也在逐步深化。新时期的基础教育不仅要为经济社会发展服务,同时也要为人的发展服务,要把二者统一起来,落实到"以人为本"的根本点上。"划片招生,就近入学,电脑派位"这一中小学招生制度的改革,使"面向全体、办好每一所学校"的要求得以实现。它也就是"以人为本"原则的体现,促进了厦门社会的和谐。

在座谈中,厦门教育界的老领导们站在战略的高度,对教育的重要性、教育的意义,做出更深刻的探索。蔡望怀同志说:"在改革开放的大潮中,有几股主流,其中之一就是教育体制的改革和教育事业的发展。培养特区建设的人才,不可能一蹴而就,是要付出极大和长期的努力和心血的!"他进而指出:"经济特区的建设日新月异,一幢幢高楼大厦巍然耸立在世人的面前,这是有形的;而我们的教育则像是一座无形的大厦,耸立在所有有形大厦之巅,比这些有形的大厦还要珍贵!"建设教育这样的"无形大厦",德泽全民,福及后代,

益莫大焉！卖一块地皮，建一座高楼，只能获利于一时，而建造好教育这座无形的大厦，才是百年大计，根本之计！

他们还进一步指出，经济特区创办 30 年来，厦门的教育虽然取得了很大成绩，但是改革中还有许多问题值得思考。如：教育观念的转变与教育制度的创新；进一步促进教育公平和义务教育的均衡发展；促进职业技术教育和民办教育发展的改革；全面贯彻教育方针，让每一个学生全面发展，彻底改变应试教育弊端的考试制度的改革；真正让每一个孩子都能"上好学"，农村教育改革和解决农民工子女教育等，这一系列问题的改革和创新，都需要我们冷静思考和认真面对。

厦门教育有着辉煌的今天，是在市委市政府领导下，厦门教育界几代人努力奋斗的结果。今日的回顾和总结，是为今后厦门教育的发展提供有益的借鉴。教育界的老领导们相信，厦门教育的明天将会有更大的发展。

同安区新民镇 2010 年教育工作市级督导评估会

市第八轮文明学校督导评估会场

厦门教育考察团金门行
五十年来第一回^①

李全鎗　金　城

县政府教育局局长卢志辉昨日以晚宴款待来金访问的厦门教育考察团团长郑炳忠、厦门市教育委员会办公室副主任李向群等十人,团员之一的谭南周也即兴吟诗一首为此行留下佳话。

卢志辉是于昨日晚间六时宴请郑炳忠等十位教育界人士,两岸教育界相见晤谈甚欢,为两岸教育、文化交流再添上新页。

而担任厦门市教育科学研究所所长、中国教育报记者的谭南周也即席吟诗一首,为本次交流留下见证,诗吟:"寄语声声木铎催,一衣带水浪千堆;此航直向金门去,五十年来第一回。"席间也博得座上嘉宾的满堂彩。

厦门市教育学会参访团,昨日上午八时半莅临金城国中参访方。城中校长杨清国、城中教师会长许绩赞与各处室主任、组长、前县教师会长李荣团等,在城中管乐团的欢迎乐声中列队迎接。随即参访团员与城中师生在校门口合影留念,留下两岸相隔五十二年来首次进行的文教交流难得画面。

参访团在城中视听教室座谈,首先由杨校长致欢迎词,许维民主任做简报,然后由厦门市教育基金会理事长庄亨浩、厦门市教育工会主席李中坚分别致赠城中纪念品与纪念旗以示感谢城中热烈接待。李中坚致辞:希望加强两岸文化交流,共创 21 世纪新中国。并对城中管乐、国乐表演深表嘉许与敬佩。

厦门市教育学会参访团等一行七十四人,昨日在该团团长郑炳忠、副团长黄守忠等人带领下,分别前往金城国中及金湖国小,参访了解各校的软硬体设施及学校的教学方针。

副团长黄守忠一行人在抵达湖小后,并由湖小校长吴启腾陪同,前往该校的会议室,欣赏多媒体简报,让他们进一步了解到该校整个校园的状况。吴启腾表示,该校以前瞻、开放、民主的教育理念引导全校师生迈向教育纪元,并以爱为出发点教导学生步入正轨,同时以求新求变的教育原则,开发学生潜能,提倡完美的全人教育,将科学教育为主轴,培育富有创造力、思考力及研究能力的科技人才,作为二十一世纪的领导先锋。

该团副团长黄守忠表示,经由湖小校长简介该校的情形后,让他们真正了解到金门的进步,而对于地区真诚及热烈的欢迎,让他来金留下深刻印象。

随后,湖小校长也以主人身份引导他们参观校园,并也适时地解说该校的软硬体设施,黄守忠对于该校详尽的说明,深感谢意。

黄守忠也与吴启腾互赠纪念品。

---

① 　原载于《金门日报》2001 年 11 月 22 日,作者为《金门日报》记者。

厦门市教育学会来金进行文化交流
为两岸三小通掀起教育考察热潮[①]

赖俊雄

　　厦门市教育学会参访考察团团长郑炳忠一行 74 人，昨日上午由厦门和平码头搭乘"鼓浪屿"客轮在中午抵达金门料罗码头，副县长颜达仁等县府一级主管亲自前往码头向来访的大陆官员表示欢迎并致意，参访团预定于 24 日返回，为两岸小三通首度开启教育考察热潮。

　　昨日由厦门市教育学会会长郑炳忠率领 74 位团员，其中包括厦门市大学、中学校长及教育局的官员，昨日由厦门和平码头搭乘"鼓浪屿"客轮在抵达金门料罗码头，由于昨日的风浪过大，预定原本上午 11 时 30 分到达，最后延至中午时分才平安顺利抵达料罗码头。受到副县长颜达仁等人的热烈欢迎，让来访的人员感受到地区浓厚的人情味。

　　昨日前往料罗码头接待厦门市教育学会参访考察团团长郑炳忠等一行的成员包括：副县长颜达仁、教育局局长卢志辉、观光局长林振百及县籍立委李炷烽、前国代吴成典等人。

　　副县长颜达仁表示，此行程象征两岸教育文化交流的开始，透过类似活动，可增进两岸教育的见闻，同时更能带动地区教育文化的推广。厦门市教育学会会长郑炳忠同时也是该团团长表示，两岸因对峙关系无法进行交流活动，这次也是他首次抵金考察地区教育工作的各种情形，同时期望透过交流活动，为两岸增进彼此的情谊，带动两岸的教育文化交流。

　　郑炳忠指出，这次主要考察地区的教育工作状况，并讨论有关两岸每年进行的教育观摩研讨事宜，以作为两岸日后在教育方面交流的依据，同时他希望地区能够组团抵厦门进行教育交流事务的工作，以了解及增进双方教育的方式。

　　厦门教育学会参访团在金为期四天的参访当中，将拜会金门高中、金沙国中、金沙国小、金宁中小学等学校单位及参观地区的名胜古迹，以作为他们来金的参访目的。

---

　　①　原载于《金门日报》2001 年 11 月 21 日，作者为《金门日报》记者。

厦门市教育学会考察团
与金门教师会交流座谈[①]

许加泰

厦门市教育学会金门考察团昨日与金门教师会进行一场教育交流座谈会,会中两会同意举办教师互访活动,在不影响正常教学活动的前提下,每年互派教师及学生从事音乐、美术、体育、工艺、自然科学等观摩活动,厦门市教育学会会长郑炳忠希望借由两岸教育工作者的联系、交流,探讨两地教育交流项目,为两地教育事业的改革与发展做出实际的贡献。

这项厦门—金门教育交流座谈会,系于昨日上午八时三十分在假浯饭店会议室举行,由金门县教师会会长陈自强主持,厦门市教育学会会长郑炳忠、厦门市教委办公室副主任李向群一行74人与地区高中、职、国中、小校长、教师会教师代表齐聚一堂进行两地教育事业的交流。

郑炳忠致辞指出,这次厦门市教育工作者,应金门教师会的邀请到金门进行访问,厦门和金门的教育工作者能在相别五十二年的今天欢聚在一起,十分高兴。郑炳忠表示,这次应邀访问的时间只有四天,但两天来的参观访问,对金门的教育事业已留下深刻的印象,希望透过两地的工作交流,共同为探索教育事业的改革与发展打下良好的基础。

陈自强也指出,两岸学术文化交流、观摩,让两地教育工作者相互成长,也让受教的学生跟着成长,他希望未来能加强两地教师互访活动。

会中,两会也达成共同协议,包括:

(1)两地同意每年举办教师互访活动,活动时间为不影响彼此正常教学活动,时间预定为暑期为宜。

(2)两地同意在不影响正常教学活动的前提下,每年互派教师及学生从事音乐、美术、体育、工艺、自然科学、社会科学及教学方面之比赛、展览或观摩活动。

(3)两会同意每年举办一次中学生科学、语文之竞赛活动。

(4)两会同意彼此协助办理职业训练、环保课题、生活科技、卫生保健、教师在职训练、特殊教育等相关活动。

(5)各项交流活动在每年四月份由两会代表协商行程及办理细节后,按计划施行之。

与会人员也就两地的教育理念、教学工作及教材内容相互交换意见。

[①] 原载于《金门日报》2001年11月23日,作者为《金门日报》记者。

四所特色校三所出自鼓浪屿[①]

——我市举办论坛盘点 30 年基础教育改革，鼓浪屿成绩斐然

佘 峥

回顾总会让人既欣慰又惆怅。昨日举行的"厦门经济特区 30 年基础教育改革的回顾与展望"论坛，就是如此。

由市社会科学界联合会、市社会科学院主办、市教育学会承办的这个论坛，回顾的是厦门基础教育在过去 30 年来一些可圈可点之处，包括厦门外国语学校、人民小学、音乐学校和厦门六中 4 所学校的特色教育。

有一些回顾让人很欣慰。原厦门市教委主任郑炳忠说，他 1981 年到当时的市教育局时，当年全市教育经费 1 000 多万元，即使到了 1989 年，也才 5 000 多万元，但是，到 2010 年，全市教育经费则达到 56 亿元，是 1989 年的 100 倍。

还有，厦门用 17 年时间，终于在 1996 年实现"双基"（基本普及九年义务教育和基本扫除青壮年文盲；又用了 10 年时间，在 2007 年实现"双高普九"（高水平高质量普及九年义务教育），都是全省率先。

有一些回顾让人不可思议，譬如说，20 世纪 80 年代，厦门老师买房子可以打八折，如果夫妻都是老师，则可打七折。

不过，过去，鼓浪屿是"厦门甚至全国基础教育改革沃土"，现在，岛上读书声"稀疏"，这一鲜明对比，令人惆怅。

应邀在论坛上做报告的四所特色学校，有三所诞生在鼓浪屿——人民小学、厦门外国语学校和厦门音乐学校。

这三所学校当时进行的改革，在全国都是有名的。例如，在看到孩子因为单调的学习生活而产生厌学情绪时，时任人民小学校长的叶灿云提出办"学园、乐园、花园"式学校的方案，这种类似于现在幸福教育的改革使得人民小学"香飘万里"。

这个小岛还曾是厦门小班教育的先行者。现任人民小学校长的王卫华说，一个班 25 人到 28 人，新课改要求的关注每位学生等理念，都通过小班制得以顺利实现。

不过，现在和充满游客的景象形成鲜明对比的是，今年，省示范小学——人民小学鼓浪屿校区小学一年级招生继续通过二次录取才完成招生计划，137 名新生中，本地居民不到 20 人。早在几年前，人民小学已经到岛内设立分校，王卫华说，当时很多人劝我，要坚守鼓浪屿岛，但是，从现在看，到岛内设立分校是不得不走的路。

除了人民小学，厦门外国语学校早在 1996 年就在岛内寻找新天地，唯一坚守鼓浪屿岛的音乐学校目前据说也"蠢蠢欲动"。

---

① 原载于《厦门日报》2011 年 9 月 23 日。作者为《厦门日报》记者。

厦门市被教育部授予
"义务教育均衡发展工作先进地区"称号[①]

佘　峥

"厦门经验"获国家肯定

厦门被教育部授予"义务教育均衡发展工作先进地区"称号。近日,全国推进义务教育均衡发展现场经验交流会在河北邯郸召开,表彰全国 92 个义务教育均衡发展工作先进地区,厦门市、泉州市丰泽区、福州市鼓楼区获奖。厦门是福建省唯一获此荣誉的城市。

根据教育部文件,获得"义务教育均衡发展工作先进地区"荣誉,要具备三个重要条件,譬如,在薄弱学校建设、统筹城乡教育发展、合理配置教育资源、努力提高教育质量、加强教师队伍建设、规范学校办学行为等方面采取有效政策措施,并取得明显成效。

花 7.7 亿元增 4.5 万个学位

厦门市获得的"义务教育均衡发展工作先进地区"这项荣誉,应该是普通老百姓乐见其成的——在某种程度上,它意味着学校的水平不再相差巨大,人们不必费尽心思地择校。

当然,在目前的中国,教育均衡只能是相对的,距离理想还有一段很长的路要走。不过,不可否认的是,相对于大多数地区,厦门市在小学和初中的教育均衡上投注更多精力。今天,我们来回顾厦门在义务教育均衡道路上的一些独特做法。

初中毕业生 100% 升高中

早在 1996 年,厦门在全省第一个通过两基验收,即普及小学和初中九年的义务教育,2005 年,则更上一层楼——全面普及高中阶段教育,即 100% 的初中毕业生都能升入高中,而且,这 100% 的学生不仅包括本市户口,也包括非本市户口,即只要在厦门参加中考,都会有书读。市教育局说,这是"在全国率先实现初中毕业生全部录取进入高中阶段各类学校"。

"接力"投资改变农村学校面貌

即使是苛刻的人,只要他是公正的,应该会认同一点:这几年,厦门的农村学校面貌非同日而语——在不少乡村,最漂亮的建筑十有八九是学校。这源于厦门市自 2000 年起的一项扶持农村义务教育的举措。

---

① 　原载于《厦门日报》2009 年 11 月 18 日。作者为《厦门日报》记者。

这项举措呈现"接力"形态——从 2000 年开始,厦门市连续 4 年每年安排 4 000 万元专款用于农村义务教育学校改善办学条件;2004 年起,又连续 4 年每年投入 7 000 万元以上,用于农村义务教育学校布局调整和旧校改造工程,受惠农村学校项目 121 个;2008—2010 年,延续农村义务教育体系项目建设,资金每年在 6 000 万元。

启动岛内义务教育建设项目

厦门在 2007 年宣布启动一个耗资 7.7 亿元的岛内义务教育建设项目,它立足于解决两个问题:即新建城区的孩子在家门口就近上学,以及外来人员子女进入公办学校读书。这个项目计划新建、改建、扩建 38 所小学和初中,预计增加 4.5 万个学位。截至目前,竣工 14 个,在建 6 个,前期 18 个,完成投资 2 亿多元。

六成以上外来孩子就读公办校

非本市户口的孩子在厦门公办学校读书,经历过两个阶段——第一个阶段,在接收了本市户口孩子之后,厦门优先解决进城务工农民工子女的就学,不过,从去年开始,无论是小学一年级招生还是初中招生,公办学校招生对象悄悄地扩大到"进城务工人员子女",即非本市户口的非农民工子女也被纳入公办学校招生范围。

目前,在义务教育阶段,65.9%的进城务工人员子女在公办学校读书。

老师"返璞归真"走近学生

外界对厦门教育质量的议论,也经历过几个阶段,最开始,厦门孩子高考成绩不够理想,一些人"幸灾乐祸"地说,特区的孩子家庭条件好,因此不思进取;这几年,厦门的高考成绩在全省屹立不倒,又有人解读说,那是应该的——厦门有钱,把全省最好的老师都吸引过去了。

但是,2007 年,厦门市开展的"三项主题"活动,有效地停止了这类"富裕论"。"三项主题"之一是,号召所有的老师深入到学生家庭家访。换句话说,在信息高度发达的今天,厦门用"最土"的方法来建设教师队伍。

这项活动还包括"教师岗位大练兵",在老师中开展一轮又一轮的比赛,从写钢笔字这类基本功做起,到比赛上创新课这类大事。教育部门认为,"三项主题"为教育均衡提供了强有力的师资队伍。

坚持电脑派位 12 年

现在看来,厦门义务教育目前呈现的相对均衡,1998 年是个关键。在这年,厦门对初中招生进行了重大改革——免试就近入学,岛内电脑随机派位。在此之前,小学毕业生一般是通过择优进入初中。当年,厦门市还出台一个著名的"23 条",即出台 23 条措施,在资金、老师分配等方面扶持一般学校,以缩小校际间的差距。

在艰难中开始的初招电脑派位,一度非议不断,一些人还专心等待看厦门教育因此被拉下水的"好戏"。但是,从 1999 年起,每年中考成绩,"普通学校不普通"的事实,给了当初的质疑最有力的回答。

始终坚持教育优先发展，
率先实现城乡义务教育完全免费①

蒙少祥　杨珊珊

厦门全力办好人民满意的教育

教育，乃国之大计。党的十八大报告提出，要努力办好人民满意的教育。要坚持教育优先发展，全面贯彻党的教育方针。大力促进教育公平，积极推动农民工子女平等接受教育。

近年来，厦门始终坚持教育优先发展战略，全力办好人民满意的教育，尤其在财政投入等方面积极探索，优先保障，全市教育发展取得显著成绩。2001 年厦门在全省率先实现"双高普九"，2009 年获颁"全国推进义务教育均衡发展先进地区"称号，2011 年在全省率先实现城乡义务教育完全免费。

充足的经费支持是提升教育水平的基本保障，为了加强教育事业，实现普遍教育、公平教育，中央承诺国家财政性教育经费支出将占国内生产总值的 4%。而根据财政部日前公布的各省份 2011 年财政教育投入状况分析评价结果，厦门以 99.7 的综合得分，在全国 36 个省、自治区、直辖市和计划单列市中排名第一。

财政大力支持，政府高度重视，厦门正在逐渐成为素质提升、人才涌现的"教育之城"。

财政投入　坚持教育优先发展

在 2011 年财政教育投入状况分析评价四个大项的考核中，厦门除了"教育附加征收率"被扣 0.3 分以外，其他三项指标包括"财政教育支出增幅"、"财政教育支出比例"及"土地出让收益教育基金计提率"均获得满分，而财政教育支出占公共财政支出的比重更是达到 14.2%，超过中央 13.9%的指标要求，有力保障了厦门市中长期教育改革和各项目标任务的实施。

放眼厦门，近年来，厦门市委市政府大力实施教育兴市战略，依法落实教育投入"三个法定增长"。2011 年，厦门市全市财政预算内教育经费拨款 59.88 亿元，比 2010 年的 48.35 亿元增加了 11.53 亿元，增长了 23.86%。同年全市的财政经常性收入 332.54 亿

---

① 原载于《福建日报》2012 年 11 月 14 日。作者为《福建日报》记者。

元,比上一年的 272.10 亿元增加 60.44 亿元,增长了 22.21%,2011 年厦门市预算内教育经费拨款增幅比财政经常性收入增幅高 1.65 个百分点。此外,2009 年和 2010 年厦门市预算内教育拨款增幅分别高于财政经常性收入的 9.7 个百分点和 1.05 个百分点。

厦门的教育投入保持稳定的增长,给教育事业的发展提供了坚强的后盾,为打造厦门"教育之城"浇铸了扎实的基础。

均衡发展　大力促进教育公平

"现在岛内岛外教育环境的差距逐渐缩小了,虽然在岛外,我的孩子也能接受到很好的教育。"谈起刚升入小学二年级的女儿,住在海沧的曹女士欣慰地说道。如今,不论在岛内岛外,义务教育阶段学校的条件都在接近标准化,厦门越来越接近"均衡教育"的梦想。

这只是厦门市重视教育均衡发展的一个缩影。自 2010 年被确定为国家教育体制改革试点以来,厦门市委市政府进一步加大力度,全面推进高水平高质量的义务教育均衡发展。

9 月 21 日,省委常委、厦门市委书记于伟国在破解就学难专题调研时强调,教育事业涉及千家万户,惠及子孙后代,关系人民群众切身利益,要加快推进学前教育、义务教育均衡发展。要增加公办园、办好民办园,并加快优质资源向岛外、薄弱校倾斜,大力推进师资均等化。

自 2000 年起厦门市政府每年投入 4 000 万元扶持农村义务教育,2011 年增加到每年 6 000 万元。2006—2012 年,还增投 4.4 亿元专项扶持农村薄弱学校建设、购置教育设施。2008 年开展义务教育标准化建设以来,又加强了师资、设备、校舍、管理标准化配置,将改善学校办学条件推向精细化。2011 年,全市义务教育标准化学校建设完成率已达 92%。

"厦门正在逐步实现一系列的教育发展宏图。"厦门市财政局教科文处方文江处长介绍,2012 年,厦门市还将继续推动教育公共服务均等化,实施农村义务教育体系建设,下达岛外区专项资金 5 000 万元,促进城乡义务教育均衡发展。

爱心投入　办好人民满意的教育

今年春季学期开始,厦门农村中小学生的午餐更加丰富了——厦门率先在全省推行了午餐膳食补助,对未住校寄宿而在学校午间用餐的学生每生每天补助伙食费 5 元(全年补助 1 000 元),这比中央确定的试点地区每天 3 元的补助标准高出 2 元。

另外,厦门市寄宿生生活补助由原来的每生每天 4.5 元提高到每生每天 8 元,全年补助 1 600 元,远远高于我省每生每年 500 元的补助标准。为此,厦门市财政拨付各区农村义务教育学生营养膳食补助和提高寄宿生活补助标准补助经费 397 万元。

财政投入带来的是学生们更加健康的成长,家长们也得以放下"后顾之忧"。"有了午餐补助,我的小孩在学校能多点个菜,吃饱一点,我作为家长既减轻了经济负担,也更放心把孩子寄在学校里。"翔安巷东中学一名陈姓家长说道。

农村义务教育学生营养改善计划的实施,体现的正是厦门市教育更高层次的发展,厦门独特的人性化情怀可见一斑。

用心教育,爱心满城,厦门积极发展教育,大力促进教育公平。据悉,从 2009 年春季学期起,厦门市就对全市中等职业学校涉农专业及农村低保家庭学生实施免学费资助;2010 年秋季学期起,将免学费资助政策范围扩大到中等职业学校城乡家庭经济困难学生;2011 年秋季学期起,进一步将中等职业学校一年级学生(包括非全日制学生)纳入免学费范围。

厦门市第八期中学校长岗位培训班结业留影

1989 年春节,厦门市教育系统离退休干部春节联欢会演出留念

编 后 记

　　十一届三中全会以来,党的改革、开放政策使厦门经济特区的建设突飞猛进,也给特区的教育带来了活力和生机。厦门教育事业伴随着经济特区建设的发展而发展,取得了巨大成就,成为厦门教育史上发展最好的、成绩最为显著的时期之一。郑炳忠同志正是在厦门创办经济特区的时期调到市教育局,亲历与见证了厦门教育改革与发展这一不平凡的过程。

　　郑炳忠同志一生没有离开过教育战线,从事教育工作达六十年之久。退休之后,作为新历史时期教育改革的实践者和亲历者,他怀着一种对教育的特殊感情,从回顾与思考的角度,认真回顾自己走过的历程,梳理了自己撰写过的文章,整理、汇集了包括同事们在内的与这一时期教育发展相关的文章与资料,力图全方位地再现历史的原貌,展示厦门教育发展的轨迹,让后人从中获得启示与感悟。

　　本书分为五个部分,分别是“回顾与思考”、“专题研究”、“参观与学习”、“发言与序跋”、“媒体视野”等。所选的稿件侧重理论探讨与工作实践的内容。书中没有署名的文章均由郑炳忠撰写。为方便阅读,编撰时遇有较为拗口的标题,编辑径直处理了。至于职务作品,收录时以主要负责人名义收录。

　　全书回顾了经济特区创办以来,如何深化教育改革,有步骤地按质按量实现九年制义务教育;如何改革普通高中、发展职业高中,进行教育中等结构改革,使普通教育与职业技术教育并驾齐驱,同步发展;如何在教育改革的基础上,面向全体、均衡发展,办好每一所学校,办好特色学校;如何改革中小学招生考试制度;如何全面推进素质教育,促进厦门教育观念大转变、教育制度大创新、教育水平大提升。

　　不仅在教育理念上,在具体的教育改革措施上,厦门教育工作者们做出了不少的创新。例如,厦门市就率先在全省“取消统考、划片招生、就近入学”这一初中招生考试制度的改革,为解决小学生过重课业负担寻找了突破口,闯出了教育改革的一条新路。如今,划片招生、电脑派位的就近入学模式,正是当年改革的成果。又如,位居全省乃至全国的前列的厦门市职业技术教育,曾经历过从“试办”、“发展”到“调整”三个实践发展过程,人们曾用“北有大连,南有厦门”来评价厦门职业教育的成就。本书以较大篇幅记录了这些改革的举措与方法,以及所取得的阶段性、标志性成果。这些将为今天厦门教育的发展,将为今后更好地培育海峡西岸建设人才,提供有益的参考与借鉴。

　　在改革开放初期,厦门地处海防前线,又加上文革十年浩劫的破坏,教育基础建设的速度十分缓慢,人才奇缺。经济特区设置后,厦门市委、市政府重视教育,以战略眼光加大教育投资,在百业待兴、财政吃紧的情况下,舍得在开发智力上花钱。"百年大计,教育为本"的观念逐渐深入人心;全市教育工作者心往一处想、力往一处使,一步一个脚印地闯出教育改革的新天地。

曾任厦门市教委教育督导室督学的苏锦联同志,为制定"两基"规划呕心沥血、尽职尽力,虽然斯人已故,但我们不会忘记这些为普及九年制义务教育做出贡献的同志。

本书以翔实的资料,亲历者的感受与反思,全面反映了上世纪八十年代初至九十年代,这一特殊的、历史转型时期厦门教育改革与发展的概貌。书中既收入回顾性的文章,也收集了专题研究、参观学习体会,以及媒体报道的相关文章,为读者多方位、多角度地了解厦门教育改革与发展进程,提供了详细、全面、准确的信息,也为专家学者研究厦门教育史提供了有价值的第一手资料。

本书的出版得到厦门市教育局、厦门市教育学会、厦门市档案局、厦门大学出版社、《两代人》杂志编辑部等单位大力支持。在此,编委会谨向所有支持、帮助《回顾与思考——厦门教育事业改革与发展足迹》一书顺利出版的单位和个人致以诚挚的敬意!

编委会
2013 年 8 月 15 日

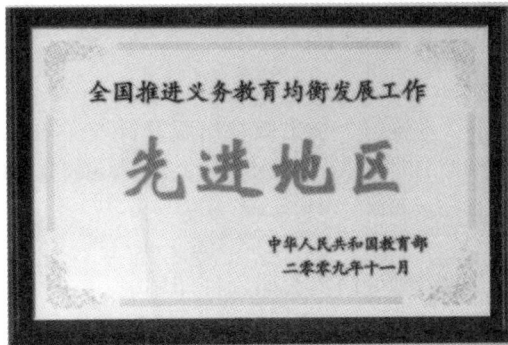

图书在版编目(CIP)数据

回顾与思考:厦门教育改革与发展的足迹/厦门教育学会编;郑炳忠编著.—厦门:厦门大学出版社,2014.2
ISBN 978-7-5615-4733-5

Ⅰ.①回…　Ⅱ.①厦…②郑…　Ⅲ.①教育改革-厦门市-文集　Ⅳ.①G527.573-53

中国版本图书馆 CIP 数据核字(2014)第 031055 号

厦门大学出版社出版发行

(地址:厦门市软件园二期望海路 39 号　邮编:361008)

http://www.xmupress.com

xmup @ public.xm.fj.cn

厦门集大印刷厂印刷

2014 年 2 月第 1 版　2014 年 2 月第 1 次印刷

开本:787×1092　1/16　印张:25　插页:10

字数:550 千字　印数:1~1 700 册

定价:60.00 元

本书如有印装质量问题请直接寄承印厂调换